楠戸一彦先生退職記念論集

体育・スポーツ史の世界
―― 大地と人と歴史との対話 ――

楠戸一彦先生退職記念論集刊行会 編

渓水社

楠戸一彦先生近影

まえがき

　楠戸一彦先生は，2012（平成24）年3月31日をもって，国立大学法人広島大学大学院総合科学研究科教授を退職されました。この間，国内では日本体育学会理事，『体育学研究』編集委員長，スポーツ史学会理事，日本体育学会体育史専門分科会会長を務められ，2008（平成20）年には広島大学で日本体育学会第60回記念学会大会を開催され，組織委員会委員長及び実行委員長として大役を果たされたことは皆様よく御存じのことかと思います。また国際的にもヨーロッパスポーツ史学会（フェロー），北米スポーツ史学会会員，東北アジア体育スポーツ史学会理事として活躍され，国内はもとより国際的にも日本を代表するスポーツ史学者として活躍されてこられました。

　先生は1947（昭和22）年11月17日岡山県倉敷市に生まれ，1970（昭和45）年3月東京教育大学体育学部体育学科卒業後，東京教育大学大学院教育学研究科教育学専攻修士課程から博士課程に進まれ，1976（昭和51）年3月東京教育大学大学院教育学研究科教育学専攻（博士課程）を退学されました。大学院修了後1976（昭和51）年4月，山口大学教育学部に着任され，職業としての学問研究生活を開始されます。山口大学（1976.4－1985.3）の9年間を経て，1985（昭和60）年4月には広島大学総合科学部に移られ，爾来35年間，教育と研究の日々を送られて現在に至ります。この間1995（平成7）年10月から翌年7月までの10ヶ月間，文部省在外研究員としてドイツ連邦共和国ゲッティンゲン大学スポーツ科学研究所に留学され，ライフワークとしてのドイツ中世史の研究をまとめられ，1997（平成9）年2月，「ドイツ中世後期の帝国都市アウグスブルクにおける公開射撃大会に関する研究」で奈良女子大学より博士（学術）を授与されました。

　この学位論文は，15世紀から16世紀の帝国都市アウグスブルクで開催された「公開射撃大会」の成立過程と具体的な実施経過を当時の手書き古文書解読を通して明らかにした研究でした。長い年月をかけて史料の一つ一つを解読し，丹念に積み重ねていったこの論文は，ドイツ近代体育史の成田十次郎先生をして「完璧」と感嘆せしめたものでした。我々体育・スポーツ史の研究者がやや

もすれば陥りがちな，スポーツ事象の意味を問う「史哲」の世界への傾斜を理性的・禁欲的に排し，剣術や射撃といった中世都市のスポーツが如何に行われたのかを史料に語らせる実証的究明に徹したこの論文は，まさにドイツ中世都市の堅固な城塞を彷彿させるものでした。

それに至る学問的な足跡について，主著『ドイツ中世後期のスポーツ』（1998）「まえがき」（7 - 9頁）に先生ご自身が語られていますので，引用してみましょう。

　　大学院博士課程に入学した時，一生の研究課題として，修士論文で取り扱ったドイツにおける「学校体育の父」と称されるアドルフ・シュピース（1810 - 1858）の体育理論に関する研究を継続すべきか，あるいは古代ギリシャにおける体育に関する研究を一から始めようか，と悩んでいた。しかし古代ギリシャの体育に関しては恩師である岸野雄三先生が，またドイツの近代体育に関しては成田十次郎先生が，学位論文を始め数多くの研究成果を既に発表されており，同じ分野で研究を進める自信はとても持てなかった。そこで，両先生が研究されていない分野を研究しようとして選んだのが，ドイツ中世スポーツ史の研究であった。（略）

　　博士課程2年から始めたドイツ中世スポーツ史の研究は，五里霧中の中を進むようであった。（略）ドイツの中世史に関する研究の道筋を示してくれる人もなく，ドイツから史料を入手する方法さえ知らなかった。何はともあれ，中世スポーツ史に関する先行研究の検討から勉強を始めた。大学院を退学して山口大学教育学部に就職しても，先行研究の収集と読解に明け暮れた。（略）先行研究の中でもK.ヴァスマンドルフ（1820 - 1906）とE.メール（1890 - 1984）の研究は，中世スポーツ史の一次史料に関する数多くの知見を与えてくれた。

　　先行研究の検討という段階から第一次資料の収集と読解へと，ようやく歴史研究の本来の作業に進んだのは1980年頃であった。しかしドイツ中世スポーツ史に関する史料は日本で入手できるはずもなく，ドイツの図書館や文書館からマイクロフィルムで入手せざるを得なかった。最初に入手した史料は，ドイツ語で最初に作成されたと言われる14世紀後半のJ.リー

ヒテナウエルの剣術書であった。この剣術書に関するM.ヴィールシンの研究の助けを得ながら、手書き文書と中世ドイツ語の読解を学んでいった。こうして何とかドイツ中世スポーツ史研究に対する目途が立った。山口大学時代（1976－1985）は主に剣術に関する研究を、広島大学総合科学部に転勤してからは射撃に関する研究を行い、ようやく本書にたどり着いた。（略）

　修士論文ではシュピースの教育・体育理論を研究をされたとの記述や業績一覧中の「グーツムーツの遊戯論」(1975)、「F．J．J．ボイテンディクの遊び論」(1979)からお分かりいただけるように、先生は当初は歴史学の理論や歴史哲学に関心を持たれ、深い造詣と見識をお持ちでした。「ドイツ中世スポーツ史研究の課題」(1980)や「歴史研究の課題」(2003)にはそれがよく示されています。ことに岸野雄三先生が亡くなられた直後に開催された日本体育学会体育史専門分科会2002年度春の定例研究集会シンポジウム「故岸野雄三先生と日本の体育・スポーツ史学」では、歴史に意味を与えるのは研究者の主観的な問題関心であって、客観的な意味をもつ出来事は存在しないこと、歴史で使用される概念は特定の観点を前提とした理論的構成体としての「理想型的概念」であること、歴史研究では過去の特殊な出来事に関心を抱くが故に、法則を定立することが課題ではないと、岸野史学を3つの視点から批判的に検討されて、師である岸野史学との違いを際立たせられました。こうした楠戸先生の学問への探求心と誠実な態度、そしてそれに裏付けられた明晰かつ直截な主張は、学会の議論中にも折に触れてなされ、かつ異彩を放つものでした。

　ご本人は嫌がっておられますが、一つだけ述べさせていただきます。1999（平成11）年東京大学（駒場）で開かれた第50回日本体育学会体育史専門分科会で、先生は立ち上がり、「自らも含めて50歳以上の会員はもう少し静かにしているべきだ」と発言されたことがあります。もちろん、学会員にはそれぞれの権利が認められており、年齢によって云々されるべきではありません。しかしながら歴史学研究には学問研究の蓄積が必要なだけに、若い研究者はなかなか議論に参加しにくい状況があります。ついつい年配者が質疑時間をリードしてしまいがちな状況に対して、もっと若手を育てる意識と活動が学会として必要

なのではないかという問題を提起されたのでした。もちろんこの発言には賛否両論がありましょうが，私たちは「ドイツの城塞・楠戸砲が吼えた」と喝さいを送り，その後も仲間内でよく議論を戦わせたものでした。

　このような若手世代の台頭を期待し，その機会を積極的に支援するという姿勢は，実は本書の刊行にも貫かれています。

　先生のご退官に当たって，記念事業をやりたいものだという最初の話は2008（平成20）年広島大学で開催された日本体育学会第60回記念学会大会の折に出されたことでした。当初は，楠戸先生にご縁があった方々に寄稿いただき，随筆風の本を作ろうか，先生ご自身の論文をまとめる形で著書を刊行するのがよいのではないかなどと議論している時に，先生ご自身から次の様なご意向が示されました。「できるだけ学術的な出版をしたい。自分が直接指導した院生は多くはないので，むしろ幅広く若手の研究者たちに呼びかけて論文を書いてもらいたい。新進気鋭の研究者たちが現在手がけている最前線の研究を集めて1冊の著書としたい。そのことで若手研究者に貢献できればこれに勝る喜びはない。経費は自分が負担する。」というものでした。

　その後種々議論がありましたが，2011（平成23）年1月「楠戸一彦先生退職記念論集刊行会」を立ち上げ，「楠戸一彦先生にゆかりのある比較的若手の研究者」の方々に原稿執筆を依頼，2012（平成24）年2月の刊行を目指すことになりました。

　最終的に掲載させていただいた原稿は22編でした。第1章「西の大地との対話」では，楠戸先生の研究の主舞台である欧州やアメリカにかかる論文を，第2章「東の大地との対話」では，楠戸先生が理事を務められた東北アジア体育スポーツ史学会がカバーしている東アジアと日本の論文を，第3章「人と大地の交流についての対話」には，東西の交流や人物史に焦点を当てた研究をまとめさせていただきました。執筆者各位には改めてお礼申し上げます。

　『体育・スポーツ史の世界』という表題にはわれわれの次の様な思いが込められています。世界というのは洋の東西を問わず，また古代から現代にいたる時間的・空間的な世界の体育・スポーツ史を研究対象とされた楠戸先生の姿と，自らもかくありたいと願う我々の思いを表しています。大地ということばには，ヨーロッパの大地とともに，どっしりと地に向かい合って農業人として

も生きてこられた楠戸先生ご自身の姿とを重ね合わせています。また対話ということばには歴史研究が本質的に持つ対話的性格，さらには論文執筆者とそれを丹念に読んでくださった楠戸先生との対話をイメージして名づけさせていただきました。

　本書の学術性を高めるために，巻末に参考文献一覧と索引を付しました。楠戸先生の強いご希望によるものです。

　なお，本書の刊行にあたり，出版をお引き受けいただいた（株）渓水社さんには木村斉子さんはじめひとかたならぬお世話になりました。編集者・著者を代表して御礼を申し上げます。そして，このような刊行の機会を与えてくださった楠戸先生にあらためて御礼を申し上げます。

楠戸一彦先生退職記念論集刊行会を代表して
大久保　英哲

体育・スポーツ史の世界——大地と人と歴史との対話——

目　次

まえがき ……………………………………………………… 大久保　英哲…i

第Ⅰ部　西の大地との対話

古代ローマのスポーツ文化に関する考察……………………桶谷　敏之… 3

カール・フェルカーの体操とロンドン体操クラブの設立（1826年）
　　——1820年代後半のロンドンにおけるドイツ式体操事情——……榊原　浩晃…17

スポーツカタログにみるアイルランドの近代スポーツ
　　——Handbook of Cricket in Ireland 1865/66-80/81 を手がかりに——　榎本　雅之…37

「トゥルネン＝スポーツ抗争」の帰結に関する研究
　　——統合組織における運動種目の統轄権を中心として——…………都筑　真…57

1914年以前のイングランドにおける企業内ホッケークラブの活動について
　　——コールマン社の工場，キャロウ・ワークスを事例として——…秋元　忍…77

1968年グルノーブル冬季五輪における性別確認検査導入の経緯
　　——国際オリンピック委員会史料の検討を中心に——　………　來田　享子…103

第Ⅱ部　東の大地との対話

朝鮮時代の騎馬撃毬実施方法に関する記事について
　　——テキスト比較の観点から——　……………………………… 村戸　弥生…121

薩摩のハマ投げ
　　——その形態と文化的意義——　………………………………… 山田　理恵…141

vii

明治期から大正期の長崎YMCAにおける「体育事業」の普及と展開
　　　　　　　　　　　………………………………　服部　宏治…155

活動フィルム「日本のテニス」(昭和8年)作製の経緯と歴史的考察
　　　　　　　　　　　………………………………　後藤　光将…177

太平洋戦争下の国民体育と体操
　　――東京帝国大学における鍛錬部の設置と「全学鍛錬体操」の実施――
　　　　　　　　　　　………………………………　佐々木　浩雄…205

戦前日本のスポーツ外交
　　――1940年第12回オリンピック競技大会の招致に着目して――　田原　淳子…225

日帝強占期学校体育の武道に関する研究
　　――柔道と剣道の教科目導入を中心に――　………………　朴　貴順…243

戦後初期の国立大学附属小学校における学校体育の構想
　　　　　　　　　　　………………………………　崎田　嘉寛…259

　　　　　　　第Ⅲ部　人と大地の交流についての対話
オリンピックの用語史
　　――江戸後期から明治前期にかけて出版された英和辞典に注目して――
　　　　　　　　　　　………………………………　和田　浩一…283

汎愛派 J. H. カンペの育児論
　　――若者のための育児論――　………………………………　西村　美佳…305

ドイツ人医師エルヴィン・フォン・ベルツと日本の伝統的武術との
関わり　………………………………………　BITTMANN Heiko…325

女子教育のパイオニア下田歌子の体育奨励について
　　　　　　　　　　　……………………… 藤坂　由美子…347

金井勝三郎の普及活動からみたスキー技術の変化について
　　　　　　　　　　………………………… 新井　博…367

日系新聞にみるハワイ日系移民のスポーツ活動に関する研究
　　──異種格闘技試合とプロ・レスリング──……… 梶　孝之…387

篠原助市の「心身一体の教育」(1941)について
　　──戦時下における心身再考──………………… 鈴木　明哲…405

ドイツ再統一後の旧東ドイツスポーツジャーナリストK.フーンの言説
　　──2つの自叙伝的著作とインタビューで語られたことを中心に──
　　　　　　　　　　　………………………… 寳學　淳郎…427

　参考文献 ………………………………………………447
　索　　引 ………………………………………………467

楠戸一彦先生の履歴と研究実績　………………………479

あとがき ………………………………… 崎田　嘉寛…491

楠戸一彦先生退職記念論集

体育・スポーツ史の世界

―― 大地と人と歴史との対話 ――

第Ⅰ部

西の大地との対話

古代ローマのスポーツ文化に関する考察

桶谷 敏之

はじめに

　古代ギリシア・ローマのスポーツを語る際，ギリシアを称揚し，ローマを蔑む態度はいまだ根強い。つまり，オリュンピアの祭典などの運動競技祭を有し，日常的にスポーツを市民の教育に取り入れていたギリシアにはスポーツやアスリートの理想像を求め，野蛮で危険な剣闘士競技や野獣狩りなどの見世物ばかりを大規模に発展させたローマからはプロスポーツやショースポーツの発展に対する警句を得る，といった具合である[1]。しかしながら，こういった評価は近代的価値観に基づいたものであることはいうまでもないだろう。高橋[2]は1980年代以降の海外の研究動向を紹介しつつ，このような伝統的解釈が一面的な見方であったことを指摘している。高橋が指摘するように，1970年代以降，見世物にばかり興じる怠惰な国民というローマ人像の訂正が盛んに行われてきた。またカイル[3]は，2007年に出版した古代地中海世界のスポーツに関する包括的な研究書において，そういった人口に膾炙したイメージの払拭を試みている。

　そこでこの小論は，特に2007年のカイルの研究の路線を踏襲しつつ，光り輝くギリシアのスポーツとそれが退廃した成れの果てしか残らなかったローマのスポーツという従来の見解[4]が成立する図式を検討し，ローマにおけるスポーツ文化の特徴と考察すべき論点の紹介を行うことを目的とする。

1．「ギリシアとの対比」という図式——ガーディナー説の検討——

　我々は何故，ギリシアにスポーツの理想を求め，ローマのそれを評価しないのであろうか。ここではこういった伝統的な解釈を確立し且つ今日なお我が国において影響力のあるガーディナーの研究[5]を検討する。周知のようにガーディナーの著作は岸野によって邦訳[6]されたこともあり，古代世界のスポーツを研究する上で依然として入門書的な位置づけにある。扱われている内容も，全体としてギリシア世界の記述にばかり偏っているとはいえ，今日でも基本文献として十分通用するものである。

　しかし，ローマのスポーツに関する記述は僅かであり，更にローマがギリシアをその属州とした前146年以降のギリシア・スポーツ史を暗黒の歴史[7]と表現していることからも，彼がどのような態度でローマを評価していたかが窺い知れよう。ギリシアとローマを比較しつつ，ガーディナーは「国民性に関するローマ人の考えに運動競技（athletics）の居場所はない」と言い放ち，その主な理由を以下のようにまとめる[8]。

　　①ギリシアのスポーツを軍事訓練にとって非実用的とする評価
　　②往々にして身分の低いトレーナーに従うことを良しとしないローマ人のプライド
　　③裸体となって競技することに対する嫌悪感

上記3点をもってローマ人のギリシアのスポーツに対する態度を説明することは，基本的に間違いではないと思われる。ただし何点か確認しておく必要があるだろう。

　スポーツの実用性に関するローマ人の批判は多くの史料に散見される。たとえば，ルカヌス（1世紀）の詩には，ギリシアの若者は「怠惰にもパラエストラに通い詰めているために武器を持つのも困難である」といった下りがあり，ギリシアのスポーツが良い兵士を育成するとは考えられていなかったことがわかる[9]。ギリシア文明に通暁していたキケロ（前1世紀）ですら，ギュムナシ

オンでの活動は若者を堕落させる馬鹿げたものであると考えていた[10]。

しかしながら、ギリシア人の間にも同じような意見が確認できる[11]。プラトンは同時代のアスリートの兵士としての能力に懐疑的で、若者たちにはランニングなどの運動競技ではなく、格闘スポーツであるレスリングを勧めている[12]。テーバイの将軍エパメイノンダスのスポーツに関する考えは複雑である。ローマ時代の評伝によると、彼は戦いにおいて足の速さが重要であると考えて、パラエストラではランニングとレスリングをよく行った。しかし、最もよく行ったのが武器を持っての訓練であった。また、平和の維持を望むのであれば、レスリングではなく軍隊生活への従事が必要と同胞市民に訴えている[13]。アレクサンドロス大王は、多くの音楽や文学のコンテストのスポンサーとなったが、スポーツ、とりわけレスリングやパンクラチオンには全く興味を示さず、報償を与えることをしなかった。しかし、狩りや模擬戦には音楽などと同様に報償を与えたそうである[14]。スポーツが戦いにとって無益であるとローマ人が考えていたとガーディナーが指摘するのは正しい。しかし同時に、ギリシア人もその有用性に疑念を抱いていた点も認識しなければならない。

次にトレーナーの身分についてであるが、後述するようにローマ世界において専門職従事者の社会的地位は一般的に低かった。ギリシアの学芸をよく吸収し、独自に発展させたローマであったが、その重要な担い手であった教師の社会的地位は非常に低かった[15]。彼らは往々にして奴隷か解放奴隷、あるいはギリシア人等の外国人で、生まれながらにして自由人であるローマ人が進んで就く職業ではなかった。文明の発展にとって重要な職業であっても地位は低いという点にローマ社会の特徴を見いだすことができるが、ここではスポーツのトレーナーに対するローマ人の態度が特別であった訳ではないことを指摘しておきたい。

エンニウス（前2～3世紀）の言葉を用いつつキケロは「恥辱の始まりは公衆の面前で裸体となることである」[16]と述べるが、ガーディナーも同史料を引用して、ギリシアのアスリートが裸体となって競技をする慣習に対するローマ人の根深い嫌悪感を指摘する。プルタルコス（後1世紀）の伝えるところ、前2世紀の大カトーの時代のローマの常識では、父子ですら一緒に入浴しないのが嗜みであったとされている[17]。元老院議員として元首顧問会に参加したプ

リニウス（後1～2世紀）は，ウィエンナの町で継続的に開催されてきたギリシア・スポーツの競技祭が廃止と決まったことを喜び，競技祭が市民の良風美俗を害していたため当然であるとコメントしている[18]。このように，公衆の面前で裸体となることへの嫌悪感はローマ社会に深く根ざした倫理観であったといえる。

　しかしながら，ローマで発展した公衆浴場（thermae）についてはどうであろうか。閉ざされた空間であるとはいえ，そこは知らない者同士が肌を晒し合う場である。実はハドリアヌス帝（在位：後117～138年）が勅令を出すまで男女別々に入浴することを定めた決まりすらなく[19]，我々に残された史料からは男女問わずしばしば浴場で裸をさらしていた様子が窺い知れる[20]。保守的なローマのエリートですら，公衆浴場で裸となることに嫌悪感は抱いていない。公衆浴場の発達などにより，父子でも入浴は別であったという大カトーらの時代の慣習が変化したことは認められるが，しかし，依然として裸体での競技は憚られる傾向にあったのであり，時代が下り習俗に変化が見られても競技の場で裸体となることに対するローマ人の嫌悪感に変化はなかったといえるだろう。つまり，倫理的な面において，競技場は裸体となることを許容する場とはならなかったのである。以上のことは，プルタルコスの次の史料に全て言い尽くされているといえるだろう[21]。

> 　ローマ人はオイルでマッサージをすることをたいへん訝しく思っていた。また今日でさえ，ギュムナシオンやパラエストラ以上にギリシア人の隷属や女々しさの原因となったものはないと彼らは考えている。即ちそこは，都市において無為や時間の浪費だけでなく，男色と規則的な睡眠，歩行，リズミカルな動きや厳しい食事によって若者の身体の破滅を生み出す学校である。これらの行いによって，彼らは無意識にも武具の取扱いを疎かにし，素晴らしい兵士や騎士となるよりも，動きの速いアスリートやハンサムなレスラーと称せられることに満足してしまっているのである。いずれにせよ，人が戸外で裸となるとき，そういった結果を避けるのは非常に困難である。

ガーディナーは更に，ローマがギリシアと本格的に接触し始めた前2世紀のギリシアのスポーツは，アスリートの「プロ化」の波にもまれ頽廃し，かつての輝かしい時代は過ぎ去っていたためにこれがローマ人を魅了することはなかった，と補足説明をするが[22]，この点は全く評価できるものではない。ローマ人にとってギリシアの運動競技は何らの伝統でもなく，そのためにギリシアの黄金期に対する憧憬も抱かれなかったとするハリスの方が，より現実をよく踏まえた指摘であると思われる[23]。

　ところで，上記3点はローマ人がギリシアの運動競技を受け入れなかったという理由であり，ローマ人の国民性に運動競技の入る余地はない，というガーディナーの主張を裏付けるものとは言い切れない。ガーディナーだけでなく，彼に続く研究においても[24]，近現代のスポーツ文化と類似したギリシアの運動競技を「スポーツ」として，これを拒否して見世物ばかり発達させたローマにスポーツ文化を認めない傾向にあるといえる。つまり，ギリシアの運動競技を「スポーツ」であると設定し，ギリシアの比較対照物としてローマを扱えば，必然的にローマにおけるスポーツ文化の欠如が導き出されてしまうことになるだろう。古代ギリシアの一時期のスポーツ文化が我々のスポーツにとって理想的に見えるために，これを頂点としてその他の古代の時期を評価してしまう危険性に，我々は陥っていないだろうか。ジレが述べるように，スポーツの歴史の研究は「理想的なスポーツの観念に適応する運動競技にのみ限って」[25]行われてはならない。

2．競技祭への参加に関するローマ人のまなざし

　ところで我々は，どのような形式を整えていれば，ある身体文化を「スポーツ」的であると認識するのであろうか。それなりに整えられたルールに基づき，（ある程度）激しい身体運動を伴う[26]ことはいうまでもないだろう。ジレはスポーツを遊戯，闘争，激しい身体活動によって捉えたが，この観点に立てば，スポーツをレクリエーションと区別させる一つの判断材料は「闘争」の存在となるだろう。つまり，人，物，自然，時間など，各競技種目において定められた「対戦相手」に対し，己の能力を尽くして闘う，そういった闘争を目的

とした場の存在がスポーツには不可欠であるとジレは述べている[27]。

ギリシア・ローマのスポーツには，神や故人などへ捧げられる競技祭というそれぞれのパフォーマンスを公に発揮し「闘争」する場が与えられていた。オリュンピア祭典競技の例を出すまでもなく，ギリシア人にとってハレの舞台で己の運動能力を発揮することは広く認められた文化であった。これに対しローマでは，一般的に競技祭で競（演）技するのは身分の低い専門職の者たちであり，市民は観客としてこれを見るのが常であった。しかし，このような状況が生み出されるのには理由があった。前1世紀のネポスは次のように述べている[28]。

> ほぼ全てのギリシアでは，オリュンピアの勝利者は大きな栄誉によって公表されるものであった。演劇の壇上に向かうことや，人民の見世物となることさえも，この地のものは誰も恥ずべきことであるとは思わなかった。これら全ては，我々［ローマ人］にとっては，不名誉で，卑賤で，名声からかけ離れたものであると考えられている。

つまり，ギリシアでは認められていた競技祭などにアスリートとして参加する行為は，ローマ人にとってははしたない行為と目されていたのである。キケロもまた，最も尊敬に値しない職業は「快楽に仕えること」であるとして，その中にダンサー（saltator）を含めている[29]。

プリニウスはある高貴な家庭の老婆について語っている[30]。この人の家には黙劇俳優がおり，「暇なときはいつも普通の女と同じように駒遊びをして退屈を紛らしたり，自分の黙劇俳優をみたり」していたが，彼女がそうする時，男児の孫に向こうに行っているように命じた。プリニウスは彼女が孫を尊敬していたからそうしたのだと語っている。つまり，黙劇俳優の演技は，高貴な家庭の男児たる者が見入るものではないということであろう。

このように役者や競技場のパフォーマーに対して蔑んだ目で見る一方，ローマ人は大の見世物好きであったということも確かである。卑しい存在として蔑んではいるが，一方でキケロはパフォーマーに対する批評を正しく行っている[31]。

これらの証言が，ギリシアとの接触が本格化した当時のローマ社会における倫理観を代弁しているとすれば，彼らローマ人が，自らは見世物の観客席に居座り続けたとしても何ら非難されるものではなかった，といわなければならない。競技会などへアスリートとして参加することがスポーツの成立条件として求められるとすれば，その意味ではローマにスポーツ文化が花開く土壌が希薄であったといわざるをえない[32]。ガーディナーは明らかに専門職ではなく，自由な市民による競技会への参加をスポーツの成立条件とみなしており，それ故，彼の論理ではローマにスポーツ文化は存在しなかったことになる。

3．ローマ人のスポーツ

　それでは，ローマ人はスポーツを全く行わなかったのだろうか。軍事訓練としての体育は実践されていた。初期の体育の様子は，プルタルコスの『大カトー伝』によく表されているところである[33]。また若者によるマルスの原（Campus Martius）での運動は詩人たちの題材としてよく取り上げられていた[34]ことからも分かるように，ローマ人に運動習慣がなかったわけではない。
　オウィディウスはローマの日常的な遊びを伝えている[35]。それによると，男は玉転がし，槍投げ，輪回し，武具の遊び（レプリカの武器を使った模擬戦か？），乗馬などに興じていた。また，マルスの原での運動や用水路での水泳等も描写されており，日常的にレクリエーショナルなスポーツを楽しんでいたことが想像される。
　遊戯としてボールゲーム[36]も盛んに行われていた。保守的な人物と目されていた小カトー（前1世紀）も，マルスの原で身体に油を塗って（！）ボールゲームに耽ることもあったようである[37]。プリニウスも，ある尊敬すべき老人の生活の一場面を次のように描いている[38]。

> 　入浴の時間が伝えられると—冬は九時，夏は八時—太陽の下，もし風がなければ，裸で散歩する。そして，ボールを用いて幾らかきつめの運動をしばらくする。というのも，こういった運動によっても，彼は加齢と闘っているのである。

このように，健康維持を目的とした入浴前のボールゲームが盛んに行われていたようである[39]。

円形闘技場で行われる剣闘士や野獣狩りの見世物は，ローマの文化を象徴する最たるものの一つであるが，剣術の訓練は剣闘士に限らず行われていたようである。共和政末期，カエサルは娘の追悼のために剣闘士競技を開催すると発表したが，そのとき新人剣闘士の訓練を彼は元老院議員や騎士に任せている[40]。キケロは，クィントゥス・ウェロキウスなる人物が子どものときに剣術を学んでいた，と伝えている[41]。おそらく軍事訓練の一環としてであろうが，たしなみとして剣術を修めることは広く奨励されていたと推察される。我々に残されている史料によれば，後1世紀以降になっても，剣術によって汗を流す行為は行われていたようである[42]。マルティアリスは，入浴前の発汗を目的とした運動として，ボールゲームだけでなく剣術も描写している[43]。

野獣狩りも行われた。初代皇帝アウグストゥスは「キルクスに，戦車の御者や走者や野獣狩り闘士を，時に最も高貴な生まれの若者たちから送りだした」と，2世紀のスエトニウスは伝えている[44]。つまり剣術や野獣狩りが，上流家庭の師弟にとっての重要な教育材料であったと考えられるのである[45]。

このような訓練が高じてか，元老院議員や騎士といった身分のある立場でありながら剣闘士や野獣狩り闘士として競技場に降り立つ者が多数いた。しかし，史料の作者たちはこの行為をスキャンダルとして描いており，元老院決議（senatus consultum）などによって漸次的に禁止されていくが，禁止令を破ってアリーナに降り立つ者は後を絶たなかった[46]。表は史料から年代が確定できる関連事項をまとめたものである。

年　代	内　　　容	史　料
前46年	カエサル主催の競技祭にて（現役の）元老院議員が剣闘試合参加を希望するも，禁止される。しかし，騎士の参加は許される。	Dio, 43.23.5; Suet. *Div. Iul.* 39.1
前41年	アポロン祭において，騎士がキルクスでの競技で野獣狩りを行う。	Dio, 48.34.4; cf. Suet. *Aug.* 43.2
前38年	元老院決議により元老院議員の剣闘試合参加が禁止される。	Dio, 48.43.2-3
前29年	ユリウス神殿の奉献式にてエリートの師弟によるトロイア競技及び騎馬競技。元老院議員Q.ウィテッリウスが剣闘試合に参加。	Dio, 51.22.4

年代	内容	史料
前23年	マルケッルスが，主催した競技祭において騎士および高貴な生まれの女性を演劇に参加させる。	Dio, 53.31.3
前22年	元老院議員及び騎士の息子，孫による演劇参加が禁止される。	Dio, 54.2.5
前16年	L. ドミティウス・アヘノバルブスがプラエトルとコンスルに在任中，騎士と高貴な生まれの女性に舞台で黙劇を演じさせる。	Suet. *Nero*, 4
前2年	プラエトルのQ. クリスピヌスが，主催した競技祭で騎士と高貴な生まれの女性を演劇に参加させる。アウグストゥスはこれを黙認。	Dio, 55.10.11-12
後8年	アウグストゥスは孫の名においてキルクスで競技祭を催す。この時，一人の騎士が彼の健康を祈願して剣闘士として戦う。	Dio, 55.33.4
後11年	騎士たちが剣闘試合参加を望む。「禁ずる取り決めがないため」アウグストゥスはこれを許可する。	Dio, 56.25.7-8; cf. Suet. *Aug*. 43.3
後15年	ティベリウスは，息子ドルススの催した競技祭で騎士による剣闘試合参加を黙認する。しかしそのうち一人が剣闘試合で命を落とすと他の試合を禁止した。史料にみられるティベリウスの微妙な態度から，上記の後11年以後に騎士の剣闘試合参加が禁止されたと推測される。	Dio, 57.14.3; cf. Suet. *Tib*. 35.2

※ Levick (1983), Baltrusch (1989) を基に作成。

　以上から，エリートによる見世物参加は元老院議員そして騎士と順次禁止されていき，第2代皇帝ティベリウスの治世（後14-37年）に全般的な禁止が取り決められたと考えられる。しかしその後もエリートによる剣闘試合参加は度々生じたので，こういった取り決めは必ずしも遵守されなかったわけだが，エリートが競技会へ参加することが社会的に許容されるような風潮には決してならなかった点を強調したい[47]。

　日常的に訓練している身体運動を競技祭等の公の場で発表するという行為は，その内容が異なるものの，図式自体はギリシア人が行っていたスポーツと変わるところがない。しかしながら，ローマ人の伝統的倫理観のため，身分ある者たちは一般的に競技祭におけるパフォーマンス実践から締め出されていた。身分を問わず実践されていたボールゲームの競技会が存在しなかったことは，スポーツに関するローマ人の心性を表しているといえるのではないだろうか。

　しかし全ての競技の場から上流階級の者たちが締め出されていたわけではない。代表的なものはトロイア競技 (lusus Troiae)[48] であり，上流階級の子弟た

ちによって行われるこの競技は，騎馬を用いた一種の模擬戦で，他の競技と異なり排他的に彼らにのみその参加が認められていた。ある程度発展した文明であれば，社会的身分によりあるべき習俗が厳格に求められるのは当然であるが，このように一方で専門職による見世物，他方で上流階級にのみ認められた特別な競技が存在したことを挙げ，オリババがローマにおける身体文化の排他性を指摘するのは正しい[49]。健康やレクリエーションのためのスポーツが盛んであったとはいえ，ローマ人のスポーツは，今日の我々が目指すスポーツ・フォー・オールの考えとは全く異質の考えのもとに成り立つ文化であった。

おわりに

ギリシアの運動競技を「スポーツ」と設定しローマと比較することは，必然的にローマにおけるスポーツ文化の欠如という結論が導きだされてしまう。しかしながら，ギリシア人が当然のように行っていた競技会への参加は，ローマ人にとっては身分ある者の行うことではないと認識されていた。この観点に立てば，ローマ人にとってギリシア人は恥ずべき民族となる。他方，ローマにおいても私的な空間では走投跳やボールゲームだけでなく，剣術や格闘術の稽古が行われていた。しかし，トロイア競技等の一部例外を除き，パフォーマー，アスリートとして公の競技会に参加することは倫理的に憚られた。

以上のように，競技会における闘争を内包したギリシアのスポーツに対して，ローマのスポーツは，ジレの定義における闘争の欠如した，楽しみや健康を目的に実践されるものであった。アスリートとしての成功は，ローマ社会にあって成功者として認められるものではなかった。そのため，ローマの社会にあっては競技スポーツという概念が発達する土壌は皆無に等しかったといえる。しかし，一方で日常的なレクリエーショナルなスポーツがあり，他方で，全地中海地域から今日のドイツ，イギリスまで及ぶローマの版図では隈無く大規模なスペクタクルが実施された。競技スポーツのエクセレンスを追い求めるプロフェッショナルなアスリートが繰り広げるスペクタクルとしてのスポーツと，日常生活において健康増進や教育，あるいは単純な楽しみのために気軽に実施するスポーツは，現代を生きる我々にとってどちらも欠かすことのできな

いスポーツの要素である。そういう意味では，ローマによって完成された古典古代の社会におけるスポーツの研究は，スポーツの本質を考える上で重要といわなければならない。カイルが述べるように，ギリシアとローマを対比させるのではなく，スペクタクルをスポーツの重要な要素と捉えた上で研究を進めることが不可欠であろう[50]。

　また我が国では，2011（平成23）年6月24日，1961年制定のスポーツ振興法が半世紀ぶりに全面改正され，スポーツ基本法が成立し公布された。奇しくも嘉納治五郎が大日本体育協会を設立してから100周年となる節目の年に新法が成立したことは感慨深い。新法の内容や残された課題についてここで取り上げることはしないが、前文においてスポーツを「心身の健全な発達，健康及び体力の保持増進，精神的な充足感の獲得，自律心その他の精神の涵養等のために個人又は集団で行われる運動競技その他の身体活動」[51]とし、専ら教育と健康を目的としたスポーツを対象としていた旧スポーツ振興法から対象範囲が拡大されたことを指摘したい。このような我が国の状況を考えても，様々な効果が認められるスポーツのどの機能に着目して議論を進めるべきかという問題は，いま正に全てのスポーツの研究者に投げかけられている課題であるといえるのではないだろうか。

注
1) Kyle, Donald G., *Sport and Spectacle in the Ancient World*, Malden: Blackwell Publishing, pp. 18-21.
2) 高橋幸一．古代ギリシア・ローマのスポーツに関する研究動向—II. ローマ．スポーツ史研究．第6号（1993），41-47頁。
3) Kyle, op. cit.
4) Backhaus, W., "Öffentliche Spiele, Sport und Gesellschaft in der römischen Antike", in Ueberhorst, Horst, (hrsg.), *Geschichte der Leibesübungen*, Bd. 2, Berlin: Bartels & Wernitz, 1978, p. 246. Weiler, Ingomar, *Der Sport bei den Völkern der alten Welt*, Darmstadt: Wissenschaftliche Buchgesellschaft, 1981, pp. 232-237.
5) Gardiner, Edward Norman, *Athletics of the Ancient World*, Oxford: Clarendon Press, 1930.
6) ガーディナー．岸野雄三訳．ギリシアの運動競技．東京：ほるぷ出版，1982年。
7) Gardiner, op. cit., p. 46.
8) Ibid., p. 117-8.

9) Lucanus, *Pharsalia,* 7.270-272.
10) Cicero, *De re publica,* 4.4
11) Poliakoff, Michael B., *Combat Sports in the Ancient World. Competition, Violence, and Culture,* New Heaven/London: Yale University Press, 1987, pp. 99-103.
12) Plato, *Politeia,* 403e-404b; *Nomoi,* 796a-b. しかしながら，ローマ人はレスリングの有用性についても懐疑的であった．Cf. Silius Italicus, *Punica,* 14.136-137.
13) Nepos, *Epaminondas,* 2; 5.
14) Plutarchos, *Alexandros,* 4.6.
15) マルー，横尾壮英ほか訳，古代教育文化史，東京：岩波書店，1985年，324頁。小林雅夫，ローマ世界のねじれ現象—教師と医師の実態をめぐって—，地中海研究所紀要，第1号（2003），33-52頁。
16) Cicero, *Tusculanae Disputationes,* 4.33.70.
17) Plutarchos, *Marcus Cato,* 20, 6.
18) Plinius, *Epistulae,* 4.22.7.
19) Dio, *Historiae Romanae,* 69.8.2. *Scriptores Historiae Augustae, Hadrianus,* 18.11.
20) Martialis, *Epigrammata,* 2.52; 3.51; 72; 7.35. 大抵は男女で利用時間を変更して対応していたようであるが，ハドリアヌスの勅令は，そういった対応が徹底されてはいなかったことを裏付ける。
21) Plutarchos, *Quaestiones Romanae,* 40. ユウェナリスはその風刺詩の中で，ギリシア人がローマ社会に悪徳を持ち込んだとこき下ろしている（*Saturae,* 3.58-106）。
22) Gardiner, op. cit., p. 118.
23) Harris, Harold Arthur, *Sport in Greece and Rome,* Ithaca: Cornell University Press, 1972, p. 73.
24) Jüthner, Julius, *Die athletischen Leibesübungen der Griechen,* Wien: Österreichische Akademie der Wissenschaften, 1965. Lukas, Gerhard, Der *Sport im alten Rom,* Sportverlag Berlin, 1982. Harris, op. cit.
25) ジレ，ベルナール，近藤等訳，スポーツの歴史，東京：白水社，1952年，10頁。
26) チェスや碁など，いわゆるマインド・スポーツをスポーツに含めるかどうかの議論にここでは立ち入らない。
27) ジレ，前掲書，15-16頁。
28) Nepos, *De excellentibus ducibus exterarum gentium, Praefatio,* 5.
29) Cicero, *De Officiis,* 1. 150.
30) Plinius, *Epistulae,* 7.24.1-5.
31) Cicero, *De Oratore,* 1.16-20.
32) また，ガーディナー（Gardiner, op. cit., p. 119）やマルー（前掲書，289頁）が指摘しているように，ラテン語で「競技祭」を指す単語「ludi」は，ギリシア語「agones」と異なり，「競争」の意味をはっきりとは含まない。

33) Plutarchos, *Marcus Cato,* 20.3-5. 伝統的なローマの教育シーンとしてしばしば引用されるこの史料によれば，大カトーは自分の息子の体育の教師となり，「投槍や武器の扱いや馬の乗り方ばかりでなく，拳闘をしたり暑さ寒さに耐えたり，河の渦巻きや荒波を冒して泳ぎ渡ることまで教えた」．
34) Horatius, *Carmina,* 1.8.4f.; 3.12.7f. Strabon, 5.3.8.
35) Ovidius, *Ars Amatoriae,* 3.383-386. Fortuin, Rigobert W., *Der Sport im augsteischen Rom,* Stuttgart: Fanz Steiner Verlag, 1996, p. 379.
36) Harris, op. cit., pp. 75ff. Thuillier, Jean-Paul, *Le sport dans la Rome antique*, Paris: Errance, 1996, pp. 87-91.
37) Plutarchos, *Cato Minor,* 50.
38) Plinius, *Epistulae,* 3.1.8.
39) Petronius, *Satyricon,* 27. には入浴前に老人と少年がボールゲームに興じているシーンが描かれる．
40) Suetonius, *Caesar,* 26.
41) Cicero, *De Oratore*, 3.86-7.
42) Marttialis, *Epigrammata*, 7.32. Iuvenalis, *Saturae*, 6.246-251. Dio, *Historia Romanae*, 66.15.2.
43) Martialis, op. cit.
44) Suetonius, *Augustus*, 43.2.
45) マルー，前掲書，289-290頁．Moeller, W.O., "The Riot of A.D. 59 at POMPEII", in: *Historia*, 19 (1970): 84-95.
46) Ville, G., *La gladiature en Occident des origines à la mort de Domitien,* Rome: Ecole française de Rome, 1981, p. 262. Levick, B., "The *Senatus Consultum* from Larinum," in: *Journal of Roman Studies,* 73 (1983): 97-115 (esp. 114-5). Baltrusch, E., *Regimen morum. Die Reglementierung des Privatlebens der Senatoren und Ritter in der römischen Republik und frühen Kaiserzeit,* München, 1989, pp. 148-9.
47) こういった「スキャンダル」を記録する史料は多数存在する．Dio, *Historiae Romanae*, 59.10.2; Suetonius, *Caligula,* 27; *Nero*, 12.1. Tacitus, *Annales*, 14.14; *Histotia*, 2.62; *Scriptores Hitoria Augustae, Marcus Antonius*, 12.3-4; *Commodus*, 15.3-8 etc.
48) Toutain, J., "TROJA, TROJAE LUDUS", in: *Dictionanaire des antiquités greques et romaines d'apres les textes et monument*, Tom. V, 1919, pp. 493-496. Schneider, K., "Lusus Troiae", in: *Paulys Realencyklopädie der classischen Altertumswissenschaft*, XII-2, 1927, pp. 2059-2067. Gardiner, op. cit., pp. 126-127. 長谷川博隆，古代ローマの若者，東京：三省堂，1987年，201-211頁．
49) オリボバ，阿部生雄・髙橋幸一訳，古代のスポーツとゲーム，東京：ベースボール・マガジン社，1986年，187頁．
50) Kyle, op. cit., pp. 20-22.

51)「スポーツ基本法」http://www.mext.go.jp/a_menu/sports/kihonhou/attach/1307658.htm（最終アクセス日：2011年10月10日）。

カール・フェルカーの体操と
ロンドン体操クラブの設立（1826年）
―― 1820年代後半のロンドンにおけるドイツ式体操事情 ――

榊 原 浩 晃

はじめに

　イギリス体育史研究の一端では，ロンドンでの初期のドイツ式体操やその活動状況は，断片的叙述に限られている。1820年代初頭のP. H. クリアスによる軍隊や学校での体操指導から，1860年代のA. マクラーレンのオックスフォードの陸軍体操場での体操指導へと体操の系譜も簡単に叙述されてきた[1]。しかしながら，こうしたP. H. クリアスの体操の系譜とは別に，1820年代中頃からロンドンの限定的な地域における体操場の設置とロンドン体操クラブの設立を経て体操の指導や各種運動が日常的に実施されていた歴史がある。これらはドイツ式の体操（German style gymnastics）であると当時英語で紹介されており，カール・フェルカー[2]（以下，C. フェルカーとする）の渡英後に彼自身によって指導された内容であった。ドイツ語圏の文献のうち，K. C. ヴィルト博士の『スポーツ史年表』にも「1825年にフェルカーが渡英し，ロンドンのリージェンツ・パークの近くに体操場（Turnplatz）が設置され，1826年に体操クラブが設立された」[3]と記述されている。C. ディームの『スポーツと体育の世界史』にも同様の記述がみられる[4]。また，P. C. マッキントッシュも『社会におけるスポーツ』の中で「ヤーンの弟子の1人フェルカーが，わずかではあるがプロシアより自由な環境でトゥルネンを試してみようとロンドンにやってきた」[5]と述べている。

　M. クリューガーは，C. フェルカーの手稿の回想録（1879年～）を史料に用いて，カールスバートの決議[6]以降のトゥルナーの国外退去の動向とトゥル

ネンの伝播について新知見を提示している[7]。しかしながら，ロンドンでの体操活動と体操クラブの設立に関しては，J. プレスティジの『イギリス体操史』[8]や，W. ホーンの『エヴリーデイ・ブック』[9]に依拠して，体操活動を展開した事実を描写することにとどまっており，さらに検討する余地が残されている。

こうしたC. フェルカーの渡英後の初期の体操事情としてロンドン体操クラブの設立とその活動の一端を明らかにしたのが本稿である。ある史料にもとづいてロンドン体操クラブの設立時期をいつとみなすか，あるいはイギリス初期体操の系譜としての，その体操の内容論はどのようなものであったのかについては新しい知見を提示できよう。主たる史料として，イギリススポーツ史史料としては最初の週間スポーツ新聞として知られる*Bell's Life in London and Sporting Chronicle*（以下，『ベルズ・ライフ誌』とする）に所収の体操関連記事を解読した。

1．C. フェルカーの略歴と在ロンドン期間（1824年～1829年）

C. フェルカーは，1796年1月5日チューリンゲン（ドイツ中部）のアイゼナハに11人兄弟の長男として生まれた。そして，1884年10月2日サンクト・ガレン州（スイス）オーバートッゲンブルク（Obertoggenburg）近くのカッペル（Kappel）で死亡している。父親は，下士官軍人で，その後のヴァルトブルク城看守の役人であったという。C. フェルカーは，アイゼナハのギムナジウムで過ごした後，1813年から1818年まで，イエナ大学で法学，歴史，自然科学を学び，その間ルッツォーの志願兵団（Lützower Freikorp）に加わったことで，ヤーンをはじめ多くのトゥルナーと出会うのである[10]。カールスバートの決議以降，トゥルナーへの厳しい圧力が増す一方で，C. フェルカーの体操活動は，チュービンゲンで好意的に受け止められ，当地でトゥルネンの組織化に寄与した。チュービンゲン（西南ドイツ）の大学当局はフェルカーの活動や指導を高く評価し，50ドゥカーテンの国王奨学金を餞別として与え，フェルカーはスイスに渡るのである[11]。1819年ホフヴィル（Hofwil）で教師となり，その後クール（Chur）の州立学校の体操教師となっている[12]。その後の渡英への年月

は定かではない。2005年に刊行されたブルシェンシャフト（1818年前後の時代の学生組合）の会員に関する人物事典の中で，M. クリューガーは，カールスバートの決議によって，1824年8月20日以降にプロイセン，オーストリア，そしてロシア政府によってブルシェンシャフト会員の身柄引き渡し要求が加速され，C. フェルカーはスイスのグラウビュンデン地方政府の支援で，チューリッヒ，バーゼル，ストラスブルグ，オステンデ（ベルギー）を経て1825年の末頃イギリスに渡ったと述べている[13]。

K. C. ヴィルト博士によれば，C. フェルカーの在ロンドン期間は，1824年から1829年であったという[14]。史料的には，『ベルズ・ライフ誌』の中で1826年3月19日～1828年7月27日までは，C. フェルカーのロンドンでの体操活動の記録が存在する。ロンドンでの体操指導の後，C. フェルカーはリバプールに拠点を移し，セント・ドミンゴハウスという民衆の教育施設で体操指導に従事した[15]。その後，C. フェルカーは，1840年前後にスイスに再び戻り，新聞記者，地方議会代議士，ラインタール下流地方（district du Bas-Rheintal）の裁判所長官，農村協会共同創始者などを歴任し，鉄道建設やライン川河川整備のイニシャティブをとるなど社会的活動に従事した[16]。

2．ロンドン体操クラブの設立とC. フェルカーの体操の内容

（1）ロンドン体操クラブの設立

1820年代の中頃には，ロンドン市中でドイツ式の体操が一時的に流行していた。既に，C. フェルカーの体操活動と指導が軌道にのっているかのようである。すなわち，1826年3月19日の『ベルズ・ライフ誌』の最終ページの広告欄の片隅には，「体操運動の人気は，日増しに増加している」と述べられている。同誌には以下のような会議開催の呼びかけが続いている。

　　次の水曜日にロンドン職工学院（London Mechanics Institution）で1つの公開会議が開かれるであろう。その目的は，ロンドン体操クラブを設立するのに最も望ましい方法を深く議論するためである。指導者ウォーカー（Professor Walker）がその会議に出席するであろうし，あらゆる観点でそ

の問題を視野に入れ前向きな姿勢である[17]。

　その会議は，1826年3月22日の夕刻に召集され，サザンプトン・ビルディングス・チャネーリー・レーン（Southampton Buildings, Chaneery Lane）の職工学院の講堂で行われた。それは「首都圏で活動的な身体的運動を実践したり教授したりする教育機関設立の方法について話し合われた」という[18]。発言や議論の中で拍手喝采がしばしば生じていたというから，参加者からは賛同の声が上がっていたとみてよいであろう。

　資料には「マリルボン・チャーチ（Mareleboune Church）の向かい側に体操場があった」[19]というから，当時ロンドンの目抜き通りであるリーゲンツ・ストリート（Regent Street）の北端に位置するリージェンツ・パーク（Regents Park）の入口付近に屋外体操場があったと推定される。ロンドンの中で，この界隈の状況は，松村昌家の文献に詳しく，リージェンツ・ストリートがロンドンの町を華やかな貴族・上流階級の市街地とイースト・エンド（East End）の貧民街とを二分するものであったことが指摘されている[20]。また，「リージェンツ・パーク（当時はマリルボン・パーク）に，王室用の遊園地をつくり，周囲に数々の別荘風の建物をめぐらすことを考え，この公園とセント・ジェイムズ・パーク北東角にあった皇太子の宮殿カールトン・ハウスを結んで，南北にのびる大通りを建設する案を打ち出した」という[21]。それがリージェンツ・ストリートである。後に国王となるジョージⅣ世の摂政時代の華やかなロンドン市中の境遇の中で，ロンドン体操クラブの設立に賛同したのは，どのような人々であったのか。1826年3月26日の『ベルズ・ライフ誌』には，以下のように書かれている。

　　ロンドンの町の規模は，日々大きくなっているが，その依存状態をみると，いくつかの新しい運動が町の中心部で生活する人々に与えられるべき必要がある。西部，北部，南部とあらゆるフィールドや荒れた土地は毎日午後にクリケットやフットボールのプレーヤーによって，しばしば混み合っているものである。20年前と近年とではほとんど違いがない。町は，通りや四つ角で占められている。多くの人々のレクリエーションの手段を

備えているメリルボーンは，リージェンツ・パークの所有権の下で，閉鎖された。サザンプトン・ビルディングスの職工学院に住んでいる1人の男性が，最もたやすく，芝のグラウンドに足を踏み入れる前に，歩いて2マイルを要した。おそらく，王室の所有地でも，おそらくお情けであったのであろう。不法侵入者としてブライドウェル（Bridewell）の刑務所に送られないように，彼が足踏み入れたところは後始末をしておかなければならなかった[22]。

ロンドンの西部，北部，南部のスポーティング・フィールドの状況であるが，東部いわゆるイースト・エンドは記述がない。イースト・エンドを除くロンドンの人々に対して，ロンドン体操クラブの設立と体操場設置が関心事であったとしたら，活動の担い手は社会的に上流階級のジェントルマンか，労働者階級を除く新興中産階級であったと思われる。会員の匿名表記に「ジェントルマン」が使われていることとも符合する。その数ヶ月の経過後，体操クラブ設立後の活動が順調な様子を『ベルズ・ライフ誌』は以下のように伝えている。

　　こうした健康的で元気回復に役立つ娯楽が，首都圏のあらゆる地区に広がっていることをみると我々は非常にうれしく思う。当初の間では，体操運動の価値へ人々の関心を高めようとし，実際には，それに伴う結果に期待していた。つまり，それらが若者の娯楽になり，彼らの筋肉の発達や，弱くて繊細なところを発達させるために運動にもなるであろうし，彼らの力を徐々に爽快にするということを体操場で教えられているように，身体を適切な状態を完全につくり出すことにうまく適している運動というものは1つもない。そして，そのシステムは科学者，特に医療に従事している人々によって十分奨励されていることをみると期待が持てる[23]。

設立当時の議論に戻りたい。3月22日C.フェルカーが会議の席上で提示していた会費は，1人1ヶ月の会費2シリング6ペンスというものであった。この日にロンドン体操クラブの設立が決議されている。直ちに，土地の一部が借

用され，必要な器具が購入されたという記述が3月26日付けの『ベルズ・ライフ誌』に存在する[24]。そのシーズンは，3月から10月までであり，週に2回夕方に2時間ないし3時間があてられ，人々の便宜のために午後6時以降に始められたのであった。この時をもって設立時とみなせば，ロンドン体操クラブの設立は，1826年3月22日水曜日ということになる。ただし，このとき決められた会費金額は，2シリング6ペンスと安価であるが，およそ半年後9月25日の会員の1人であるG.クリュックシャンクの手記によれば，会費の料金体系は細かく設定されていたことがわかる。

　　　会費は1ヶ月1ポンド，3ヶ月2ポンド10シリング，6ヶ月4ポンドで，1年で6ギニー，6ポンド，20人のジェントルマンが一緒に，3ヶ月あたり1人あたり2ポンドづつ支払ってもよいし，6ヶ月3ポンド支払ってもよい。寄宿制学校の料金は，グループ料金が利用できて3ヶ月あたり2ポンド，6ヶ月あたり3ポンドである[25]。

この金額をみると，仮に1ヶ月1ポンドかかるとすると，2シリング6ペンスとは比較にならない高価な会費となる。

(2) C.フェルカーの体操の系譜

　C.フェルカーがロンドン体操クラブで，その指導に着手したことは明らかである。ここに，彼の体操の系譜の一端が紹介できる。W.ホーンの著した『エヴリーデイ・ブック』という単行本である。こうした娯楽・スポーツ関係の事典は1820年代以降いくつか出版されているが，この本の第1巻には，gymnasticsと題してイギリスにおけるドイツ式体操に言及した箇所がある。さらにロンドン体操クラブ（London Gymnastic Society）と題して，イギリスにおける体操の系譜とそこでの体操内容が紹介されている[26]。1826年の時点で，イギリスにおける体操とその系譜について，このW.ホーンの単行本は，以下のようにC.フェルカーを紹介している。すなわち，

　　　何年か前，C.G.ザルツマンによる体操に関する1つの著作がドイツ語

から英語に翻訳された。その指針は，実例を示した有用なものではなかったが，1つのセンセーションを生み出した。人々が，その当時体操について語り，処方された身体運動が望ましいものであることに共感した。しかし，それを取り入れようとする者は誰もいなかった。かなり深く考えられていたけれども，体操はつい最近まで実践されることはなかった。『エブリーデイ・ブック』の中の最初の記録が，この問題に人々の関心を呼び起こし，それゆえドイツ人であるC. フェルカーが，リージェンツ・パーク近くのニュー・ロード（New Road）のユニオン・プレイス（Union Place）の1番地に1つの体操場を開設したのである。（中略）この本の著者は，ニューロードのC. フェルカーを訪ね，評判の公演を見せつけられた。というのは，それらは行動様式の中に新たな特色を売り物にしていたからである。彼は，そのような施設が設立されたという情報を流したのである[27]。

ここでの問題はC. G. ザルツマンの体操書についてではない。しかし，その体操書の原書は，間違いなくJ. C. F. グーツムーツの『青少年の体育』（1793年）であろう。『青少年の体育』（*Gymnastik für die Jugend*）の英訳のロンドン版は1800年に出版されているが，その著者名はザルツマンとなっている。これは，1800年の訳書の88頁の注記によれば，ロンドン版英訳者がザルツマンの名前を意図的に掲げたものといえるという[28]。イギリスにおいて，青少年の体育の内容を受け継いだといわれているのがスイスの陸軍士官のP. H. クリアスである。彼は1822年に招聘されたとあるが，W. ホーンの著した『エヴリーデイ・ブック』の中でも「青少年の体育（Gymnastics for Youth）」と題してP. H. クリアスについての言及がみられる。

　　青少年の体育。この版画は，今季特に若い人々の健康が維持され，体格が生き生きとする単純な方法を表したものである。2フィートの幅を離して互いに2本の丸い平行棒のバーが，標準的に3フィートか4フィートの高さにしっかりと地面に固定され，体肢や筋肉を積極的に働かせる手段を少年たちに与えるものであろう。もし，1本のポールの両端が対する壁か

樹木に固定させられると，少年は1本のロープをよじ登ることを覚えるかもしれないし，ロープで身体を揺らしながらそれにつかまっていることを覚えるかもしれない。その版画は，青少年の気晴らしとして体操の運動に関心を向けさせることをねらって親たちや教師らの面前に置かれている。そして，それらはその問題に関して，信頼して用いられているクリアスの実用書に言及されている。彼のわかりやすい説明は，青年層への体操の重要性をこの本を読んだ全ての読者に納得させるにちがいない[29]。

P. H. クリアスの実用書は，書名の言及はみられないが，この実用書とは，『体操活動の初級コース』(1823) である[30]。ここで取り上げようとしているC. フェルカーとP. H. クリアスとは，系譜の上での位置づけの異なることを言及する必要があろう。P. H. クリアスは，グーツムーツの体操を継承し，一方のC. フェルカーはヤーンの体操（トゥルネン）を引き継いでいる。W. ホーンの単行本では，C. フェルカーの略歴が体操クラブの会員の1人で，当時著名な画家でもあったG. クリュックシャンクによって紹介されている。C. フェルカーの紹介箇所では，「私はヤーンの弟子の1人である」というようにC. フェルカーの自叙伝のように述べられ，以下のように続いている。

　私は，志願兵として従事していた誇りをもっている。そのキャンペーンが終息し，私は自分の学業に戻ったのである。私自身が，教師の任務のためには十分その資格を持ち合わせていると思っていたが，1818年にそれらが開始されたのであった。当初，私はアイゼナハの教育機関で体操運動を確立し，チュービンゲン大学でもそれを行った。これら確立されたものの中には，ヤーンや彼の弟子たちによって導入された同じような運動がほかにあったが，生徒らには新しい意気込みが分かち与えられた。少年，青年，成人男性はまもなく，運動の中に，柔和で弱々しくする楽しみよりも，身体の活力を強くする運動にいっそうの喜びを見い出した。増進された活力を意識することによって，精神も力強く活気づき，まさしく熟達するよう励んだのである。弟子たちは，それぞれ彼の面前で努力目標として「健全な身体に健全な精神（mens sana in corpore sano）」を目指していた[31]。

C. フェルカーは，この長い期間失われていた（身体的）技術を復興させたのはヤーンの功績によるものであるといい[32]，とりわけ，F. L. ヤーンに言及している。

　　1810年，彼はベルリンに体操場を設立した。青少年，成人男性からなる数多くの弟子たちは，まもなく数千人に増加した。彼の熱烈な熱意，彼の根気強い努力，そして彼の弟子たちへの力強い説得力のあるアピールは，彼らの身体を力強く活動的にするようにお互いに努力して競い合いそうした効果がもたらされるのである。しかし，1813年のドイツの人々の反乱は，突如陽気な遊戯を深刻な闘争へと変化させたのである。ヤーンや彼の弟子たちは，あえて武器をまとうことになったのである。彼らの多くは14歳の年齢であった。ルッツォーの志願兵団に加わったのであった[33]。

　C. フェルカーのF. L. ヤーンとの邂逅はドイツ解放戦争の1813年前後のことであろうと考えられる。このとき，F. L. ヤーンと多くのトゥルナーが立ち上がり，彼らがドイツ史の上で歴史的な役割を果たしたことは周知のことである。その後，体操活動が再開されると，C. フェルカーはチュービンゲンのブルシェンシャフトのリーダー的存在であったF. グレーターらと1817年10月のヴァルトブルク祭を契機に親交を深め，やがてチュービンゲンに招聘された[34]。C. フェルカーは当地でチュービンゲン・トゥルナー規則を制定し，大学生や市民の子弟にも体操を指導したという。そこでの体操場には，F. L. ヤーンのハーゼンハイデのように「遊戯場，走路，跳躍用の堀，登攀の支柱，平行棒，鉄棒，木馬，槍投げ場が設置され」[35]たという。そして，C. フェルカーの体操活動はチュービンゲン大学やヴュルテンベルクの国王からも注目され，政府高官の子弟たちも彼の指導の下で体操を行い，周辺の学校への体操の導入も検討されていた[36]。

（3）C. フェルカーの体操内容

　渡英後のC. フェルカーが指導を始めた内容は，W. ホーンの文献から知ることができる。C. フェルカーの体操の内容は7つの部分に分けられる[37]。これ

らの詳細は，W. ホーンの『エブリーデイ・ブック』に所収の記述内容に依拠している。

1）予備的な運動（The preliminary exercises）
　予備的な運動は，本質的に，腕，脚を強くし，それらの活動を増し，身体をしなやかな身のこなしにし，辛い作業にも身体を習慣づけさせるものである。また，他の運動に身体を備えさせるものである。

2）ランニング（Running）
　長い時間，同じ速さでのランニング。もし弟子たちが，あらかじめ決められたルールに従い，最初の6つのレッスンで少しの疲労も食い止めることができなくても，すぐに20分から25分で3イギリスマイルを走ることが可能となる。C. フェルカーの弟子の何人かは，息を大きく切らすこともなく，2時間続けて走ることができる。

3）跳躍（Leaping）
　幅跳び，高跳び，ポールを用いたり用いなかったりするもの。全ての弟子は，彼の腕力，脚の筋肉の活力がどの程度なのか，そして，望ましい身体の身のこなしが跳躍によって，特にポールを用いた跳躍によって増していくということを自覚するのである。ほとんど全ての人が，自分の身長の高さを飛び越すことを短時間の間に習得する。弟子の何人かは，10フィートあるいは，11フィートの高さを跳躍することができる。同じように，水平に身体の長さの3倍にあたるスペースを跳躍することを簡単に習得するのである。跳躍の距離が4倍になることさえある。

4）マスト，ロープ，梯子への登攀（Climbing up masts, ropes, ladders）
　マスト，ロープ，梯子の登攀。全ての弟子は，24フィートの高さのマスト，ロープあるいは，梯子を登攀することを習得する。6ヶ月の運動後，34フィート，あるいは36フィートに達することがある。この運動によって，腕を強くするのに非常に効果がある。

5）鉄棒や平行棒上での運動（The exercises on the pole and parallel bars）

　鉄棒上あるいは平行棒上での運動は，特に胸郭を拡張し，胸筋や背中のくびれを強くし，後者を柔軟にする。短時間のうちに，全ての弟子は前述の過程やルールを逸脱することのない運動を規定し，彼ら自身は不可能であると思いこんでいた運動を実施できるようになる。

6）跳馬の運動（Vaulting）

　跳馬の運動（Vaulting）は，筋力や活動を増進させ，望ましい身のこなしや姿勢にするための基本的な運動の1つと考えられている。それらは，身体のほとんどすべての部分を使い，身体的能力を向上させるものである。そして，それ自体技術としてこれまでも常に教えられている。3ヶ月で幾分完成度を増すようにもっていくのである。

7）広刃を用いたフェンシング，槍投げ，レスリング，その他の多くの運動
　　　（Fencing with the broad sword, Throwing lances, Wrestling, and many other exercises）

　これらの運動は，次から次へと変化している。一般的に身体の各部分は一方が働き，他方が休止している。全てのレッスンは，1時間半から2時間がそれに当てられる。その長さは，運動の練習に必要となる努力の度合いに依存している。

　これらの運動は，第1に，手や脚の予備的な運動で，それらはクラブの会員に筋力や機敏さを与え，他の運動のために身体を備えるのである。第2に，鉄棒・平行棒は，3フィートから5フィートの高さに弟子の身体の大きさに応じて設定される。その運動では，腕で身体を持ち上げ，様々な方向に脚を揺らしたりするのである。この運動は胸郭を広げ，腕や身体の筋肉に大きな力を与えるのである。

　第3に，柱によって支えられた垂直の円筒状のポールは，演技する人の身長に応じて5フィートから8フィートの高さがある。一連のバラエティーな運動がこのポールの上で行われるのである。例えば，腕で身体を持ち上げたり，腕だけで，一方の端から他方の端へ移動したり，飛び上がったり，あらゆる方向へ身体を揺らしたりすること等である。

第4にあん馬，馬の体幹のような形状の大きな木製の1ブロックである。この上で飛び跳ねたり何回も辛抱強く積極的に動き回るものである。
　第5に，ポールを用いたり用いなかったりする幅跳び，高跳び，第6に，様々な高さのマスト，ロープ，梯子への登攀，第7に，槍投げ，時間を長く，同じ速度で走ること，ぴょんぴょん跳ぶことなどであった。
　このようにC.フェルカーの運動には，走，跳（幅跳び，高跳び，棒を用いたり，用いなかったりするもの），マスト，ロープ，梯子への登攀，鉄棒，平行棒，飛び越え，広い刃の刀を用いたフェンシング，槍投げ，レスリング，片足跳びが含まれていた。

3．支部体操場設置とその閉鎖

（1）支部体操場の設置

　支部体操場の設置についての会議がベスナル・グリーンのブラインド・ベガー・タバーン（Bethnal Green, the Blind Beggar Tavern）で開かれ，B.ギルクライスト博士が議長をつとめた。出席者の中には，ブラック博士，陸軍大尉（Capt.）R.N.モリソン，ペントンヴィル（Pentonville）の体操学校教師であるジョーンズ（Johnes），およびJ.レイノルズが含まれていた。J.レイノルズはゴスウェル・ロードのチャートウェル・ストリート（Goswell Roard, Chadwell Street）の2番地のあるジェントルマンの教育機関（gentlemen academy）の経営者であった[38]。

>　先週，ある支部体操場が町のウエスト・エンド（West End）のユニオン・プレイス（Union Place），マリルボーンの体操指導者C.フェルカーの土地にオープンした。流行が追い風であり参加者もあった。水曜日に，別の支部体操場がハクニーにオープンした。体操クラブそのものの会員は1,300名を越えていた。こうした外来体操への傾倒は，最も知的職業に従事する若い男性たちの間に広まっていったように思われる。彼らは，座業の職業に就いていたのであった。まともな体操クラブの会員らは，これらの運動で彼ら自身の名前が知れわたることを心配していた[39]。

1826年8月の時点で体操クラブの本部と，それ以外に，2箇所の支部体操場を擁していたことになる。体操クラブそのものの会員は1,300名を越えることになり，一時期の流行を物語っている。会員の多くは，知的作業に従事していたジェントルマンらであり，社会的には新興中産階級か，上流階級の人々であった。

（2）C.フェルカーの支部体操場閉鎖とP.H.クリアスの弟子らの挑戦

1827年1月13日になって，ロンドン体操クラブの最初の半年ごとの総会が開かれた。議長には，会長のB.ギルクライスト博士があたった。1月13日水曜にシティ・ロード（City Road）のランカストリアン・スクール（Lancastrian School）の大部屋でその会議は開催された。「その部屋は大きく，ところどころ日光が射し込んでいた。そして，そこには厳しい霜が降りていた。集まった会員は黒っぽい色のマントや外套で身体を覆っていた。彼らは，はっきりとした目的もなく，奥行きのある長椅子に見合った一団のような様子であった」という[40]。

体操クラブは，イスリントン（Islington）の体操場に備えられている器具を設置したり，土地を調達するのに，資本金の支出でまかなわれたということが議論となった。さらに，まともな会員たちが大勢加入したことで，彼らの熱意は，首都圏のシステムを永続的に採用することを受け入れていったことは疑いない。しかしながら，イースト・エンドやサザーク（Southwark）で支部体操場の設置の費用を支払うことができず，この労苦によって，体操クラブは損失を被っていたというのである。委員会はまた，適切な会計の実施を怠ったずさんな管理のために幹事を解雇したことを暴露したのである。その後の報告によると，難しい運動実施による事故報告などもあり，体操クラブでの会務に支障が生じていたことは疑いない[41]。

1827年5月9日水曜日に委員会の報告を受けて本部の体操クラブの総会が開かれた。議長は，初期の資本金の支出は，首都圏の西部や東部の体操場と共に，主要な体操場運営のための資金が底をついたことを報告したという。加えて，議長であるB.ギルクライスト博士は，支部体操場運営のための資金の返済も議論された。その上，体操クラブでの活動の中で，体操活動によって会員

が身体的に不適応を起こしていたことも問題提起されたが，委員会の一員であり，有名な医者であるG.クリュックシャンクは，答弁として以下のように述べている。「1,000名近くの会員の中では2つの小さな事故が起こっただけである。2つの事故とも，個人が注意を怠ったことによるものである」[42]とC.フェルカーを弁護した。また，C.フェルカー自身にも苦悩の様子が降り掛かっていたようである。『ベルズ・ライフ誌』に書かれている以下のような記述を我々は目にすることができる。

　　C.フェルカーが十分な設備や器具を備えるのに既に背負い込んだ費用は，かなりのものであり，彼の契約条件は極端に安価なものであったが，少数の彼の弟子はどうしても彼に報酬を与えることはできなかった。それゆえ，彼はこの町で体操の普及に務めねばならなかったのである。指導者自身のことに関して，彼は弟子たちが彼を推薦するだけあって適任な人であった。彼の実施する運動は洗練されたものであり，彼の関心や苦労に匹敵するだけのことはある。彼の柔和で謙遜した容姿は，彼を知るあらゆる人が心を打たれている[43]。

クラブ運営は不明な点が多い。しかし，体操祭の華やかな面は，『ベルズ・ライフ誌』の誌面を賑わしていた。1827年の春には，「国民的な体操のイベントを促進しようとする冒険的事業（venture）」[44]が開催されたとある。おそらく体操祭的なものであろう。

　　多くのジェントルマン，体操のパトロンは，何日か彼の土地でプレーすることに関して，彼らは非常に感謝に耐えない立場で，バターシー・フィールズ（Battersea Fields）の囲い地の持ち主を訪問した。彼らは，あらゆる地方からのプレーヤーが与えられる賞に満足しなければならないということを意図して，その日取りは手短に決められるであろう。首都圏近郊で後の時代に獲得されるかもしれないようないかなるものよりも，かなり大規模なものなのである[45]。

そして，7月18日水曜日にも，ロンドン体操祭（London Gymnastic Festival）がペントンヴィルで開催されている。冒険的事業と題する体操祭については，多くのことは判然としていない。体操クラブの会員がどの程度関係しているかどうかという点も不明である。

　　　ロンドン体操クラブの会員やC．フェルカーの弟子の何人かの者たちの年次総会あるいは体操祭は，水曜日の午後，ペントンヴィルのグラウンドで行われた。そこには，弟子の後援者の何人かの者や他のえり抜きの観衆がいた。最も経験を積んだ弟子たちが，広く賞賛を呼び起こすそぶりの運動をやってみせたのである。おそらく，鉄棒の運動は最も望ましいものであった。幾分，極端に難易なものも演技されたが，非常に力強く，優美さが感じられた。また，棒を用いて見事な跳躍もみられた。際だって優秀なものはC．フェルカーによって（運動の）分類がなされたものであった[46]。

同様な体操祭は翌年の7月にも開催されている。

　　　体操祭：木曜日にペントンヴィルのグラウンドでこの祭典が実施された。夕暮れの兆しがたちこめ，グラウンドもじめじめしていたにもかかわらず，多くの人々が集まっていた。たとえどんな種類のものであっても，運動競技的な運動を見せつけるスペクタクルは常に満足したものであった。力比べで全てにわたって男性的な調和のとれた何らかのものが存在したのであった。演技は，必然的に楽しみを与えるものでなくてはならない。現状については，特にそのようなのであるが，数多くの女性が存在し，むしろ彼らに認められることによって，不思議なくらいに体操を演技する者たちの力強さが増しているように思われる。特に機敏に演技する内容の多くが夜間の時間中，人々を魅了していたのである[47]。

「体操場本部は，朝と夕方には観衆にとって公共の憩いの場として人気のある場所になっている」と伝えられている[48]。支部体操場の設置のロンドン各地区への拡充は，会員獲得と財源の確保をねらったものとみられる。体操祭開催に

第Ⅰ部　西の大地との対話　31

よる華やかな宣伝の反面，1820年代にイギリスにおける体操をめぐってその主導権争いの存在を暗示する記事も存在した。C. フェルカーには2人のライバルがいたというのである。M. ヴォアリノとS. テデスチである。彼らは，以前にP. H. クリアスの助手であった人たちであった。その記事は「体操指導者への挑戦状（A Challenge to the Professor of Gymnastics）」と題して，C. フェルカーの体操指導に対する他の体操指導者の挑戦である。その紙面自体は，以下のような所見を記している。

> 彼らのライバルが挑戦を受け入れ，思い切って立ち上がってきたら，現時点ではあまり一般的ではない関心を公開することになろう。そうすれば，あらゆる種類の競技的な運動は，非常にポピュラーになっていくであろう[49]。

しかしながら，それに対する反応はみあたらないようである。そうした挑戦は，11月12日にも補足の記事で繰り返されていた。そして，彼らは同月12日にフィンスベリー・プレイス（Finsbury Place）のミスター・マシューの乗馬学校（Mr.Mathews' Riding Academy）で体操教室を開くことを情報公開している。そして，P. H. クリアスの教えを受けた体操家らのC. フェルカーへの対決姿勢は，以下のような記述に表れているといえよう。

> C. フェルカーが異なる複数の教育機関に資金を当てていたことは，M. ヴォアリノは既に情報をつかんでいる。C. フェルカーはイギリスで最初（の体操場）であると断言しているが，ロンドンでは，M. ヴォアリノが体操教師であり，その地位を得ているのである。C. フェルカーがM. ヴォアリノの再三繰り返している挑戦を受け入れ，C. フェルカー自身の断言を確かめる機会を持つように要望する[50]。

さらに，「ミスター・マシューの乗馬学校では，体操教室は毎週月・水・金曜の夜7時から9時まで続けられている」[51]と述べられている。ロンドンでの体操の普及をめぐっては，C. フェルカーの取り組みとは別に，こうしたP.

H. クリアスの教えを受けた弟子たちが，ロンドンでの体操指導をめぐってC. フェルカーとの主導権争いに挑んでいたことも明らかである。

おわりに

　ロンドン体操クラブの設立（1826年3月22日）以降，体操クラブの活動が確認できるのは1826年から1828年までの数年間である。C. フェルカーは，支部体操場の設置をロンドン市中に拡張しようとしていたとみられる。しかし，1820年代後半のロンドンで体操に興じていたのはジェントルマンといわれる社会的に富裕な人々であった。これらの体操内容のうち，特に，跳躍，マスト，ロープ，梯子への登攀，鉄棒や平行棒上での運動，跳馬の運動など，やはりドイツのトゥルネンとの系譜を思わせる。渡英当初のC. フェルカーの体操は，彼がかつて指導していたチュービンゲンでの学生や市民の子弟の体操内容と同様に好評を博していたと考えられる。しかし，彼より先に渡英し体操指導していたP. H. クリアスや彼の弟子たちの存在と彼らとの体操の主導権争いも存在した。開設した支部体操場が閉鎖に追い込まれ，体操クラブ活動が挫折していたことも事実であった。しかし，ロンドン体操クラブの設立とその活動は，イギリスにおける体操の系譜に地域の体操クラブ設置の痕跡を残している史実ととらえられる。さらに，体操祭開催の様子からはC. フェルカーの体操活動やその内容が，1820年代のロンドンにおいて一時期好評を博するかのように宣伝されていたことも判明した。

　［付記］
　本研究は2011年度科学研究費補助金（基盤研究（C）課題番号21500563「イギリス民衆教育草創期の身体教育と体操実施に関する身体運動文化論研究」）に基づく研究成果の一部である。

注
1) McIntosh, Peter C., *Physical Education in England Since 1800*, London: G.Bell and Sons, revised enlarged ed. 1968, pp.77-106.
2) カール・フェルカーの人名の原語表記は，ドイツ語ではKarl Völkerである。英語表

記は Carl Voelker であり，英文の一次史料ではこの綴りが使用されている。
3) Wildt, K.C., *Daten zur Sportgeschichte, Teil II Europa von 1750 bis 1894*, Schorndorf: Verlag Karl Hofmann, 1970, p.39.
4) Diem, Carl., *Weltgeschichte des Sports und der Leibeserziehung*, Stuttgart: Cotta, 1960, p.704.
5) McIntosh, Peter C., *Sport in Society*, London: Watts, 1963, p.58.
6) 1819年，ウイーン会議（1814年）を主催したオーストリア首相のK. W. L. F. メッテルニッヒは，プロイセン政府の同意を得てカールスバートに10名の主要邦国の大臣らを参集させ，ブルシェンシャフトや学生の秘密結社を禁止し，彼らに対する厳重な監視の義務づけや，出版書物の検閲，扇動者取締りのための中央捜査委員会の設置を決議した。このことを「カールスバートの決議」とドイツ史一般では理解されている。成瀬　治ほか，世界歴史大系　ドイツ史 2 —1648年〜1890年—，東京：山川出版社，1996，228-229頁。
7) Krüger, Michael, "Karl Völkers und die Anfänge des deutschen Turnens in England", in: Annette R. Hofmann, Michael Krüger (Hrsg.), *Südwestdeutsche Turner in der Emigration, Schorndorf*: Karl Hofmann, 2004, pp.11-26.
8) Prestidge, Jim, *The History of British Gymnastics*, Berkshire: British Amateur Gymnastics Asociation, 1996.
9) Cruikshank, George, "Gymnastics", in: Hone,William, *The every-day book; or everlasting calendar of popular amusement, sports, pastimes, ceremonies, manners, customs and events, incidents to each of the three hundred and sixty-five days, in past and present times.* Volume 1, London: William Tegg, 1826, pp.1315-1323.
10) Dvorak, Helge, *Biographisches Lexikon der Deutschen Burschenschaft*, Bd.1, Teil.3. Heidelberg: Winter, 2005, pp.144-148. And Kaupp, Peter, *Stamm-Buch der Jenaischen Burschenschaft, Die Mitglieder der Urburschschaft 1815-1819*, Köln: SH-Verlag, 2005, pp.172-173.
11) Krüger, Michael, *Von Klimmzügen, Aufschwüengen und Riesenwellen, 150 Jahre Gymnastik, Turnen, Spiel und Sport in Württemberg*, Tübingen: Silberburg-Verlag, 1998, pp.16-17. および，M. クリューガー，有賀郁敏訳，カール・フェルカーと英国におけるトゥルネンの始まり，立命館産業社会論集，第44巻（2009）第 4 号：166-167頁。
12) Godet, Marcel, *et al.* (Eds.), *Dictionnaire historique et biographique de la Suisse*, Neuchatel: Administration du Dictionnaire historique et biographique de la Suisse. 1919, p.160.
13) *op.cit.*, Dvorak, Helge, *Biographisches Lexikon der Deutschen Burschenschaft*, p.145.
14) *op.cit.*, Krüger, Michael, "Karl Völkers und die Anfänge des deutschen Turnens in England", p.23.
15) *op,cit.*, Turler, Heinrich (Eds.), *Dictionnaire historique et biographique de la Suisse*, p.160.

16) *op.cit.*, Wildt, K.C., *Daten zur Sportgeschichte, Teil II Europa von 1750 bis 1894*, p.39.
17) *Bell's Life in London and Sporting Chronicle*, Vol.5 (1826) No.212, (19th March, 1826)
18) *ibid.*, Vol.5 (1826) No.213, (26th March, 1826)
19) *ibid.*, Vol.5 (1826) No.212, (19th March, 1826)
20) 松村昌家，都市文学の誕生ピアス・イーガン「ロンドンの生活」．松村昌家ほか編，英国文化の世紀2 帝国社会の諸相．東京：研究社出版，1996．31-32頁．
21) 同上書．31-32頁。およびSummerson, J., *Georgian London*, London: Barrie and Jenkins, 1978, p.181.
22) *op.cit., Bell's Life in London and Sporting Chronicle*, Vol.5 (1826) No.213, 26th March, 1826.
23) *ibid.*, Vol.5 (1826) No.230, 23th July, 1826.
24) *ibid.*, Vol.5 (1826) No.213, 26th March, 1826
25) *ibid.*, Vol.5 (1826) No.213, 26th March, 1826
26) *op.cit.*, Hone, William. *The every-day book*, p.1318.
27) *ibid.*, p.1316.
28) Salzmann, C.G., *Gymnastics for Youth: Practical Guide to Healthful and Amusing Exercises for the Use of Schools An Essay toward the Necessary Improvement of Education, Chiefly as it relates to the Body*, London: J.Johnson, 1800, p.88.
29) op.cit., Hone, William, *The every-day book*, pp.19-20.
30) 体操書の正式名称はClias, Peter Heirich, *An Elementary Course of Gymnastic Exercises; intended to Develop and Improve the Physical Powers of Man*, London: Sherwood, Jones & Co., 1823. である。
31) *op.cit.*, Hone, William, *The every-day book*, pp.1317-1318.
32) *ibid.*, p.1317.
33) *ibid.*, p.1317.
34) 有賀郁敏．19世紀前半のチュービンゲンにおけるトゥルネンとトゥルナー組織の規則．阿部生雄編．清水重勇先生退官記念論集：体育・スポーツ史研究への問いかけ．京都：清水重勇先生退官記念論集刊行会．2001．62頁．
35) 同上．62頁。
36) 同上．62頁。
37) *op.cit.*, Hone, William, *The every-day book*, pp.1315-1324.
38) *op.cit., Bell's Life in London and Sporting Chronicle*, Vol.5 (1826) No.234, (20th August, 1826)
39) *ibid.*, Vol.5 (1826) No.234, (20th August, 1826)
40) Anonym, The London Gymnastic Institute, *Sports History*, 1985 (No.6), Kent: J. Guulstone, p.13.
41) *ibid.*, pp.13-14.

42) *op.cit., Bell's Life in London and Sporting Chronicle*, Vol.6 (1827) No.272, (13th May, 1827)
43) *op.cit.*, Hone, William, *The every-day book*, pp.1317-1318.
44) *op.cit., Bell's Life in London and Sporting Chronicle*, Vol.6 (1827) No.270, (29th April, 1827)
45) *ibid.*, Vol.6 (1827) No.270, (29th April, 1827)
46) *ibid.*, Vol.6 (1827) No.282, (22th July, 1827)
47) *op.cit., Sports History*, 1985 (No.6), pp.14-15.
48) *op.cit., Bell's Life in London and Sporting Chronicle*, Vol.5 (1826) No.234, (20th August, 1826)
49) *ibid.*, Vol.5 (1826) No.241, (8th October, 1826)
50) *ibid.*, Vol.5 (1826) No.246, (12th November, 1826)
51) *ibid.*, Vol.5 (1826) No.246, (12th November, 1826)

スポーツカタログにみる
アイルランドの近代スポーツ
―― *Handbook of Cricket in Ireland 1865/66-80/81* を手がかりに――

榎 本　雅 之

はじめに

　イギリス（United Kingdom）は18世紀から19世紀にかけて，産業革命による科学技術の発達を背景に，世界中に植民地を拡大した。世界各地に散らばったイギリス人は，自国で行う自分たちのスポーツを各地に伝えた。世界中の人々がいろいろなスポーツ用語を英語から借りているのは，近代スポーツのほとんどがイギリス起源だからである。このように，近代スポーツはイギリスの植民地拡大とともに，イギリスから世界各地へと伝播していった[1]。

　この現象は地理的にイギリスの隣に位置するアイルランドも同様だった。すでにクリケットは，クロムウェルがアイルランドを侵略した頃から，その存在の記述があり[2]，19世紀になると，フットボール（ラグビー，サッカー）やボート競技など，イギリス生まれの近代スポーツが，アイルランドに次々と伝播した。また，イギリス人は単にスポーツのプレーやルールだけでなく，クラブや協会といった組織の形態や大会の運営形式など，近代スポーツシステムもアイルランドに持ち込んだ。

　こういった近代スポーツの伝播に対する抵抗として，1884年に設立されたGAA（Gaelic Athletic Association）が取り上げられる[3]。GAAは，アイルランド各地で古くから行われていたハーリングやゲーリックフットボールなどの国民的娯楽（national pastimes）を復活させるために設立された。GAAは設立後すぐに，統一ルールの作成や会員制のクラブを組織するなど，イギリス的な方法を用いて，アイルランド固有のスポーツを運営した。そして，19世紀末から20世

紀初頭にかけて高まるアイルランドナショナリズムと呼応し，その組織や社会的影響力を拡大させる。このため，GAAは単なるスポーツ組織ではなく，イギリスに対抗する，アイルランド文化を守る代表例とみなされている。

しかしながら，設立期のGAAは，単なる伝統回帰思想を持った民族主義者の集まりではなく，アイルランド各地で行われていたハーリングやゲーリックフットボールのルールの統一，成文化や，会員規約の制定など，当時としては極めて先進的な近代スポーツ組織だったと言える。例えば，初期GAAの主要スポーツ活動であるアスレティクスの大会運営は，イギリスの大会と類似したスポーツ種目を実施し，GAA設立以前に行われていたイギリス式の大会をほぼ踏襲する方法で行われていた[4]。ただし，イギリスのアマチュアルール下では参加できなかった多くのアイルランド人の大会参加を認め，アイルランドにおけるその存在価値を明白にした。そして，こういった大会運営の成功により，組織の基盤を固めたGAAは，イギリス式のスポーツをプレーすることはおろか観戦することさえも禁止し[5]，近代的なスポーツとして生まれかわったアイルランドの伝統的なスポーツ，ハーリングやゲーリックフットボールを定着させた。

これまでのアイルランドにおける近代スポーツ史研究は，イギリスとの政治的・文化的な対立や，イギリスの近代スポーツの流入を阻んできたという強い存在感からか，GAAを中心に論じられてきた[6]。そのため，アイルランドで行われたイギリススポーツに関する研究は，クリケットやラグビーなど個別のスポーツ史や，トリニティカレッジ（Trinity College, Dublin，以下，TCD）のスポーツクラブに関する歴史研究が散見されるのみである。これらの研究はアイルランドにイギリスの近代スポーツが伝播している事実を断片的に示すものの，どのようなスポーツがアイルランドに伝播していたのかを示すには不十分である。TCDのスポーツクラブ史研究を行ったウエストは，19世紀の半ばには，アイルランドからイングランドのパブリックスクールで学ぶ学生が増え，その卒業生がアイルランドに戻り，TCDに入学することで，イギリスのスポーツを持ち込んだことを指摘している。学生達は，TCDでクリケットやフットボールなどのクラブを組織し，その卒業生達はアイルランド各地にそれらを広めた[7]。

以上のことから本稿は，TCDの近くにあったクリケット用具店，ローレンスの店が1866年から1881年にかけて毎年発行していた『Handbook of Cricket in Ireland』（以下，ハンドブック）に掲載されたスポーツ用具のカタログを手がかりに，GAA設立以前のアイルランドで入手可能だったスポーツ用具を明らかにする。1881年のセンサス[8]では，クリケット用具店はローレンスの一店のみであり，店の立地も，TCDに非常に近いことから，TCDの学生やクラブの関係者が，ローレンスの店でスポーツ用具を購入していた可能性が高い。スポーツ用具のカタログから，アイルランドの近代スポーツの全体像を指摘するには限界があるものの，スポーツ用具は近代スポーツが伝播し，普及するためには必須であり，この点を明らかにすることはアイルランドのスポーツ史研究において，一定の意義を持つ。

1．ハンドブックについて

　本稿で用いるハンドブックは，TCDに隣接するグラフトンストリート（Grafton St.）にあるクリケット用具店オーナー，ローレンスが1865/66シーズンから1880/81シーズンまで16年間出版した。ローレンスの店は，TCDの学生やその卒業生らがスポーツクラブの会議を開く場所として利用しており，TCDの学生たちと密接な関係があったと考えられる。ローレンスは第1号の序文で，アイルランドのクリケットを促進していくためにこのハンドブックを作成すると述べている。
　ハンドブックに掲載されている

図1　ハンドブック第1号の表紙
（Handbook of Cricket in Ireland：第1号）

のは，アイルランド各地のクリケットクラブの成績，クリケットの規則，クリケットフィールドの作り方，クリケットクラブの結成方法の他，各号にバラつきがあるもののアスレティック大会の結果，フットボールクラブの成績，アーチェリー，自転車クラブについてなど，ローレンスがスポーツ用具を販売するためか，アイルランドで行われた各種スポーツについて掲載されている。これらは主に各クラブや大会運営組織からの報告を収集し，掲載している。

ハンドブックに掲載されているスポーツ用具には，商品名，価格のほか，用具によってはその挿絵が掲載されている。また，例えば，クリケットのレッグガードには，「高級皮ストラップとバックル」，「中級皮ストラップとバックル」，「少年のレッグガード」というように，同一の用具に複数の種類が掲載されている用具がある。

本稿では，ダブリンのTCDの図書館に所蔵されているハンドブックを用いるが，1866/67シーズンの第2号がなく，1871/72シーズンの第7号はカタログのページが欠落している。したがって，本稿では第1号，第3～6号，第8～16号のハンドブックに掲載されたスポーツ用具について検討する。

2．ハンドブック発行時期のTCDのスポーツ

本稿で用いるハンドブックは，1860年代から1880年にTCD近くのローレンスの店で発行された。TCDは当時のアイルランドにおける近代スポーツ活動の拠点であったことから，TCDの概要とハンドブック発行時期までに結成されたスポーツクラブについて，主にウエストの『The Bold Collegians』[9] から整理し，研究対象期の背景を把握する。

（1）TCDについて

TCDはダブリン大学の唯一のカレッジとして，エリザベス一世により，1592年に設立された。設立当初はアイルランドの大半を占めるカソリックの学生の入学は認められなかった。1793年にカソリック教徒の入学が許可され，1850年になると学生の10人に1人はカソリック教徒となっていた。また，1873年まで，大学を運営する学長や上級フェローは通常，国教会の聖職者だった。

大学には，ナショナリストとは異なる急進的な改革思想の学生もいたが，1800年のアイルランド統合（Act of Union）以来，1922年の廃止までユニオニズムの砦だった[10]。TCDは，アイルランドの一般的な若者が学ぶ場所というよりも，主にアイルランドに住むイギリス系の若者が学ぶ場所だった。

TCDのスポーツ活動施設は，1684年にボウルズをプレーするためのボーリンググリーン，1694年にファイブズのコート，1741年にフランス式のテニスコートが設置されている。しかし，17，18世紀において，ボウルズやファイブズ，フランス式テニスが行われた記録はない。18世紀初期には，8エーカー程度の芝のグラウンド，カレッジパークが作られ，多くのスポーツ活動が行われた[11]。

1845年，ローイングクラブがリングスエンド（Ringsend）にボールアレーを建てた。1849年には，学生たちが理事会に対して，ボールコートの建設を要求した。この要求は拒否されたが，理事会は1862年にラケッツコート，1872年に体育館を建設するために資金を提供する。同年，体育館で行われた公開大会では，跳馬（Vaulting），ボクシング，フェンシング，インディアンクラブ，水平棒，ブランコ，ロープとポール登りなどが大観衆の前で行われた。また，クリケットの専用グラウンドは1842年に設置されている[12]。

19世紀の半ばになると，アイルランド出身で，イングランドのパブリックスクールで学ぶ学生が増えていた。1885年の時点では，少なくとも1000人のアイルランド人の少年がブリテン島に渡っている。彼らは帰国後，TCDに入学し，イギリス式のゲームをアイルランドに持ち込んだ。また，パブリックスクールで行われたように，アイルランドの地方で伝統的に行われていたそれぞれのゲームの規則を統一，成文化し，組織化した[13]。このようにTCDは，イギリスのスポーツを持ち込むとともに，アイルランドの伝統的なスポーツを近代化した。

（2）ハンドブック発行時期までに結成されたTCDのスポーツクラブ

ウエストはTCDの初期のクラブとして，19世紀に結成されたクリケット，ボート，フットボール，ハーレーの4つのクラブの歴史を明らかにしている。また，クリケット[14]，ボート[15]，フットボール[16]やハリアーズ＆アスレティッ

第Ⅰ部　西の大地との対話　41

ク[17]の個別のクラブ史が作成されており、それらから19世紀のTCDのスポーツ活動を垣間みることができる。

クリケットは19世紀の初頭からTCDで行われた。クラブは1835年に設立され、カレッジパークでプレーされた。TCDでクラブが設立される以前からアイルランドではクリケットがプレーされており、ダブリンでも1830年にフェニックスクラブ、1845年にレンスタークラブが設立され、これらのクラブにTCDのクラブを含めた3つのクラブが、アイルランドにおけるビッグ3とみなされた。また、クリケットは学生たちだけでなくフェローもクラブに参加し、プレーしていた。アンソニー・トレイルやジョン・ペントランド・マハフィといったフェローは後に学長となり、19世紀の後半には、クラブ活動を支援した。クリケットは19世紀の半ば以降には、アイルランドのほぼ全ての地域に普及した[18]。

ボートクラブは1836年、TCDの卒業生によって設立された。設立から2年で100名以上のメンバーを集め、1840年に最初のレガッタを開催した。1843年には、クラブのメンバーが余りにも多くなり過ぎたため、TCDの学生だけがメンバーになれるクラブとして、大学ローイングクラブ（University Rowing Club）が設立されるが、1847年には再び合併し、ダブリン大学ローイングクラブとなる。しかし、純粋な大学のクラブであるべきだと考える人々とクラブの門戸をカソリックの人々にも広げるべきだという人々の対立から、再びクラブは分裂する。この二つのTCDのクラブは、19世紀の後半、ライバルとしてアイルランドのトップを争った[19]。

フットボールクラブは1854年に、イングランドのパブリックスクールであるラグビー校やチェルテナム校の卒業生によって設立された。設立からしばらくの間は、対外試合の相手がなく、クラブ内のメンバー同士やTCDの他のクラブとゲームを行った。1868年に、ロンドンのブラックヒース（Blackheath）で行われているラグビー校式のフットボールのルールを基に、TCDオリジナルのルールを制定、成文化した。これ以降、ダブリンやベルファストといった都市部を中心にラグビー校式のフットボールは普及した[20]。

ハーレーはアイルランドで古くから行われているハーリングのことだが、TCDの記録では常にハーレーと書かれている。TCDでは、非公式のゲームと

して，1810年と1830年にハーレーが行われた記録がある。1860年代，TCDの学生たちによってハーレーが行われており，1870年にはハーレークラブによって，ルールが成文化された。TCDのハーレーはアイルランド全体へ普及しなかったが，多くのプロテスタント系の学校へと伝播した[21]。TCDが制定したハーレーのルールは，GAAのハーリングよりもイギリスのホッケーに似ている。

　TCDでは，19世紀半ばからアスレティック大会が開催される。1857年の最初の大会では，競走や跳躍などのほか，フットボールのドロップキックやクリケットボール投げなど数多くの種目が行われた。この大会はカレッジレースと言われ，ダブリンの人々を魅了するイベントとなった[22]。

　以上のようにTCDでは，イギリスからのスポーツが伝播し，それらがアイルランドに普及していく起点になるとともに，ハーレーのようなアイルランドで以前から行われていた娯楽を近代スポーツ化した。19世紀の半ば，イギリスではすでに様々な近代スポーツが誕生し，組織化されており，クリケットやフットボールなどがアイルランドに伝播した。その起点となったのがTCDであり，アイルランドにおける近代スポーツの伝播・普及にとって重要な役割を果たした。

3．スポーツカタログの検討

（1）ハンドブックで扱われているスポーツ用具の種目の推移

　第1号から第16号までの間に掲載され続けたスポーツ種目は，クリケット，フットボール，ボクシング，ラケッツ，ファイブズ，ハンドボール，フェンシング，コーイッツ（quoits），スキットルズ（skittles），ホッケーまたはハーリング，アーチェリー，クロッケーだった。これらに加えて，第9号からポロとバドミントンが，第10号からローンテニスが追加された。掲載されたスポーツ種目について，一覧表を作製した（表1）。

　掲載量はクリケットのように，4ページにわたり挿絵も交えて掲載されている種目もあれば，ハンドボールのように，挿絵もなく種目名といくつかの用具の名称，価格のみが掲載されている種目もあり，種目毎に異なる。ただし，そ

表1　ハンドブックに掲載されたスポーツ種目

	No.1 65/66	No.3 67/68	No.4 68/69	No.5 69/70	No.6 70/71	No.8 72/73	No.9 73/74	No.10 74/75	No.11 75/76	No.12 76/77	No.13 77/78	No.14 78/79	No.15 79/80	No.16 80/81
Cricket	○	○	○	○	○	○	○	○	○	○	○	○	○	○
Football	○	○	○	○	○	○	○	○	○	○	○	○	○	○
Boxing	○	○	○	○	○	○	○	○	○	○	○	○	○	○
Rackets	○	○	○	○	○	○	○	○	○	○	○	○	○	○
Fives	○	○	○	○	○	○	○	○	○	○	○	○	○	○
Hand Ball	○	○	○	○	○	○	○	○	○	○	○	○	○	○
Fencing	○	○	○	○	○	○	○	○	○	○	○	○	○	○
Quoits	○	○	○	○	○	○	○	○	○	○	○	○	○	○
Skittles	○	○	○	○	○	○	○	○	○	○	○	○	○	○
Hockey or Hurling	○	○	○	○	○	○	○	○	○	○	○	○	○	○
Archery Equipments	○	○	○	○	○	○	○	○	○	○	○	○	○	○
Croquet	○	○	○	○	○	○	○	○	○	○	○	○	○	○
Polo								○	○	○	○	○	○	○
Badminton								○	○	○	○	○	○	○
Lawn Tennis								○	○	○	○	○	○	○
Gymnastic Equipment			○	○	○	○					○	○	○	○
Running Shoes							○	○	○	○	○	○	○	○
Skates	○													
Dumb Bells	○	○	○	○	○	○	○	○	○	○	○	○	○	○
Indian Clubs		○					○	○	○	○	○	○	○	○

の掲載量はほとんどの種目で変化が見られない。例外として，クロッケーが第8号からそれまで1ページであったのが2ページに増加し，アーチェリーが第5号以降2ページから1ページに減少している。

　ハンドブックには前述したスポーツ種目が明確な用具のほか，ランニングシューズ，テント（Marquees），ダンベル，インディアンクラブなどのスポーツに関わる用具や，ビリヤード，バガテル（Bagatelle），カード（Playing Cards），砲撃ゲーム（Cannonade Games），競馬ゲーム（Horse Race Games），チェス，チェッカーズ（Checkers），バックギャモン，ドミノといったテーブルゲームがメスルーム（Mess Room）の遊具として掲載されている。

（2）スポーツ種目別の用具の検討
　掲載された用具について，スポーツ種目別に用具の種類と価格の変動につい

て検討する。

1）クリケット

クリケットの用具は，バット，ボール，スタンプ，グローブ，レッグガード，シューズ，バットケース，記録用紙，メジャー，ジャケット，ズボン，帽子，ベルト，リボンが販売されている。カタログでは，常に最初にクリケットが扱われ，3，4ページにわたり掲

図2　クリケットの用具，オーダーするために体のサイズの測る場所が書かれている
（*Handbook of Cricket in Ireland*：第16号）

載されている。挿絵も多く，カタログにおけるメイン種目として扱われている。それぞれの用具も種類が豊富で，例えば，バットは，新品と中古品に分けられ，新品では大人用が7種類，若者用が4種類，中古品では4種類が販売されている。また，大人用のものは，トレブル・ケイン・ハンドル（Treble Cane-handled）バットで，15s.（シリング）6d.（ペンス），17s. 6d.，£1 [23]と3つの価格が記載されており，同種の用具でも，長さ等の違いによるためか，価格が異なる。第1号から第16号まで，価格の変化はほとんど見られない。

ボールは，デューク（Duke's），ページ（Page's），ジェフリーズとモーリング（Jefferies and Maling's），ニコルソン（Nicholson's）といった作製メーカーごとに種類がある。

ジャケットとズボンは，既製品ではなく，肩幅などの体のサイズを店に連絡して，個々にあったものをオーダーメイドしていた。

2）フットボール

フットボールの用具は，大きいサイズのボール，小さい若者用のボール，TCDで使われるラグビーボール，ギルバートの（Gilbert's）試合球（第11号：1875/76シーズン以降），フットボールの規則，フットボールのジャージー（第9号：1873/74シーズン以降）が掲載されている。ハンドブックには，TCDで行わ

第Ⅰ部　西の大地との対話　45

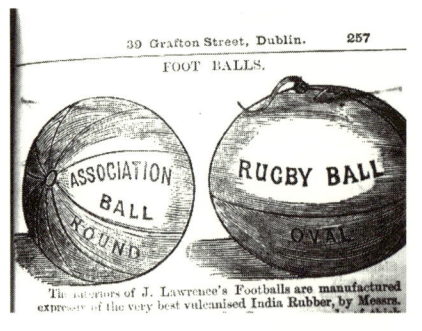

図3-1 サッカーボール（球形）とラグビーボール（楕円形）が記載（*Handbook of Cricket in Irelan*, 第15号）

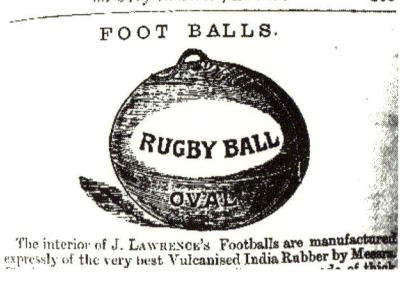

図3-2 ラグビーボール（楕円形）のみ記載（*Handbook of Cricket in Ireland*, 第16号）

れていたフットボールの規則が掲載されており，販売されているフットボールもTCDで使用されたと考えられる。

　カタログの用具の種類に変化は見られないが，第8号（1872/73シーズン）からアソシエーションボール（サッカーボール）とラグビーボールの2種類の挿絵が掲載される。この挿絵は15号まで用いられ，16号になると，ラグビーボールのみの掲載となる。これまでの研究では，1878年10月，ベルファストでの試合がアイルランドにおける最初のサッカーの試合だと言われていた[24]。しかし，このカタログから，すでに1872/73年からダブリンでサッカー用のボールが販売されており，サッカーが行われていた可能性が示唆されている。

　3）ボクシング

　ボクシングの用具は第1号から第16号まで2種類のグローブが販売されており，この2種類はともに4個入りのセットで販売されている。通常のグローブの価格は，10s. 6d.と12s. 6d.，上級グローブの価格は14s.である。価格の変化はないが，第9号から12s. 6d.の通常グローブが販売され始める。

　4）ラケッツ

　ラケッツの用具は，ラケット，シューズ，ラケットプレス，ボールと，各用具が入ったボックスセットが販売されている。ラケットは，ジェフリーズと

モーリング，ウィルソン（Wilson's），ウォーターズ（Watters'），ボールはジェフリーズ（Jefferies'）[25]といった作製メーカーの種類がある。ボックスセットには，ラケット，シャトルコック，フックつきネットが含まれている。

ラケットは，第9号からジェフリーズとモーリング社のラケットだけの販売になり，価格もこれまで17s. 6 d.だったのが，15s.に値引きされている。シューズも同様に，17s. 6 d.だったのが，少しずつ安価になり，最終号では12s. 6 d.にまで下がる。ボールはグロス[26]で販売されており，バラ売りは行われていない。

図4　ラケッツのプレー，冬や天候の悪い日の屋内ゲームとして紹介
（*Handbook of Cricket in Ireland*，第8号）

カタログの挿絵のラケッツの様子を見ると，室内で男女が軽やかにプレーしている。挿絵には「応接室のラケッツ」との記載があり，1898年に出版された『スポーツの事典』[27]のラケッツとは異なる競技である。

5）ファイブズ

ファイブズの用具は，バットとボールが販売されている。ファイブズのバットは第1号から第8号まで掲載されているが，第9号以降のカタログからはボールの販売のみとなる。一般的にファイブズは手のひらで，壁に向かってボールを打つ競技だが，いくつかのパブリックスクールでは，バットを用いてのプレーが行われている[28]。バットとボールの価格の変動はなく，ボールは1ダース3 s. 6 d.で販売されている。

6）ハンドボール

ハンドボールの用具は，グッドハンドボールとベストハンドボールの2種類が第1号から第16号まで掲載されている。グッドハンドボールは1ダース3s. 6d.，ベストハンドボールは4s. 6d. で販売されている。第11号で，ベストハンドボールは4s. に値引きされている以外，価格に変化はない。また，第1号でのみ，グローブの掲載がある。

7）フェンシング

フェンシングの用具は，フォイル，マスク，グローブ，ガントレット，スティック，ヘルメットが販売されている。第1号では，フォイル，マスク，グローブ，スティックのみの掲載だったが，第3号以降は全ての用具がカタログに掲載された。価格はジャケットとヘルメットが高価で，ジャケットは£1前後，ヘルメットは£1から£2である。

8）コーイッツ

コーイッツは輪投げのことある。販売されていたのは，鉄の輪で，1ポンドの重さごとに販売されている。

9）スキットルズ

スキットルズは九柱戯のことである。カタログには，ピン（スキットルズ）と固いチーズが販売されており，固いチーズでピンを倒していたようである。

10）ホッケーまたはハーリング

ホッケーの用具は，第1号で頑丈なトネリコのホッケースティックと掲載されているが，それ以降はホッケースティックと表記されている。価格は，6d. から1s. または2s. に値上げしている。ボールは革のボールが販売されている。カタログには，ホッケーまたはハーリングとタイトルが書かれているが，ハーリングに関する用具の掲載はない。挿絵（図5）には，現在のハーリングのように先端が幅広になっているスティックではなく，シンティのようなスティックが記されている。

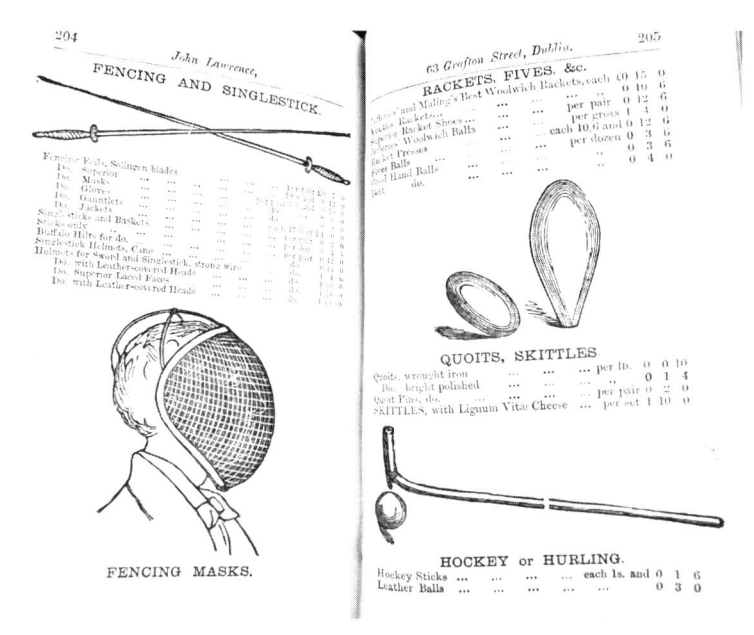

図5　フェンシング，ラケッツとファイブズ，コーイッツとスキットルズ，ホッケーまたはハーリングのカタログページ
(*Handbook of Cricket in Ireland*, 第16号)

　TCDでプレーされていた「ハーレー(Hurley)」のルールがハンドブックの第6号にすでに掲載されている。カタログのタイトルにあるハーリングとTCDで行われたハーレーが同一の種目であると断定することはできない。しかし，1879年にTCDが中心となりアイリッシュハーレーユニオン（Irish Hurley Union）が設立される際，イングランドのブラックヒースのホッケーのルールを採用しており[29]，ハーレーとホッケーが類似した競技であったため，イングランドのホッケーを模範として，組織や競技を整備したと考えることができる。

11) アーチェリー
　アーチェリーは男性用と女性用に用具が分かれ掲載されている。毎号多くの用具が掲載されているが，第5号より，掲載量が2ページから1ページに減っ

ている。また，最終号ではアーチェリーの項目がなくなっている。用具の種類は弓，矢，ベルト，クィーバー，弦，飾り房，アームガード，グローブ，グリス注入器，的，鉄のスタンド，フィンガーチップが販売されている。弓は高価で，男性用の最も安価なランスウッド弓（Lancewood Bow）が13s. 6 d., 最も高価なイタリアンイュー弓（Italian Yew Bow）は£5 5 s.だった。

12）クロッケー

クロッケーの用具は主にセットで販売されている。第8号より，それまで1ページだったカタログが2ページに増加している。セットは6人用と8人用に分かれ，マレット，ボール，ピン，フープ，ルールブックが含まれている。メーカーやマレット，ボールのサイズ，個数によって価格が異なる。最もシンプルなのが，3フィートのアッシュマレット，3と8分の3インチのボール，色つきフープの6人用セットで8 s. 6 d.で販売されている。毎号12セットが販売されており，セットの内容が若干変更されることがある。

13）ポロ

ポロの用具は第9号から掲載されている。スティックとボールの2種類が販売され，スティックは6 d., ボールは8 d.と安価である。

14）バドミントン

図6　バドミントンのプレー
(*Handbook of Cricket in Ireland*, 第15号)

バドミントンの用具は第9号から掲載，第10号以降種類や価格の変更はない。6種類のセットの販売とラケットとシャトルコックが個別に販売されている。最も安価なセットは，4本のラケット，4つのシャトルコックまたはボール，ネット，2本の携帯可能なポール，コード（cords），くい（pegs），ルールがカバン付きで

販売され，価格は£1 1s.である。最も高価なセットは，4本のジェフリーズ製ラケット，4つのシャトルコック，4個のボール，大きいネット，2本の携帯可能な塗装したポール，コード，くい，ルールがマホガニー[30]のカバン付きで販売され，価格は£5である。4人用のセットだけではなく，6人用，8人用のセットも販売されている。また，個別の用具として，ラケット，シャトルコック，ボールが販売されている。

15) ローンテニス

ローンテニスの用具は第10号から掲載されている。セット販売と個別の用具が販売されており，ほぼ毎号，その内容が変更されている。例えば，第10号から第12号で販売されたセット1には，4本のラケット，4個のボール，ネット，携帯可能なポール，ロープ，くい，スリップ，ルールが箱に入っており，価格は£2である。高級なセットになると，12号のジェフリーズローンテニスセットには，4本の上質なラケット，12個のボール，頑丈なトネリコのポール，フルサイズのネット，ルールが上品な箱に入っており，価格は£6である。

図7　ローンテニスのプレー
(*Handbook of Cricket in Ireland*，第16号)

　個別で販売された用具の種類は，ラケット，ボール，ラケットプレス，ネット，(ラケットの) 柄，ポール，ロープ，スリップ，くい，コートマーカー，ルール，シューズがある。各用具の種類も豊富である。ラケットは，ジェフリーのラケットや，トリミングスの (Trimmings') 特許ラケット，男性用ラケット，女性用ラケットなどが販売されており，価格は女性用ラケットが7s. 6d.（男性用は8s. 6d.）と最も安価で，エアーズ（Ayres'）のチャンピオンラケットが16s. 6d.と最も高価だった。ボールは，インドゴムのボールや，ジェフリーズの特許ボール，最高水準のボール，2番目の水準のボールなどが1ダースセットで販売されており，価格はカバーのない2番目の水準のボールが4s.と最も安価で，インドゴムのボールが20s.と最も高価だった。インドゴム

のボールは第10号から12号のカタログに掲載されており，第10号では，20s.，第11号では15s.，第12号では17s. 6 d.と価格が大きく変動している。ラケットの形状を保護するラケットプレスは，13s. 6 d.と15s.のものが販売されている。ネットは，フルサイズネットという名称で販売されているが，サイズが24ft.× 5 ft.と42ft.× 4 ft.など，数種類見られる。ポールは，塗装されたポール，頑丈なトネリコのポールなどが販売されている。ルールは，第12号から第15号で販売されており，第14号まではメリルボーンのルール（第13号と第14号には，メリルボーンと他の全てのイングランドのクラブに採用されているルールの記載がある）が，第15号はロンドンの*the Field*によって出版されたルールがそれぞれ 6 d.で販売されている。シューズは，男性用，女性用のほか，芝用とアスファルト用，インドゴムのソールのシューズなどが販売されている。

16）体操用具

体操用具は，水平棒，平行棒，空中ブランコ，跳馬が販売されている。また，子ども用のブランコの販売がある。水平棒はトネリコ製のものが£3と最も安価で，水平棒の高さを上げ下げできる鉄のガイドがついている水平棒が£9と最も高価である。平行棒は家庭で使用できる軽量のサイズ，小規模のソサイエティや学校で使用できるサイズなどが販売されている。価格は最も安価なもので£3，最も高価なもので£9である。平行棒は£14，跳馬は£8 10s.から£12だった。

17）その他（ランニングシューズ，スケート，ダンベルなど）

ランニングシューズは，第 8 号から販売され，価格は10s. 6 d.と12s. 6 d.である。

スケートは第 1 号から第16号まで毎号販売されている。特許の最高級スケート，ストラップつきの上質スケートなどが販売されている。価格は，ストラップつきの上質スケートが 6 s.と最も安価で，鉄のフレームの新公認スケートが22s. 6 d.と最も高価だった。

その他，ダンベルが，2 lbs.[31]が 2 s. 6 d.，4 lbs.が 4 s.，6 lbs.が 6 s.，8 lbs.が 8 s.，10lbs が10s.，12lbs.が11s.，14lbs.が12s.，16lbs.が13s.で，イン

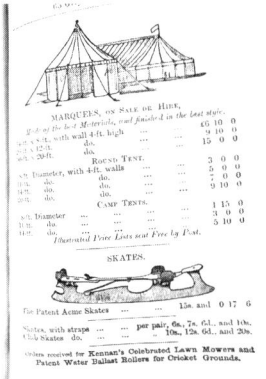

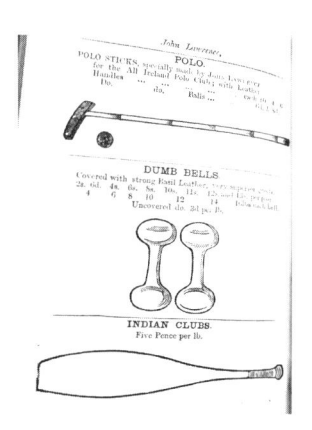

図8 クリケットシューズ, ランニングシューズ, スケートのカタログ（Handbook of Cricket in Ireland, 第16号８）

図9 ポロ, ダンベル, インディアンクラブのカタログ（Handbook of Cricket in Ireland, 第16号）

ディアンクラブが1 lb.あたり5 d.で販売されている。

おわりに

本稿で明らかにしたカタログに掲載されたスポーツ用具について, 以下にまとめる。

1）カタログに掲載されたスポーツ種目の推移は, 1860年代の半ばには, クリケット, フットボール, ボクシング, ラケッツ, ファイブズ, ハンドボール, フェンシング, コーイッツ, スキットルズ, ホッケーまたはハーリング, アーチェリー, クロッケーの用具が販売されており, これらは1881年の第16号まで販売され続けている。また, 1870年代半ばに, ポロやバドミントン, ローンテニスが新たなスポーツとしてカタログに追加されている。これらのほとんどは, イギリスの近代スポーツであり, 19世紀半ばにおいてアイルランドにクリケットやフットボール以外の様々な近代スポーツが伝播している事実を示している。

2）カタログに掲載されたスポーツ用具の掲載量は, その需要と供給の上に成り立っているものもあれば, 店が新たなスポーツの普及のため, 必要な用具を

カタログに掲載したものもあろう。各種目の掲載量に関して，ほとんど変化がみられなかったが，第1号から掲載されたアーチェリーは，第5号からページ数の削減が行われた。ハンドブックのカタログ以外の箇所でもアーチェリーの活動に関する記述が見られなくなり，アーチェリー用具の需要が減少したのではないだろうか。反対に，第9号，10号からバドミントンやローンテニスをプレーする様子が大きな挿絵で，カタログに掲載されるようになる。他の多くの種目のように用具の絵が掲載されるのではなく，ゲームの形式を視認することができる大きな挿絵をいれることにより，店が新たな種目として用具の販売を積極的に行おうとする意図が窺える。

　以上が本稿で明らかにした内容である。アイルランドでどのような人々がこれらの用具を購入したのか，またどの程度の販売実績があったのかなど，課題は多く残る。しかし，アイルランドでこれらスポーツ用具が15年にわたり，カタログに掲載され，販売されていた事実から，これまで取り上げられてこなかった様々なスポーツがTCDを中心に行われていた可能性がある。これらのスポーツはクラブを組織せず，少数のグループや個人的な余暇活動として行われたのかもしれない。近代スポーツ史研究は，組織やクラブを中心に展開される。しかし，組織やクラブが作られる以前の近代スポーツ活動を明らかにするために，スポーツ用具を購入した記録や個人の日記などを手がかりに紐解くことが今後の課題である。

注
1) グットマン，アレン，谷川稔ほか訳，スポーツと帝国，昭和堂：京都，1997，2頁 (GUTTMAN, Allen, *Games and Empires*, Columbia University Press: New York, 1994, p.1, 2)。
2) SIGGINS, Gerard, *Green Days: Cricket in Ireland 1792-2005*, Nonsuch: Dublin, 2005, p. 10.
3) グットマン，前掲書，182頁。
4) 榎本雅之，*Celtic Times*（1887）にみるアスレティック・スポーツ種目の実相，スポーツ史研究，第22号（2009）：1-12頁；榎本雅之，GAA加盟クラブによる1887年の総合的スポーツ大会の一考察—セントパトリックス・ゲーリック・アスレティック・スポーツの事例から—，星稜論苑第，37号（2009）：63-74頁。
5) ROUSE, Paul, 'The Politics of Culture and Sport in Ireland: A History of the GAA Ban on

Foreign Games 1884-1971. Part One: 1884-1921', in: *The International Journal of The History of Sports*, 10 (1993) 3:333-360.
6) 例えば, MANDLE, W. F., 'The Gaelic Athletic Association and Popular Culture', in: MACDONAGH, Oliver, MANDLE, W. F., and TRAVERS, Pauric, (eds.), *Irish Culture and Nationalism, 1750-1950*, Macmillan: London, 1983, pp. 104-121. CRONIN, Mike, *Sport and Nationalism in Ireland: Gaelic games, soccer and Irish identity since 1884*, Four Courts Press: Dublin, 1999. BAIRNER, Alan, (eds.), *Sport and the Irish*, UCD: Dublin, 2005. GARNHAM, Neal, *Association Football and society in pre-partition Ireland*, Ulster Historical Foundation: Belfast, 2004などが代表的。日本におけるアイルランドスポーツ史は, 海老島均, GAAクラブ史を通してみた民族アイデンティティの形成過程, エール, 第24号 (2004): 65-85頁；石井昌幸, 黎明期のゲール運動競技協会に関する覚え書き, スポーツ史研究, 第9号 (1996): 49-57頁などがある。
7) WEST, Trevor, *The Bold Collegians*, Lilliput Press: Dublin, 1991.
8) Slater's Royal National Commercial Directory of Ireland, 'Leinster & Dublin Section', 1881.
9) WEST, *The Bold Collegians*.
10) WEST, *The Bold Collegians*, pp. 5-8.
11) 同上書, p.6, 7。
12) 同上書, p.9, 10。
13) 同上書, p.12。
14) MINE, M., PERRY, N. and HALLIDAY, M., *A History of the Dublin University Cricket Club*, DUCC: Dublin, 1982.
15) BLAKE, Raymond, *In Black & White –A History of Rowing at Trinity College Dublin-*, Dublin University Boat Club: Dublin, 1991.
16) WEST, Trevor (eds.), *Dublin University Football Club, 1854-2004 -150 Years of Trinity Rugby-*, Wordwell: Wicklow, 2003.
17) GILSENAN, Alan (eds.), *Dublin University Harriers and Athletic Club A Centenary History, 1885-1985*, Dublin University Harriers and Athletic Club: Dublin, 1985.
18) WEST, *The Bold Collegians*, pp.13-18.
19) WEST, 同上書, p. 18, 19; BLAKE, 前掲書, pp. 3-28に詳しい。
20) 榎本雅之, アイルランドにおけるフットボールの歴史に関する研究 ①—1879/80シーズンのIRFU加盟クラブの対外試合の実施状況について—, 星稜論苑, 第38号 (2010): 17, 18。
21) WEST, *The Bold Collegians*, pp. 32-35.
22) WHITE, Cyril M., 'University Athletics in Ireland 1857-2000', Dublin University Harriers and Athletic Club 公式ホームページ (http://www.duhac.tcdlife.ie/), p.1, 2
23) £1 (ポンド) は20s. (シリング), 1s.は12d. (ペンス) と同等。

24) GARNHAM, 前掲書, p. 4.
25) ジェフリーズのみの記載だが, ラケッツやテニス, ファイブズのボールのメーカーであるジェフリーズとモーリング社のことであろう。本稿では, 史料に記載のある通り,「ジェフリーズとモーリング」,「ジェフリーズ」を併記した。
26) 1グロスは12ダース, 144個。
27) ここでのラケッツは現在のスカッシュのような壁に対してボールを打ち合う室内競技：PEEK, H., AFLALO, F. G. (eds.), 'Rackets', *The Encyclopedia of Sports*, vol. 2, Lawrence and Bullen: London, 1898, pp. 241-245.
28) 阿部生雄, 近代スポーツマンシップの誕生と成長, 筑波大学出版会：つくば, 2009, p.141。
29) WEST, *The Bold Collegians*, p.36.
30) mahogany：高級な木材。
31) lb.ポンド, 重さの単位, 1ポンドは約453.59グラム。

「トゥルネン゠スポーツ抗争」の帰結に関する研究
――統合組織における運動種目の統轄権を中心として――

都 筑 真

はじめに

　筆者はこれまで，スポーツの伝播に伴う各国，各民族独自の身体運動文化との摩擦の典型的な事例として，1880年代から1930年代にかけてドイツで生じた「トゥルネン゠スポーツ抗争」(以下「抗争」)の実態解明に取り組んできた。それによって，「抗争」ではトゥルネンとスポーツの相反する運動目的・方法，そしてトゥルネンの統轄団体である「ドイツトゥルネン連盟（Deutsche Turnerschaft，1868年創設：以下DT)」と3つのスポーツ連盟（「ドイツ陸上競技連盟（Deutsche Sportbehörde für Leichtathletik，1898年創設：以下DSBfL)」，「ドイツフットボール連盟（Deutscher Fußballbund，1900年創設：以下DFB)」，「ドイツ水泳連盟（Deutscher Schwimmverband，1886年創設：以下DSV)」）が主張する運動種目の統轄方法の差異が争点となったこと，そうした中でスポーツ指導者のC. ディームが双方の結節点や妥協点を見出すことによって争点の解決に寄与したことを明らかにした[1]。

　とりわけ統轄権の問題では，DTがDT内で行われる運動種目の全面的統轄を主張する一方で，3つのスポーツ連盟はドイツで実施される各運動種目がそれぞれ一つの団体のみによって統轄されるべきであるとして統轄権の専門分化を主張し，対立した。両者は1930年に，陸上競技，フットボール，水泳を共同で統轄することを定めた協定を締結し和解したが，協定では和解の最終目標としてドイツのトゥルネン・スポーツ諸団体の統合組織の結成が掲げられた[2]。統合組織の設立に向けた動きはナチスが政権を獲得した1933年以降に始まっ

た。統合組織に関して，従来のドイツスポーツ史研究では，統合組織の中央集権的で,「指導者（Führer）」が命令し他の者は指導者に従うというナチスの「指導者原理（Führerprinzip）」に基づく組織構造や，ナチスのイデオロギーを浸透させるために統合組織の中で展開された政治教育など，統合組織に及んだナチスの影響に焦点が当てられてきたが，統合組織の設立を「抗争」の終着点として着目した研究はなされてこなかった。DTと3つのスポーツ連盟が1930年に結んだ協定の中で統合組織の結成が和解の最終目標として定められていることから，「抗争」が最終的にどのような帰結を迎えたのかを明らかにするためには，協定が締結された1930年までではなく，それ以後に実現した統合組織の結成までを追う必要がある。

　ナチス期のドイツスポーツ史研究の泰斗H.ベルネットが指摘するように，ナチスの影響下で1933年以後になされたドイツのトゥルネン・スポーツ諸団体の統合は，ワイマル期までそれぞれ別個に活動していた市民層，労働者，教派（カトリックとプロテスタント）のトゥルネン・スポーツ諸団体の連合組織の解体，これらの連合組織に属していた諸団体を一時的に統合するために組織された「帝国指導者連合（Reichsführerring）」の創設（1933年5月），帝国指導者連合の「ドイツ帝国体育連合（Deutscher Reichsbund für Leibesübungen：以下DRL）」への改組（1934年3月）という過程を経て達成された[3]。それ故，本研究が研究対象とするのは，ドイツのトゥルネン・スポーツ諸団体の統合組織であった帝国指導者連合とDRLとなる。

　「抗争」の争点が相反するトゥルネンとスポーツの運動目的・方法，運動種目の統轄方法であったことから，それらと，統合組織が掲げた運動目的・方法，採用した運動種目の統轄方法との関連性を考察することが，「抗争」の帰結を解明するために必要であると考える。このうち，本研究では統合組織の成立過程をたどりながら，統合組織が採用した運動種目の統轄方法を明らかにする。そしてこの統轄方法を，DTと3つのスポーツ連盟が「抗争」の中で主張してきた運動種目の統轄方法と関連付けながら考察し，「抗争」の帰結を解明していくことを研究課題とする。

1．ナチス政権下における統合組織成立への歩み

（1）DTと3つのスポーツ連盟のナチスに対する支持姿勢

　1933年1月に政権を獲得した後，ナチスは2月の大統領緊急令による出版・集会の自由の制限をはじめとした様々な措置[4]によって社会民主党や共産党といった反対勢力を排除していくが，こうした中で労働者トゥルネン・スポーツ諸団体も解散に追い込まれていった。また3月と4月に制定された強制的同質化法によって国の政治路線がドイツの各邦でも遵守されることになるが，この「強制的同質化（Gleichschaltung）」は政治の領域のみならず，労働組合，自由業や官吏の職業団体，芸術団体，教会などの社会の各領域にも拡大されていき，各種の団体がナチスの目的に沿って再編された。身体運動の領域でも組織の再編が行われていくが，これは上からの強制でのみ行われたのではなかった。DTや3つのスポーツ連盟は，様々な形でナチス支持の姿勢を示していったのである。

　DTは1933年3月23日に，ナチスによる新政府樹立を歓迎するとともに，新政府に対する協力の意を表明し，4月9日には「DTから全てのユダヤ人メンバーを脱退させること」をDT傘下の協会に義務付けた[5]。

　DFBも，A.ヒトラーの誕生日である1933年4月19日にDSBfLと連名で告示を出し，DFB傘下の地方連盟やクラブにおいて指導的地位に就くユダヤ人をその地位から下ろすことを要求している[6]。

　DSBfLはDFBと連名での告示を出した同日に，軍事能力を身につけることをDSBfLの目標として表明している[7]。そして1933年5月13日には，「指導者」が命令し他の者は指導者に従うという指導者原理がDSBfLに導入され，5月16日にはDSBfLの会長K.R.v.ハルトが「指導者」に任命されている[8]。

　DSVは1933年3月28日に，16歳から33歳までの男性メンバーに対して軍事訓練を義務付け，これをDSV内での競技会に参加するための条件としている[9]。そして1933年4月のDSVの幹部会議では，DSVの「あらゆる指導的地位からユダヤ人を遠ざけ」，DSVのあらゆる催しや競技会へのユダヤ人の参加を禁止することが定められた[10]。

このようにDTや3つのスポーツ連盟がナチスへの支持を表明していく中で，DTの会長のE. ノイエンドルフやDFBの会長F. リンネマンはトゥルネン・スポーツ諸団体の再編，統合を自ら企図したのである。その第一歩となったのがDTと3つのスポーツ連盟がともに加盟していた，市民層のトゥルネン・スポーツ諸団体の連合組織である「ドイツ帝国体育委員会（Deutscher Reichsausschuß für Leibesübungen, 1917年創設：以下DRA）」[11]の解散であった。

（2）DRAの解散

　ナチスは党が結成された1920年代初頭から，ヴェルサイユ講和条約によってドイツに重荷を背負わせた第一次世界大戦の戦勝国の選手とドイツの選手が競い合うことに反対し，国際的なスポーツ競技会，とりわけ国際オリンピックを批判した。また，ナチスは，アーリア人よりも劣等とみなす黒人やユダヤ人とスポーツで競い合うことにも反対していた[12]。

　ナチスは権力を掌握する以前，「トゥルネン＝スポーツ抗争」に対する見解を公式に表明したことはなかったが，国防と国民の体力向上のために身体運動には関心を向けていた。1920年に作成されたナチスの綱領では，「トゥルネンとスポーツを義務付ける法制度」が要求されている。これは，ヴェルサイユ講和条約によって禁じられていたスポーツ組織と国防軍関係者との接触を補うものとしての軍事的な身体運動を実施するために，ドイツの右翼政党が頻繁に出していた要求であった。ヒトラーは『我が闘争（Mein Kampf）』の中で，「青少年は，午前一時間，午後一時間，身体鍛錬をせずに一日たりとも過ごしてはならない。その鍛錬はあらゆる種類のスポーツ，トゥルネンに及ぶ」と述べ，身体運動をドイツ国民強化のための主たる要素とみなしていたが，トゥルネンとスポーツの相違には関心がなかったと思われる[13]。1933年以前のナチス関連の雑誌においてスポーツが取り上げられることは稀であったが，取り上げられた場合は大抵，スポーツは自由主義，平和主義，ユダヤ人の影響下にあるものとして批判されていた[14]。とりわけ批判の対象となったのは，オリンピックをはじめとする国際的なスポーツ競技会であった。1929年4月17日に発行されたナチスの機関誌『民族の観察者（Völkischer Beobachter）』では，ドイツのスポーツマンは国家の名誉のために，いかなる国際的なスポーツ競技会に参加すること

も拒否するべきである，と主張されている[15]。『民族の観察者』の編集者であり，ナチスのイデオローグであったA. ローゼンベルクは，国際的なスポーツ競技会を「人種的境界線を欠いた」ものとして，そして国際オリンピックを「国際連盟の理念」に通じるものとして非難した[16]。ナチスの機関誌で示されたこれらの主張は，反国際主義的な立場をとるナチスの方針に沿ったものであった。ヒトラーが1928年の演説で述べていたように，ナチスはドイツ国民を「国際主義という希望のない騒動」，「諸国民の融和，国際連盟，そして国際的結束」から解放することを目的としていた[17]。

しかし，ドイツが1928年に大戦後初めて国際オリンピックへの参加が認められた際に，ナチスの機関誌にはドイツの国際オリンピックへの参加を頑なに拒否する態度を変えた記事が掲載され始めた。その理由は，アムステルダム・オリンピックにおいてドイツチームがメダル獲得数でアメリカに次ぐ成功を収めたためであると考えられる。『民族の観察者』では1929年に，オリンピックをはじめとする国際的なスポーツ競技会へのドイツの参加に反対することではなく，ドイツが「全ての権利を取り戻し，世界から十分に尊敬される」ようになるならば，ドイツの国際的なスポーツ競技会への参加は可能であることが表明されている[18]。そして1931年のバルセロナでの「国際オリンピック委員会（International Olympic Committee, 1894年創設）」セッションで1936年のオリンピックをベルリンで開催することが決定された後，『民族の観察者』には以下のような記事が掲載されている。

> 黒人はオリンピックに用はない。……次のオリンピックは1936年にベルリンで実施される。［オリンピックの］責任者たちには，彼らの義務が何であるのかを理解することが望まれる。黒人は［オリンピックから］排除されなければならない。我々はそれを期待している[19]。

この記事からは，ナチスが黒人とのスポーツ交流を拒否しながらも，ベルリンで国際オリンピックを開催することや国際的なスポーツ競技会へのドイツの参加を拒んでいないことがみてとれる。

ヒトラーは政権獲得後，国際オリンピックが「ドイツにとって途方もない宣

伝効果」を有していることを認識し[20]，1933年3月16日にDRAの会長であり，1936年開催予定のベルリン・オリンピック組織委員会会長も務めていたT．レヴァルトと接見した際には，オリンピックへの支援を表明している。

　　帝国首相［ヒトラー］はスポーツを，ドイツの青少年の鍛錬にとって不可欠な手段であるとみなし，オリンピックに強い関心を示している。彼は，オリンピックとドイツのスポーツへの関心を促進していくことを約束した[21]。

　ナチスの政権獲得以前の国際的なスポーツ競技会に対する拒否的態度から一転して，ヒトラーは，ベルリン・オリンピック組織委員会が計画していた以上の規模でオリンピックを実施するために，大規模な支援金を投じることを表明した。その後，国際オリンピックへの参加業務を担当する「ドイツオリンピック委員会（Deutscher Olympischer Ausschuß）」を傘下に置いていたDRAはヒトラーに対して感謝状を送付し，ナチスへの支持を表明している[22]。

　しかしながらDRAの幹部に対して，ナチスは批判の目を向けていた。1933年4月1日付けの『民族の観察者』では，DRAの会長レヴァルトと事務局長のディームがワイマル共和国時代に「国粋的，民族主義的な傾向を抑圧し，共和国の政策に沿うような活動を促進してきた」として批判されている[23]。またDRAの副会長も務めていた，DTの会長A．ドミニクスについては，DT内でマルクス主義者がメンバーから除名され，「アーリア人条項」が導入されているにもかかわらず，民主主義を支持するドミニクスがDTの会長を務めていることに対して批判が向けられていた[24]。『民族の観察者』では，「DTは良いが，ドミニクス氏は必要ない」という主張がなされ，ドミニクスのDT会長からの退任が求められていた[25]。

　『民族の観察者』に掲載されたこのような記事を受けて，レヴァルト，ドミニクス，リンネマンは，1933年4月12日にDRAの臨時幹部会を開き，その席で「身体運動の新生ドイツへの統合」について協議することを決定した[26]。

　DRAの臨時幹部会は，ベルリンにあるドイツ経済委員会の会議場で開かれた。会の開始直後にレヴァルトは辞意を表明し，会の進行はデュイスブルクの

市長であったK.ヤレスに委ねられた。彼は，DRAの将来について政府と交渉する委員に全権を委ねることを提案し，それは可決された。交渉委員には，辞職したドミニクスの後を継いでDTの会長となったノイエンドルフ，DFBの会長リンネマン，「ドイツボート連盟（Deutscher Ruderverband, 1883年創設）」の会長H.パウリが選出された[27]。彼らと交渉するため，ドイツ内務省から「帝国スポーツ委員（Reichssportkommissar）」に任命されたのは，突撃隊のH. v. チャンマー・オント・オステンであり，彼は「分裂したドイツのトゥルネン・スポーツ運動を一つの連合に統合する」という使命を政府から帯びていた[28]。

DRAから選出された交渉委員はチャンマーと協議した末，1933年5月10日にDRAの解散を決定した[29]。DRAの財産はドイツ内務省に委ねられ，ドイツの身体運動のために用いられることとなった[30]。交渉委員であったノイエンドルフとリンネマンはチャンマーとの交渉以前からDRAの解散を企図していたと思われる。ノイエンドルフはDRAの臨時幹部会議以前から，会議で出される「声明にいかなる効果もDTは期待しない」と記した書簡をDRAに送付して会議を欠席しており，また彼は「DRAはもはや時代にそぐわない」とディームに語っていたという[31]。第二次世界大戦後，ディームは当時を回顧して以下のように述べている。

> さらなる国家的支援を望むために自治を放棄した関係者［ノイエンドルフ，リンネマン，パウリ］の驚くべき従順さは特徴的である。自治を放棄することによって，自身が属する連盟を差し当たり救済し，連盟を［国家のために］役立てようと彼らの誰もが確信していた[32]。

このようにディームは，彼らがさらなる国家的支援を得るために，そして自身が会長を務める連盟を存続させるためにDRAを解散したとみなしている。DRAの解散後，ディームは，統合組織の設立に関与することなく，ベルリン・オリンピック組織委員会事務局長として，レヴァルトともにオリンピックの準備活動に専念していくのである。

2．帝国指導者連合の創設

(1) ノイエンドルフとリンネマンの統合組織の構想

　DTの会長ノイエンドルフとDFBの会長リンネマンはDRAの後継組織となる統合組織の構想をチャンマーに示していた。このことに関して，ディームはチャンマーから以下のように伝え聞いている。

> 　　［チャンマーの帝国スポーツ委員への］就任直後，二人［ノイエンドルフとリンネマン］が［統合組織に関する］提案書を携えて，彼［チャンマー］のところに詰め掛けたことを，彼は私［ディーム］に，……伝えた。一方［ノイエンドルフ］はDTを全てのスポーツを統轄する［組織］のモデルとすること提案したという。DTは個々のスポーツ領域をDT内でしっかりと統轄し，国民的な案件を強調する共同体を形成してきた，と［ノイエンドルフは述べた］という。リンネマンは，ドイツのスポーツが専門連盟の形によってのみ統轄されるものであることや，DTはこの自然な体制の中で器械体操の専門連盟となることを，何度も彼に提案したという[33]。

　ディームによれば，リンネマンは「抗争」の中で3つのスポーツ連盟が主張してきたように，統合組織において運動種目が専門的に統轄されることをチャンマーに提案したというが，リンネマン自身が統合組織の構想について言及している史料は管見の限り見当たらない。一方，ノイエンドルフは1933年5月2日発行のDTの機関誌『ドイツ・トゥルネン新聞（Deutsche Turnzeitung）』の中で，統合組織の構想について以下のように述べている。

> 　　ある者は，すべての連盟を一つの連合の中に統合し，その連合内で個々の連盟を専門連盟として存続させることを提案した。つまりフットボールの統轄のためにDFBを，陸上競技の統轄のためにDSBfLを，器械体操の統轄のためにDTを存続させようというのである。この提案ほど愚かなも

のはなく，また国民社会主義的な思想に反するものはない。専門分野毎に分裂することは，常に個人主義を導いてきたし，常に自由主義的な精神から派生してきたものであった。……専門化は我々に，記録への狂乱と空虚な見世物競技に堕した身体運動をもたらした。専門家となることを回避し，完全なる人間，民族主義的な人間へと向かう道が正解とならねばならない。どの成人男性にも，自身が最も好む身体運動があり，……その身体運動を優先的に行うかもしれないが，それのみを行うべきではない。……理想とされるのは，できるだけ多くの身体技術を支配し，身体が全面的に鍛えられ，民族主義的な教育を受けた者であり，それ故，自らの強い身体を共同体のために捧げることを当然のこととみなす者である。このような者の育成が全ての連盟の目標とならねばならない。……このような目標によって個々の連盟の内面的接近が強まっていくであろうし，あちこちで合併が生じるほど強まっていくであろう。今後，DTのトゥルネン監督長のK. シュテディンクが計画したように5つのグループが成立するであろう。DT指導の下でオークの十字，ドイツスケート連盟，ドイツ青少年の力，ドイツリュージュ連盟，ドイツピストル射撃連盟，ドイツ射撃連合，DSV，DSBfL，DTが合併して，ドイツトゥルネン連合となる。DFB指導の下でDFB，ドイツゴルフ連盟，ドイツホッケー連盟，ドイツラグビーフットボール連盟，ドイツテニス連盟が合併して，ドイツ遊戯連合となる。ドイツボート連盟指導の下でドイツカヌー連盟，ドイツボート連盟，ドイツヨット連盟，ドイツヨット競技者連盟が合併して，ドイツ航行者連盟となる。ドイツアマチュアボクシング連盟，ドイツ陸上スポーツ連盟，ドイツフェンシング連盟，ドイツ柔術連盟が合併して，ドイツ格闘スポーツ連盟となる。最後に，自転車連盟などが加盟する機械スポーツ連盟が設立されるだろう[34]。

ノイエンドルフは，統合組織に加盟する団体が専門分化していくことを，「個人主義」や「記録への狂乱」を助長するものとして批判する。そして彼は統合組織の目標を，ある特定の種目を行う「専門家」を育成することではなく，多くの運動種目を行うことによって「できるだけ多くの身体技術」を身に

つけ，「共同体への奉仕」を当然のこととみなす者を育成していくことであると考えていた。このような目標の下で，統合組織に加盟する団体が5つに分かれることを構想した。ディームが伝え聞いていたように，「DTが全てのスポーツを統轄する」のではなく，統合組織の中でDTがDT指導の下で、統轄権を巡って対立していたDSBfLとDSVを含む8団体と合併し，「ドイツトゥルネン連合（Deutscher Turnerbund）」となることをノイエンドルフは構想していたのである。しかし，ノイエンドルフの構想はチャンマーに受け入れられなかった。チャンマーが統合組織において採用したのは，リンネマンが提案したという専門連盟による運動種目の統轄であった。

（2）専門連盟による運動種目の統轄

1933年5月24日，帝国スポーツ委員のチャンマーは，内務大臣W.フリックとの合意の下で，「ドイツの身体運動の再編」と題する指導原則を告示した。指導原則の冒頭では，ドイツの身体運動の目標が以下のように示されている。

> 身体教育は，身体を通して完全なる人間へと教育していくことを意味している。身体運動が正しく計画され，実施されるならば，身体運動は身体を鍛えるだけでなく，精神や人格にも影響を及ぼしていく。完全なる人間とは共同体の人間である。個々人の健康や達成能力は，我が国民全体の力の一部であり，国民全体の力を保持し，可能ならば高めていくことが，我々の課題である。トゥルネン・スポーツ諸団体は，私人の個人的な福祉を促進していくために存在しているのではない。むしろ身体運動は国民生活の重要な一部を形成するのであり，国家の教育システムの基盤となる構成要素なのである。……トゥルネンとスポーツはいかなる個人主義的な態度からも切り離され，真に国民的なものとならねばならない。老若男女全てにとって，共同で実施される身体運動が兵士のような徳を身につける場となり，国家的精神の学校とならねばならない。個人主義的なスポーツ活動の時代は過ぎ去ったのである[35]。

チャンマーは，身体運動を「国民生活の重要な一部を形成」するもの，「国

家の教育システムの基盤となる構成要素」と位置づけている。しかし彼は，身体運動が「個人的な福祉を促進」するものではなく，「完全なる人間へと教育」する場，「兵士のような徳を身につける場」，「国家的精神の学校」となることを求めている。

　次いで，チャンマーは身体運動を推進する協会のあり方について言及している。

> トゥルネン・スポーツ協会は，［身体］運動の真の推進者である。……この大概は健全で，価値ある協会生活の独自性は，可能な限り干渉されるべきではない。……同様にスポーツの独立生活が強制的に変えられるべきではない。しかし全ての協会は，若きドイツ人を，民族共同体をしっかりと意識した立派なメンバーへと育成する義務を認識し，全般的な身体訓練と並んで従属心や共同体精神を涵養する教育を促進していかねばならない。このような目標の通達によって，協会は常にあらゆるスポーツ種目の推進者となるであろう[36]。

　チャンマーは，身体運動を行うトゥルネン協会やスポーツ協会の活動が「干渉され」たり，「強制的に変えられ」るべきではないと主張しながらも，「全般的な身体訓練」や「従属心や共同体精神を涵養する教育」を義務としてトゥルネン協会やスポーツ協会に要求している。チャンマーが要求した多面的な身体運動，従属心や共同体精神の涵養は，1880年代から1910年代にかけて行われたトゥルナーのスポーツ批判の中で，スポーツと対置されるトゥルネンの特徴として示されたものであった。このことに鑑みれば，チャンマーはトゥルネン的な運動理念を，身体運動を行う協会の義務として掲げたといえよう。

　ドイツの身体運動の目標や身体運動を推進する協会のあり方を示した上で，チャンマーは，統合組織の構造について述べている。彼は，DRAに加盟していた団体を種目や職業に応じて表１のように15の「専門連盟（Fachverband）」に区分した。

表1　帝国指導者連合傘下の専門連盟とその統轄種目

番号	団 体 名	統 轄 種 目
1	ドイツトゥルネン連盟	器械体操，徒手体操，夏季遊戯，フェンシング
2	ドイツフットボール連盟	フットボール，ラグビー，クリケット
3	ドイツ陸上競技連盟	陸上競技，ハンドボール
4	ドイツ重競技連盟	ボクシング，レスリング，柔術，重量挙げ
5	ドイツ水泳連盟	水泳，水球，人命救助
6	ドイツテニス・ホッケー連盟	テニス，ホッケー，ゴルフ，卓球
7	ドイツ九柱戯・ビリヤード連盟	九柱戯，ビリヤード
8	ドイツ冬季スポーツ連盟	スキー，スケート，アイスホッケー，ボブスレー，リュージュ，ローラースケート
9	ドイツ射撃スポーツ連盟	スポーツ射撃
10	ドイツ水上スポーツ連盟	ボート，カヌー，ヨット，モーターボート
11	ドイツヴァンデルン連盟	ヴァンデルン，登山
12	ドイツ自転車スポーツ連盟	自転車
13	ドイツ自動車連盟	自動車，バイク
14	ドイツスポーツ医師・教師連盟	ー
15	ドイツスポーツ報道連盟	ー

出典：DTZ, Nr.22, p.410, 1933より作成

　チャンマーは身体運動を行う協会を「あらゆるスポーツ種目の推進者」とし，「協会はある専門連盟のメンバーとして，どのスポーツ領域でも活動することができ，そして協会は協会の個々のメンバーあるいはチームや部門を，どのスポーツ領域の催しにも参加させることができる」と述べていた[37]。しかし運動種目の統轄権に関しては，専門連盟のみが割り当てられた運動種目の統轄権を有し，選手権大会や競技会を開催することができ，それ以外の連盟がそのような催し物を行うことは禁じられたのである[38]。DTは1930年に3つのスポーツ連盟と結んだ協定によって，フットボール，陸上競技，水泳の統轄権を3つのスポーツ連盟と共同で有していたが，チャンマーが行ったこの措置によって上記3種目に関する権限を失うこととなった。彼は統合組織の構造を専門連盟の形にした理由を，「これまで存在していた多くの諸連盟や諸団体の削減」によって組織を「単純化し」，各運動種目の「より良い監督と指導を可能に」するため，そして「これまで多くの連盟に加盟していたことによって生じた財政

的負担から，協会を解放する」ためであると述べている[39]。

またチャンマーは，自身と上記の専門連盟の「指導者」[40] 15名によって帝国指導者連合を創設することを表明し，この組織が15の専門連盟を傘下におさめる統合組織となった[41]。1933年7月13日に開かれた帝国指導者連合の第1回会議ではこの組織が，解散したDRAの活動を引き継ぐことが確認された[42]。帝国指導者連合傘下の15の専門連盟は，ナチスやナチスの系列組織の地域区分と同様に「ガウ（Gau）」という地域単位で16に区分された[43]。これとほぼ同様の地域区分を行っていたDTでは，上記のような地域区分による問題はほとんど生じなかったが，3つのスポーツ連盟の側では事情が異なっていた。DFBやDFBfLは7つの「地方連盟（Landesverband）」を傘下においていたが，地域区分の変更によって，地方連盟を解散することを余儀なくされた[44]。

トゥルネン・スポーツ諸団体を専門連盟に再編する際，ドイツ冬季スポーツ連盟やドイツ重競技連盟のように，いくつかの連盟を合併して設立された専門連盟では問題が生じた。なぜなら専門連盟創設前の連盟内で行われていなかった運動種目，あるいは運動の性質が異なる運動種目を，冬季スポーツ連盟や重競技連盟では統轄しなければならなかったからである。1933年当時DFBの広報官であり，のちにDRLの広報官となったG.v.メングデンは，帝国指導者連合の組織構造の問題を以下のように回顧している。

> これは余りにも形式的に構築された構造であった。スポーツの知識が余りない者であっても，これは機能しないだろうとすぐに気付くに違いない。スキーとスケートを，教師と医師を，ボートとモーターボートを，九柱戯とビリヤードを一つの連盟の中にまとめたのである。まったく異なるグループが恣意的に結合されたのである。この現実離れした構造に対するスポーツの解答は，受動的な抵抗ではなかった。これまでのように活動が行なわれ，……"従順さ"が求められるところでは見せ掛けの組織が構築された[45]。

さらにメングデンは「冬季スポーツ連盟と称してスキー，アイススケート，ボブスレー，ローラースケートを同時に統轄することはユートピアであった」

とも述べている[46]。それ故，合併して専門連盟となるよう指示されたスポーツ連盟のいくつかは，形式上は専門連盟の形をとりながらも，実践活動を以前のスポーツ連盟毎に行っていたという[47]。

また，チャンマーが告示した指導原則の中で禁じられていた，統轄権を持たない運動種目の競技会の実施はそれほど遵守されるものではなかった。1934年1月にDTとDSVが結んだ協定では，DT内での水泳競技会の実施が認められていたのである[48]。

トゥルネン・スポーツ諸団体を専門連盟に再編することによってこのような問題が生じたことは，以下でみるような運動種目の統轄権の専門分化に繋がっていったと考えられる。

3．帝国指導者連合のDRLへの改組——統轄権の専門分化——

1934年3月9日にチャンマーは，帝国指導者連合をDRLに改組することを表明した。改組の理由を彼は，帝国指導者連合がドイツの身体運動を表面的に統合したに過ぎなかったためであるとしている[49]。

1934年7月27日にチャンマーはDRL内に，運動種目に応じて21の「専門部（Fachamt）」を設置することを構想したが[50]，1935年9月に公表されたDRLの会則では，表2のように14の専門部を設置することが定められている。

表2　DRLにおける専門部の統轄種目

専門部番号	統轄種目	専門部番号	統轄種目
1	器械体操，徒手体操，夏季遊戯	8	フェンシング
2	フットボール，ラグビー，クリケット	9	ホッケー
3	陸上競技	10	テニス
4	ハンドボール	11	ボート
5	水泳	12	カヌースポーツ
6	重競技	13	氷上スポーツ，ローラスケートスポーツ
7	ボクシング	14	スキー

出典：Mengden, Guido v., "Deutscher Reichsbund für Leibesübungen", in: Breitmeyer, Arno & Hoffmann, Paul G., *Sport und Staat*. Bd.2, Berlin: Reichssportverlag, 1937, p.131 より作成

帝国指導者連合において，上記の運動種目を統轄していた専門連盟は，ベルリン・オリンピックが開催される1936年までは存続していたが，それ以後は相次いで自主解散し，上記の運動種目の統轄は各専門部に委ねられた[51]。DRLは帝国指導者連合と同様に，16のガウに区分され[52]，そして専門連盟に加盟していた協会やクラブはDRLに直接加盟することとなった[53]。

　また，山や海など運動を実施する場所が限定されるために，あるいはメンバー数や協会数の少なさのために，専門部と同様の地域区分が困難な運動種目の団体に関しては，「提携連盟（Anschlußverband）」という形でDRLの傘下に入ることとなった[54]。提携連盟としてDRLの傘下に入ったのは，ヨット，ヴァンデルン，登山，九柱戯，射撃，ゴルフ，ボブスレーとリュージュ，卓球，ビリヤードを統轄する9つの団体であった[55]。帝国指導者連合において運動の性質が異なる複数の種目を一つの専門連盟に統轄させていた時と比べると，チャンマーはより現実的な解決策を選んだといえよう。こうして帝国指導者連合において15の専門連盟に委ねられていた各運動種目の統轄が，DRLではより専門分化し，「抗争」の中で3つのスポーツ連盟が主張してきた統轄方法に酷似したものとなったのである。

　1933年のドイツの国際連盟からの脱退に示されるようなナチスの反国際主義的な姿勢は，ナチスの影響下にあるドイツの身体運動の領域には反映されなかった。逆に，ナチスは権力掌握後，ワイマル期以上に国際的なスポーツ交流を促進したのである。1920年代のドイツの国際的なスポーツ交流は年平均20であったが，ナチスが権力を獲得した1933年から第二次世界大戦が勃発する1939年までの期間は，年平均60と1920年代の3倍になっている[56]。また，1933年以前は国家主義的，民族主義的活動を志向して国際的な統轄団体への加盟を拒否してきたDTとドイツボート連盟が1934年に，体操とボートの国際統轄団体に加盟している[57]。

　ナチスが国際的なスポーツ活動を推進したのは，国際的なスポーツ競技会を価値ある外交政策の手段，とりわけ外国の世論に影響を及ぼす手段とみなしていたからであった[58]。そして，スポーツを含めたあらゆる分野においてドイツの優位性が示されねばならないと考えていたナチスは，国際的スポーツ競技会をドイツの威信を示す手段のひとつとしても認識していた[59]。外国の政府首脳

にインパクトを与えるだけでなく，外国政府の方針をドイツにとって好ましいように変えることのできる外国の世論からの支持を勝ち取ることにおいて，国際的スポーツ競技会におけるドイツの勝利が重要な役割を担うとナチスはみなしていたのである[60]。

　各運動種目の専門的統轄というスポーツの組織編制に則ったDRLの組織編制は，国際的なスポーツ競技会に外交政策や国威発揚の手段としての意義を見出し，国際的なスポーツ活動を推進していったナチスの路線に沿ったものであったといえよう。

おわりに

　DTと3つのスポーツ連盟が和解の最終目標として掲げたトゥルネン・スポーツ諸団体の統合組織結成に向けた動きは1933年のDRAの解散から始まり，その後，帝国指導者連合が創設され，さらに同連合がDRLに改組されていった。

　DRAに加盟していたDTと3つのスポーツ連盟の間では，1930年に双方が結んだ協定によって，陸上競技，フットボール，水泳が共同で統轄されていた。

　しかし，トゥルネン・スポーツ諸団体の統合をドイツ内務省から一任されたチャンマーが，DRAの後継組織として1933年に創設した帝国指導者連合では，傘下の15の専門連盟が割り当てられた運動種目のみを統轄し，それ以外の運動種目の統轄は禁じられた。帝国指導者連合では，多面的な身体運動，従属心や共同体精神の涵養といったトゥルネン的な運動目的・方法が称揚されたが，DTは器械体操，徒手体操，夏季遊戯，フェンシングの専門連盟となり，それまで有していた陸上競技，フットボール，水泳に関する権限を失うこととなった。

　そして，帝国指導者連合の後継組織として1934年に発足したDRLでは15の専門連盟が，14の専門部と9つの提携連盟に再編された。各運動種目の統轄権がこれらの専門部と提携連盟に委ねられていくことによって，統轄権はより専門分化し，「抗争」の中で3つのスポーツ連盟が主張してきた統轄方法にほぼ則したものとなったのである。

ナチスが国際的なスポーツ活動を推進していく中でなされたトゥルネン・スポーツ諸団体の統合によって，半世紀にも及んだ「抗争」は統轄権の問題に関する限り，DTが主張してきた運動種目の全面的統轄ではなく，3つのスポーツ連盟が主張してきた専門的統轄方法が統合組織に採用される形で帰結したのである。

注

1) 都筑　真，「トゥルネン＝スポーツ抗争」に関する歴史的研究―「抗争」におけるC.ディームの役割を中心として―，博士論文（筑波大学），2009。
2) *Deutsche Turnzeitung*（以下DTZ），Nr.13, p.257, 1930.
3) Bernett, Hajo, *Der Weg des Sports in die nationalsozialistische Diktatur.* Schorndorf: Verlag Karl Hofmann, 1983.
4) 1933年2月28日の「国民と国家を防衛するための大統領令」による基本権の停止，6月になされた社会民主党の禁止，7月1日の新党設立禁止法などによって，ナチスは敵対する勢力を除去していった。
5) DTZ, Nr.13, S.229, 1933; DTZ, Nr.16, p.290, 1933.
6) *Fußball und Leichtathletik*, Nr.17, p.1, 1933.
7) *Der Leichtathlet*, 19.4., 1933.
8) Ibid., 16.5., 1933.
9) *Der Scwimmer*, Nr.13, p.1, 1933.
10) Ibid., Nr.17, p.7, 1933.
11)「ドイツ・オリンピック委員会（Deutscher Reichsausschuß für Olympische Spiele）」が1917年に，国際オリンピック参加のための活動や国内オリンピックの開催だけでなく，「ドイツ国民への身体運動の普及」をも目的とする組織に改組されて成立したのがドイツ帝国体育委員会である。1922年には380万人，1930年には688万人がこの組織に加盟していた。Diem, Carl & Mallwitz, Arthur & Neuendorff, Edmund (eds.), *Vereine und Verbände für Leibesübungen*. Berlin: Weidmannsche Buchhandlung, 1923, p.124.
12) Bernett, Hajo, "Deutsches Sport im Jahre 1933", in: Stadion, 2 (1981): 267.
13) Hitler, Adolf, *Mein Kampf*. Boston: Houghton Mifflin Company, 1943, p.409.
14) Teichler, Hans J., "Sport unter der Herrschaft der Ideologie-Sport im Nationalsozialismus", in: Diekmann, Irene & Teichler, Hans J. (eds.), *Kör-per, Kultur, Ideologie: Sport und Zeitgeist im 19. und 20. Jahrhundert*. Bodenheim: Philo Verlagsgesellschaft, 1997, p.101.
15) *Völkischer Beobachter*, 17.4., 1929.
16) Ibid., 14.9., 1928.

17) Ibid., 22-23.4., 1928.
18) Ibid., 17.4., 1929.
19) Ibid., 19.8., 1932. 引用文における [ ] 内の語句は訳者の挿入である。以下の引用文も同様である。
20) Diem, Carl, *Olympische Flamme*. Bd.1, Berlin: Deutscher Archiv-Verlag, 1942, p.467.
21) *Deutsche Allgemeinezeitung*, 17.3., 1933.
22) Bernett, Hajo, *Sportpolitik im Dritten Reich*. Schorndorf: Verlag Karl Hof-mann, 1971, p.26.
23) *Völkischer Beobachter*, 1.4., 1933.
24) Ibid.
25) Ibid.
26) Havemann, Nils, *Fußball unterm Hakenkreuz: Der DFB zwischen Sport, Politik und Kommerz*. Frankfurt am Main & New York: Campus-Verlag, 2005, p.94.
27) *Blätter für Volksgesundheit und Volkskraft*, Nr.9, 1933.
28) Mengden, Guido v., "Deutscher Reichsbund für Leibesübungen", in: Breitmeyer, Arno & Hoffmann, Paul G., *Sport und Staat*. Bd.2, Berlin: Reichssportverlag, 1937, p.121.
29) *Blätter für Volksgesundheit und Volkskraft*, Nr.9, 1933.
30) Bernett, *Sportpolitik*, p.31.
31) Diem, Carl, *Weltgeschichte des Sports und der Leibeserziehung*. Stuttgart: Cotta, 1960, p.999.
32) Ibid., S.1000.
33) Diem, Carl, *Ein Leben für den Sport*. Ratingen: A. Henn-Verlag, 1974, p.143.
34) DTZ, Nr.18, pp.329-330, 1933.
35) Ibid., Nr.22, p.410, 1933.
36) Ibid.
37) Ibid.
38) Ibid.
39) Ibid.
40) 1933年5月24日にチャンマーが「ドイツの身体運動の再編」と題する指導原則を告示する以前から，指導者原理を導入する団体が存在していたが，この指導原則の告示後は，どの団体にも指導者原理が導入され，団体の長の名称が「会長（Vorsitzende）」から「指導者」に改められた。
41) DTZ, Nr.22, p.410, 1933.
42) Mengden, Guido v., "Vom Deutschen Reichsausschuß zum NS-Reichs-bund für Leibesübungen", in: Jahrbuch des Sports, 1 (1955/56) : 61.
43) Ibid., p.61. ガウ I 東プロイセン，ガウ II ポンメルン，ガウ III ブランデンブルク，ガウ IV シュレージエン，ガウ V ザクセン，ガウ VI 中部，ガウ VII ノルトマルク，ガ

ウVIII ニーダーザクセン，ガウIX ヴェストファーレン，ガウX ニーダーライン，ガウXI ライン中部，ガウXII 北ヘッセン，ガウXIII 南ヘッセン・プファルツ・ザール，ガウXIV バーデン，ガウXV ヴュルテンベルク，ガウXVI バイエルンの16地域に区分された。

44) Ibid.
45) Ibid., p.57.
46) Ibid., p.62.
47) Ibid.
48) DTZ, Nr.5, p.131, 1934.
49) Mengden, "Deutscher Reichsbund", p.126.
50) DTZ, Nr.31, p.7, 1934.
51) Ibid.
52) Ibid.
53) DTZ, Nr.50, p.2, 1934.
54) Mengden, "Vom Deutschen Reichsausschuß" p.65.
55) Mengden, "Deutscher Reichsbund", p.130.
56) 1933年から1939年にかけて，ドイツが行ったスポーツ交流の殆どは，ベルギー，オランダ，フランスといったドイツの西側の近隣諸国と，ドイツの北側にあるスカンジナビア半島の国々とであった。Teichler, "Sport unter der Herrschaft", p.101.
57) DTZ, Nr.52, S.5, 1935.
58) Teichler, "Sport unter der Herrschaft", p.101.
59) Keys, Barbara J., *Globalizing sport: national rivalry and international community in the 1930s*. Cambridge: Harvard University Press, 2006, p.130.
60) Ibid.

1914年以前のイングランドにおける
企業内ホッケークラブの活動について
――コールマン社の工場,キャロウ・ワークスを事例として――

秋 元 忍

はじめに

　19世紀末から20世紀初頭を対象としたイギリススポーツ史研究は,近年,企業スポーツの役割の再評価に焦点を当ててきた。その議論の出発点を提供したのは,以下のJ.ヒルの見解であろう。ヒルは,20世紀イギリスのスポーツとレジャーに関する通史的著書の序論の中で,企業家父長主義の影響はその役割が限定的,周辺的であるため,研究対象から除外すると述べた[1]。しかしながら,M.ヘラーは,ヒルの研究は近代イギリス史におけるスポーツの歴史的理解に対する重要な貢献であるとしつつも,以下の事実を挙げヒルを批判した。19世紀後期,大規模企業といくつかの公的機関は,その従業員のためのスポーツにかなりの投資を行い始めた。戦間期までにその実践は拡大し,何十万もの従業員が,雇用者が与えたスポーツ施設を満喫していた。よってヘラーはヒルの見解は誤りであると指摘した[2]。また第一次大戦以前の企業による従業員へのスポーツ供給の実態を,複数の具体例に即しながら分析したR.ムンティングは,すでにこの時期には,企業によるスポーツの供給は,教会やパブリックスクール,大学以上に大規模に行われていたとして,スポーツの大衆化に果たした企業の役割を高く評価している[3]。さらに,19世紀後期以降のブーツ社の福祉とレクリエーションの展開を検討したS.フィリップス[4],キャドバリー社のスポーツへの貢献を論じたJ.ブロムヘッド[5],およびラウントリー社の教育プログラムとクラブ活動に労働者階級女性の女らしさという規範がいかなる影響を及ぼしたのかを分析したC.パラット[6]の,個別企業を対象とした各

論考は，主たる分析の観点は異なるが，いずれも支援を受けたクラブ活動の範囲は社外に及び，当該地域のスポーツの普及に重要な役割を果した事例を示しており注目に値する。

一方筆者は，上記の研究動向を踏まえつつ，イングランドにおけるホッケー普及過程に関する研究を継続してきた。その結果，19世紀末の組織化以降のゲームの普及は，地域を母体とするクラブを中心とした男女別の統括組織の普及戦略の貫徹の過程のみではなく，統括組織加盟・非加盟の別，男性・女性・男女混合の別，地域・学校・軍隊・企業等の活動母体の別の，各組み合わせによる重層的な過程を含んでいたことが解明された。中でも2010年に公表したヨークのラウントリー社のチョコレート工場を対象とした拙稿では，ホッケーにおいても1914年以前に企業内クラブの活動の活発化を確認することができた[7]。しかしながら，従来のイギリスホッケー史研究は，企業を母体とするホッケークラブの活動実態の解明およびホッケーの普及過程における企業の役割の検討に，十分に取り組んできたとはいえない[8]。企業スポーツの役割の再考は，エリートの役割の相対化を促し，いわゆる近代スポーツの普及過程に関する歴史像を修正する可能性がある。よって，ホッケー史の立場から企業の活動に注目することにも一定の意義を認めることができるだろう。

以上の問題関心から，本研究では，ラウントリー社のホッケークラブの活動について検討した拙稿と同様の観点から，異なる具体的事例に焦点をあてる。すなわち，イングランド東部の都市ノリッジで操業していたJ．＆ J．コールマン（以下コールマン社）のマスタード，スターチ製造工場，キャロウ・ワークスに設立されたホッケークラブを事例として，その活動の背景，活動内容を解明し，活動の特徴をラウントリー社の事例との比較から考察する。以上を踏まえ，結論部では，1914年以前の地域的なホッケーのゲーム普及に，このクラブが果たした役割を評価することにしたい。

コールマン社の従業員へのスポーツ供給については，R．ムンティングによるノリッジにおけるスポーツの通史の中に言及が見られる。ムンティングは，19世紀末から20世紀初頭の企業によるスポーツ提供の極端な事例としてコールマン社を位置付け，キャロウ・ワークスにおけるスポーツ種目，施設拡充を概観し，種目に男女のホッケーを含むことを指摘している。ただし，ホッケーク

ラブの活動内容の実態については不明なままであり，ホッケーの普及過程における役割という観点からの評価は行われていない[9]。

なお本研究では，1907年創刊のコールマン社の社内報『キャロウ・ワークス・マガジン』を主要史料として用いた。同誌は，業務関連記事以外にも，「宗教，慈善活動，芸術，音楽，写真，休日の旅，スポーツ，娯楽」[10]関連記事を掲載することを創刊時からの編集方針としていた。よって同誌には当時の企業スポーツに関する豊富な情報を見出すことができる。また雇用者は，この社内報に従業員間の「団結心の強化」[11]を期待していた。社内情報の伝達に加え，企業アイデンティティー，文化，労使間の新たな繋がりの創出手段として，社内報が当時の大企業に採用されつつあったことをM.ヘラーは指摘しているが[12]，この一般的傾向は同誌にも確認することができよう。同誌は，ブリティッシュ・ライブラリーに2巻3号から，それ以前のものはノーフォーク・アンド・ノリッジ・ミレニアムライブラリーに現在所蔵されている。

1．活動の背景

本章では，コールマン社の工場，キャロウ・ワークスにおけるホッケークラブの活動の背景を，以下の三点から検討する。（1）工場の規模拡大，（2）従業員向け教育・福祉プログラムの拡充，（3）スポーツ施設，用具の供給。

（1）工場の規模拡大

19世紀半ばから20世紀初頭にかけて，イングランド東部に位置するノリッジは，産業都市としての発展を経験した。ノリッジの労働人口は，1851年には男性21,163人，女性14,797人であったが，半世紀後の1901年には男性32,054人，女性18,511人にまで増加した。中でもある業種には顕著な傾向が見られた。それは飲食業に従事する人々の増加であった。上記の総労働人口のうち，飲食業に限定すると，その数は1851年には男性2,136人，女性690人であったのに対し，1901年には男性3,531人，女性1,286人となっており，特に女性の増加率が非常に高いことがわかる[13]。C.クラークは，このノリッジにおける飲食業労働者増加の「大部分は，ある一企業の発展が占めていた」と述べている。それ

は「最終的にその都市最大の雇用者となり、全国的な名声を得たコールマン社」であった[14]。表1が示すように、コールマン社は、マスタードを主な製品とする小工場として19世紀初頭に開業した。以降、事業拡張による工場移転、同業他社買収を経て、19世紀後半から20世紀初頭にかけて著しい発展を遂げた企業であった[15]。

表1　コールマン社年表

1804年	前身工場開業
1814年	ストーク・ホリー・クロスのマスタード工場を買収
1823年	J.＆J.コールマン設立
1850年	ノーフォーク鉄道よりキャロウの土地購入
1854年	キャロウ・ワークスにマスタード・ミル建設
1862年	キャロウ移転完了
1896年	有限会社化
1903年	マスタード製造のライバル企業、キーン・ロビンソン社を買収
1913年	レキット兄弟社との合弁企業、アトランティス社を南米に設立

1825年の従業員数は約30人ほどであり、1840年代半ばでも、その数はまだ100人未満であった。19世紀後半になると、従業員数は大きく増加する。1863年には500人、1873年には1,500人、1900年にはキャロウのみで2,352人、そして1907年には3,200人を雇用するノリッジで最大の工場となり、第一次大戦前にはイギリスの100大製造業の一つに挙げられていた[16]。また1814年から1862年まで操業したストーク・ホリー・クロスの工場の敷地は2エーカーであったが（図1）、1854年以降のキャロウへの移転によって拡張し、1908年には22エーカーの規模を誇る大工場に変貌した（図2）。工場内でのホッケーを含むスポーツ関連活動の展開には、まず以上のような工場の規模拡大が挙げられよう。

図1　ストーク・ホリー・クロス・ミルズ　1862年

図2　キャロウ・ワークス　1908年

（2）従業員向け教育・福祉プログラムの拡充

従業員数の増加と共に，コールマン社は従業員向けの教育・福祉プログラムの拡充を図った。「ソーシャルスキーム」と呼ばれたプログラムの内容は毎年改訂され，『キャロウ・ワークス・マガジン』に曜日，時間配当が掲載された。表2は，1908年冬季のプログラムを示したものである[17]。

表2　キャロウ・ワークス　ソーシャルスキーム　1908年10月

時間割　下記は冬季の時間割で，多少の変更もあり得る。
日曜部門
毎週日曜　午前9時～10時15分　キャロウ男性日曜学校 　　　　　午後10時45分～12時　キャロウ日曜学校（年長，年少，幼児部門） 　　　　　午後2時30分～4時　キャロウ日曜学校（年長，年少部門） 　　　　　午後2時45分～4時15分　キャロウ女性日曜学校 　　　　　キャロウ男性日曜学校 　　　　　　毎週金曜夜8時　祈祷会 　　　　　　第2月曜夜8時（夏季を除く）業務会議 　　　　　キャロウ女性日曜学校 　　　　　　冬季各月　業務およびソーシャル・ミーティング 　　　　　キャロウ日曜学校 　　　　　　年4回　慰労会 　　　　　　（通常）午後学校終了時の第2日曜　月例祈祷会 　　　　　　毎週金曜夜8時　ゲイズ夫人の年長・年少教師予習クラス 　　　　　　毎週火曜夜8時15分　エディス・A・クック嬢の幼児教師予習クラス
平日部門
男性・少年部門
毎週月曜　*午前8時半～9時　ビリヤード，スキットルズ，ドラフト，フットボール他 　　　　　午後1時～2時　　同上

	午後7時	軍楽隊練習
	午後8時	体操教授
	午後9時～10時	初心者向け軍楽隊練習
毎週火曜日	午後7時～9時	体操　自由練習
	午後7時～9時	弦楽団練習
	午後7時半～9時	皮細工授業
	午後9時～10時	初心者向け弦楽団練習
毎週水曜日	午後7時	軍楽隊練習
	午後8時	体操授業教授
	午後9時～10時	初心者向け軍楽隊練習
毎週木曜日	午後7時	ドリルと体操授業
	午後7時半	男性合唱団練習
	午後7時半～9時	皮細工
毎週金曜日	午後7時～8時	少年向け体操
	午後7時～9時	初心者向け弦楽団練習
	午後8時～10時	男性向け体操，レスリング他
毎週土曜日	午後	フットボール・リーグの試合
		レイクナムとデイリー・ファーム・グラウンド
	午後2時～6時	ビリヤード他のためにクラブハウス解放
*は毎週土曜日を除く各平日毎日繰り返し		

女性・少女部門		
毎週月曜日	午前8時半～9時	†軽食堂オープン
	午前8時半～9時	体育館でゲーム
	午後12時半～2時	軽食堂で裁縫授業
	午後12時半～2時	†軽食堂オープン
	午後1時～2時	ホッケー
	午後6時～7時	救急法授業
	午後7時～8時	ジュニア体操授業
	午後8時～9時	ジュニアダンス授業
毎週火曜日	午前8時半～9時	閲覧室でゲーム
	午後1時～2時	軽食堂で宗教的集会
	午後1時～2時	ホッケー
	午後6時～7時半	料理授業
	午後7時～8時	体操授業（スターチ包装部門）
	午後8時～9時半	ダンス授業
毎週水曜日	午前8時半～9時	体操服作り授業
	午後12時半～2時	軽食堂で裁縫授業
	午後1時～2時	軽食堂で選曲
	午後1時～2時	ネットボール
	午後7時～9時	体操授業（マスタード包装部門，箱詰め部門）
	午後8時	軽食堂で歌唱授業の練習

毎週木曜日	午前8時半～9時	閲覧室でゲーム
	午後12時半～2時	軽食堂で裁縫授業
	午後1時～2時	軽食堂で選曲
	午後1時～2時	ホッケー
毎週金曜日	午前8時半～9時	体育館でゲーム
	午後12時半～2時	軽食堂で裁縫授業
	午後1時～2時	ホッケー
	午後6時～7時	ネットボール
	午後7時～9時	シニアダンス授業
毎週土曜日	午前8時半～9時	閲覧室でゲーム
	午前11時半	ジュニア体操授業
	午後2時45分	ホッケー
	午後4時	木彫り授業

†は平日毎日繰り返し

キャロウ・ワークス・キッチン
従業員は下記の時間食事をとることができる。
　平日　午前5時45分～9時
　平日（毎週土曜日を除く）午後12時半～1時半
　平日　午後5時～6時

　まず注目されるのは，性別，年齢別に幅広いプログラムが提供されている点である。この表2から，男性，少年に向けには体操と皮細工の，女性，少女向けには料理，裁縫，歌唱，救急法，木彫りの各授業が配当されていたこと，そして男女ともに多様なスポーツ経験の場が提供されていたことがわかる。雇用者側は，労働力の保全と，従業員間，労使間の紐帯の創出を意図した経営戦略の一環として，スポーツのクラブや楽団の活動を支援し，日曜学校や各種授業を開講した。大工場として発展を遂げた20世紀初頭のキャロウ・ワークスでは，こうした総合的な教育・福祉プログラムの一部として，スポーツ関連活動が組み込まれていたのである。

（3）スポーツ施設，用具の提供
　教育・福祉プログラムの拡充が意図される中で，1914年までには，コールマン社は充実したスポーツ施設を所有するに至っていた。1878年には，キャロウ・ワークスに程近いレイクナム・クリケットグラウンドを購入し，急増した従業員のスポーツ活動に供した[18]。1907年には新クラブハウスが竣工した[19]。

1908年のクラブハウス内部を紹介した写真（図3）によれば，クラブハウスには，クリケットのバットとボール，フットボール，ホッケースティックなどの豊富なスポーツ用具が備蓄されていた。1911年のプレイング・フィールドは「クラブハウスに隣接し，面積は16エーカー」[20] に及ぶ広大なものであった。その写真には，同時に複数のゲームがプレイされている様子が収められている（図4）。

図3　クラブハウス備品　1908年

図4　プレイング・フィールド　1911年

スポーツ施設，用具の充実は，従業員のスポーツ関連活動の活発化をもたらした。創刊時から1914年までの間に『キャロウ・ワークス・マガジン』に掲載されたスポーツ関連活動記事をまとめた表3によれば，従業員によって実施されていた種目の概要は以下の通りである。

表3　『キャロウ・ワークス・マガジン』のスポーツ関連活動記事　1907-1914年

巻	号	年　月	タイトル	内　　容
1	1	1907.10	キャロウ・フットボールクラブ	1906/07年のキャロウ・シニアフットボールカップの優勝チームの写真
			バイ・ザ・ウェイ　新クラブハウス，ボウリング場	1907年4月5日の新クラブハウス竣工式典報告，ボウリングの勧め

巻	号	年　月	タイトル	内　　容
			キャロウ・フットボールクラブ	1906/07年のキャロウ・ジュニアフットボールカップの優勝チームの写真
			ソーシャル・ライフ　クラブハウス，ビリヤード・トーナメント，ボウルズ，体操，クリケット（シニア社内リーグ，キャロウ・ファースト・イレブン，シナピス・クリケットクラブ），フットボール	クラブ活動レポート
			少女たちの「自由時間」　ドリル，ダンス，散策クラブ，水泳，アスレティック・スポーツ，クラブハウス	クラブ活動レポート
			少女たちの体操授業実践	体操授業の写真
	2	1907.12	体操する少年たち	少年たちの体操の写真
			少女たちの新体操場	新体操場開場報告
			ソーシャル・ライフ　クラブハウス，ドラフト，ビリヤード，少年部（体操，フットボール，ボート），フットボール記録（ファースト・イレブン，社内リーグ），シナピス・クリケットクラブ	クラブ活動レポート
			少女たちの「自由時間」　体操，ダンス，ゲーム（**ホッケー**），スウェーデン体操とダンスの実演	クラブ活動レポート
	3	1908.4	ドラフトの新たな動き	ドラフト（ボードゲームの一種）の小話
			バイ・ザ・ウェイ　少女たちの体操　クラブハウスでの体操	
			ロープを放て！あるいは水上で過ごす休日	ヨットによるクルージング
			ソーシャル・ライフ　ボウルズ，クリケット，ビリヤード，ドラフト	クラブ活動レポート
			少女たちの「自由時間」　体操，ダンス，ゲーム（**ホッケー**，ネットボール）	クラブ活動レポート

巻	号	年　月	タイトル	内　容
			サイクリングクラブ	クラブ活動レポート
			シナピス・クリケットクラブ	クラブ活動レポート
			フットボール記録	クラブ活動レポート
			キャロウ・ワークスのクラブハウスのスポーツ用具庫	写真のみ　フットボール他とともに**ホッケー**スティックあり
	4	1908.7	バイ・ザ・ウェイ　モリス・ダンス　少年たちの体操実演	
			コールマン・クリケットカップ　優勝チーム	写真のみ
			コールマン・カップ	クリケットの社内カップ戦報告
			ソーシャル・ライフ　クリケット，ボウルズ，アスレティック・スポーツ，ドラフト，ビリヤード，少年部（フットボール）	クラブ活動レポート
			キャロウ・クリケットクラブ	クラブ活動レポート　地域のリーグ・カップ戦について
			フットボール	クラブ活動レポート　地域リーグ戦最終成績，年次会議報告
			自転車クラブの大会	クラブの写真のみ
			少女たちの「自由時間」　体操，ダンス，ゲーム（ネットボール，クリケット），サイクリング，水泳，アスレティック・スポーツ	クラブ活動レポート　スウェーデン式ダンスの写真
2	1	1908.10	キャラバンで過ごす休日	移動住宅による旅行記
			「仲間たち」号による1週間クルージング	ヨットクルージング報告
			バイ・ザ・ウェイ　アスレティック・スポーツ	アスレティック・スポーツ報告
			少女たちの「自由時間」　体操　水泳　ゲーム（ネットボール）	クラブ活動レポート　ダンス3種，アスレティック・シールド授与，同シールド獲得チームの写真
			キャロウ・ワークス　ソーシャル・スキーム	日曜部門（学校），月〜土曜男性・少年部，月〜土曜女性・少女部に分けてクラブ活動や授業の配当一覧が掲載されている。**ホッケー**は女性・少女部の月・火・木・金・土曜に配当。

86　1914年以前のイングランドにおける企業内ホッケークラブの活動について

巻	号	年　月	タイトル	内　　容
			キャロウ・ワークス　アスレティックスポーツ	アスレティック・スポーツ写真6種
			ソーシャル・ライフ　ボウルズ，クリケット，サイクリング，アスレティック・スポーツ，フットボール	クラブ活動，アスレティック・スポーツのレポート　ボウルズの社内部門間リーグの結果
			キャロウ・クリケットクラブ	クラブ活動レポート　メンバーの打球，投球別成績一覧あり
			フットボール　対戦リスト	3種の地域リーグの試合予定
			シナピス・クリケットクラブ	クラブ活動レポート
2		1909.1	スポーツと娯楽　クラブライフ（ビリヤード，体操），クラブ委員の遠足，フットボール	クラブ活動レポート
			フットボール	クラブ活動レポート
			シナピス・クリケットクラブ	クラブ活動レポート　メンバーの打球，投球別成績一覧
			少女たちの「自由時間」　サイクリングクラブ，体操，	クラブ活動レポート
			estateフットボールチーム	写真　1907/08年のシニアカップ獲得チーム
			製材機械フットボールチーム	写真　1907/08年のジュニアカップ獲得チーム
3		1909.4	シナピス・クリケットクラブ	クラブ活動レポート
			キャロウ・ワークス・**ホッケー**チーム	写真のみ　男子の**ホッケー**チームの初出
			ソーシャル・ライフ　クラブハウス（ビリヤード，体操場），フットボール，ビリヤード，ボウルズ，サイクリング	クラブハウスの近況とクラブ活動レポート
			フットボール記録	クラブ活動レポート
			少女たちの「自由時間」　体操，ダンス	授業，クラブ活動レポート
			ビリヤード：冬季ハンディキャップ・トーナメント	30名の対戦結果一覧表のみ
4		1909.7	バイ・ザ・ウェイ　スタッフのためのボウルズ	ボウルズクラブ案内

巻	号	年　月	タイトル	内　　容
			シナピス・クリケットクラブ	クラブ活動レポート
			ソーシャル・ライフ　クラブハウス，フットボール，クリケット，ビリヤード，ドラフト，ボウルズ	クラブハウスの近況とクラブ活動レポート
			体操授業	写真のみ
			キャロウ・クリケットクラブ	クラブ活動レポート
			少女たちの「自由時間」　体操，ダンス，水泳，ネットボール	クラブ活動レポート　ネットボールの写真
3	1	1909.10	キャロウ・ワークスセカンドイレブン	クリケットのセカンドイレブンの写真
			キャロウ・ワークス　ソーシャル・スキーム	クラブ活動，授業の配当一覧。女性・少女部の月・火・木・金・土曜のほかに，男性・少年部の土曜午後に**ホッケー**が追加された
			シナピス・クリケットクラブ	クラブ活動レポート　メンバーの打球，投球別成績一覧
			ソーシャル・ライフ　クラブハウス，フットボール，クリケット，ビリヤード，ボウルズ，スポーツ（アスレティック・スポーツ），体操	クラブハウスの近況とクラブ活動レポート
			キャロウ・クリケットクラブ	クラブ活動レポート
	2	1910.1	少女たちの「自由時間」　体操とダンス	クラブ活動レポート
			キャロウ・ワークス　フットボールクラブ　ファーストイレブン	写真のみ
			ソーシャル・ライフ　ビリヤード，体操，ドラフト，フットボール	クラブ活動レポート
			少女の部体操シールドの勝者たち	写真のみ
	3	1910.4	楽しいバンクホリデイの遠足	遠足報告
			ライフルクラブ	ライフルクラブ案内
			スポーツと娯楽　ビリヤード，ドラフト，少年たちの体操，フットボール	クラブ活動レポート
			シナピス・クリケットクラブ	クラブ活動レポート

巻	号	年　月	タイトル	内　　　容
			少女たちの「自由時間」体操, ダンス,	クラブ活動レポート
			インディアンクラブのドリル	写真のみ
	4	1910.7	キャロウと16th Lancers	フットボールの試合報告
			スポーツと娯楽	副題なし　ボウルズの社内リーグ対戦予定と個人戦結果
			キャロウ・フットボールクラブ	クラブ活動レポート　地域リーグ結果まとめ　年次会議報告
			キャロウ・ワークスボウリングクラブ	クラブ活動レポート　対外試合の予定
			キャロウ・フットボールクラブ 1909/10年	写真のみ
			シナピス・クリケットクラブ	クラブ活動レポート
4	1	1910.10	スイスの冬季スポーツ	
			日曜学校年次遠足	遠足報告
			キャロウ・クリケットクラブ	クラブ活動レポート
			シナピス・クリケットクラブ	クラブ活動レポート
			レイクナムでのアスレティックスポーツ　1910年6月25日	アスレティックスポーツの写真6種
			ソーシャル・ライフ　フットボール, クリケット, ボウルズ, アスレティック・スポーツ	クラブ活動レポート
	2	1911.1	シナピス・クリケットクラブ	クラブ活動レポート
			クラウンポイント小型ライフルクラブ	クラブ活動レポート　写真2種
			キャロウ・ワークス　ソーシャル・スキーム	クラブ活動，授業の配当一覧　男性・少年の土曜午後の**ホッケー**は継続　ただし女性部門に**ホッケー**の記述なし
			少女たちの「自由時間」体操, ダンス,	クラブ活動レポート
			ソーシャル・ライフ　フットボール	クラブ活動レポート
			ビルディング部門ボウルズチーム	写真のみ　副題：部門間ボウルズリーグの勝者

第Ⅰ部　西の大地との対話　89

巻	号	年　月	タイトル	内　　容
	3	1911.4	キャロウ・ワークスのプレイング・フィールド	写真　写真下にプレイングフィールドの面積の説明
			シナピス・クリケットクラブ	クラブ活動レポート
			スポーツと娯楽　委員会（クラブハウス委員会選出），アウトドア（新グラウンド取得希望），ノリッジ・シティフットボールクラブスポーツにおけるリレー優勝者（写真のみ），フットボール，ボクシング	クラブハウス，グラウンドの近況とクラブ活動レポート
			少女たちの「自由時間」体操	授業，クラブ活動レポート
	4	1911.7	少女たちの「自由時間」体操，シールド競技会（体操），水泳，ネットボール	授業，クラブ活動レポート
			シナピス・クリケットクラブ	クラブ活動レポート
			体操ショー	体操とダンスのショーの報告
			ソーシャル・ライフ　1911年ボウルズ定期戦，フットボール	クラブ活動レポート
			キャロウ・クリケット記録	クラブ活動レポート　ファーストイレブン，セカンドイレブンの試合予定
5	1	1911.10	少女たちの「自由時間」体操	体操授業のレポート
			進化途上のクリケット	クリケット史に関する論説
			シナピス・クリケットクラブ	クラブ活動レポート
			キャロウ・ワークス　ソーシャル・スキーム	クラブ活動，授業の配当一覧　男性・少年の土曜午後の**ホッケー**は継続　女性部門に**ホッケー**の記述なし
			アスレティック・スポーツ	アスレティック・スポーツ報告　写真6種
			ソーシャル・ライフ　クラブハウス，クリケット，ボウルズ，フットボール	クラブ活動レポート　フットボールの3種の地域リーグ対戦予定あり
			クラブハウス委員会遠足	遠足報告
	2	1912.1	シナピス・クリケットクラブ	クラブ活動レポート
			少女たちの「自由時間」体操	体操，ダンス授業のレポート

巻	号	年　月	タイトル	内　　容
			キャロウ・ワークスクリケットクラブ	クラブ活動レポート
			ホッケー	写真　男性の**ホッケー**
			ソーシャル・ライフ　ビリヤード，体操，フットボール	授業，クラブ活動レポート　フットボール写真
			少女の部体操シールド勝者	写真のみ
	3	1912.4	スポーツと娯楽　ボウルズ，少年部（ビリヤード），体操，フットボール	授業，クラブ活動レポート
			クラウンポイント小型ライフルクラブ	クラブ活動レポート　図2種
	4	1912.7	シナピス・クリケットクラブ	クラブ活動レポート
			少女たちの「自由時間」　体操，ダンス，水泳	授業レポート
			キャロウ・ボウルズ	写真　1ページ大　部門間の試合
			キタカワカマス釣りの一日	釣果報告
			スポーツと娯楽　ビリヤード，体操	授業，クラブ活動レポート　体操授業写真
6	1	1912.10	キャロウ対オーストラリア	クラブ活動レポート　アボリジニからなるオーストラリアチームとの対戦報告
			クラウンポイントにおける小型bisley	写真のみ　小型ライフルクラブの活動
			キャロウ・クリケットクラブ	クラブ活動レポート
			ソーシャル・ライフ　ボウルズ，クリケット，フットボール	クラブ活動レポート
			アスレティック・スポーツ	アスレティック・スポーツ報告　写真8種
			キャロウ・ワークス　ソーシャル・スキーム	クラブ活動，授業の配当一覧　男性・少年の土曜午後の**ホッケー**は継続　女性部門に**ホッケー**の記述なし
	2	1913.1	ソーシャル・ライフ　ビリヤード，ドラフト，体操，フットボール	授業，クラブ活動レポート
			シナピス・クリケットクラブ	クラブ活動レポート

巻	号	年　月	タイトル	内　　容
			ネットボール	写真　女性のネットボール
	3	1913.4	シナピス・クリケットクラブ	クラブ活動レポート
			体操実演	少女たちの体操授業の実演会報告
			ソーシャル・ライフ　ビリヤード，体操，ボウルズ	授業，クラブ活動レポート
	4	1913.7	体操実演	男性，少年による体操実演会報告　写真1点
			クラウンポイントライフルクラブ	クラブ活動レポート　写真3点
			ソーシャル・ライフ　ビリヤード，クリケット，ボウルズ，フットボールクラブ	クラブ活動レポート
7	1	1913.10	キャロウ・ワークス　ソーシャル・スキーム	クラブ活動，授業の配当一覧　男性・少年の土曜午後の**ホッケー**は継続　女性部門に**ホッケー**の記述なし
			ソーシャル・ライフ　印刷部門クリケットチーム（写真），ボウルズ，クラブハウス委員会写真	クラブ活動レポート
	2	1914.1	シナピス・クリケットクラブ	クラブ活動レポート
			キャロウクリケットクラブ	クラブ活動レポート
			ソーシャル・ライフ　ビリヤード，体操	授業，クラブ活動レポート
			キャロウ・フットボールクラブ	クラブ活動レポート
	3	1914.4	シナピス・クリケットクラブ	クラブ活動レポート
			キャロウクリケット定期戦1914年	クリケットクラブ対戦予定表
			キャロウ・フットボールクラブ	クラブ活動レポート
	4	1914.7	ソーシャル・ライフ　クリケット，ドラフト，水泳	クラブ活動レポート　ドラフト写真2種
			ビリヤードトーナメント1913/14年	ビリヤードトーナメント対戦結果一覧表
			キャロウの体操授業	写真のみ
			キャロウ・フットボールクラブ	クラブ活動レポート　マスタード部門のチーム写真
			クラウンポイントライフルクラブ	クラブ活動レポート　写真1点

巻	号	年　月	タイトル	内　　容
8	1	1914.10	捕球するジェフリー・R・R・コールマン　オックスフォード対ケンブリッジ　1914年7月	写真のみ（クリケット）
			キャロウクリケットクラブ	クラブ活動レポート
			シナピス・クリケットクラブ	クラブ活動レポート
			ソーシャル・ライフ　ボウルズ，ノリッジ・ボウリングアソシエーション，水泳	クラブ活動レポート　ボウルズ写真1点

註：**太字斜体**はホッケー関連記事を示す

　男性，少年によって行われていたのは，フットボール，クリケット，ホッケー，体操，水泳，ビリヤード，サイクリング，ボウルズ，自転車などであり，女性，少女たちには，体操，水泳，ネットボール，ホッケー，サイクリングなどが知られていた。これらの活動には，工場内の部門間の対戦から，地域のリーグ戦への参与まで，多様な形態が見られた。また全従業員を対象とした年中行事には，総合スポーツ競技会と称してよいアスレティック・スポーツがあった。このように充実した施設，用具が供給される中で，キャロウ・ワークスの従業員は，多様なスポーツ活動を満喫することができた。以上の事実を鑑みれば，キャロウ・ワークスにおけるホッケークラブの設立は，従業員の増加に応じて求められた教育・福祉プログラムの一環としてのスポーツ施設，用具の提供と，それに伴う従業員によるスポーツ関連活動の活発化という背景に位置付けられる。

2．活動内容

　以上の背景の中で展開を見たキャロウ・ワークスのホッケークラブの活動について，本章では，（1）ソーシャルスキームにおけるホッケーの位置付け，（2）女性の活動，（3）男性の活動，の三点から検討する。

（1）ソーシャルスキームにおけるホッケーの位置付け
　『キャロウ・ワークス・マガジン』およびノリッジの地方新聞に記録が見ら

れないため，現在のところ，男女ともに正確なクラブの設立時期は不明である。ただし，社内の正式な活動としてホッケーが導入された時期については，ソーシャルスキームに配当されたホッケーの曜日，時間を男女別にまとめた表4から推測可能である。

表4　ソーシャルスキームに配当されたホッケーの曜日、時間

社内報掲載年月	男性・少年部門	女性・少女部門
1908年10月	配当なし	月，火，木，金曜　午後1－2時 土曜　午後2時45分
1909年10月	土曜午後	月，火，木，金曜　午後1－2時 土曜　午後2時45分
1911年1月	土曜午後	配当なし
1911年10月	土曜午後	配当なし
1912年10月	土曜午後	配当なし
1913年10月	土曜午後	配当なし

　ソーシャルスキームにおける位置付けを見る限り，男性，少年部門では，1909/10年のシーズン以降，ホッケーが土曜午後の正式なプログラムとなったことがわかる。また女性，少女部門では，正式な活動としての開始は男性よりも先行し，週五日にも及ぶ配当が示されていたものの，1910/11年のシーズン以降女性，少女向けのプログラムからは削除されている。以下，史料を地方新聞記事にも拡げて男女別にさらに検討を続ける。

（2）女性の活動

　1907年12月，『キャロウ・ワークス・マガジン』は，以下のように女性のホッケーの活動を初めて報じている。「ホッケーは依然として活発にプレイされており，マスタードイレブンが今もなお最強のチームである」[21]。この記事から，ソーシャルスキームの記載よりも少なくとも1シーズン前，すなわち1907/08年のシーズンには女性のホッケーのゲームがキャロウ・ワークスで行われていたことを確認できる。また「マスタードイレブン」が結成され，「最強」であるという記述は，工場の部門間リーグの存在を示すものであろう。翌

1908/09年から1909/10年までのシーズンの間には、ソーシャルスキームに月・火・木・金・土曜にホッケーの配当があり、女性、少女向けスポーツの中では最も多くの時間が割り当てられていた。実際の活動日を示す史料は欠落しているものの、この配当時間数に、女性・少女向けプログラムとしてホッケーが重視されていたことを読み取れる。ただし、女性のクラブの活動の範囲は、1907/08年のシーズン以降の『キャロウ・ワークス・マガジン』、および地方新聞『イースタン・デイリー・プレス』、『イースタン・イブニング・ニュース』に対外試合の告知、報告記事が見られないことから、キャロウ・ワークス内のみに留まっていたと考えられる。

図5　ネットボール　1909年

ソーシャルスキームのプログラムからの削除以降、『キャロウ・ワークス・マガジン』は、女性のホッケーの活動を掲載していない。1918年の同誌は再び女性のホッケーの活動を報じていることから[22]、1910/11年のシーズン以降完全に女性のホッケーが行われなくなったとは考えにくいものの、正式なクラブ活動としては一時的に停滞したとみるのが妥当であろう。ネットボール（図4）の存在、またノリッジ周辺における女性のホッケーの低調さなどの影響が考えられるが、その理由については不明である。

（3）男性の活動

『キャロウ・ワークス・マガジン』が、初めて男性のホッケーの

図6　キャロウ・ワークス・ホッケーチーム　1909年

活動を伝えたのは，1909年4月に掲載された写真（図5）であった[23]。一方地方新聞を見ると，『イースタン・デイリー・プレス』は1909年2月に[24]，『イースタン・イブニング・ニュース』は1909年3月に[25]，それぞれキャロウ・ワークスの名を確認できるホッケー関連記事を最初に掲載していた。以上から，結成時期は不明なものの，1908/09年のシーズンには男性のホッケーチームは確かに結成され，対外試合も開始されていたことがわかる。また1909年10月には男性のホッケーがソーシャルスキームに位置付けられ，土曜の午後，フットボールと共にグラウンドを割り当てられた。以後，男性のクラブは，社内のみならず，対外試合を含む活発な活動を展開していく。

1909/10年のシーズン開始時，ノリッジ周辺のホッケークラブは，全国的統括組織であるホッケーアソシエーションの州支部，ノーフォーク・カウンティ・ホッケーアソシエーションを設立した。キャロウ・ワークスは，ノリッジ・グラスホッパーズ，ノリッジYMCA，グレート・ヤーマス，クロマー，キデナム，ウィンダムの6クラブとともに，その設立メンバーとなった[26]。こうして，キャロウ・ワークスのホッケークラブは，一工場内の従業員のためのクラブであるとともに，ノリッジ周辺における統括組織のゲーム普及の基盤の一つとなった。州支部設立後，彼らは複数の対外試合を手配した。『イースタン・デイリー・プレス』に掲載された対外試合の告知，結果によれば，1909/10年のシーズン中，キャロウ・ワークスは10のクラブ，チームと対外試合を計画，実施していた[27]。対外試合には自社グラウンドがしばしば使用された。

図7　ホッケー　1912年

以降，1910/11年，1911/12年のシーズンもキャロウ・ワークスの男性ホッケーのクラブは活発に対外試合を実施し，その活動は社内報，地方新聞に記録された（図7）。1912/13年，1913/14年のシーズンにはこれらの試合の記録は見られなくなるが，ホッケーアソシエーションのハンドブックは，1910/11年版から1913/14年版までノーフォークの州アソシエーション加盟クラブとしてキャロウ・ワークスを挙げていること[28]，また1913/14年のシーズンのソーシャルスキームにもホッケーの配当があることから，第一次大戦の従軍者の増加により社内のスポーツ活動全体が継続困難になるまで，クラブの活動は継続していたと考えられる。

3．活動の特徴

以上の展開を見たキャロウ・ワークスのホッケークラブの活動を，拙稿で対象としたラウントリー社のココア・ワークスの活動と比較し，その特徴を検討する。表5は，所在地，ホッケー導入時期，対外試合，統括組織加盟・非加盟の別の四点から，1914年以前の両社の活動内容を比較したものである。

表5　ラウントリー社とコールマン社のホッケークラブの活動内容の比較

	ラウントリー社 ココア・ワークス	コールマン社 キャロウ・ワークス
所在地	イングランド北部　ヨーク	イングランド東部　ノリッジ
ホッケー導入時期	1911/12年（男女共）	遅くとも1907/08年（女性） 遅くとも1908/09年（男性）
対外試合	男女共実施	男性のみ記録あり
統括組織加盟・ 非加盟の別	非加盟 非加盟クラブのネットワークの中で対外試合継続	加盟（男性のみ，1909/10年から） 州アソシエーションの設立メンバー

ラウントリー社のココア・ワークスは，コールマン社と同様，従業員へのスポーツ供給が幅広く見られた工場であった。ホッケーは1910年代に導入され，男女の各クラブが結成された。ココア・ワークスが操業していたヨーク周辺では，統括組織加盟クラブ，非加盟クラブの両ネットワークが存在し，それぞれ

地域的なゲーム実施の場を形成していた。ヨークにおいて後発的にクラブ設立を果たしたココア・ワークスは，後者に参画しつつ，活発な活動を展開していた。彼らは，統括組織の管轄外で，地域的なゲームの活性化に貢献していたことが注目される[29]。

一方，キャロウ・ワークスでは，男性，女性ともにココア・ワークスよりもホッケーの導入は先行していた。その後の活動の展開には以下の二点の特徴を指摘できる。第一に，前章で見た通り，女性のホッケーは，一時期，最も多くの機会がソーシャルスキームによって提供されていたスポーツであった。女性の活動としてホッケーを重視し，週五日の実施機会を確保しようとしたキャロウ・ワークスの意向は，ココア・ワークスの例を大きく上回るものである。また第二に，男性の活動についてもココア・ワークスには見られない性格を帯びた。それは，キャロウ・ワークスの男性ホッケークラブが，全国的統括組織の州支部の設立メンバーとなり，統括組織加盟クラブとなったという点であった。彼らは，教育・福祉プログラムの社内提供，充実という雇用者の意向を，統括組織への加盟と対外試合の展開という主体的なホッケーへの関与を通して読み替え，自身の活動に新たな意味を追加した。彼らの活動の展開とそれが行われた自社グラウンドは，キャロウ・ワークスの従業員にホッケー経験の場を与えただけでなく，統括組織のゲーム普及の媒体となったのである。

おわりに

最後に，以上の検討の結果を三点にまとめ，キャロウ・ワークスのホッケークラブがノリッジ周辺の地域的なゲーム普及に果たした役割を評価する。

第一に，キャロウ・ワークスは，工場の規模拡大に応じて求められた教育・福祉プログラムの一環として，19世紀末から20世紀初頭にかけて充実したスポーツ施設，用具を従業員に提供した。男女ホッケークラブの活動もその中に位置づけられていた。

第二に，女性については遅くとも1907/08年から，男性については翌1908/09年のシーズンから，ホッケーの活動が確認された。女性の活動は1910/11年以降一時的に停滞した可能性があるが，それ以前は，女性向けスポーツの中では

ホッケーに最も多くの時間が配当されていた。ただしその活動はおそらく工場内に限定されていた。一方男性のクラブの活動は工場内に留まらず，近隣クラブ，チームと対外試合を実施していた。また彼らは全国的統括組織であるホッケーアソシエーションの州支部，ノーフォーク・カウンティ・ホッケーアソシエーションの設立メンバーとなり，統括組織のゲームを行うクラブとして活動を継続していた。

　第三に，1914年以前にホッケーを導入していたラウントリー社との比較の結果，女性向けスポーツとしてホッケーが非常に重視されていた点に，また男性の活動が統括組織加盟クラブとして展開された点に，キャロウ・ワークスのホッケークラブの特徴を見出すことができた。特に男性の活動の展開は，従業員のホッケー経験の場となっただけでなく，メンバーたちが主体的に統括組織のゲーム普及を媒介する場に作り替えていく過程でもあった。

　以上から，キャロウ・ワークスが地域的なホッケーのゲーム普及に果たした役割の評価は，以下の二点に集約できる。

　第一に，キャロウ・ワークスは，社内の正式な教育・福祉プログラムにホッケーを位置づけることにより，その従業員にホッケー経験の場を確保した。ヨークにおけるココア・ワークスと同様に，キャロウ・ワークスの存在によって，ノリッジには，学校，地域クラブに加えて，企業というホッケーの実施基盤が築かれた。キャロウ・ワークスはノリッジ最大の工場であったことから，工場労働者へのゲームの広がりに関して，その役割は大きなものであった。

　第二に，特に男性の活動に見られた傾向であったが，キャロウ・ワークスのホッケークラブは，雇用者による施設，用具提供の恩恵を受けつつも主体的な活動を展開し，対外試合を活発に行っていた。そして統括組織の州支部の設立に関与し，統括組織加盟クラブとなることで，ノリッジ周辺における統括組織のゲーム普及の基盤の一つとなった。キャロウ・ワークスは，企業内のクラブとして，社内におけるホッケー経験の場を従業員に提供しただけではなく，統括組織のゲームの地域的な普及に重要な役割を果たしたといえる。

　ホッケーのゲームの全国的な普及に企業内クラブが果たした役割を，拙稿および本稿で検討したラウントリー社のココア・ワークス，コールマン社のキャロウ・ワークスという二つの実践の場のみから評価するのは性急に過ぎよう。

しかし，これまでのホッケー史研究が十分な検討を加えていなかった企業内クラブが，地域的なゲーム普及に大きな役割を果たしていたという知見は，ホッケー史のみならず，イギリススポーツ史を再考する上で重要である。というのは，都市部の金融機関から地方の大工場に至るまで，多様な業種において見られた企業による従業員へのスポーツ供給の実態解明は，20世紀初頭におけるスポーツの普及過程再考の契機となるからである。企業スポーツの実態解明を意図した歴史研究の継続，蓄積が要請される。

［付記］
　本研究は，平成21，22年度科学研究費補助金（若手B）「イギリスのホッケー普及過程における企業内クラブの活動に関する研究」による研究成果の一部である。

注
1) Hill, Jeffery, *Sport, Leisure and Culture in Twentieth-Century Britain*. Basing-stoke: Palgrave, 2002, p.5.
2) Heller, Michael, "Sport, Bureaucracies and London Clerks 1880-1939", in: The International Journal of the History of Sport, 25 (2008) 5: 579-614.
3) Munting, Roger, "The Games Ethic and Industrial Capitalism Before 1914: The Provision of Company Sports", in: Sport in History, 23 (2003) 1: 62-63.
4) Phillips, Simon, *Industrial Welfare and Recreation at Boots Pure Drug Company 1883-1945*, Nottingham Trent University, PhD, 2003.
5) Bromhead, John, "George Cadbury's Contribution to Sport", in: The Sports Historian, 20 (2000) 1: 97-117.
6) Parratt, Catriona M., " 'The Making of the Healthy and the Happy Home': Recreation, Education, and the Production of Working-Class Womanhood at the Rowntree Cocoa Works, York, c.1898-1914", in: Hill, Jeff & Williams, Jack (eds): *Sport and Identity in the North of England*. Keele: Keele University Press, 1996, pp.53-83.
7) 秋元忍，イングランドのホッケー普及過程における企業内クラブの役割―Rowntree Cocoa Worksのクラブを事例として　1911-1914年―，体育史研究，第27号（2010）：1-13頁。
8) 以下の各文献を参照。Pollard, Marjorie, *Fifty Years of Women's Hockey. The Story of the Foundation and Development of the All England Women's Hockey Association 1895-1945*. Letchworth: St. Christopher Press, 1945. Webb, Ida M., "Women's Hockey in England", in: *Proceeding of the 4th International HISPA Seminar*, 1975, pp.490-496. Miroy, Nevill,

The History of Hockey, Staines: Lifeline Ltd, 1986. Howells, M.K., *The Romance of Hockey's History*, Milton Keynes: M.K. Howells, 1997. Anonym., "Hockey, field", in Arlott, John (ed): *The Oxford Companion to Sports and Games*. Oxford: Oxford University Press, 1975, pp.477490. Lowerson, John, "Hockey, Field", in: Levinson, David and Christensen, Karen (eds): *Encyclopedia of World Sport*. Santa Barbara: ABC-Clio, 1996, pp. 418-423. Connolly, Eugene, "Hockey (Field)", in: Cox, Richard, et al.(eds): *Encyclopedia of British Sport*. Oxford: ABC-Clio, 2000, pp.180-182. Su, Mila C., "Hockey, Field", in: Levinson, David & Christensen, Karen (eds): *Berkshire Encyclopedia of World Sport*. Great Barrington: Berkshire Publishing Group, 2005, pp.734-739. 以下，著者名不詳の著書，論文，記事を示す場合，Anonym.を省略する。

9) Munting, Roger, "Sports and Games", in: Rawcliffe, Carole & Wilson, Richard (eds): *Norwich since 1550*. London: Hambledon and London, 2004, pp.451-453.
10) "Our Debut", in: The Carrow Works Magazine, 1 (1907) 1, p.4.
11) Colman, Russell and Stuart, James, "A Birthday Letter to the Readers of the Carrow Works Magazine", in: Ibid., p.3.
12) Heller, Michael, "British Company Magazines, 1878-1939: The Origins and Function of House Magazine in Large-Scale Organisations", in: Media History, 15 (2009) 2: 143-166.
13) Clerk, Christine, "Work and Employment", in: Rawcliffe and Wilson, *Norwich since 1550*, pp.390-391.
14) Ibid., p.393.
15) *Colmans of Norwich. A Short History*. Norfolk and Norwich Millennium Library, N664.54, 1994, n.p.
16) Clerk, "Work and Employment", pp.393-395. またp.559.の註も参照。
17) "Carrow Works Social Scheme", in: The Carrow Works Magazine, 2 (1908) 1: 28-29.
18) Munting, "Sports and Games", p.451.
19) "By the Way", in: The Carrow Works Magazine, 1 (1907) 1: 22.
20) "Carrow Works' Playing Field", in: The Carrow Works Magazine, 4 (1911) 3: 100-101.
21) Sarson, K.R., "Girls' "Free Time." Games", in: The Carrow Works Magazine, 1 (1907) 2: 3.
22) Balls, M.H., "Hockey Notes", in: The Carrow Works Magazine, 11 (1918) 4: 126.
23) "Carrow Works' Hockey Team", in: The Carrow Works Magazine, 2 (1909) 3: 102.
24) "Westfield Sports Club v. Carrow", in: The Eastern Daily Press, February 15, 1909, p.3.
25) "Carrow Works (Clerks) v. Lowestoft", in: The Eastern Evening News, March 19, 1909, p.3.
26) "Norfolk County H.A.", in: The Hockey and Amateur Football Monthly, 1 (1909) 2:28.
27) 10クラブ，チームは下記の通り。Cromer, Home Place, Lowestoft North End, Lowestoft Town, Westfield's, Norwich Grass Hoppers, Rev. F. Meyrick-Jones XI, Bortons XI, W. T.

Boston's XI, R. V. Southwell's XI.
28) 次のハンドブックの各年度版を参照。*The Official Handbook of the Hockey Association, 1910-11, 1911-12, 1912-13, 1913-14,* London: Horace Cox, 1910, 1911, 1912, 1913.
29) 秋元忍，前掲論文，1-13頁。

図の出典
図1,2 "Stoke Mills & Carrow Works", in: The Carrow Works Magazine, 1 (1908) 3: 84.
図3 "Sports Armoury at the Carrow Works Club House", in: The Carrow Works Magazine, 1 (1908) 3:117.
図4 "Carrow Works' Playing Field", in: The Carrow Works Magazine, 4 (1911) 3: 100-101.
図5 "Net Ball", in: The Carrow Works Magazine, 2 (1909) 4: 153.
図6 "Carrow Works' Hockey Team", in: The Carrow Works Magazine, 2 (1909). 3:102.
図7 "Hockey", in: The Carrow Works Magazine, 5 (1912) 2: 73.

1968年グルノーブル冬季五輪における性別確認検査導入の経緯
——国際オリンピック委員会史料の検討を中心に——

來田 享子

はじめに

本稿は，国際オリンピック委員会（International Olympic Committee，以下IOC）がオリンピック大会に性別確認検査を導入した議論の詳細を検討するものである。使用する主な史料は，IOC総会およびIOC理事会の議事録，その他関連文書とし，検査導入に至る一連の経緯におけるIOC側の論理がいかなるものであったかを描き出すことを目的とする。

オリンピック史上最初の検査の実施は，グルノーブルで開催された1968年2月6～18日オリンピック冬季五輪（以下，グルノーブル冬季五輪）であった。しかし，2000年シドニー五輪以降，この検査は，性別を確認すること自体の医学的限界と女性選手に対する人権の観点から，女性選手の出場の前提として実施されることはなくなった。

スポーツにおける性別確認検査は，IOCに先立ち，国際陸上競技連盟（International Amateur Athletic Federation，以下IAAF）が積極的に導入を進めたとされている。背景には，陸上競技種目における選手の性別に関する事件が生じたことがあった。この動きが，陸上競技だけにとどまらず，オリンピック大会に及んだことの影響は，非常に大きかった。ここでいう影響には，2つの側面がある。第一は，スポーツに与えた影響である。オリンピック大会における検査の導入は，高い競技力を競う多くのスポーツにおいて，女性選手のみを対象とする性別確認検査の実施を一般化させることになった。性別を判定することの医学的限界が認識されたのは，それから約30年後のことであった。科学に関

する時代的制約があったとはいえ，スポーツが，いわば「誤った」科学を援用し，競技のみならず人生にまで影響する結果を選手につきつけ続けた期間としては，30年を短いというべきではないだろう。第二に，このことに関わってスポーツが社会に与えた影響をあげることができる。性別確認検査では，競技のパフォーマンスには実質的な影響がない身体状況であっても，「女性ではない」と判定された選手は，競技から排除されざるを得なかった。もとよりこの判定は，スポーツの運用に関わる問題に過ぎない性格のものであった。しかし，それがオリンピック大会の下でなされたことによって，性別は「正しく」二分されるという印象を与えた社会的影響は否めない。それにもかかわらず「女性ではない」と判定された選手は，その判定によって「男性である」とされたわけでもなかった。スポーツ界は，検査の判定結果をほとんど常に「女ではない≠男性である」という解釈で受け止めてきたが，その解釈に対する責任を負うわけではなく，また負えるわけでもなかった。

　競技的なスポーツにおける性別の確認およびその検査をめぐる議論は，メディア報道のレベルだけでなく，スポーツ医学，スポーツ史，スポーツ社会学等の複数領域が射程に入れる課題として，研究が継続されてきた。これら研究成果の数としては，性別確認検査の方法とその科学的妥当性について検討したスポーツ医学領域のものが多くみられる。しかし，導入から近年にいたるIOCや国際競技連盟（以下IF）の方針の変遷を歴史・社会学的観点から検討したもの[1),2)]や，新聞報道を分析し，国際社会の状況の観点から考察を行った研究[3)]もある。これらの研究のいくつかは「いつ，どの大会で，どのような検査が実施されたか」について概観してはいるが，IOCや国際競技連盟（IF）における議論の詳細は明らかにされていない。

　ところで，オリンピック大会への女性の参加拡大には，1976年以降と1990年代以降という二つの段階が存在する。前者の参加拡大には，主として2つの要因がある。ひとつは，1960年代に女性がいわゆる「男性向き」とされたスポーツに挑戦しはじめたことである。ふたつめは，戦前に「女性らしい」競技としてのあり方が問われた競技が，この時期になって競技会に導入されはじめたことである。性別確認検査の導入問題は，女性の競技的スポーツの普及と国際的な競技会への参加拡大に伴う，近代スポーツの質的変化とスポーツにおける性

別の取り扱いやジェンダー観との交差点上にある出来事としてとらえることができる[4]。このようにみたとき，ここで検討する内容は，「スポーツにおいては『性別は明確に線引きし得る／すべき』という認識がどのような議論のもとで確立されたのか」という問いへの答えとして，スポーツ史的な関心のみならず，先に述べた複数の領域における関心時としても，重要な意味を持つと考えられる。

1．性別確認検査導入の議論の背景

Smith & Ferris[5]によれば，スポーツ競技会において選手の性別が女性である何らかの証明が必要とされた最初の事例は，1948年に英国女子陸上競技連盟（British Women's Amateur Athletic Association）が，女性選手に対し，医師による確認証明書を求めたことである。これ以前には，1930年代に高いパフォーマン

表1　性別確認検査導入の背景となった歴史的事例

選手の活躍時期	競技成績	事　例
1932年	ロサンゼルス五輪女子100m走金メダリスト	1980年の刑事事件の被害者として検死の際に両性具有と判明
1934年	ロンドンでの大会の女子800m走金メダリスト	両性具有であることが判明し，性転換手術により性別変更
1938年	欧州選手権女子走り高跳び金メダリスト，世界記録保持者	両性具有であることが判明し記録から除外
1946年	欧州選手権第2位のリレーメンバーチームの2名	後に性転換手術を受け，性別変更
1964年	女子400m走，800m走世界記録保持者	選手の父親が後に「息子」であると告白
1966年	女子世界ダウンヒル選手権タイトル保持者	1967年医学的検査にもとづき外科的治療後，男性であったことを公表し，結婚後は一児を儲けるとともに改名して男子部門で競技継続
1966年	陸上競技欧州選手権大会（ブダペスト）での初の「女性確認検査」	検査拒否，引退表明選手が多数出る

Canadian Academy of Sport Medicine, 1997, Position Statement Sex Testing (Gender Verification) in Sport, および文献（近藤, 2004）より作成。（來田, 2005）

スを示した女性選手の何人かが，医学的には性分化疾患に分類される状況から「性転換」手術を行って性別を変更した事例が見られた（表1）。

また，1936年ベルリン五輪の女子高跳びに4位で入賞した後，1938年欧州選手権では世界記録を樹立して金メダルを獲得したドラ・ラチエン（Dora Ratjen）選手の問題の背後に，ナチス・ドイツ当局の強制があったとの証言がなされたのは，1957年のことであった。この事例は，スポーツを通じ選手の性別の政治利用が可能であることを社会に示唆し，1960年代以降の性別確認検査導入の議論が東西冷戦下での国際競技会の状況を反映して隆盛したとする解釈[6]の基盤になっているとも考えられる。

国際競技会における最初の検査導入について，先行研究の多くは，1966年8月30日～9月4日にブダペストで開催された欧州陸上競技選手権であったとし，この検査は，すべての女性選手が3人の女性医師の前を通過する視認検査であったことを取り上げている。ただし，本稿の以下でも検討する，IOC理事アーサー・ポリット（Arthur Porritt，以下ポリット）からIOC会長アベリー・ブランデージ（Avery Brundage，以下ブランデージ）に宛てた書簡[7]には，1966年8月4-13日にジャマイカ・キングストンで開催された英連邦競技大会（British Commonwealth Games）において，婦人科医による外性器の触診検査が実施されたことが記されている。

2．IOC理事会・総会における審議および関連する書簡・文書等

先にも述べたとおり，オリンピック大会において，性別確認検査が最初に導入されたのは，グルノーブル冬季五輪であった。IOC文書史料館に所蔵された，この前後のIOC理事会および総会の議事録を検討した結果，IOCがこの問題を検討したことを示す最も古い議事録は，1966年10月22日にメキシコ・シティで開催されたIOC理事会議事録[8]であった。この会議では，ドーピング検査と同時に性別確認検査の問題がとりあげられ，すでにIAAFがこの2点をルール化したことが指摘された上で，オリンピック大会への導入を検討すべきとの結論が出されている。この会議以降，1969年6月のIOC理事会において，IFとの合意形成がなされ，大会の規則上，性別確認検査が明記される間の史

表 2　性別確認検査導入に関する IOC 理事会・総会議事録等公的記録文書

番号	年	月	日	種類	開催地等	備考	主な内容
①	1966	10月	22日	理事会議事録	Mexico City		次回テヘランでの総会での決議すべきドーピングおよび性別確認検査実施についての覚え書きの決議文書を担当 Prince de Merode が委員長を務めるドーピング問題小委員会（Sir Arthur Porritt が委員）から提出
②	1966	11月	7日	書簡			IOC 事務局発　ポリット宛文書
③	1966	11月	10日	書簡			ポリット発　ブランデージ宛文書
④	1967	5月	3〜9日	総会議事録	Theran	65th	参加規定・エントリーフォームに関する審議において、Porritt がドーピングおよび性別確認検査に対処する医学的組織の必要性について提言。医事委員会の設立が決定。委員長は IOC 委員を辞任する Porritt から Merode に交代。Porrittはアドバイザーとして残る
⑤	1967	9月	27日	プレスリリース			医事委員会の開催、委員の構成と委員会の役割（ドーピングへの対処と性別の確定（establishment of sex）にあること）を広報
⑥	1968	1月	26〜27日	理事会議事録	Lausanne		医事委員会と IF による合同会議報告・Grenoble 大会準備におけるドーピングおよび性別確認検査に関する規定文
			29〜31日		Grenoble		
⑦	1968	1月	30日	理事会議事録	Grenoble		性別確認検査に関する理事の発言記録形式の議事録
⑧	1968	2月	1〜5日	総会議事録	Grenoble	67th (66th?)	IF との合同会議報告（ドーピングおよび性別確認検査に関する要望）、医事委員会報告
⑨	1968	2月	5日	理事会議事録	Grenoble		性別確認検査に関する理事の発言記録形式の議事録
	1968	2月	6〜18日	グルノーブル冬季大会			
⑩	1968	4月	22日	書簡			ニュージーランド NOC 発　IOC 事務局宛文書
⑪	1968	9月	30日〜10月 6日	理事会議事録	Mexico City		ドーピング・性別確認検査に関する審議・医事委員会報告
⑫	1968	10月	7〜11日	総会議事録	Mexico City	68th (67th?)	医事委員会報告（多くの IF がドーピングおよび性別確認について IOC による対処を求めていることへの対応として、医事委員会がこの問題を扱うこと等の説明と IF との協力関係での内容。1968年9月7日 Varsaille 開催のヨーロッパ NOC 会議における関連審議の報告）
⑬	1969	3月	22〜23日	理事会議事録	Lausanne		ドーピングおよび性別確認検査に関わるルール改正案についての IF との合意形成状況の報告
⑭	1969	6月	2〜3日	理事会議事録	Lausanne		オリンピック大会におけるドーピングおよび性別確認検査に関する責任の所在と医事委員会の位置づけに関する事項の報告
⑮	1969	6月	5〜9日	理事会議事録	Warsaw		IF との合意形成により作成された大会におけるルール改正案の理事会承認

表 3　検討史料に関連する人物

文書上の表記	IOC役職または出身国	生	没	備考	史料⑦	史料⑨
Arthur Porritt, Baron Porritt	N Z	1900.8.10	1994.1.1	ニュージーランド生まれの医師、軍医。1924年パリ大会100m走銅メダリスト（後のランナーで知られるレース）、1934年英連邦大会および1936年ベルリン大会NZチーム主将、1934年アムステルダム大会NZチーム監督。IOC委員、1961－1967年初代IOC医事委員会委員長、IOC名誉委員		
Avery Brundage	会長	1887.9.28	1975.5.8	1936－1972年IOC委員、1952－1972年IOC会長、AAU会長、陸上競技	◎	●
Col. J.W.Westerhuff	事務局長			Johann W.	◎	●
Constantin Andrianow	U.R.S.S.			1951年－IOC副会長、Constantin Andrianov	○	
Dr Giorgio de Stefani	イタリア	1904.2.24	1922.10.22	1933－1938年頃、5度にわたりイタリアテニス界の頂点。1951－1992年IOC委員		●
Cheik Gabriel Gemayel	リビア			1952年－？、IOC委員、1964－1969年IOC理事	○	
Gal Jose de J. Clark	メキシコ	1908.11.28	1971	1952－1971年IOC委員、1966－1971年IOC理事、1955－1970年IOC副会長、General Jose de J. Clark Flores	○	
The Marquess of Exeter	イギリス	1905.2.9	1981.10.22	6代目エクセター侯爵デヴィッド・ブラウンロー・セシル、1928年アムステルダム大会400mH金メダリスト、1932年ロサンゼルス大会マイルリレー銀メダリスト、1933－1981年IOC委員、1954－1966年IOC副会長、1951－1970年IOC理事、1946－1976年IAAF会長、David George Brownlow Cecil, 6 th Marquess of Exeter	◎	●
M. Syed Wajid Ali	パキスタン			1959年－？、IOC委員、1966－1970年IOC理事	○	
Lord Killanin	アイルランド	1914.7.30	1999.4	1952－1999年IOC委員、1967年－IOC理事、1968－1972年IOC副会長、1972－1980年IOC会長	◎	●
Dr. Thiebault				1968年IOC医事委員会委員メンバー、グルノーブル冬季五輪に関する医事委員会報告を記述		
Dr. Hay	メキシコ			メキシコオリンピック委員会委員、メキシコ大会組織委員会委員、Dr. Eduardo HAY		●
Prince Alexandre de Merode	ベルギー	1934.5.24	2002.11.19	1964－2000年IOC委員、1967－2000年IOC医事委員会委員長		●

※「史料⑦」の列：○は出席者名簿に記載があるもの、●は関連する審議での発言があるもの。「史料⑨」の列：当日の出席者名簿は存在しなかったため発言の有無のみを●で示す

料は，関連する審議がある会議の議事録等，公的記録が12文書，書簡が3文書，計15文書あることを確認することができた。表2に，文書の作成日時，種類，概要等を示した。さらに，これら史料のうち，本稿で詳しく取り扱う表2の②，③，⑦および⑨において，書簡の発信・受信者あるいは，会議の出席／発言者などの関連する人物について，表3に示した。

3．医事委員会の設立

　上述の最初の審議が行われた理事会の後，1966年11月7日，IOC事務局から10月22日の会議に欠席したポリット宛に議事録が送付された。議事録に同封された書簡には「ドーピングと性別確認検査（sex test）について1967年5月のIOCテヘラン総会で決定する予定である」ことが特記されていた[9]。この記載に関連する返信が，3日後の11月10日，ポリットからブランデージに宛てて出されている[10]。そこには「選手の性別確認（recognition of sex in athletes）の問題について，すべてのIFに理解を得るのは困難ではないかと考えている。私の医学的見地からも，かなり困難であると思われる。IAAFのような好事例に各IFは関心も持っているであろうが，IOCはこの非常に異論の多い問題には立ち入らないのが妥当であるように思われる」とするポリットの見解が記されている。ここから性別確認検査の導入に，医学的見地から批判的であったIOC理事が存在したことがわかる。

　理事会から1ヵ月後の12月20日には，IOC事務局長J．W．ウェスターホフ（J. W. Westerhoff）がIAAF事務局に宛て，ドーピングおよび「女性の医学的証明書」（Medical Certificates for Women）に関する資料を要請する文書を送付した。これに対し，1967年1月3日には，IAAF事務局からブダペスト第25回IAAF総会議事録およびIAAF国際規則のコピーが同封されて返送されている[11]。これらIAAFの文書では，先にIOCが使用した用語「セックス・テスト（sex test）」は使用されず，「競技への女性参加者の医学的証明書（Medical Certificates for Female Participants in Athletics）」が使用された。

　1967年5月3〜9日にテヘランで開催された第65次IOC総会[12]では予定どおり，審議がなされた。議事録によれば「各種の競技において，ドーピング，

第I部　西の大地との対話　109

セックス・テストおよびステロイドホルモンの使用に関する問題が生じており，これらの問題に対処するために医学的機構をつくる必要がある」ことが確認された。また，医事委員会（medical committee）の委員長は，IOC委員の職を辞すポリットから，プリンス・アレクサンドル・ド・メロード（Prince Alexandre de Merode，以下メロード）に引き継がれることも決定した。

　この議事録の記載から，第65次IOC総会の時点までポリットがIOC理事会における医学的な問題への見解を示す重要人物の一人であったことが判明する。さらに，これにより，上述の1966年11月7日および10日に交わされた往復文書の意味が読み取れることとなる。すなわち，IOC事務局は，11月7日付の文書がポリットに宛てたものであったからこそ，ドーピングと性別確認検査問題について特に記載したのである。しかし，彼は性別確認検査導入に疑義を持ち，IOCはこの問題に立ち入るべきでないという見解を示した。ところがIOCはこの問題への関与をやめることなく第65次IOC総会をむかえ，ドーピングと性別確認検査（sex tests）に関しては，「サッカーＷ杯同様，専門的医師やメディカルスタッフを配置した何らかの医学的組織が必要である」とのポリットの発言を受け，医事委員会の設立が決定するとともに，新たな人物であるメロードが医事委員会委員長として，この任にあたることになった[13]。

4．性別確認検査のルール化

　医事委員会設立の決定を受け，オリンピック大会への性別確認検査の導入準備は急速に進められることになった。1967年5月以降の議事録にみられる医事委員会報告では，第一にドーピング検査，第二に性別確認検査が主な項目として扱われ，IOCにおける医事委員会の存在意義を示す重要な審議となっていった。この性別確認検査の導入を検討する初期の段階において，医事委員会が主として行ったのは，検査方法の精査であった。この検討をふまえ，性別確認検査に関するルール上の文言原案が確定したのは，1968年1月26〜27日（ローザンヌ）および29〜31日（グルノーブル）に日程を分けて開催されたIOC理事会でのことであった。以下がルールの原案[14]であり，IOC総会で最終的に確定するまで，文言に変更は加えられなかった。

セックス・テスト
1）最も近代的な検査方法が用いられる（唾液）
2）検査は秘密を保ち，あらゆる辱めが生じないような方法によって，大会前に実施される。
3）原則として，すべての女性選手に検査が課される

5．IFとの合意形成のための議論とその背景

　しかし，大会で性別確認検査を実施するためには，IOC理事会や医事委員会などIOC内部での合意だけでは十分ではなかった。IOC理事会と医事委員会が注視し，説明と合意の必要があると認識していたのは，各競技を国際的に統括するIFの意向であった。グルノーブル冬季五輪を1週間後に控えた1968年1月30日付のIOC理事会議事録[15]には，このことがよく示されている。
　この会議で，最も多く発言したのは，当時の会長のブランデージであった。ブランデージは，第一に，性別確認検査は差別の観点から検討する必要があり，オリンピックではいかなる差別も行われてはならないと主張する。また，その見地から，性別確認検査は，ドーピング検査とは一線を画しているとする。なぜなら，ドーピングは不正行為に対するIOCの対処であるため，IFの同意を必要としないが，性別確認検査はそうではないというのである。この見解に対し，ブランデージの後にIOC会長になることとなるキラニン（George Redmond Fitzpatrick Morris, 4th Baron Killanin）は，すべてのIFが検査を差別にあたると主張しているわけではないと反論した。しかし，ブランデージは，たとえひとつのIFが主張しているだけであったとしても，それが存在することにかわりはないとして，全IFの合意の下で，検査の導入と実施がなされるべきであることを強調した。
　協議では，第二に，女性選手のプライバシーの保護の観点から検査が妥当であるかどうかが論じられた。ここでは，検査結果の伝達が医師にのみ行われること，私生活上のプライバシー保護のために医事委員会が設立されたこと，疑義ある選手が存在する場合でも当該選手が所属する代表団の女性選手全員が検査対象となることの三点がプライバシーを侵害しないことの根拠としてあげら

れた．

　以上の二つの議論がなされた上で，性別確認検査の実施については，すべてのIFの合意を確認する必要があるとの結論が出された．

　このようにブランデージを中心とするIOC理事会内部がIFの意向を重視した背景には，性別確認検査導入について，医学の立場からも，IFからも批判的見解が示されていたことがある．医事委員会設立時点での批判としては，先に，ポリットによる医学的立場からのものをみたとおりである．また，アメリカの医学雑誌には1967年に性別確認検査の導入を批判する記事が掲載されている[16]．この記事では，クラインフェルター症候群などの性染色体異常の例と競技への影響について解説した上で，IOCにおける議論を揶揄し，「仮に競技を性別に区別するのであれば"通常の"男性のグループと，女性および女性に区分されるグループとすべきである」と述べられている．さらに，「男性，女性という語そのものに限界があり……（現在の男子競技に相当する）クロマティン陰性100走と（女子競技に相当する）クロマティン陽性100m走と呼ぶべき」（括弧内は筆者）ことが主張されている．

6．グルノーブル冬季五輪での試験的検査実施とIOCにおける検証

　大会会期中にあたる1968年2月5日には，IOC理事の一部と医事委員会委員の一部および組織委員会で検査を担当した医師による，異例のIOC理事会が再び開催された．この会議では，ドーピングおよび性別確認検査の実施手順や問題点について，大会後に使用する報告書作成を視野にいれた議論がなされた．

　議事録[17]から，グルノーブル冬季五輪での検査は，ルールで定められたものであったが，試験的実施と位置づけざるを得ない事態が生じたことがわかる．その理由は「原則的にすべての女性選手を対象とする」はずの検査を実施することができなかったためである．代表団の多くは開会式前日に到着し，それら代表団の女性選手すべてに検査を行うことは，物理的に困難であった．また組織委員会の財政，人的配備上も難しい可能性があることは，大会前から一部で指摘されていた．そのため，実際に組織委員会が行ったのは，他の代表団が引いたくじによって抽出された，一部の女性選手に対する検査であった．こ

の検査によって，陽性の結果が示されたことにより出場資格が得られなかった選手は存在しなかった。ただし，数名の女性選手が大会前に代表団からはずされ帰国した，とする新聞記事があったことが報告された。

以上の検査の実態に対し，会議では今後の検査についても抽選を容認するか，あるいはIFや代表団との連携を強化し，ルールに定めたとおり女性選手への全検査を可能にするかについて，議論となった。表4に，抽選容認派と全員検査派の主な主張を示した。表4の「その他」は，医学の立場からの専門的見解として述べられたものである。

表4　1968年IOC理事会における議論

抽選容認派	検査を実施するだけで「ごまかし」の抑制になる 抽選によって検査に誤りがあった場合のリスクが減る 疑わしい選手は棄権するか，検査拒否するだろう
全員検査派	明らかに疑わしい選手が抽選にあたらなければごまかしが見逃されてしまう IAAFが実施したような視認検査で全員を検査すれば，疑わしい事例すべてを確認できる
その他	視認検査は医学的な見地から不十分である 大会出場を辞退した女性選手がすべて性別疑惑によるものだと考えるべきではない（検査拒否，代表団から除外） 医事委員会や検査に女性医師を加えるべきである

これらの意見交換がなされた後，ブランデージは次のように発言した。

　明らかすぎるケースについては，われわれは議論する必要がないだろう，なぜなら，その場合には，選手は出場辞退とか検査拒否とかをするだろうから。しかし，自分がこれまで経験したスポーツ場面では，お風呂に入っているような格好でなくても「何か違う，変だ，奇妙だ」と感じる事例があって，つまり見た目にどうも女性かどうか疑わしいという事例があって，こうした事例は公平性の観点から，すべて検査する必要があるだろう。（下線は筆者）

このブランデージの意見が決定的なものとなり，次回以降の検査はルールに定めたとおり，すべての女性に実施することで会議の見解は一致した。

7．メキシコ大会前後の議論と初の検査実施後の批判

　グルノーブル冬季五輪以降，1968年10月のメキシコ大会での第2回目の検査実施およびその報告を経て，同大会翌年にあたる1969年までの間に，総会および理事会の計5回の会議において，IOCは性別確認検査に関する審議を重ねた[18]。

　この間に，IOCに対する性別確認検査実施の批判はNOCからもなされた。その一例は，1968年4月22日付けでニュージーランドNOC（The New Zealand Olympic and British Commonwealth Games Association Inc.）からIOC事務局長宛に送付された文書に見ることができる。

　　我々は，性別の確定（sex establish）を実施し，選手を当惑から救うべきであるということに対し，最小限の賛同はいたします。この実施において尊重するのはどのようなことであるのかについての正確な報告と，（検査で陽性となった選手を）女性の競技から排除する際の根拠をどのように位置づけているのかについて，IOCからの情報をお知らせいただきたいと考えています。より多くの事をすればするほど，この問題は複雑になります。実際，染色体検査（Buccal smear test）を実施し，ある女性が他の女性よりも競技的に利点を持つかどうかを決定するのは，簡単なことではありません[19]。（括弧内の日本語は筆者）

　この文書は，選手のプライバシーの尊重の問題と同時に，検査の科学的妥当性についても指摘するものであった。
　一方，IOCの理事会議事録によれば，このような指摘はほとんど議論の俎上にあげられていない。すでに導入を決定した検査について，実施ありきの立場で議論が進められたといっても過言ではなかった。グルノーブル冬季五輪およびメキシコ夏季五輪の2回の実施に対する医事委員会からの報告を受けての審議は，審議項目名を「IFとの協働問題」とする議論に位置づけられたものであった。そこでの議論を通じ，IOC医事委員会，大会組織委員会，IFという三

者の原則的な立場が明確にされていった。

　メキシコ大会の開催からおよそ半年後の1969年6月，IOC理事会はルールに追加する文言の原案を次のように提示した。

　　　IFは当該競技における禁止薬物，アルコール，セックス・テストの実行の責任を負う。組織委員会はあらゆる施設を提供し，IOC医事委員会はその手順を指導監督する[20]。

　この原案から，検査の導入は，当初，IFに対しIOCが合意を求めたものであったにもかかわらず，検査の責任主体がIFにあるとされたことがわかる。さらに，組織委員会の立場は検査施設の提供に，医事委員会の立場は手順の指導監督に，それぞれ限定された。最近のオリンピック大会における選手の性別疑義事例に関しても，IOCではなく，IFが問題への対処方針の決定や判断を行い，疑義への具体的対処は各国の当該競技統括団体またはNOCが行っている。こうした対処の原型は，検査導入の初期にあたる1969年時点にすでに確立されていたといえる。このようにルールを定めたことは，選手のプライバシーや差別の問題から検査に懐疑的であったIFが，そうした問題に自ら対応できるようになったという点では，IOCとIFの間に生じた摩擦を軽減した可能性はある。しかし別の見方をすれば，IOCはIFの懐疑に対し，検査の是非を問い直すことなくルールによって強制しながら，不都合が生じた場合には責任を逃れることもできたといえる。

おわりに

　本稿の検討結果のまとめとして，IOCにおける性別検査実施確定までの議論の全体像を図1に示した。
　本検討で明らかにしたとおり，IOC内部，IF，NOCのそれぞれにおいて，一部であったとはいえ，導入以前の段階から，性別確認検査の科学的妥当性および検査方法の妥当性，選手のプライバシーの侵害に対する懸念は存在した。しかし，IOCにおいては，これらの懸念よりも競技に関する両性の機会の平等と

```
┌─────────────────────────────────────────────────┐
│ 1966.10.22  IOC理事会における性別確認検査実施に関する初審議① │
└─────────────────────────────────────────────────┘
                                                    │
┌─────────────────────────────────────────────────┐│
│ 1966.11.07. 22日理事会を欠席したドーピング問題小委員会委員長Porritt宛文書② │
│ （1967年5月テヘラン総会で性別確認検査について決定する予定との知らせ） │
└─────────────────────────────────────────────────┘│
                                                    │
┌─────────────────────────────────────────────────┐│
│ 1966.11.10. ポリット（22日理事会を欠席したドーピング問題小委員会委員長）発文書③ │
│ （IFの理解・医学的見地両面からIOCは性別確認検査に立ち入るべきではないと主張） │
└─────────────────────────────────────────────────┘│
                                                    ▼
       ┌──────────────────────────────────────────────┐
       │     1967.5.3-9  IOCテヘラン総会④           │
       │ ・ドーピングおよび性別確認検査に対処する医学的組織の必要性を提言 │
       │ ・医事委員会設立，委員長はPorritからMerodeに交代 │
       └──────────────────────────────────────────────┘
                                                    │
       ┌──────────────────────────────────────────────┐
       │         1967.9.27  プレスリリース⑤          │
       │ ・ドーピング検査および性の確定を役割とする医事委員会開催とそのメンバーを広報 │
       └──────────────────────────────────────────────┘
                                                    │
       ┌──────────────────────────────────────────────┐
       │     1968.1.26-2.5  理事会および総会⑥⑧       │
       │ ・医事委員会によるグルノーブル冬季大会における性別確認検査準備状況の報告 │
       │ ・IFとの合同会議報告（IFからの要望）         │
       │ ・性別確認検査に関する規定（3点）             │
       │ ・2月5日までの数日で抽選された240名中50名の女性選手に対する口腔粘膜の染色体検査 │
       └──────────────────────────────────────────────┘
                                                    │
┌──────────────────────────────────────────────────┐│
│ 1968.1.30, 2.5 IOC理事会（一部の理事・医事委員会・組織委員会の検査担当医師）⑦⑨ │
│ ・IFの同意について確認する必要性                  │
│ ・ブランデージの発言（スポーツの場面で「何か違う，変だ，奇妙だ」と見うけられる女性 │
│  が存在する）が影響し，全女性選手を対象とする検査に │
└──────────────────────────────────────────────────┘│
                                                    ▼
              ┌────────────────────────────┐
              │   1968.2.6-18 グルノーブル冬季大会   │
              └────────────────────────────┘
                                                    │
┌──────────────────────────────────────────────────┐│
│      1968.4.22. NZ_NOC発文書⑩                   │
│ ・検査実施において尊重されること・選手排除の際の根拠を問い，染色体検査の問題点を │
│  指摘（検査への疑義）                            │
└──────────────────────────────────────────────────┘│
                                                    ▼
       ┌──────────────────────────────────────────────┐
       │   1968.9.30-10.11  IOC理事会および総会⑪⑫    │
       │ ・多くのIFが性別確認検査への対応を求めているため，IFとの協力関係の下で，医事委員会 │
       │  がこれを扱うとする医事委員会報告             │
       └──────────────────────────────────────────────┘
                                                    │
              ┌────────────────────────────┐
              │    1968.10.12-27 メキシコ大会      │
              └────────────────────────────┘
                                                    │
       ┌──────────────────────────────────────────────┐
       │       1969.3.22-6.9  IOC理事会⑬⑭⑮          │
       │ ・性別確認検査に関するIF・組織委員会・医事委員会の責任範囲明記したルールの確定 │
       └──────────────────────────────────────────────┘
```

図1　IOCにおける性別確認検査実施確定までの流れ

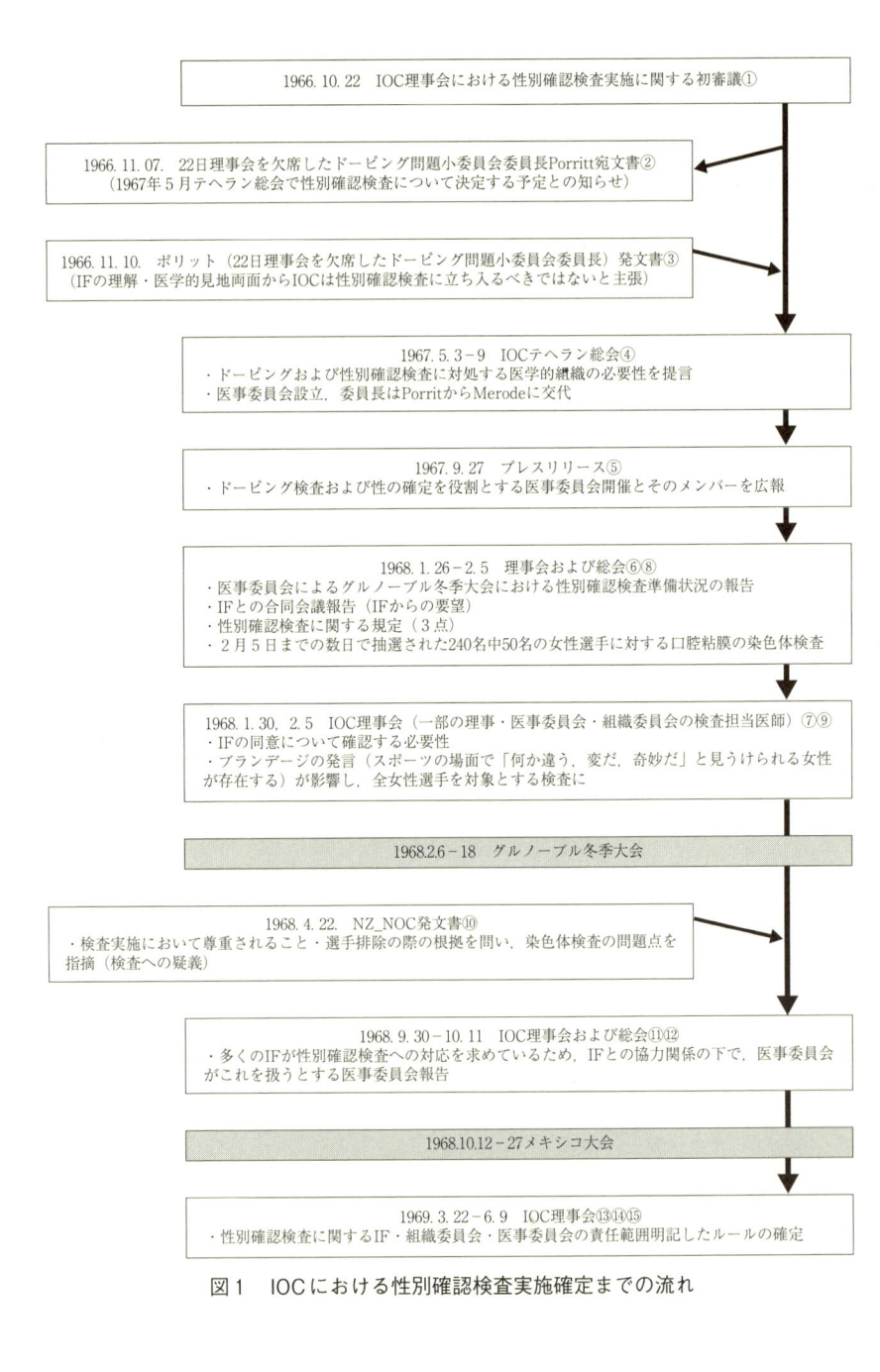

いう，スポーツの論理が上位に位置づけられ，議論が進められた。そして，ブランデージの意見が示したように，医学的専門知識によるサポートが得られる体制がつくられたにも関わらず，議論の行方を決定づけたのは，女性選手の見た目というジェンダー・イメージの問題であった。一連の審議の中で，IOCが医学的専門知識や科学的事実であるとしたものとは，当時の意思決定機関が主張するスポーツの論理とジェンダー・イメージにもとづく，性別確認検査の遂行に適うものに過ぎなかった。検査の遂行を阻む医学的専門知識は存在したが，それらは取り扱われなかったのである。

［付記］
　本稿は，平成21，22，23年度科学研究費補助金基盤研究（C）課題番号21500612「ブランデージ時代のオリンピック・ムーブメントの変容に関する研究」（研究代表者　來田享子）の成果にもとづくものである。

注
1) Ljungqvist, Arne., Martínez-Patiño., Maria José., Martínez-Vidal, A., Zagalaz, Luisa., Díaz, Pino., Mateos, Covadonga., "The history and current policies on gen-der testing in elite athletes", in International SportMed Journal, 7 (2006) 3: 225-230.
2) Wiederkehr, Stefan., "We Shall Never Know the Exact Number of Men who Have Competed in the Olympics Posing as Women: Sport, Gender Verification and the Cold War" in International Journal of the History of Sport, 26 (2009) 4: 556-571.
3) Ferguson-Smith, M.A., Ferris, E.A., "Gender verification in sport: the need for change?", in British Journal of Sports Medicine, 25 (1991) 1: 17-20.
4) 來田享子，スポーツと「性別」の境界―オリンピックにおける性カテゴリーの扱い―，スポーツ社会学研究，第18巻（2010）第2号：23-38。
5) Ferguson-Smith, M.A., Ferris, E.A..
6) Ibid.
7) ポリット発ブランデージ宛，1966年11月10日付書簡。
8) IOC (1966) Minutes of the meeting of Executive Committee.（IOC理事会議事録，1966年10月22日メキシコ・シティ開催）
9) IOC事務局長ウェスターホフ（Westerhoff, J. W.）発ポリット宛，1966年11月7日付文書。
10) ポリット前掲文書。
11) IAAF事務局発IOC事務局長宛，1966年1月3日付文書。

12) 総会議事録には第65次と記載されているが，IOC文書史料館の整理番号では第66次となっている。
13) ポリットのIOC委員退任がこの問題に関わっているかどうかについて，現段階では明らかにできていない。
14) IOC (1968) Réunion de la COMMISSION EXECUTIVE DU C.I.O. à Mon Repos Lausanne les 26 et 27 janvier 1968, à Grenoble les 29, 30 et 31 janvier 1968（1968年1月26-27日（ローザンヌ），同1月29-31日（グルノーブル）IOC理事会議事録）．この議事録には，医事委員会とIFとの合同会議報告およびグルノーブル冬季五輪におけるドーピング・性別確認検査準備状況報告の2箇所に関連記述がある。なお，このルール原案の英語表記は次のとおり。"SEX TEST 1) The most modern laboratory methods will be used (saliva) 2) The control will be carried out before the Games in such a way as to preserve secrecy and avoid all embarrassment 3) All women athletes will, in principle, be tested"
15) IOC (1968) COMMISSION EXECUTIVE DU COMITE INTERNATIONAL OLYMPIQUE, Grenoble, le 30 janvier 1968 (matin)（1968年1月30日付 IOC理事会議事録）。この会議は一部のIOC理事および医事委員会メンバーによって構成されたが，「IOC理事会議事録」とされ，議事録は発言者と発言内容が明示される形式のものである。
16) Bunge, R.G., "Sex and the Olympic Games No. 2", JAMA, 200 (1967) 10 (June 5): 267.
17) IOC (1968) COMMISSION EXECUTIVE DU COMITE INTERNATIONAL OLYMPIQUE, Grenoble, le 5 février 1968（1968年2月5日付 IOC理事会議事録）。
18) 1968年9月30日-10月6日理事会（メキシコ・シティ），1968年10月7-11日総会（メキシコ・シティ），1969年3月22-23日理事会（ローザンヌ），1969年6月2-3日理事会（ローザンヌ），1969年6月5-9日理事会（ワルシャワ）の各議事録。
19) ニュージーランドNOC（The New Zealand Olympic and British Commonwealth Games Association Inc.）発IOC事務局長ウェスターホフ宛，1968年4月22日付文書。
20) IOC (1969) COMMISSION EXECUTIVE DU COMITE INTERNATIONAL OLYMPIQUE, Warsaw, le 5-9 juin 1969（1969年6月5-9日IOC理事会議事録）。なお，原案の原語表記は次のとおり。"The IFS are responsible for carrying out their own dope, alcohol and sex tests. The Organizing Committees will provide all facilities and the IOC Medical Commission will supervise proceedings."

第Ⅱ部

東の大地との対話

朝鮮時代の騎馬撃毬実施方法に関する記事について
―テキスト比較の観点から―

村 戸 弥 生

はじめに

　本論文は朝鮮時代の騎馬撃毬の実施方法について書かれた記事を，実施実態にそのまま還元するのではなく，テキスト比較の観点から分析し，テキストと身体技芸の相互交渉のあり方を騎馬撃毬技術の史的変遷の中で位置付けようとするものである。

　朝鮮時代騎馬撃毬に関する従来の研究[1]は，歴史社会の中でその史的変遷を追う観点からの記述と，技法や試技順序といった実施方法を解説する観点からの記述が主であるが，前者では朝鮮時代の基本史料である『朝鮮王朝実録』（以下『実録』と略称する）にあらわれる撃毬記事を時系列順に追って復唱するものが多く，後者では比較的記事の詳しい『経国大典』[2]や『武芸図譜通志』[3]をもとに解説するものが多い。よってそれぞれの観点がそれぞれの中で完結した紹介的な記述で終わっており，2つの観点を有機的に関わらせて論述するという点では，今少し追求が足りないようである。本論文では後者に比重を置いて検討するが，論述上必要なので，まず前者について以下に概観し，テキスト比較にあたっての見通しをつけておく。

1．朝鮮時代の騎馬撃毬史概観

　朝鮮時代の騎馬撃毬の歴史的変遷を『実録』をもとに概観しておく。『実録』からの記事は特に書名を断らず条目のみ記す。

朝鮮半島における騎馬撃毬は，高麗時代末期には2隊に分かれた競技形式で盛んに行われており，『太祖実録』総書[4]や『龍飛御天歌』第44章注[5]から，朝鮮王朝を開国した太祖・李成桂（初代王，1335～1408年，在位1392～1398年）が即位前の22才の頃にはその名手であったことが知られる。だが朝鮮朝に入ると，高麗の亡国の因として戒められたこともあって騎馬撃毬はなされなくなり，宮庭での徒歩撃毬ばかりになる[6]。ところが世宗代（第4代王，1397～1450年，在位1418～1450年）に入ると，騎馬撃毬は軍士撃毬として復活し（1425（世宗7）年3月21日（辛卯）条），武科挙の試験科目の1つとして初導入されることになる（1426（世宗8）年4月11日（甲戌）条）。

　その後，騎馬撃毬は武科挙科目として定着し，『経済六典』[7]に載せられ成憲化を果たす（1430（世宗12）年9月21日（己未）条）。すると程なくして騎馬撃毬の姿勢の規定とやり方の順序を示した「撃毬勢格節次」が定められる（1430（世宗12）年11月23日（庚申）条）。また一方で王親臨の最終武科試験の典礼次第書である「武科殿試儀」が作成されており（1429（世宗11）年1月24日（辛未）条），後に『世宗実録』末尾附載の「五禮・嘉禮儀式」の中の「武科殿試儀」において完成を見る。これには殿試科目である騎馬撃毬の記事もあり，その儀式的な完成のあり様と捉えることができる。

　世宗代以後は，騎馬撃毬の武科挙における形骸化が進む[8]。世祖代（第7代王，1417～1468年，在位1455～1468年）では，式年武科挙のための「武擧殿試新定儀」が定められるが（1456（世祖2）年2月21日（庚申）条），『世宗実録』末尾附載「五禮・嘉禮儀式」「武科殿試儀」の文言をほぼ継承するのみで，騎馬撃毬は武芸観覧でなされても武科挙で実施されることはなくなる。

　武科挙科目としての騎馬撃毬の一時的復興がなされるのが成宗代（第9代王，1457～1494年，在位1469～1494年）である。成宗代のはじめに，「撃毬は馬上最緊のオなのに，近来の武士の多くは心を用いて練習しない」として，武科挙科目に騎馬撃毬の復活がなり（1470（成宗元）年9月16日（辛卯）条）[9]，実施された（同年10月21日（乙丑）条）。ところが，成宗代の終わり頃の武科挙では22人が合格したが「撃毬を試したが，1人もできる者がいない」（1490（成宗21）年11月8日（丙戌）条）[10]という状況なのである。また1492（成宗23）年5月15日（甲申）条の閲武記事では，先の騎馬撃毬科目復活の年の武科挙合格者であり，こ

の頃は刑曹判書となっている李季仝に撃毬を命じたところ前半の3回の試技のところで毬が止まってしまい，成宗に「もとは毬を進ませるのがうまかったのに，長い間練習しなかったのだろう」と言われている[11]。

次に騎馬撃毬記事があらわれるのは中宗代（第11代王，1488〜1544年，在位1506〜1544年）の中頃である。この頃には武科挙は形骸化し，武科殿試の試験場も縮小に向かう[12]。1536（中宗31）年5月11日（乙丑）条の閲武記事では，撃毬規則では前半の3回の試技の時は毬が止まっても毬を進ませるが，後半の毬を進ませた後は少しでも止まったら毬法を用いないとあるのに，今内禁衛の孫世謙の毬は止まったのにあきらかに出した。差備官（試験監督官）はそれを察せず得点の撃鼓をした，このことをどうすべきか，という啓が上がり，中宗は規則通りにするよう伝教した[13]。このように騎馬撃毬は差備官さえも規則通りの試験監督ができなくなっている。その後，『経国大典』に載録される撃毬規則と，現在行われている撃毬の方法とは食い違いがあるとして，『経国大典』に合わせて試験するよう議論している（1539（中宗34）年10月17日（辛巳）条）[14]。その翌日の条目には，『龍飛御天歌』を見ると太祖の即位前の頃は騎馬撃毬が盛んだったが，今の撃毬の方法は甚だ粗略だ，諸史籍を研究せよとの意見が出，中宗は『龍飛御天歌』と『経国大典』の撃毬の方法が同じかどうか大臣らに検討させることにしている（1539（中宗34）年10月18日（壬午）条）[15]。

中宗代後は仁祖代（第16代王）までの約100年間，騎馬撃毬記事は『実録』にあらわれない。この間に壬辰倭乱・丁酉再乱（文禄・慶長の役），丙子胡乱・丁卯胡乱といった外敵による新たな脅威が起こって朝鮮時代の後期に入る。『武芸図譜通志』が編纂された正祖（第22代王，1752〜1800年，在位1776〜1800年）の時代にはもはや騎馬撃毬はほとんどなされることはない[16]。『武芸図譜通志』に見る騎馬撃毬の実施方法は，文献の上で整理したものとみてよいのである。

2．各テキストにおける騎馬撃毬の実施方法

以下では各テキストの騎馬撃毬の実施方法に関わる記事を比較分析し，そこに見られる差異について検討したい。前章の騎馬撃毬史概観から検討するテキストを以下のものとする。テキスト原文の漢文の全文は注に挙げ，本文では日

本語による解釈によって論述を進める[17]。
　（Ⅰ）『龍飛御天歌』44章注，高麗時代の太祖22歳時の撃毬記事。
　（Ⅱ）『世宗実録』1430（世宗12）年11月23日条「撃毬勢格節次」。
　（Ⅲ）『世宗実録』末尾附載「五禮・嘉禮儀式」「武科殿試儀」撃毬記事。
　（Ⅳ）『経国大典』「兵典」「試取・撃毬」。
　（Ⅴ）『武芸図譜通志』「撃毬図譜」（図1）。
　（Ⅰ）は，『太祖実録』総書とほぼ同じ文言だが，こちらのほうが少し詳しく，また中宗代に典籍研究の対象となっている。1445（世宗27）年に刊行されたものなので，世宗代での解釈が入っていると推測される。（Ⅱ）（Ⅲ）は世宗代に武科挙科目として復元実施，成文化され儀式化された頃の記事，（Ⅳ）は成宗代に武科挙科目としてさらに復元実施された頃の記事であり，これらはあくまで武科挙での実施を前提にしたものである。（Ⅴ）は典籍の中で考証された記事である。
　よってまず，武科挙での実施を前提として，太祖の撃毬記事（Ⅰ）をどのように受容していったかという観点から，（Ⅰ）～（Ⅳ）を比較検討する。その上で（Ⅴ）が，どのように（Ⅰ）～（Ⅳ）をテキストとして受容していったか比較検討する。
　比較は，1）騎馬撃毬実施の場，2）騎馬撃毬の実施方法・前半，3）騎馬撃毬の実施方法・後半，4）太祖独自の騎馬撃毬技術，に分けて見ていく。

（1）（Ⅰ）～（Ⅳ）の比較検討
1）騎馬撃毬実施の場
（Ⅰ）殿前の左右から各200歩（240m）ばかり，路の真ん中に毬門を立てる。
（Ⅱ）毬のある所から毬門まで200歩（240m）を距て，馬を立てる所から毬のある所まで15歩（18m）余りを距てる。
（Ⅲ）毬門の間は3歩（3.6m）を距て，旗を立てた所から毬門まで240歩（288m）を距て，馬を立てる所から旗の下の毬を置く所まで30歩（36m）余りを距てる。
（Ⅳ）出馬標は置毬標から50歩（60m）を距て，置毬標は毬門から200歩（240m）を距て，毬門の間は5歩（6m）距てる。

（Ⅴ）（（Ⅳ）と同じ。）「毬場図」（図2）。

（Ⅰ）は左右2隊に分かれての競技形式なので毬門は真ん中にある[18]。

（Ⅱ）～（Ⅴ）は1人ずつ実技実施する試験の場を想定しているので，歩数の増減はあるが[19]，馬を立てた所から短い歩数で毬のある所があって，そこから毬門まで長い歩数があるといった，だいたい同じつくりである。毬門は標木のようなものを左右に置いた単純なものである。なお括弧内はこの頃の周尺（1歩＝1.2m）で換算してある。

2）騎馬撃毬の実施方法・前半

騎馬撃毬の方法は，前半の動作が「3回終わ」って，後半の毬を進めて撃つ動作が始まる[20]。各テキストの「3回終わる」の文言をもって，そこまでを前半として検討する。便宜上，各テキストの記述に従って適宜，番号・記号・括弧を付し，「3回終わる」の文言部分には囲み線を付す。また，波線部は（Ⅳ）において新しく付け加わった記述である。（以下同じ。）

（Ⅰ）①まず馬を走らせて進み，「排至」で毬を動かす。
　　　②「持彼」で毬を回す。
　　　①'毬がもし窪みに入れば，すぐにまた「排至」を用いる。
　　　　（杖の内面で斜めに毬を引き高く起たせる。俗にこれを「排至」と言う。杖の外面で毬を排し去って毬を擲つ。これを「持彼」と言う。）　3回終わる。

（Ⅱ）A右手に杖を執り杖の端は内向きにし，半らは馬のうなじの上に翻して載せ，半らは馬のうなじの左へ出し，馬を走らせて毬の所に進める。それなすこと3回。
　　　①1度「排至」して馬を走らせる。
　　　②「持彼」する。
　　　B杖の端は内向きにし，馬の胸前に当てる。姿勢を備えて　3回する。

（Ⅲ）A右手に杖を執り杖の端は内向きにし，馬のうなじの上に翻して載せ，半らは馬のうなじの左へ出し，馬を走らせて毬を置いた所に進める。
　　　①「排至」で毬を動かす。
　　　②「持彼」で毬を回す。
　　　①'毬がもし窪みに入れば，また「排之」を用いる。

（およそ毬を撃つには毬の進むのに追いついて，止まらないうちに毬を撃たねば
　　　ならない。）
　　Ｂ馬の速さと杖捌きをともに速やかにし，姿勢を備えて　3回行い終わる。
（Ⅳ）Ａ出馬の旗の下より杖を馬の頸に横置きし，走らせて毬の旗の下に至
　　　る。
　　①「排至」で毬を動かす。
　　②「持彼」で毬を回す。
　　　（杖の内面で斜めに毬を引き高く起たせる。これを「排至」と言う。杖の外面で
　　　毬を排し引きて毬を擲つ。これを「持彼」と言う。）
　　Ｂ「排至」「持彼」の時，必ず杖を馬の胸に当てる。これを「割胸」と
　　　言う。　3回終わる。

　（Ⅰ）はまず，①毬を動かす技芸「排至」，②毬を回す技芸「持彼」をする
のだが，括弧部分の杖捌き方法の記述とともにある。杖の形態については
（Ⅳ）に「匙長 9 寸，広さ 3 寸，柄長 3 尺 5 寸，毬円囲 10（原文のまま，正しく
は 1―筆者注）尺 3 寸」とあり，匙状であることがわかる。その形状により，
杖を内外に向けて使い分ける記述がある。①'は窪みに入った毬に対応する不
測の場合で，ここでの基本は①②ということになろう。
　（Ⅰ）と異なり（Ⅱ）～（Ⅳ）では，馬を立てる所から毬のある所へ至るまで
の動作Ａの記述が加わる。騎馬撃毬の場の変化に伴うものである。（Ⅱ）（Ⅲ）
のＡ「杖の端は内向きにし，半らは馬のうなじの上に翻して載せ，半らは馬の
うなじの左へ出」すといった記述は全く同じであるが，（Ⅳ）のＡ「杖を馬の
頸に横置き」するといった記述が（Ⅱ）（Ⅲ）のＡを正しく継承しているかは
わからない。（Ⅱ）（Ⅲ）は馬を走らせながらの杖捌きが必要だが，（Ⅳ）の杖
は固定しているようである。
　毬のある所からの動作は，（Ⅱ）では（Ⅰ）の①②の記述があり，（Ⅲ）では
（Ⅰ）の①②①'の記述があるが，（Ⅱ）（Ⅲ）とも（Ⅰ）の括弧部分の杖捌き
方法の記述はなく，（Ⅲ）では代わりに「およそ毬を撃つには毬の進むのに追
いついて，止まらないうちに毬を撃たねばならない」と規則解説的になってい
る。（Ⅳ）では（Ⅰ）の①②の記述があるが，①'の記述はなく，そのまま
（Ⅰ）の括弧部分の杖捌き方法の記述を継承する。

また（Ⅰ）と異なり（Ⅱ）～（Ⅳ）ではBの記述が加わる。（Ⅲ）では馬と杖捌きの速さ・姿勢を評価基準とする記述になっているが，（Ⅱ）（Ⅳ）では，速さを評価する記述はないが，馬の胸の前に杖を当てるといった姿勢を具体的に述べる。試験科目としての評価に関わる記述である。（Ⅳ）ではこれを「割胸」と称している。

　騎馬撃毬実施全体の中での前半は，杖でもって毬を動かしたり回したりすることが行われ，これを3回行うことで，後半での実施の速さや姿勢を整える段階にあたるようである。騎馬撃毬の「騎馬」技術の部分を見せるものとも言える。

3）騎馬撃毬の実施方法・後半

（Ⅰ）①そのまま馬を走らせ，撃って毬を進ませる。毬を進ませるときの初めは，縦に撃たない。杖を横直に執って，馬の耳と揃うようにする。これを「比耳」と言う。

②「比耳」の後，手を縦に挙げて撃つ。手を高くまっすぐにもたげ，杖は下へ垂らして揚揚と上げる。これを「垂揚」と言う。

（Ⅱ）①直ちに毬門に向かって撃ち出す。杖の端を上向きにし，馬の口に揃えて杖を引き，毬を撃つ。

②「垂楊手」で馬を走らせ，その毬を追いかけ追い付き，杖を挙げて振り回し頭上を過ぎたところで毬を撃つ。次いで「垂楊手」で毬門を撃ち出してやめる。

Ａ馬を回して初めに立った所に戻る。その馬を走らせるときの杖の姿勢は，初めに毬を進めた時のようにする。

（Ⅲ）①そのまま馬を馳せて毬を撃ち進める。毬を進めるときの初めには，縦に撃たず，杖を執って横直にし馬の耳と等しく揃える。

②その後に手を挙げて縦に撃ち，毬門を出す。

Ａ馬を回して初めに立った所に還る。その馬を走らせるときの杖の姿勢は，初めのようにする。

（Ⅳ）①そのまま馬を走らせて毬を撃ち進める。3回終わっても，姿勢が毬を進められないようであれば，あるいは4回，あるいは5回しても構わ

ない。毬を進めるときの初めは，縦に撃たず，杖を執って横直にし，馬の耳と揃える。これを「比耳」と言う。

②あるいは2度，あるいは3度の「比耳」をした後，手を挙げて縦に撃ち，手を高く挙げ，杖の下は垂らして揚揚とさせる。これを「垂揚手」と言う。「垂揚手」は定まった数は無く，毬門を出ることで1度となす。

騎馬撃毬後半では（Ⅰ）～（Ⅳ）まで①「比耳」，②「垂揚手」がなされる。①は毬を進めるときの初めの時の姿勢である。②は毬を毬門へ撃ち出す時の姿勢である。毬門通過によって評価がなされ，騎馬撃毬の「撃毬」技術を見せる部分であると言える。なお（Ⅰ）と異なり（Ⅱ）（Ⅲ）では試験の場で馬をもとの位置に戻すためのＡの記述が付け加わる。

①②は全て同内容と見てよいが，（Ⅳ）では波線部の記述が付け加わっている。（Ⅳ）の①の波線部は前半の試技を3回しても，毬を進めたり，毬を撃ったりするための姿勢が整えられなかった場合，4回か5回してもよいことにしている。これは騎馬技術の衰退を端的に示す記述といえる。②の波線部も同様である。「比耳」が1回では決まらないのである。また「垂揚手」に定まった数が無いと言うことは，何度でも毬門へ毬を撃つやり直しができることを意味する。それだけ毬門を外すことが一般になっており，これも撃毬技術の衰退を示す記述と言える。

4）太祖独自の騎馬撃毬技術

（Ⅰ）①太祖は毬を進ませて撃つ時，馬を走らせることがはなはだ疾く，すでに「垂揚」をしている。毬は忽ち石に触れて，はね返って馬の前足二本の間から入って後足二本の間から出る。太祖はたちまち仰向けに臥し身を傾けて，馬の尾を防ぎながら毬を撃つ。毬が戻って馬の前足二本の間から出ると，ふたたび撃って門を出す。当時の人はこれを「防尾」と言った。

②さらに毬を進ませて撃つ時も，またすでに「垂揚」をしている。毬は橋柱に激しく当たり，馬の左側を出る。太祖は右の鐙を脱いで身を翻して下り，足は地に着けないまま，撃って毬に当てると，すぐに還っ

て馬に乗り，ふたたび撃って門を出す。当時の人はこれを「横防」と
　　　言った。
　(Ⅳ) ①「垂揚」をする時，身を傾けて仰向けに臥し，杖を馬の尾になぞらえ
　　　る。これを「防尾」と言う。
　　　<u>Ａ　毬が門を出た後，毬を打たなかったとしても「虚の垂揚手」をす</u>
　　　<u>る。また，杖を馬の頚に横置きし，馬を走らせて出馬の旗の下に戻</u>
　　　<u>る。あるいは「比耳」の時，まだ「垂揚手」に及んでいないのに，も</u>
　　　<u>し毬がすでに門を出ていれば，そのまま毬門の内側で「虚の垂揚手」</u>
　　　<u>をする。また，毬門の外でも「虚の垂揚手」をする。あるいは毬が毬</u>
　　　<u>門の前まできて止まりそうになったら，さらに撃って馬を走らせ，毬</u>
　　　<u>門を出すこともまた構わない。</u>

　これらは騎馬撃毬後半の実施に該当する。(Ⅰ)の①は「防尾」，②は「横防」と呼ばれ，後半で見せる高難度の撃毬技術である。馬上で仰向けに臥し身を傾けたり，鐙を外したりするのはどちらも馬上才（曲馬）[21]の技術に相似する。太祖にしかできない高等技術としてここには呈示されている。

　(Ⅳ)の①でも「防尾」は出てくる。騎馬撃毬の技術的衰退が明らかな(Ⅳ)の頃にあっての「防尾」は激しい毬の動きに対応しようとするものではなく姿勢の１つとして形式化したものである。

　(Ⅳ)のＡにあるのは「虚の垂揚手」をする記事である。「垂揚手」とは毬を撃つ時の姿勢であるが，「毬を打たなかったのに」あるいは「「垂揚手」に及んでいないのに」，毬が毬門を出た場合に，形だけの「虚の垂揚手」をするのである。毬門の前で毬が止まりそうになったら撃っても構わないというのも，毬を撃ち出す時の力のコントロールがうまくいっていないことを示す。これらの記述からも(Ⅳ)では(Ⅰ)と比べようがないほど，騎馬撃毬の技術が衰退していることがわかる。

　ここまででわかったことは(Ⅱ)(Ⅲ)は試験場としての撃毬場に合わせて，(Ⅰ)の記述を取り込み，評価基準を設定しやすい実施方法に変改していることである。(Ⅳ)では「割胸」など新たな姿勢の名称が創出されているが，(Ⅰ)のみならず(Ⅱ)(Ⅲ)の頃とも比べようがないほど，騎馬撃毬の技術的衰退が起こっていることが伺われる。毬に対応する技術よりも「虚の垂揚

第Ⅱ部　東の大地との対話　129

手」といった「撃毬」種目でありながら，毬を撃たなくてもよい形骸化した姿勢が創出されているのである。

（2）（Ⅰ）〜（Ⅳ）と（Ⅴ）の比較検討

さて（Ⅴ）は（Ⅰ）〜（Ⅳ）をどのように受容しているのだろうか。（Ⅴ）は撃毬図（図1）の譜（解説）の形で実施方法が示されているので，各図（ⅰ〜ⅷ）ごとに譜を挙げ，それぞれ（Ⅰ）〜（Ⅳ）の実施方法の，実施前半，実施後半，太祖独自技術，のどの記事と関連があるか示す。なお点線部は（Ⅴ）において新しく加わった記述である。(以下同じ。)

（Ⅴ）

（ⅰ）初めに出馬の旗の下より，杖を馬頚に横置し馬の耳と揃える。これを「比耳」と言う。(実施前半（Ⅳ）A，実施後半（Ⅰ）〜（Ⅳ）①)

（ⅱ）杖で馬の胸に当てる。これを「割胸」と言う。(実施前半（Ⅱ）（Ⅳ）B)

（ⅲ）身を傾けて仰ぎ臥し，杖を馬の尾になぞらえる。これを「防尾」と言う。(太祖独自技術（Ⅳ）①)

（ⅳ）馬を走らせて，毬を散らす所に至り，杖の内面で斜めに毬を引いて高く起たせる。これを「排至」と言う。(実施前半（Ⅰ）〜（Ⅳ）①)

（ⅴ）杖の外面で推して毬を引いて，毬を擲つ。これを「持彼」といい，また「挑鈴」とも言う。(実施前半（Ⅰ）〜（Ⅳ）②)

　　なお「比耳」を用いて左へ巡り，さらに「割胸」をし，再び「防尾」をして，毬を擲つ所に還り至って，さらに毬を引く。これを「転鈴」と言う。このように3回する。

　　そのまま馬を走らせて，毬を撃ち進める。

（ⅵ）3回終わっても，地勢が落ちくぼんでいて，毬を進められないことがあれば，あるいは4回，あるいは5回しても構わない。毬を進めるときの初めは，縦に撃たず「比耳」を用いて，あるいは2度，あるいは3度する。
　　(実施後半（Ⅳ）①)

（ⅶ）「比耳」の後，挙手して縦に撃ち，手を高く挙げて，下に揚揚と垂らす。これを「垂揚手」と言う。「垂揚手」は定まった数は無く，毬が門

出ることで，1度とする。(実施後半（Ⅳ）②)

毬を擲った後は，「虚の垂揚手」をする。(太祖独自技術（Ⅳ）②)

さらに「防尾」をする。さら毬を斜めに引いて，「垂揚手」をして紅門に向かい，毬を擲って直ちに入れる。なお毬を追って門を出，「虚の垂揚手」にて3回毬をめぐるが，1回は毬を引いて紅門に還り入れる。都庁の帘幕を過ぎると太鼓が鳴り，なお「比耳」をして馬を走らせて，出馬した元の場所に戻って終わる。

(ⅷ) あるいは「比耳」の時，まだ「垂揚手」に及んでいないのに，毬がすでに門を出ていれば，毬門の内側で「虚の垂揚手」をする。さらに毬門の外でも「虚の垂揚手」をする。あるいは毬が毬門の前まできて止まりそうになったら，さらに撃って馬を走らせ，毬門を出すこともまた構わない。(太祖独自技術（Ⅳ）②)

(Ⅴ) では (ⅴ) の「このように三回する」の箇所で，実施前半と実施後半に分かれることになる。かなりの部分の記述が従来のテキストの，特に (Ⅳ) をそのまま継承するが，点線部が (Ⅴ) 独自の部分である。

実施後半の技芸である「比耳」が最初の (ⅰ) に出てくることからわかるように全体の試技構成がかなり異なっている点が目に付く。先に実施前半の検討で「(Ⅳ) のAが (Ⅱ)(Ⅲ) のAを正しく継承しているかはわからない」と筆者は述べたが，(Ⅴ) は (Ⅳ) Aを「比耳」と同じものと捉えたようである。そのことが試技構成を変えることに繋がっているようだ。そのため「比耳」に引き続く実施後半の技芸の (ⅲ)「防尾」が，実施前半の構成に入り込むことになる。(ⅴ) では「持彼」を「挑鈴」と呼び直し，(ⅰ)「比耳」・(ⅱ)「割胸」・(ⅲ)「防尾」・(ⅳ)「排至」・(ⅴ)「持彼」の試技を三回繰り返すことを「転鈴」と呼んでいる。

(ⅵ) 以降が実施後半の試技になる。(Ⅳ) の記述を主に継承するのだが，(ⅵ) の点線部のように「姿勢」であるべき「勢」を「地勢」と捉える誤解も見られる。(ⅶ) の点線部では，「「虚の垂揚手」にて3回毬をめぐる」とあり，毬門（紅門）に近い所で形式的動作をする。(Ⅳ) で出た「虚の垂揚手」をする部分の記述がさらに充実しているのである。

このように (Ⅴ) で見る騎馬撃毬は，朝鮮朝前期のそれとは，試技構成を初

めとして，かなり異なるものであるとしなければならない。試験科目として技芸を試すための騎馬撃毬ではなく，幕を過ぎた所で太鼓も鳴らされるところから，むしろ全体的に観覧芸的なものを想定していると思われる。

おわりに

　以上のように騎馬撃毬の実施方法のテキストには，2隊の競技形式であった高麗時代末期のもの，武科挙科目として復元された世宗代のもの，実施方法があいまいになり，典籍比較が必要になった成宗代以後のもの，実施を伴わず典籍研究によって考証された正祖代のものがあった。それらを比較検討したところ，騎馬撃毬技術の歴史社会的な衰退状況をそのまま反映し，テキストの不理解や誤解を生み出しながら，技術の衰退状況に合わせるように，新たにテキストの改変や生成をなしていったことがわかる。また，朝鮮時代の騎馬撃毬は常に典籍研究の上で実施されており，その大本は高麗末期の太祖の撃毬記事であるのだが，『太祖実録』総書や『龍飛御天歌』収録以前のテキストのあり様は知りようがなく，よってこの記事も，世宗代での武科挙科目としての復元実施事業の影響を受けて，内容や構成が改変されている可能性が否定できない。世宗代の騎馬撃毬試験で試技に入っていない「防尾」「横防」といった太祖独自技術が，末尾にまとめて記述されているのは，当時の廟堂での騎馬撃毬の遊戯性に対する非難の反映されたものかと思わせるのである。

注
1）朝鮮時代の騎馬撃毬の歴史や実施方法については多くの先行研究で指摘されてきている。本論文では特に実施方法について問題にするので，その論述のあるものを中心に確認する。戦前の先駆的研究では今村鞆の次の2論文がある。（1）今村鞆，〈日鮮支那〉古代打毬考（上編），朝鮮，196号（1931）：143-160頁，157-160頁。（2）今村鞆，朝鮮風俗資料集説―扇・左縄・打毬・匏―，ソウル：民俗苑，1981，296-308頁［同書，朝鮮總督府中樞院：1937］。（1）は『龍飛御天歌』から高麗時代の騎馬撃毬の実施方法を推測し図解する。（2）は『龍飛御天歌』，『実録』「撃毬勢格節次」，『経国大典』，『武芸図譜通志』から騎馬撃毬の実施方法についての記事を引用解説し，世宗代より後世の馬術衰退を指摘する。朝鮮時代前期の現存

史料は極めて限られているので,今村論で引用された撃毬記事はほとんどの論文で再引用されることになる。

　戦後,朝鮮撃毬の研究は今村論を修正精緻化する方向で韓国において展開される。騎馬撃毬の実施方法に関するものでは次の3論文が挙げられる。(3) 李學來,李鎮洙,朝鮮朝의　撃毬戯에　關한　研究,體育科學,8号 (1988):5-27頁, 15-19頁。(4) 任東權,鄭亨鎬,馬文化研究叢書Ⅱ・韓國의　馬上武藝,果川:한국마사회　마사박물관,1997,255-309頁。(5) 沈勝求,武科殿試儀,任先彬ほか著,朝鮮前期武科殿試儀考證研究,牙山:충남발전연구원,1998,111-122頁。(3) は『武芸図譜通志』に従って実施方法を解説する。撃毬者の騎馬術の基本姿勢をみる技法と,毬を動かし回す撃毬の基本技法とに,技法の性格を分け,毬を撃つことよりも騎馬術を重要視していたことを指摘する点が示唆的であるが,『武芸図譜通志』と他書との記述に即した比較検討はなされていない。(4) は騎馬撃毬を復元実施することを目的とする論文である。『武芸図譜通志』を復元の基本史料とし,他書をその略述と捉えるので,『武芸図譜通志』の記述に合わせ,最初の動作は全て「比耳」の技法だとしている。(5) は武科殿試科目の1つである騎馬撃毬を復元実施することを目的とした論文である。『経国大典』の記述に従って解説する。他書についても解説するが,記述に即した比較検討はなされていない。

2)『経国大典』は朝鮮の基本法典であり,1460 (世祖6) 年に命名・選定されはじめ,改定を加えて最終的には1485 (成宗16) 年に完成した。

3)『武芸図譜通志』は朝鮮時代後期,正祖の命により編集され,1790 (正祖14) 年に刊行された。内容は24般の武芸について数々の書籍を引用し考証したのち,武芸の「図」とその解説である「譜」がついている。「撃毬」の項目の考証箇所には『経国大典』や『龍飛御天歌』第44章注の,実施方法に関わる部分を除いた箇所が引用されている。

4)『太祖実録』総書には,高麗時代の1356 (恭愍王5) 年,太祖22才の頃に行った騎馬撃毬のありさまが記されている。総書は各王代の『実録』の最初に置かれ,在位中の記録である『実録』の総序的な意味合いの強い史料である。『太祖実録』は長い年月にわたり修正を施され,1445 (世宗27) 年に清書本が作られた。『太祖実録』の編纂については,末松保和,朝鮮史と史料・末松保和朝鮮史著作集6,吉川弘文館:東京,1997,326-327頁。本論文における『実録』の引用は全て,学習院東洋文化研究所,李朝實録・全56冊,東京:学習院東洋文化研究所,1953-1967,の各条目による。

5)『龍飛御天歌』は世宗が編纂した朝鮮王朝建国の事跡を記した歌謡であり,1445 (世宗27) 年に完成した。『太祖実録』総書の騎馬撃毬記事とほぼ同じ文言のものが,この書の第44章注にもあり,『太祖実録』総書を参照したとされる。『太祖実録』総書と『龍飛御天歌』との関係については,鄭杜熙,朝鮮建國史資料로서의《龍飛御天歌》,震檀學報,第68号 (1989):79-94頁,81頁。

6）『実録』撃毬記事からは朝鮮朝初期撃毬の騎馬・徒歩の区別は明確にはならない。朝鮮王朝開国以降，騎馬撃毬がなされなくなった事実は，「我太祖康獻大王，太宗恭定大王訓錬武藝之術，無不備擧，而曾不及此，」（1425（世宗7）年11月20日（乙卯）条）とあるのが根拠として挙げられる。また撃毬は「在殘元君臣失道荒淫之所爲」（1399（定宗元）年5月1日（庚午）条），「始於前朝盛時，及其季世，徒爲遊觀戲謔之具，」（1425（世宗7）年11月20日（乙卯）条），「前朝之季，聚見撃毬，因有淫亂之風，」（同）などと言われ，高麗亡国の因たる遊戯として朝鮮王朝では戒められていた。沈勝求（前掲書，112頁）も，宮庭内では狭すぎて騎馬撃毬は不可能であるとし，主として内庭で行われた宗親による撃毬を徒歩撃毬とみなす。私見では『高麗史』によると，高麗時代の王が自らする撃毬は20才代の頃であるが，『実録』によると，朝鮮時代の太祖は60才代に行っており，年齢の観点からも1425（世宗7）年の騎馬撃毬復興以前の撃毬は徒歩撃毬だと推測している。
7）『経済六典』は朝鮮時代初期の基本法典で現存しない。
8）文宗代（第5代王，1414～1452年，在位1450～1452年）では，騎馬撃毬が実施されるべき殿試に実施されない事例が出（1451（文宗元）年登極慶増広試武科擧），端宗代（第6代王，1441～1457年，在位1452～1455年）では，武科擧はあってもその時の撃毬記事はない（1453（端宗元）年4月登極慶増広試武科擧，同年11月式年武科擧）。睿宗代（第8代王，1450～1469年，在位1468～1469年）でも武科擧はあってもその時の撃毬記事はない（1469（睿宗元）年9月登極慶増広試武科擧）。
9）「兵曹啓，撃毬，乃馬上最緊之才，近來武士多不用心錬習，請依舊例，武料（科―筆者注）及武藝都試，幷試之，……從之，」（1470（成宗元）年9月16日（辛卯）条）。
10）「幸慕華館，御館門試武科，取金近明等二十二人，試撃毬，一無能者，……」（1490（成宗21）年11月8日（丙戌）条）。
11）「上幸慕華館，御館門，試文臣兼宣傳官騎射，又令武臣撃毬，上特命刑曹判書李季全撃毬三回，毬止，上曰，判書素善射，必久廢不習也，其罰以酒，……」（1492（成宗23）年5月15日（甲申）条）。
12）1525（中宗20）年3月22日（辛巳）条では，武科殿試の試験場をそれまでの慕華館から慶会楼下へ移すことになる。1526（中宗21）年6月13日（甲子）条では，慕華館の迎詔門に牌楼（額号を掛ける楼）を立てようとして，騎馬撃毬の妨げにならないかを論議させている。
13）「親閲于慕華館，……尙震啓曰，撃毬之規，三回時，毬子雖止，猶可行毬，行毬後，則雖小止，不用毬法也，今者內禁衛孫世謙毬子，止而的出，差備官，不察而撃鼓，何以爲之，傳曰，依規矩可也，……」（1536（中宗31）年5月11日（乙丑）条）。
14）「……撃毬規矩，詳具大典，不必遠考史籍，自今依大典試取似當，〈特被官尹熈平，於朝講啓曰，今時撃毬之法，與大典之意，大相牴牾，恐必今人誤爲也〉，……」（1539（中宗34）年10月17日（辛巳）条，〈　〉は割注，以下同じ）。

15)「以龍飛御天歌一巻，下于政院曰，前日尹煕平啓曰，今之撃毬之法，甚草略，太祖潛邸時所爲，則甚盛，考諸史籍則可知，云，予以爲考諸史籍，非輕，議于大臣，亦以爲然矣，但龍飛御天歌註中，有其事，而大臣未及知耳，此書與大典所載之法同不同，憑閲以啓可也，……」(1539（中宗34）年10月18日（壬午）條)．

16) 沈勝求（前掲書，122頁）によると，騎馬撃毬が武科科目として最後に施行された例は，1724（英祖元）年の増広試武科挙であり，1746（英祖22）年刊行の法典『續大典』では式年武科挙科目としての騎馬撃毬は廃止されている．

17)（Ⅰ）～（Ⅴ）の漢文の原文全文を以下に挙げる．それぞれの記述に従い，1）騎馬撃毬実施の場，2）騎馬撃毬の実施方法・前半，3）騎馬撃毬の実施方法・後半，4）太祖独自の騎馬撃毬技術に分け，本文に対応させた番号・記号・括弧・囲み線，波線部・点線部を付し，本文の該当部分は「　」で括って示す．

（Ⅰ）『龍飛御天歌』第44章注。引用は，韓国古典叢書刊行委員会，韓国古典叢書1語学類・龍飛御天歌全，ソウル：大提閣，1973，153-154頁。割注部分は省略した。

　1）騎馬撃毬実施の場

　　高麗時，毎於端午節，預選武官年少者，及衣冠子弟，習撃毬之藝，至其日，於九逵之傍，設龍鳳帳殿，「自殿前左右，各二百歩許，當路中立毬門，」路之兩邊，以五色錦段，結婦女之幕，飾以名畫彩毬，王幸帳殿觀之，排宴會設女樂，卿大夫皆従従之，撃毬者盛服盡飾，窮極侈靡，他人有勝己者，必欲如之。一鞍之費，直中人十家之産，分作二隊，立於左右，妓一人執毬而進，歩中奏樂之節，當殿前唱詞，唱訖而退，亦中奏樂之節，擲毬道中，左右隊皆趨馬而爭毬。先中者爲首撃，餘皆退立，都人士女觀者山積，

　2）騎馬撃毬の実施方法・前半

　　撃毬之法，①「先趨馬而進，以排至動毬，」②「以持彼回之，」①'「毬若入凹，則亦用排至，」(「以杖之内面，斜引毬使高起，俗謂之排至，以杖之外面，推去毬而擲之，謂之持彼，」) 三回畢，

　3）騎馬撃毬の実施方法・後半

　　①「乃馳撃行毬，行毬之初，不縱撃，執杖横直，與馬耳齊，謂之比耳，」②「比耳之後，擧手縱撃，手高抗而杖下垂揚揚，謂之垂揚，」出門者少，過門者十之二三，中道而廢者多，若有出門者，同隊之人，卽挌下馬，進殿前再拜謝，

　4）太祖独自の騎馬撃毬技術

　　恭愍王時，太祖亦與其選，①「行撃之時，馳馬太疾，已垂揚矣，毬忽爲石所觸，反入馬前二足之間，出後二足之間，太祖便仰臥側身，防馬尾而撃之，毬還出馬前二足之間，復撃而出門，時人謂之防尾，」②「又行撃之時，亦已垂揚，毬激橋柱，出馬之左，太祖脱右鐙，翻身而下，足不至地，撃中之，卽還騎，復撃而出門，時人謂之横防，」擧國驚駭，以爲前古無聞，

（Ⅱ）『世宗實録』1430（世宗12）年11月23日（庚申）條「撃毬勢格節次」。

1）騎馬撃毬実施の場
　　兵曹啓，今與摠制元胤，訓鍊觀提調，同議擊毬勢格節次,「自毬在處至毬門,相去二百步，自立馬處至毬在處，相去十五餘步,」
2）騎馬撃毬の実施方法・前半
　　A「擊毬者右手執杖，杖端內向，半飜載於馬項上，半出於馬項左，馳馬進于毬處，其作三回也,」①「一度排至驟馬,」②「持彼,」B「其杖端內向，當於馬胸前，備勢」三回後,
3）騎馬撃毬の実施方法・後半
　　①「直向毬門擊出，杖端上向，齊馬口抽杖擊之,」②「以垂楊手走馬追及其毬，擧杖揮過頭上而擊之，遂以垂楊手，擊出毬門而止,」A「回馬還到初立處，其馳馬杖勢，如初進毬時,」從之,
(Ⅲ)『世宗実録』末尾附載「五禮・嘉禮儀式」「武科殿試儀」擊毬記事。
1）騎馬撃毬実施の場
　　作擊毬之門〈「毬門相距三步，自立旗處至毬門相距二百四十步，自立馬處至旗下置毬處相距三十餘步,」
2）騎馬撃毬の実施方法・前半
　　A「擧人右手執杖，杖端向內，飜載馬項上半出左，趨馬進置毬處,」①「以排之動毬,」②「以持皮回之,」①'「毬若入凹則亦用排之,」(「凡擊毬須及毬行未

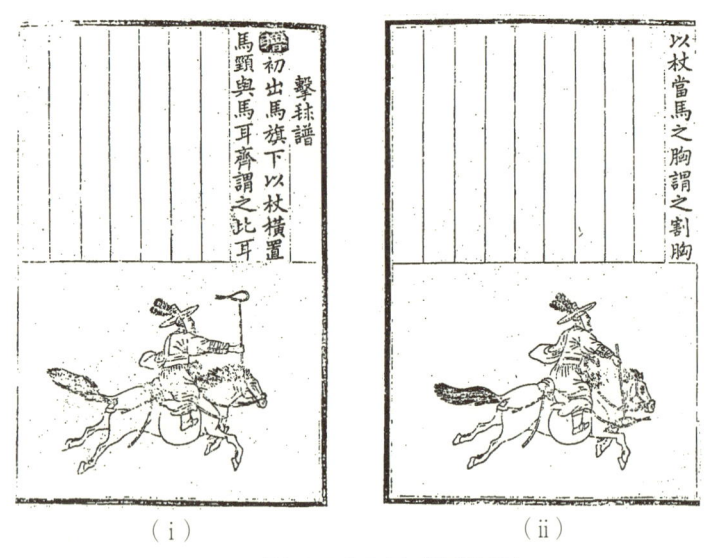

図1-1 『武芸図譜通志』「擊毬図譜」

止而擊之,｣)　B「馬首(手—筆者注)俱快, 備勢｣ 三回畢,
　3)騎馬擊毬の実施方法・後半
　　①「乃馳馬擊毬行毬, 行毬之初, 不縱擊, 執杖橫直與馬耳齊,｣②「然後擧手縱擊出毬門,｣A「回馬還到初立處, 其馳馬與杖勢如初,｣〉
(Ⅳ)『経国大典』「兵典」「試取・擊毬」条。引用は, 朝鮮總督府中樞院, 校訂經國大典, ソウル：保景文化社, 1995, 381-384頁［同書, 朝鮮總督府中樞院：1934］。
　1)騎馬擊毬実施の場
　　「出馬標距置毬標五十步, 置毬標距毬門二百步, 毬門內相距五步,｣
　2)騎馬擊毬の実施方法・前半
　　A「自出馬旗下, 以杖橫置馬頸, 趨至毬旗下,｣①「以排至動毬,｣②「以持彼回之,｣(「以杖之內面, 斜引毬使高起, 謂之排至, 以杖之外面, 推引毬而擲之, 謂之持彼,｣)　B「排至・持彼之時, 必以杖當馬之胸, 謂之割胸,｣ 三回畢,
　3)騎馬擊毬の実施方法・後半
　　①「乃馳擊行毬, 三回雖畢, 勢有不可行毬, 則或四, 或五回亦不妨, 行毬之初, 不縱擊, 執杖橫直與馬耳齊, 謂之比耳,｣②「或二度, 或三度比耳之後, 擧手縱擊, 手高抗而杖下垂揚揚, 謂之垂揚手, 垂揚手無定數, 以毬出門爲度,｣
　4)太祖独自の騎馬擊毬技術

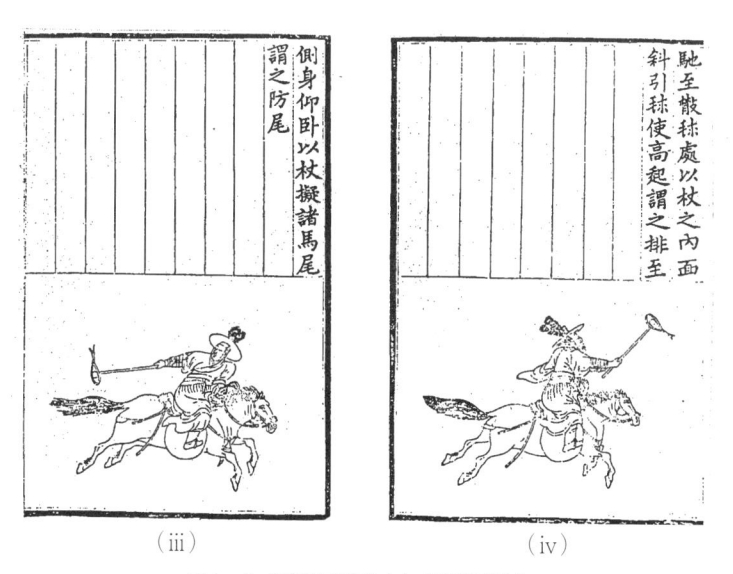

(ⅲ)　　　　　　　　　　　(ⅳ)
図1-2　『武芸図譜通志』「擊毬図譜」

第Ⅱ部　東の大地との対話　137

①「垂揚之時，側身仰臥，以杖擬諸馬尾，謂之防尾。」A「毬出門之後，雖不打毬虛垂揚手，又以杖橫置馬頸，馳還出馬旗下，或比耳之時，未及垂揚手，毬若已出門，則於毬門之内虛垂揚手，又於毬門之外亦虛垂揚手，或毬到於毬門之前欲止，則更擊而馳，出毬門亦不妨。」

(V)『武芸図譜通志』「擊毬譜」(図1)。引用は，國學刊行會，武藝圖譜通志・全，ソウル：民俗苑，2000，579-587頁。該書は奎章閣本の影印である。

(ⅰ)「初出馬旗下，以杖橫置馬頸，與馬耳齊，謂之比耳。」
(ⅱ)「以杖當馬之胸，謂之割胸。」
(ⅲ)「側身仰臥，以杖擬諸馬尾，謂之防尾。」
(ⅳ)「馳至散毬處，以杖之内面，斜引毬使高起，謂之排至。」
(ⅴ)「以杖之外面，推引毬而擲之，謂之持彼，亦謂挑鈴，仍用比耳左旋，又割胸再防尾，還至擲毬處，更引毬，謂之轉鈴。如是者三回，乃馳擊行毬。」
(ⅵ)「三回雖畢，地勢凹陷，有不可行毬，則或四，或五回，亦不妨，行毬之初，不縱擊，用比耳，或二度，或三度。」
(ⅶ)「比耳之後，舉手縱擊，手高抗而下垂揚揚，謂之垂揚手，垂揚手無定數，以毬出門爲度，擲毬之後，作虛垂揚手，又作防尾，又斜引毬，以垂揚手，向紅門擲之直入，仍逐毬出門。虛垂揚手，繞毬三回，一引毬還入紅門，過都廳帝幕，則鳴鼓，仍以比耳馳回出馬原地畢。」

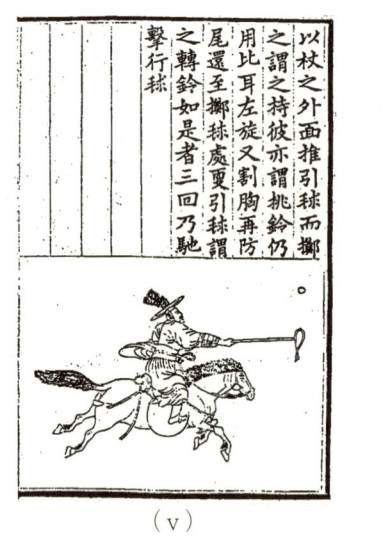

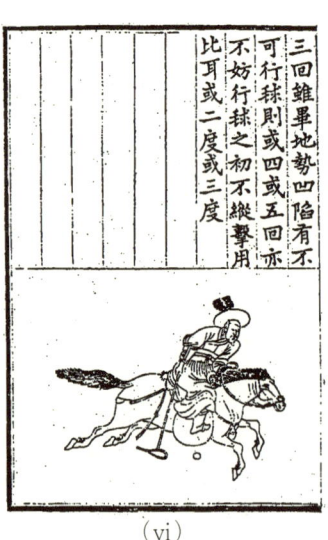

　　　　(ⅴ)　　　　　　　　　　(ⅵ)

図1-3 『武芸図譜通志』「擊毬図譜」

(viii)「或比耳之時，未及垂揚手，毬已出門，則於毬門之内，虛垂揚手，又於毬門之外，亦虛垂揚手，或毬到於毬門之前欲止，則更擊而馳出毬門，亦不妨．」

18) 今村鞆（前掲書（1），160頁）が高麗朝騎馬擊毬の毬門と擊毬場の「想像図」を示している。今村は宋の汪雲程の「蹴鞠図譜」と李王職雅楽部に伝わる抛毬楽用の毬門を参酌し，風流眼と呼ばれる全門形で門の上部に窓様の円形穴を開けそこを通過させるものとする。

19) 沈勝求（前掲書，115-118頁）は，擊毬場の設備設定が時代とともに擊毬者にとって簡単になっていくことを指摘する。

20) 1425（世宗7）年4月19日（戊午）条の武科挙での騎馬擊毬試験の採点基準を議した記事では「馬手俱快，備勢三回」が評価基準になっている。また，本文であげた1492（成宗23）年5月15日（甲申）条，1536（中宗31）年5月11日（乙丑）条の閲武記事でも「三回」が閲武の標準となっている。

21) 今村鞆（前掲書（2），391頁）が，騎馬擊毬と馬上才の芸態的な相似から，騎馬擊毬は朝鮮朝後期になると馬上才に移り変わったという指摘をしている。『武芸図譜通志』に「馬上才」の図譜がある。

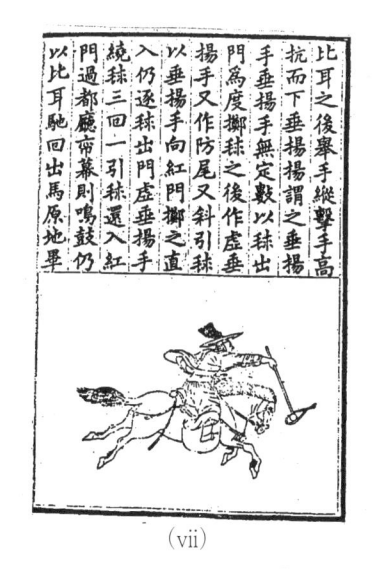

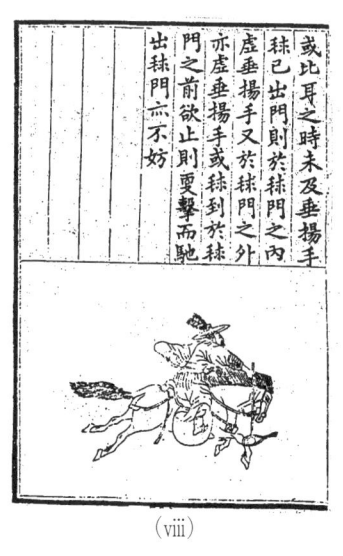

図1-4 『武芸図譜通志』「擊毬図譜」

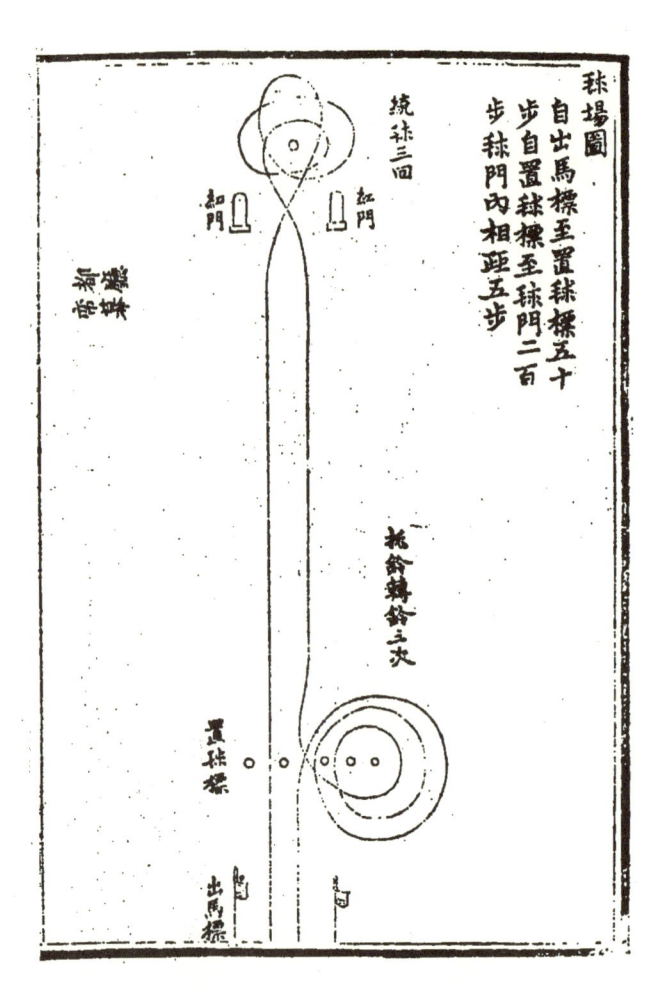

図2 『武芸図譜通志』「毬場図」

薩摩のハマ投げ
―― その形態と文化的意義 ――

山 田　理 恵

はじめに

　「ハマ」と呼ばれる木製の円盤型の球を木の棒で打ち合う日本の民俗遊戯は，打毬から生まれたと考えられる毬打（ぎっちょう）（二手に分かれて徒歩で毬を打ち合う遊戯。「毬杖」とも表記する。）と同種の遊戯である。

　打毬とは，毬を毬杖（スティック）で毬門（ゴール）に入れその数を競うという遊戯で，馬に乗って行う騎馬打毬と徒歩で行う徒打毬の2種がある。今日では，八戸市・長者山新羅神社で行われる奉納加賀美流騎馬打毬・徒打毬，山形市・豊烈神社で行われる奉納騎馬打毬・徒打毬，宮内庁主馬班に保存されている騎馬打毬をみることができる[1]。

　この打毬は，古代西アジアで行われていた馬上から球を打ち合う遊戯が大陸を経て古代日本に伝わり生まれた遊戯とみられる[2]ことから，打毬から生まれたと考えられる毬打と同種の「ハマ」を打ち合う遊戯も，西洋のポロと同じ源をもつ遊戯として位置づけられる。

　それは，鹿児島県では「ハマ投げ」という名称で，薩摩藩時代（1602〈慶長7〉年－1871〈明治4〉年）以来の伝統的な形態と勇壮な精神を継承して今日まで受け継がれ，定着してきた。現在では，鹿児島市破魔投げ保存会（以下，「保存会」とする。）のほかに，姶良市老人クラブ連合会加治木支部（旧・姶良郡加治木町老人クラブ連合会）[3]，鹿屋体育大学によってもこの薩摩の伝統遊戯の競技法が工夫され大会が開催されており，その形態は，伝統に基づきながらもそれぞれで異なる。

本稿では，薩摩のハマ投げに関する史料調査および現地調査の結果得られた文書史料および撮影画像，関係者へのインタビュー資料などを主要史料として，今日まで継承されてきた薩摩のハマ投げの形態と文化的意義について考察してみたい。
　なお，この遊戯の名称の表記についてであるが、民俗学的文献（次章参照）においては，「ハマ投げ」という表記が多くみられる。本稿では，筆者のこれまでの一連の研究同様，民俗学的研究の成果に基づき，「ハマ投げ」と表記することとする。

1.「ハマ投げ」の由来と名称

　保存会[4]によると，この遊戯の名称は，「輪」を意味する方言で「ハマ」と呼ばれる円盤形の木の球を用いることに由来するという説から，片仮名で「ハマ投げ」と表記されることが多いが，「破魔弓の的」を「破魔」と呼ぶことに由来する正月の遊戯としてこの名称が生まれたとも考えられており，その場合は「破魔投げ」と表記される。
　民俗学的研究では，柳田國男は，その著「左義長問題」のなかで，「ハマと云ふ語の意義は今以て不明」[5]としている。また，日本全国の遊戯を集めた大田才二郎によると，常陸地方の場合は「ハマ投げ」，薩摩の場合は「はま投げ」というように表記されている[6]が，「ハマ」と「はま」の表記の違いについては明らかにしていない。寒川[7]も，この大田の著述をもとにしており，大田と同様の表記をしている。
　薩藩文書におけるこの遊戯の初出とみられる「薩藩舊傳集　巻三」[8]所収の文書（後述）では，「はまをなけ……」というように平仮名表記されている。また，『薩藩先公遺徳　下』[9]では，「浄國院様……兒二才破魔ナケ候ヲ被遊御覧……」というように漢字で表記されている。
　また、「谷山市誌」[10]では，「『破魔投げ』（はま打ち）」と記されており，「ハマ投げ」は「ハマ打ち」と呼ばれることもあったようである。
　明治期の文献にも、薩摩の勇壮快活な遊戯のひとつとして「ハマ打」という遊戯を紹介した叙述[11]がみられる。そこで述べられている用具や競技法は，

すでに述べた明治期の「ハマ投げ」と同様のものであり，「其状殆んど打球に似たり」とも述べられていること，掲載されている挿絵には「はま投の圖」と記されていることなどから，この叙述にみられる「ハマ打」も，「ハマ投げ」と同じものであると考えられる。

　保存会では，「破魔」に片仮名の振り仮名を付して「鹿児島市破魔投げ保存会」と表記し，正式名称としている。加治木町の場合は，「ハマ投げ」と表記しており，鹿屋体育大学では，大会名称には，保存会との共催でもあることから，漢字を用いて「学長杯破魔投げ大会」としている。新聞等においても，「ハマ投げ」と表記される場合が多い。

　以上のように，この遊戯の名称やその表記は，史料や文献によって異なる。また，遊戯の由来によって名称の表記も異なると考えられる。ハマ投げの由来と表記との関係については，今後の課題としたい。

2．薩摩のハマ投げの形態

(1) 毬打とハマ投げ

　柳田國男は，毬打とハマ投げについて，次のように述べている[12]。

> 毬打と稱する春の初の遊が、もとは亦年占の趣旨に出でたことは推測に難くない。骨董集は何に由つたとも言はずに、其打ち様を如何にも詳しく述べて居る。小兒等雙方に立別れて間を隔つること十間或は十二三間、其中程地上に一線を劃して限とし、一方から玉を投げ他方では槌を以て之を受留め、線を越させるを受方の負とし、線を越させざるを勝とする。近世は槌を用ゐず竹杖又は竹箒の類で打留めるやうになつたと謂ふをみれば、其槌を用ゐた一點を除く外、所謂ハマ投げの方法と少しも異なる所が無いのである。

柳田もまた，毬打はいわゆるハマ投げと同様の形態で行われていたと述べているが，柳田自身，明確な結論は述べていない。

　また，近世上野桐生地方において行われていたハマ投げ（はまなげ）は，次

のようなものであった[13]。

　はま　浜投げ
　童いくたりにても先双方に分れ、互いに対ひ並び、その処の地のうへに筋ひきて堺と定め、たがひに是を越ることなし。さて浜といふものは、木にて戸車の形に造れるもの也、其を彼方より転しきたる時、こなたの堺へ入らぬ内に、竹木何によらず細長き物にて打止るなり、もし、堺へ入る時は、こなたの負とす、双方ともに右の輪を往返して打ことおなじ定め也、是をはまなげといふ、此戯まったく毬打に如たり。

　上野桐生地方における「浜投げ」も、「浜（ハマ）」を転がし棒で打ち返すという、薩摩のハマ投げと同様の形態で行われていたことが、この叙述から明らかである。

（2）薩摩のハマ投げの形態
　ここでは、まず保存会による薩摩のハマ投げの伝統的な競技法について述べるとともに、加治木町老人クラブ、鹿屋体育大学による競技法の特色について考察してみたい。

　1）用具
　現在保存会で用いられている「ハマ」は、樫の木などの固い木の直径約6cmの部分を約2.5cmの厚さに輪切りにしたものである。また、それを打つ「ボット」（「木刀」の鹿児島の方言）と呼ばれるスティックは、ヤマグミなどの木の枝で、先端をゴルフのクラブのような形に削ったものである（直径約2.5cm、長さ約1m）。写真1は、「ハマ」を「ボット」で打ち返そうとしているところである。なお、「ボット」には、まっすぐな木の棒を用いる者もあったが、それは腕利きとされていた[14]。
　加治木町の場合は、『加治木町老人クラブ連合会ハマ投げ基準書』[15]（以下、『基準書』とする）において、「ハマ」は、材質は樫などで、直径6cm、厚さ2cm程度とされている。後述するが、今日加治木町で行われているハマ投げは、

共研舎出身の肥田氏が，学舎時代に用いていたものと同じような形状の用具を作り復活させたものである。加治木では今日においてもそれを継承し，保存会の用具と同様の材質，形状の用具が作られ，用いられている。

なお，鹿屋体育大学学長杯大会では，共催である保存会が「ハマ」と「ボット」を準備している。

ところで，「学舎」の発展に尽力したひとり，元鹿児島市長・上野篤は，自らの自彊学舎時代の生活や薩摩男児の気風

写真1 「ハマ」と「ボット」
（学長杯大会より：筆者撮影）

を述べた著述[16]のなかで，明治期の「学舎」の教育とそこで行われていたハマ投げについて述べている。それによると，明治期に用いられていた「ハマ」の直径は約2寸（約6cm），厚さは約4分（約1.2cm）であり，それを打つ椿などの木の棍棒は，直径7－8分ほど（約2－2.5cm），長さ3－4尺ほど（約90－120cm）であった。

2）競技場

薩摩藩時代以来の伝統的な競技法では，競技場には境界線を設けず，馬場や道路，広場などこの遊戯を行う場所全面を試合場としていた。

団体試合は5名1組で行われる。各競技者間は5m，また相対する2組は，競技場の中央線からそれぞれ5m離れた地点から向かい合って縦列に並ぶこととする。

上野[17]によると，明治期の「学舎」におけるハマ投げでは、1組は概ね7，8名で，中央線からそれぞれ約4－5間（約7.2－9m）離れた地点から向かい合って縦列になり、各競技者の間隔は約1間（約1.8m）であった。保存会では，「ボット」が前後の競技者にあたって危険なために，競技者間の間隔を5mにした，とのことである。鹿屋体育大学でも，保存会の競技法同様，競技者間を5mとしている。

第Ⅱ部　東の大地との対話　145

また，鹿屋体育大学では，競技性を高めるために競技場の区画（15m×60m）を明確にし，打ち返せなかった「ハマ」が区画を越えた場合はその組の負けとすることとしている。保存会による大会では，伝統に則りそれを行う広場全面を競技場としていたが，近年サイドラインを設けるようになった。

　加治木の場合は，『基準書』[18]によって，競技場の幅は6m，各競技者間は2mと定められており（写真2参照），縦列の最後尾（5番目）の競技者は，後方に飛んだ「ハマ」が倒れない限り「ハマ」の行方を追いかけ打ち返すことができる。また，競技場の中央線の両サイドには白旗が立てられており，打ち返した「ハマ」は両白旗の内側を通ることと定められている。中央線から5mのところには赤旗が立てられており，先頭の競技者が「ハマ」を投げ入れるときは，「ハマ」がこの赤旗の内側を通過することとされている。また，これら2面の競技場の両端のラインを基本線（80-100m）として，個人種目「セコ打ち」（後述）が行われる。

写真2　5名1組で。先頭の競技者が「ハマ」を投げ入れて競技が始まる。(学長杯大会より：筆者撮影)

　3）競技法
① 団体試合
　団体試合では，2組の競技者が，中央線からそれぞれ5m離れた地点から相対して縦列になり，一方の組の先頭の競技者が，「ハマ」がその厚み（側面）で地面を転がるように相手陣地に投げ入れて，競技が始まる（写真2参照）。相手の組ではそれを「ボット」で打ち返し，以後「ハマ」が地面に倒れて止まる

(「ハマ」の平面が地面に着いて止まる）まで，打ち返し合いが続けられる。「ハマ」は，動いていても（転がっていても，ノーバウンドでも），その厚み（側面）で地面に立ち静止していても打つことができる。打ち返し損ねた「ハマ」が自陣内で倒れた場合，また誰も打ち返せずに「ハマ」が自陣を貫通した場合はその組の負けとなり，相手の組の得点となる。ひとりが何回打ってもかまわない。勝った組の先頭の競技者が「ハマ」を投げ入れ，競技が続けられる。

現在では，5名1組で，競技時間内（試合数により5-10分間程度）の得失点で勝敗を競っている。

加治木のハマ投げでは，打ち返した「ハマ」がラインを越えて陣地の外に出た場合，その「ハマ」が立っている間は，「ハマ」を出した組の競技者が自分の組の陣地内に「ハマ」を打ち戻した後に相手の陣地に打ち返すことができる。また，5番目（縦列の最後尾）の競技者がハマを相手陣地にダイレクトに打ち返し，相手の組でそれを打ち返せなかった場合は，得点を2点としている。このような「ハマ」の処理は，伝統的な競技法にはない加治木独自の競技スポーツ的特色をもつルールである。

なお，競技者の縦列の順位について，前出の上野[19]は，味方の組の縦列の中で，前の競技者が受け損じたものをそれより後ろの者が受け止めた場合には縦列の順位がひとつだけ繰り上がり，相手陣地へ打ち返した場合には縦列のトップの位置に立てることから，相手の組との勝敗を競うことよりも，味方同士の縦列の順位を競うところにこの遊戯のおもしろみがあった，と述べている。自分の組のなかでの順位を競うことにこの遊戯のおもしろさを見い出しているというところに，薩摩藩以来の思想と教育を受け継いだ伝統遊戯・ハマ投げの気風が窺える。

鹿屋体育大学学長杯大会では，この上野の叙述をもとに，薩摩の勇壮な精神を表す伝統的な競技法に基づき，打ち返しに成功し得点を得た組は，先頭の競技者が5番目に，2番目の競技者が先頭に，というように縦列の順位が変わる。加治木の場合も同様である。

それに対して，保存会による大会では，どの競技者にも縦列の前のほうの位置で競技する機会をできるだけ多く得られるように，という配慮から，陣地内で「ハマ」が倒れて負けたほうの組の競技者の順位が1番ずつ繰り上がる方法

を採っている。

　また，上野によると，当時相手の組との勝敗を競うには，「地域の攻略」として，一方の組が「ハマ」を地面に立てて棒で打ち，相手の組はそれを打ち返すという競技法があった。しかしながら，もし自陣内で競技者全員が「ハマ」を打ち返せずに「ハマ」が陣地を通過してしまった場合，その組の競技者は遙かに後退して「ハマ」が止まった地点から打ち直すことになるので，この競技法は，競技場としてかなり長い場所を必要とすることから行われ難いものであったようである[20]。

② 個人種目

　保存会では，1968（昭和43）年の第5回大会から，地面に立てて置いた「ハマ」を「ボット」で打つ個人種目が「勢子打ち」が設けられた[21]。これは，ハマ投げに参加する競技者一人ひとりを「勢子」（狩猟の際に狩場において鳥獣を駆り出す狩子〈人夫〉）に見立てて考案されたものである。今日保存会では「置打ち」と呼ばれている。加治木では，「勢子」を片仮名表記し，「セコ打ち」としている。

　保存会による大会では，「ハマ」を地面の「置打ち定点」に立てておき，それを「ボット」で打ち，「ハマ」が達した距離によって，初級（20m以上），中級（30m以上），上級（50m以上）の認定証が授与される[22]。

　加治木の「セコ打ち」は，「ボット」で打った「ハマ」の飛距離を計測し，その記録によって順位を決定するというもので，ここにも「競争」を重要な要素をする競技スポーツの性格が窺える。

3．薩摩のハマ投げの展開

　保存会によると，島津第一代忠久（1179〈治承〉3年－1227〈嘉禄1〉年）の家臣たちが鎌倉で行っていた遊戯が，薩摩入部にともなってもちこまれたことが，薩摩国におけるハマ投げの始まりであるとされている。

　ここでは，加治木町においてハマ投げがどのように展開してきたのかについて述べてみたい。

（1）藩政期の「郷中教育」とハマ投げ

　藩政期，諸藩には藩校が設けられ，子弟の教育が行われていた。薩摩藩では，藩校とは別に，「郷中教育」と呼ばれる同藩に固有の自治的な教育組織が形成されていた[23]。

　「郷中教育」では，武道をたしなむことを第一に，文武両道と心身の錬成を目的として，居住区域を同じくする青少年が集まり，年長者が年少者を指導しながら学問や武芸を行っていた。幕末・維新期に活躍した薩摩藩士・西郷隆盛や大久保利通，海軍大将・東郷平八郎元帥らは，この薩摩の「郷中教育」の代表的な出身者である。特に西郷は，下加治屋町郷中において「二才頭」を務めていた[24]。

　鹿児島城下の「郷中教育」では，たとえば稚児（小稚児：6，7－10歳，長稚児：11－14歳）の場合，概ね次のような日課で行われていた。

　稚児は，朝食の前に先生である二才（14，15－24，25歳）の家に行き四書五経などを読み，書を習い帰宅し，朝食後再び集合して水泳，山登り，川遊び，角力，凧揚げ，綱引き，遊戯などを行い帰宅。午後は，「座元」あるいは「席」と呼ばれる持ち回りの当番の家で復習し，その後午後6時まで主として武芸の稽古を行った。

　鹿児島城下では，ハマ投げが，この「郷中教育」における勇壮な遊びとして武家の子弟の人気を集め，馬場や道路，空き地などにおいて，特に冬季に盛んに行われていた。また，学問や武芸の稽古が行われない正月の休みには，その武芸の稽古に代わりに行われるなど，ハマ投げは武芸的鍛錬も兼ねていた。

　なお，「薩藩舊傳集」巻三[25]には，1677（延宝5）年正月14日付で「はまをなけ」たことが原因で起きた喧嘩に対する処罰を記した次のような文書がみられる。

　　一　近き頃四本甚七家來御法度を相背はまをなけ候儀基になり喧嘩に及候、此儀畢竟若き衆の不作法を下々見まね右の通の出仕有之候と不届きに被思召上候、依之主人の儀父子共に遠方の寺領被仰付候、右躰の儀見聞仕なから不作法の儀仕人者可為重科候間能々可得其意事

厳しい身分制度のもとに，武家の子弟の遊びである「ハマ投げ」を，それを行う資格のない身分の従者がまねをして遊んだことが原因で起きた喧嘩に対して，本人への処罰はもとより，主人とその父子ともに遠方の寺領に左遷となったことが述べられている。なお，同文書は，薩摩藩文書におけるこの遊戯の初出であるとみられている[26]。

（2）近代における「学舎」の教育とハマ投げ

「郷中教育」の思想と形態は，明治維新後も「学舎」の教育として継承され，心身の錬成が行われてきた。

「郷中教育」出身者ら有志によって鹿児島市内外に創設された（後には旧郷中を基盤としない学舎もつくられた）「学舎」の教育では，薩摩藩時代以来の伝統的な精神を継承し，舎員相互に健全な身心の錬成を図ることを目的としていた[27]。

舎員は，6，7歳から24，25歳以下を正舎員，25，26歳以上を特別舎員とし，日課は概ね，平日では，放課後各自学舎に出舎し1－2時間学習や読書を行い帰宅，午後7時に再び出舎し1－2時間程度復習・予習を行うというようなものであった。

運動については，毎日あるいは曜日を決めて一定の運動時間を設ける学舎などさまざまで，季節に応じた運動や武芸の稽古，遊戯などが行われた．特に，鹿児島市内の学舎では，ハマ投げが，薩摩藩時代の精神を伝える男子の勇壮な遊戯として盛んに行われていた。

なお，「学舎」の運動について，前出の上野は，「鹿児島特有といふべき種類の運動は何れかといへば體育よりも意育の方に傾いて居る。換言すれば身體を強壮にするといふよりも寧ろ強情我慢の競争即ち意志の鍛錬を目的としている様である。」[28]と述べている。この叙述から，「学舎」の運動においては精神を鍛錬することを重視していたことが窺える。そして，そのような運動のなかに，薩摩藩の気風を示す遊戯として，ハマ投げが位置づけられていたのである。

しかしながら，危険なことから19世紀末に「街路取締規則」[29]で道路でのプレイを禁じられたこともあって，ハマ投げは徐々に衰退した。

（3）ハマ投げの現代

　第二次世界大戦によって，学舎は多くの青年舎生を失い，また舎屋を焼失するなどの打撃を受け，戦後の占領政策のなかで一時活動を停止する。しかしながら，戦後の復興のなかで，青少年の教育のよりどころとして「学舎」を再建しようという気運が高まり，1951（昭和26）年学舎連合会が組織され，「学舎」再興に至った[30]。

　そのような「学舎」の活動のなかからハマ投げを復活させようとする動きが生じ，学舎連合会の有志者が中心となって，1963年には破魔投げ保存会（現・鹿児島市破魔投げ保存会）が発足，翌年の成人の日に保存会主催による第1回大会が開催され，伝統的競技法に則り薩摩のハマ投げが復活された[31]。

　現在鹿児島市では，保存会主催による「鹿児島市破魔投げ大会」が，毎年「成人の日」に開催され（2011年で46回を数える），小学生から高齢者まで，薩摩の勇壮な精神をしのびながらプレイを楽しんでいる。

　加治木町でも大正初期頃までハマ投げが行われていたが，しばらく途絶えていた。加治木町の老人クラブ関係者によると，共研舎時代にハマ投げを行っていた肥田栄氏（1903年－1991年）は，定年退職を迎え，昭和36年に鹿児島市内から加治木町に転住，共研舎時代に行っていたハマ投げをぜひ加治木町でも復活させたい，という動機から，この地でハマ投げを始めたという。肥田栄氏が普及に着手したことによって，ハマ投げは，加治木町においても次第に行われるようになった。以後，加治木町では，高齢者が担い手となって，競技スポーツ的要素を加味した独自の競技法が工夫され，1980年以来正月の行事として大会が開催されている。

　加治木町の大会には，かつては子供たちも参加していたが，関係者によると，大会では，「ハマ」が顔に当たるなどしてけがをする子供が続出したことから，現在では成人のみを参加者としている。今後この薩摩の伝統的運動文化を，次代を担う青少年にいかに伝えていくかが問われるところである。

　また，鹿屋体育大学では，地域の伝統的な身体運動文化を掘り起こし再生させ，継承していくことも大学の一つの役割と位置づけ，保存会との共催により，毎年大学開放事業として「鹿屋体育大学学長杯破魔投げ大会」を開催し，同遊戯の振興を図っている。開学二十周年記念事業として開催した2001（平成

13) 年の第1回大会から2003年の第3回大会までは，鹿児島市内の小学校運動場を会場としていたが，2004年の第4回大会からは，大学開放事業として，学園祭と併せて大学構内の広場で大会を開催，開学三十周年となる2011年には第11回大会を迎えた。同大学では，競技場の大きさの設定，安全面に配慮したフェイスガード付きヘルメットの着用の導入など，年齢，男女の別を問わず安全に楽しめる競技法が検討されている。

おわりに

「郷中教育」における武芸的鍛錬の意味も兼ねた遊戯として行われ，近代においても「学舎」の教育のなかで，男子の勇壮な遊戯として盛んに行われていた薩摩のハマ投げは，一時衰退をみるが，学舎連合会が中心となって保存会が組織され，伝統的競技法を踏襲して復活，今日に至る。薩摩のハマ投げが，薩摩藩士の勇壮な精神を脈々と今日に伝えてきたことは，保存会大会や鹿屋体育大学学長杯大会に参加している子供たちの勇壮なプレイからも窺える。

加治木町では，藩政時代の文化を伝承するとともに楽しく活動することを企図して，高齢者が担い手となって，高齢者にも適度な運動量で安全に行うことができ，かつ近代的な要素を取り入れた独自の競技法が工夫され継承されてきた。このような加治木町のハマ投げは，生涯スポーツにおける伝統スポーツの一つの在り方を提示しているといえる。

また，保存会によるハマ投げでは，伝統遊戯の保存という立場から，伝統的な競技法を重視しており，鹿屋体育大学の場合は，この伝統遊戯の現代スポーツとしての再生と普及という観点から競技法を検討している点に，それぞれ特色があるとまとめられる。

このように，鹿児島県では，伝統遊戯・ハマ投げが，組織や担い手によって，伝統に基づきながらもそれぞれの目的に応じて独自の競技法が工夫され今日まで継承されているということは，日本の打球戯の歴史上きわめて興味深いことであり，伝統遊戯・伝統スポーツの現代における再生と発展という観点からも注目される。

注
1）打毬については，次のような拙稿を参照されたい。
 ・山田理恵，日本の伝統打球戯の形態とその変遷に関する研究，平成15-18年度科学研究費補助金基盤研究（C）（2）研究成果報告書，2007。
 ・山田理恵，阿波騎馬打毬の昭和，扶桑社・霞会館編，騎馬打毬，東京：（社）霞会館，2009，118-129頁。
 ・山田理恵，伝統打球戯の近現代―薩摩のハマ投げと阿波騎馬打毬―，阿部生雄編，体育・スポーツの近現代―歴史からの問いかけ―，東京：不昧堂出版，2011，377-389頁。
 ・福永哲夫・山田理恵・西薗秀嗣（編），体育・スポーツ科学概論―体育・スポーツの新たな価値を創造する―，東京：大修館書店，2011，176-178頁，180-185頁。
2）寒川恒夫，ぎっちょう，日本体育協会監，スポーツ大事典，東京：大修館書店，1994，202-203頁。
3）2010（平成22）年3月23日，姶良郡西部の3町が合併し，姶良市が誕生したことに伴い，姶良郡加治木町老人クラブ連合会は，姶良市老人クラブ連合会加治木支部と名称変更した。
4）鹿児島市破魔投げ保存会（編），破魔投げ記念誌，鹿児島：鹿児島市破魔投げ保存会，1968，5-6頁。
5）柳田國男，左義長問題，定本柳田國男集（新装版）　第11巻　『神樹篇』，東京：筑摩書房，1987，68頁。
6）大田才次郎（編），日本児童遊戯集（原本：日本全國児童遊戯法，1901），東京：東洋文庫，1968，172頁。
7）寒川恒夫，前掲書，202頁。
8）薩藩叢書刊行會（編），薩藩舊傳集　巻三（薩藩叢書　第一編），鹿児島：薩藩叢書刊行會，1906。
9）岩切実和（編），薩藩先公遺徳　下，出版社不詳，1860。
10）谷山市誌編纂委員会（編）「谷山市誌」，鹿児島：谷山市役所，1967，638頁。谷山市は1967（昭和42）年に鹿児島市と合併した。
11）亀岡倉太，薩摩土産，永吉利平発行：鹿児島，1899，10頁。挿絵は10頁と11頁の間に綴じ込まれている。
12）柳田國男，前掲書，65頁。
13）日本随筆大成編輯部（編），はま　浜投げ，日本随筆大成　第一期第一巻『瓦礫雑考』（1927）（復刻版：第一期第二巻），東京：吉川弘文館，1975，97頁。
14）鹿児島市破魔投げ保存会（編），前掲書，1968，6-7頁。
15）加治木町老人クラブ連合会体育部（編），加治木町老人クラブ連合会ハマ投げ基準

書，鹿児島：加治木町老人クラブ連合会体育部発行，1993。
16) 上野篤，健児之社，東京：中文館書店，1927，168-169頁。
17) 上野篤，前掲書，169頁。
18) 加治木町老人クラブ連合会体育部（編），前掲書。
19) 上野篤，前掲書，169頁。
20) 上野篤，前掲書，170-171頁。
21) 鹿児島市破魔投げ保存会（編），前掲書，1968，8-9頁。
22) 鹿児島市破魔投げ保存会（編），破魔投げの由来と競技法，鹿児島：鹿児島市破魔投げ保存会，発行年不詳。
23) 「郷中教育」に関しては，鹿児島縣教育會（編），薩藩士風沿革，東京：日本警察新聞社出版部，1907；鹿兒島縣，郷土史読本，鹿児島：鹿兒島縣，1944；松本彦三郎，郷中教育の研究，復刻版，東京：大和学芸図書，1943，などによる。
24) 鹿児島県教育委員会（編），鹿児島県教育史 上巻，鹿児島：鹿児島県立教育研究所，1970，105頁。
25) 薩藩叢書刊行會（編），前掲書。
26) 松本彦三郎，前掲書，などによる。
27) 「学舎」の教育については，甕城學舎出身東京帝國大學學生會（編），學舎之研究 第一輯，1915，19-25頁；鹿児島県教育委員会（編），鹿児島県教育史上巻，鹿児島：鹿児島県立教育研究所，1970；鹿児島市破魔投げ保存会（編），前掲書，1968，などによる。
28) 上野篤，前掲書，167-168頁。
29) 「街路取締規則」（県令）は，鹿児島県警察史編さん委員会（編）『鹿児島県警察史 第一巻』（鹿児島：鹿児島県警察本部，1972年，605頁）による。
30) 鹿児島県教育委員会（編），前掲書，331頁。現在では10の学舎が存続しており，そのうち，鶴尾学舎など4学舎では道場が開かれ，野太刀自顕流の稽古等を通して心身の錬成が行われている。
31) 加納武夫，ハマ投げの復現，三州，復刊第18巻（1964）第3号：18-27頁；平原三郎，破魔投げの話，三州談義，第65号（1965）：34-35頁；鹿児島市破魔投げ保存会（編），前掲書，6-7頁；同，前掲書，発行年不詳，などによる。

明治期から大正期の長崎YMCAにおける「体育事業」の普及と展開

服 部 宏 治

はじめに

　本稿では，長崎におけるスポーツの普及と展開に関してYMCAが果たした役割の一端を解明するために，明治期から大正期にかけて長崎YMCAが行った「体育事業」の実態を明らかにすることを目的とする[1]。

　日本における都市YMCA (Young Men's Christian Association) は，明治期において東京YMCA（設立1880年）を皮切りに大阪YMCA（設立1882年），横浜YMCA（設立1884年），京都YMCA（設立1889年），北海道YMCA（設立1897年），神戸YMCA（設立1900年），名古屋YMCA（設立1902年）など大都市を中心に設立されていった。しかし，都市YMCAが成立し，発展していくためには，キリスト教に理解を持つ官公庁や実業界の後援，YMCAとこれらを結びつける主事の存在，YMCAの事業が安定化するために必要な施設，自由に施設を利用できるだけの余暇を持つ青年の存在などの社会的条件が備わっていることが必要とされた[2]。明治期から大正期にこれらの条件を満たす都市は多くはなかった。

　このような状況の中，日本における都市YMCAは，アメリカからの宣教師や留学から帰朝した若い教会牧師，さらには信徒たちによって設立された。活動の目的は青年に対するキリスト教の伝道のほかに青年の心霊，知識，社交，及び体育上の改良を図ることであった[3]。しかし，YMCA独自の会館（施設）を有していなかった設立当初の各YMCAは，キリスト教伝道を主な目的とした聖書研究会や宗教的講話に制限されていた。その後，北米からの資金援助を得て会館が建設可能になると，出来上がった会館を基盤に宗教部や教育部，社

交部，体育部などの事業部門が中心となったこれまでの活動に加え，英語学校やスポーツ関連事業など様々な事業が開始された。

スポーツに関連した事業としては，会員に対して施設利用のための時間割を設け，定期的なスポーツ活動の場を確保することによって継続的な活動を行っていた。また，柔道や剣道のほか，新しくバレーボールやバスケットボールなどを指導すると共に，東京YMCAではデンマーク体操や水泳，横浜YMCAではバドミントンやフェンシング，京都YMCAではボーリングなどを早くから紹介し，その普及に努めた。さらに，バスケットボールやバレーボールの大会をYMCA自ら開催したり，さまざまな大会や競技会にYMCAチームとして出場したりした。

一方，会員以外の人たちを対象としたものも行った。東京YMCAや大阪YMCA，横浜YMCAではバレーボールやバスケットボール，器械体操などを「体育実演会」や「競技実演会」として開催し，広く一般の人たちに紹介した。また，学校の教職員や生徒，さらには官庁，会社の職員を対象とした出張指導や実技講習会を開催し，実技指導や指導者養成を行った。これらYMCAのスポーツに関連した事業は，「体育事業」と呼ばれ，主に大正期から昭和期（戦前）の各地域における社会体育推進の代表的な事業の一つであった[4]。

長崎は，早くから諸外国との接触を持ち，また上海への航路の発着地として貿易や旅客の行き来が盛んであり，明治期から大正期にかけて人口が十万人を超える全国でも有数の都市であった[5]。

長崎YMCAの設立は，現存する都市YMCAの中で9番目（九州地方では1番）に早く，独自の会館も大阪，東京に次いで建設された。また，法人認可も東京YMCAに次ぐ2番目で，早くからその法的立場を確立した。設立当初の活動は，英語夜学校を開設したり日曜講演会を行っていたが，大正期に入り柔道や剣道に加え室内ベースボールやバレーボール，バスケットボールなども行われた。しかし，昭和に入り，世界恐慌の影響による会員の減少やそれに伴う事業の縮小や負債のため1930（昭和5）年3月，休会することになった。

本稿では，長崎YMCAの「体育事業」が盛んになるきっかけとなった1917（大正6）年の会館改修を一つの転機とし，「体育事業」のはじまりから会館改修までと会館改修後から休会までの2期に分けてその展開をみていく。

1．長崎YMCA設立[6]

　1896（明治29）年11月に世界学生基督教連盟初代主事ジョンR.モットが，全世界の学生キリスト教運動を結合するためイギリス，ドイツ，インド，オーストラリア，中国等を訪ね，最終訪問地として日本に来朝した。長崎に到着したモットは，ここから日本各地を訪問した。日本でのモットの目的は，日本の学生たちにキリスト教の福音を伝え，学生YMCAを増やし全国組織を作り，そして世界学生基督教連盟（WSCF）に加盟させることであった。モットは，長崎に滞在中に鎮西学館，東山学院，第五高等学校医学部（後の長崎大学医学部）の3つの学校に学生基督教青年会（学生YMCA）を誕生させた。

　1897（明治30）年1月18日から19日にかけて，東京YMCA会館に長崎の学生YMCAを含む全国の学生YMCAの代表が集まり，日本学生YMCA同盟を結成した。そして，この同盟を世界学生基督教連盟（WSCF）に加盟させることを決議し，15名の中央委員が選出された。この時，鎮西学館教授の笹森卯一郎が15名の中央委員の一人に選ばれた。

　一方，キリスト教会の青年信徒が中心となって各都市に結成されていたYMCAも全国的な連合組織をつくり，一つにまとめようとする動きが起こった。そして，1901（明治34）年7月26日から28日にかけて，大阪YMCA土佐堀会館において，東京，横浜，大阪，神戸の各都市YMCAの代表が集まり，日本都市YMCA同盟の結成が承認された。

　日本都市YMCA同盟の結成に刺激され，笹森卯一郎（鎮西学館教授），菅沼元之助（長崎税務署管理局），宮腰信次郎（控訴院検事），高田富治（横浜正金銀行長崎支店）らが中心となり，長崎市YMCA設立の準備を行った。そして，1901（明治34）年11月に笹森ら数名を発起人とする長崎市YMCA発起人会が開かれ，長崎市YMCAの憲法（規則）の草案などが話し合われた。1902（明治35）年2月28日，長崎YMCAの設立総会が開かれた。ここで，憲法（規則）の承認（規則不明）がなされ，笹森や菅沼，宮腰など15名の理事が選出された。同年4月には第1回理事会が開かれ，会長に笹森卯一郎，副会長に菅沼元之助，書記には高田富治，会計には川田幸三，柿澤圓治が決まった。そして，事業とし

て英語夜学校の開校とキリスト教講演会，会館建設が承認された[7]。

　一方，1897（明治30）年に結成された日本学生YMCA同盟と1901（明治34）年に結成された日本都市YMCA同盟は，1903（明治36）年7月22日，23日に有馬で行われた総会によって合体し，日本YMCA同盟となった。

　日本YMCA同盟結成に先立ち，1903（明治36）年7月23日午後2時から日本学生YMCA同盟総会が全国各地の加盟学生YMCAの代表を集め行われた。そこで合併に関する交渉委員として本多庸一，元田作之進，笹森卯一郎，堀内弥二郎，内崎騰次郎が任命された。同日（7月23日）午後3時には，東京，横浜，大阪，神戸，札幌，長崎の都市YMCAより代表20名が出席し，日本都市YMCA同盟総会が開催された。都市YMCA同盟からも5名（井深梶之助，渡辺暢，笹森卯一郎，ミラー，寺沢久吉）の代表が選ばれた。その後，両同盟合併の協議会が開催され，日本YMCA同盟が結成された。笹森は，学生YMCA同盟，都市YMCA同盟の両方で交渉委員に選出された。また，新しく結成された日本YMCA同盟の中央委員会副会長（中央委員長は本多庸一），学生青年部中央委員の委員となった。同じく菅沼元之助は，日本YMCA同盟の市青年部中央委員の委員となった。

2．会館建設と法人認可[8]

（1）会館建設

　1902（明治35）年5月より，長崎YMCAは最初の事業として興善町37番地に2階建ての家屋（建坪約23坪）を借り，実用英語夜学校（夜学校）を開校した。また，この場所で毎日曜日の午後より説教会や聖書研究会が行われた。しかし，事業を拡張し充実させるためには活動の拠点となる独自の会館が必要であった。

　会館の建設にあたって最大の課題は建設資金であった。計画当初は会館建設のための用地取得に5000円，建築費として1万5000円が必要とされ，これらの資金を募金によって賄おうとしていた。しかし，多額の資金を長崎で賄うのは不可能であり，北米YMCA同盟の援助に頼らざるを得なかった。

　1902（明治35）年8月，笹森卯一郎はデンマークのソーローで開催される第

5回世界学生基督教連盟大会に日本代表として出席することになった。笹森はこれを機にアメリカに渡って会館建設のための募金を集める計画をたてた。同年9月6日、デンマークで行われた大会の終了後アメリカに渡り、ボルティモア、フィラデルフィア、ニューヨーク、デイトン、インディアナ、シカゴ、シアトル等を回り、11月7日横浜に帰港した。

1904（明治37）年12月、地価の下落と適当な土地が見つかったことで、袋町9番地に土地を購入し、北米YMCAからの寄付金2万6500円と国内における土地購入のための募金1万440円をもって会館建設に当てた。そして、1906（明治39）年5月14日3階建ての会館が完成した。会館の敷地は225坪（完成時には西隣の角地数十坪を追加購入）、建坪121坪であった。献堂式には県知事代理馬淵鋭太郎、市長代理丸毛兼通、日本YMCA同盟主事フィッシャー等を含む約600名の来会者があった。

会館は、1階に体育室、遊戯室、図書室、社交室を有し、2階には講堂（750名収容）、祈祷室兼教室、3階にはギャラリー、夜学校のための教室等があった。この長崎YMCAの会館建設時期は、大阪YMCA会館（建設は明治19年）、東京YMCA会館（建設は明治27年）に次いで3番目であった。

図1　長崎YMCA会館（見取り図[9]）

(2) 法人認可

法人化の動きは会館建設中から進められていた。そして、1905（明治38）年4月30日付で笹森卯一郎、菅沼元之助、V.W.ヘルムを設立者として、長崎市に「財団法人設立許可願」を提出し、同年8月23日に許可された。提出された

寄付行為の第3条には次のように目的を記し，YMCAの活動を方向づけた[10]。

　　本財団法人の目的は長崎市及付近に居住する青年の間に福音主義の基督教を伝播し且其心霊，知識，社交及身体の状態を改良するにあるべし。
　　前項の目的を達するには左の方法に依るべし。
（一）聖書研究会及説教会
（二）学術講演会
（三）学校
（四）書籍室
（五）寄宿舎
（六）遊戯運動場

　長崎YMCAの財団法人認可は，東京YMCAの認可（明治36）に次いで2番目（京都YMCA法人認可が明治40年，神戸YMCAが明治42年，大阪YMCAが明治43年，横浜YMCAが大正3年）で，他のYMCAと比べても比較的早くからなされた。この財団法人認可によって，長崎YMCAは社会的に認められた組織となった。そして，1905（明治38）年4月，長崎YMCA初代日本人主事として海老名昌一（鎮西学館）が就任し，また1906（明治39）年1月には北米から名誉主事としてJ.M.デビスが来任した。

3．事業の始まりと「体育事業」の準備期[11]

（1）事業の始まり

　1906（明治39）年5月19日，午後7時30分より会館完成後はじめて一般市民を迎えて「青年音楽大会」が行われた。この音楽大会は熊本の第五高等学校YMCA（花陵会）の学生寄宿舎建築基金を募るために開かれたもので，長崎YMCAと熊本第五高等学校YMCAが共同して行った。会館には700名以上の観覧があった。また，同年9月には長崎教育会の教育講演会が開かれ，12月には長崎音楽協会の演奏会が催された。会館完成2年目以降には，鎮西孤児院のための事前演芸会や水産共進会協議会，海軍志願兵体格検査と学術試験，通常長

崎県議会，さらには，図画教師の絵画展覧会や鎮西学館卒業式などにも利用された。

1906（明治39）年，実用英語夜学校は裏興善町の仮校舎で行っていたが，会館完成に伴い袋町の新会館に移った。6月3日からは「日曜演説会」がスタートした。これは，これまで夜学校で行われていた説教会を踏襲したもので，各界の人物を招き体験や研究成果，人生観を語るものとしてほぼ毎週行われた。

9月には活水女学校の付属幼稚園（玉乃江幼稚園）をYMCA会館内に開設できるよう申請がなされ，11月に開設された。

1907（明治40）年11月には，例会を開き，役員の改選を行った。理事には，笹森卯一郎，菅沼元之助，守田順三郎が再選され，山本静也（馬町組合教会員），草野芳槌（東山学院教頭）が新たに選ばれた。また，監事として澤山精八郎（澤山商会），永見寛二（長崎商業会議所会頭），磯野衡（長崎控訴院判事）が再任された。そして，内部組織を社交部，教育部，宗教部，運動部に分け，事業の拡大を計画した。

社交部は官庁や銀行，会社，商店などに呼びかけ，長時間労働を強いられていた給仕やボーイ，丁稚を招待して茶菓子で語らう時間を設ける「給仕丁稚の招待会」（明治41年2月実施）などの催しや会員親睦会，新聞雑誌閲覧など社交的な事務を担当し，教育部は，夜学校の運営や学術演説などの教育的事務にあたった。宗教部は，聖書研究会を毎週日曜日にスタート（明治41年2月初旬より）させ，他に祈祷など宗教的事務を担当した。運動部は，デビス主事が，亜鈴や棍棒など数種類の用具の使い方を初心者に指導する程度であった。

会館は，建設当初よりキリスト教団体に限らず広く行政や市民の集会や活動に利用され，公共の場としての会館になっていた。

（2）「体育事業」の準備期

1905（明治38）年に主事になった海老名昌一が1906（明治39）年9月に島根の杵築中学校に転じ，同年9月26日一法師竹隈（鎮西学院教師）が後任主事となったが，1907（明治40）年2月，病休のため宮田守衛（元神戸YMCA主事代行）が，北米のインターナショナルYMCAトレーニング・スクールに留学するまでの一時，長崎に主事として赴任した。

1906（明治39）年5月に会館が完成したものの，長崎YMCA会館の体育室の広さは30フィート×42フィート（約9.1m×約12.8m）であり，天井高は12フィート（約3.7m）しかなく，さらに部屋の中央には2本の1フィート（約30cm）角の柱があり，バスケットボールやバレーボールなどの運動を行うのに十分な広さと高さがあるとはいえなかった。その上，体育室は賃貸されていて会員は使えない状態が続いていた。また，体育室には亜鈴や棍棒など数種類の器具しか整ってなく，さらに「体育事業」のための専任の指導者が不在であったため，活動らしい活動はほとんどされていなかった。

　体育事業に備えての指導者に関しては，デビスが，会館ができる以前（明治38年）より，北米スプリング・フィールドにある「国際YMCAトレーニング・スクール」に留学している大森兵蔵に長崎での主事就任を打診していた。1908（明治41）年3巻3号の日本YMCA機関紙『開拓者』には，「大森兵蔵氏，今回長崎市青年会幹事たることを承諾せられたり。同氏は米国スタンフォルド大学卒業後スプリング・フィールドに於て三年間学勉，今や欧州を経て帰国の途に在りとふ。四月上旬長崎に赴任の予定なり」[12]と，大森の長崎赴任に期待を寄せていた。デビスは，何とか大森が赴任するまでの期間を乗り切ることを考えていたが，大森が帰国して赴任したのは東京YMCAであった。

　これによって，長崎YMCAの体育事業は，本格的に事業を開始する直前に挫折してしまう結果となった。

4．事業の展開と「体育事業」のはじまり

（1）事業の展開

　1911（明治44）年4月，デビスにかわりG．E．トルーマンが主事として長崎に赴任した。トルーマンは，会館をより効率的に利用できるようにするため，会館の改修を行った。まず，会員相互の交流をしやすくするために1階にロビーを設け，会員たちとの懇談や指導するためのスペースとして2階の2室を社交室にあてた。そして，1912（明治45）年，長崎YMCAは事業充実のため事業組織を社交部，図書部（国内外の図書・新聞，雑誌の閲覧，貸出など），宗教部，教育部，体育部，遊戯部（ピンポン，球戯など数種類の設備を会員に提供），規定編纂

部（規定の編纂），資格調査部（入会希望者の資格審査），人事相談部（主事が維持会員や企業から求人を受けて，YMCA会員や夜学校の生徒に紹介）に分け，事業の充実を図った[13]。

1913（大正2）年，長崎YMCAは会館完成3年目を迎え会員の大募集を行った。会館完成後会員は一時期700名をこえるまでになっていたが，1年間に200名の退会者を生んでいた。これは増加する会員の要望に対して人的，施設面において事業内容が十分応えられない状況を生み出していることによった[14]。そのため，もっと広い会館で多様な活動を展開したいという思いを持つようになった。

（2）「体育事業」のはじまり

1911（明治44）年3月，体育部は柔道部を開設した。また，トルーマンは会員たちに室内ベースボールを紹介し，その普及に努めた。そして，今後の「体育事業」の在り方としてボート（端艇），ベースボール，テニスができる設備，屋内水泳場の構想を打ち出すなど積極的に「体育事業」に取り組んだ。

1914（大正3）年の体育部委員は，梶原八郎，西郷四郎，桜木亮三，瀧本豊之助，古賀千里の5人がなり，会員たちの指導にあたった[15]。

1）柔道・銃剣・剣道

1911（明治44）年4月，トルーマンは体育部内に柔道部を設置し，指導者には西郷四郎，差形謙一がなった。活動は，日曜日を除く毎日午後1時からとし，夕方5時から10時までを教練の時間とした[16]。

1911（明治44）年10月14日，柔道部は午後1時から第1回市内各学校選手柔道大会をYMCA会館講堂で開催した。参加校は，師範学校，市立商業学校，医学専門学校，東山学院，鎮西学院，武徳会長崎支部で各校から10名の選手が出場して行われた。結果は，各校同点となり同年12月7日にYMCA会館にて，前回参加できなかった高等商業，長崎中学を加えて8校で行われた。しかし，決勝に残った高等商業，市立商業，医学専門学校の3校による試合は，八百長発言などが飛び出し行われなかった[17]。

1912（明治45）年6月，柔道部は7条からなる「柔道部規則」を定めて部員

の心構えや入門などの規律を定めた[18]。1912（大正元）年11月には，毎夜練習を行うようになり，宇土虎雄が師範として毎週土曜日の夜に指導した[19]。

また，1913（大正2）年，体育部専任の指導者を任用し，指導を開始した。これは，トルーマン主事が理事会に提案し，その結果，銃剣道部の教師として野間辰郎（長崎師範学校及び市立商業学校の柔道師範）を招くことができた。野間は柔道を月曜日・水曜日，金曜日の3日間，撃剣を火曜日，木曜日，土曜日の3日間それぞれ午後6時から10時まで指導した。会員は体育部に備え付けの着衣や防具を無料で借りられた[20]。これによって，定期的な指導ができるようになった。

1913（大正2）年6月14日，体育部はYMCA旗争奪全市柔道大会をYMCA会館にて開催した。高商，医専，県立長崎中学など70名の選手が参加した。しかし，野間は同年末には退職し，体育専任の教師は再び不在となった[21]。

1914（大正3）年4月，不在となっていた野間の替わりに鎮西学院教師で理事であった梶原八郎が指導者となり撃剣部を開始した。練習は，毎週月曜日と木曜日の午後8時からとした[22]。

撃剣部は1915（大正4）年1月，木曜日の夜，師範学校教師の杉山豊治が指導にあたり，柔道部は長崎中学の教師小野亀太郎が月曜日の夜に活動した[23]。4月に杉山は千葉の中学に転任になり，永倉が後任についた。1916（大正5）年10月からは柔道の練習を毎週水曜日，剣道の練習を毎週火曜日にそれぞれ午後9時から行った[24]。

2）ピンポン

1912（明治45）年5月，高等商業，鎮西学院，東山学院，YMCA夜学校生徒たち39名による学生会が開かれ，トルーマンの指導で袋投げ，遍球之[25]，ピンポン，輪遊，弾玉，角力などを楽しんだ。6月1日には，午後7時半から10時まで，80余名が参加してピンポンやシャフルボード，袋投玉，輪投，囲碁将棋を楽しむ遊戯大会を開いた[26]。

1912（大正元年）年11月9日，ピンポン大会が会員と寄宿舎に住んでいる者，さらに実用英語学校生を対象に行われ[27]，1913（大正2）年1月25日には，実用英語学校の生徒18名でピンポン大会を開催した[28]。

ピンポンは遊戯としての扱いで，体育部の管轄ではなかったが，会館建築後より遊戯室にテーブルや手作りの台が置かれ会員たちが自由に使っていた。
　1915（大正4）年1月23日及び10月16日にそれぞれ会員及び英語夜学校生徒のピンポン大会を開催した[29]。1916（大正5）年10月28日にもピンポン競技会が行われ（詳細不明），トルーマン主事は自分で不要になった読書用の机を卓球台に作り替え2台とし，読書室を改修してピンポン室にするなど参加者の希望に沿えるようにした[30]。

3）登山・遠足会

　1912（明治45）年1月30日に「会員登山会」が催された。この登山会は，朝9時半に会館に集まり甑岩（田手原町）まで登って，田上を回って夕刻戻ってくるコースで行われた[31]。また，同年5月25日にはトルーマンと会員及び夜学校生徒（人数不明）と烽火山に行く「登山会」を行った。午後3時半から出発して夜7時に帰館した[32]。
　1914（大正3）年3月21日から22日には，会員でつくる温泉岳登山会（参加者9名）が雲仙岳に出かけた[33]。1915（大正4）年には，2月11日に田上方面に遠足に行き，同年3月30日には遠足会として耶馬渓へ行った。また同年9月24日は彦山，甑岩，飯香の浦，茂木潮見崎への登山を行った[34]。

4）バレーボール

　1912（明治45）年6月，長崎YMCAは当時米国において最も流行している斬新奇抜の遊戯として会員にバレーボールを紹介した[35]。そして，1912（大正元年）10月，バレーボール用のコートを寄宿舎と本館の間にある空き地にセメントを厚く塗り造成した。この時，工事費として倉場富三郎（英国人貿易商トーマスB.グラバーの長男），馬場卓一（長崎電灯会社）の両氏はそれぞれ30円ずつを寄付した[36]。

5）室内ベースボール

　室内ベースボールは，トルーマンが長崎YMCAに主事として赴任（1911年4月）した当初より指導していたが，次第に愛好者が増え1913（大正2）年秋頃

より定期的に毎週水曜日の夜に練習を行っていた。そして，1915（大正4）年10月15日の夜，第1回会員室内ベースボール大会を開催した（詳細不明）[37]。その後も，室内ベースボールは，水曜日の夜に定期的に練習していたが，1915（大正4）年5月，トルーマン主事が約1年間の予定で休暇をとりアメリカに帰国したため，指導者がいなくなり，1916（大正5）年5月下旬で活動を休止していた。1916（大正5）年9月にトルーマン主事が帰ってきたのを機に10月から再び開催され，練習日も週2回（月曜日と木曜日の午後9時から）に増えた[38]。しかし，トルーマンが離崎した頃より活動は次第に見られなくなった。

6）簡易ボーリング

1916（大正5）年10月，トルーマンと江口書記は，偶然に考案した競技として「新考案ボーリング」を行った。「ボーリングアレーの略式と説明すれば適当と思います」[39]との説明があり，金曜日の午後9時から行われた。

7）体育講演会

1914（大正3）年10月22日，F. H. ブラウンが渡鮮の際，長崎を訪れ体育に関する講演が催された。F. H. ブラウンは北米コネチカット州ニューブリテンYMCAの体育主事をしていたが，1913（大正2）年10月，日本YMCA同盟の体育主事として赴任した。ブラウンは1914（大正3）年より関西を中心として各地のYMCAに出向いてレクリエーションゲームなどを指導していった。来館者は150名で市内の教育者が数多く訪れた[40]。

（3）会館拡張計画

1916（大正5）年，トルーマンは隣接する土地208坪を買い施設を拡張させるために「長崎YMCA拡張計画並びに財政支援要望書」を北米YMCA同盟のモットのもとへ送った[41]。それは，会館が狭く，このことが会員を増やすにも事業を進展させるためにも妨げになっていたからであった。また，この機に拡張計画を推し進めた理由には，戦争による繁栄によって利益を上げている商人が多く，募金の好機であること，会館近くに市街電車の路線計画があり，土地が値上がりする前に買い取りたいということがあった。理事会は1916（大正5）

年10月10日，会館拡張のための地元募金の開始を決議した。目標額は翌年6月までに1万円（後に2万円）とした。一方で，北米YMCAに対し2万6500円の支援を依頼した。この時，12月5日付で「会館増築並びに敷地拡張資金募集趣意書」を作成した。ここで，当時YMCAは盛んになってきたスポーツ活動の中心的役割を果たすために不十分な施設の充実を図り，大連や京都青年会に設備されていたボーリングアレーやテニスコート，大弓場の設備の必要性を訴えた。また，運動後の汗の始末として浴場と脱衣場の設置の必要性を主張した[42]。

5．会館の改修と「体育事業」の展開

（1）会館の改修

1917（大正6）年6月13日，会館照明がガスから電気にかわり，講堂の天井から下がっていた重いガス用シャンデリアが取り除かれた。これによって，ボールゲームができるようになり，講堂を室内スポーツ施設として使うことが可能となった。集会がない日はベンチを片隅に積み上げ，1週間の内6日間，毎夜7時から10時まで40から50人が柔道，撃剣，室内ベースボール，バレーボールなどを行った[43]。

体育活動が盛んになると，長崎YMCAは，寄宿舎を紺屋町に移転して跡地を野外運動場にする計画を立てた。しかし，1920（大正9）年12月に市街電車路線が築町から馬町間に開通し，その影響でYMCAの増築計画は進展せず，用地買収もできなかった。この時期は屋内スポーツ施設のほかに会館と寄宿舎の間の空き地を使ってテニスやキャッチボール，バレーボールが行われていた[44]。

1918（大正7）年9月17日，トルーマンは長崎を発って日本YMCA同盟へ身分を移し，日本YMCAの軍隊慰問事業スタッフとしてシベリアに渡った。トルーマンに代わって同年10月7日，L．J．シェファーが嘱託名誉主事として長崎YMCAに赴任した[45]。

1919（大正8）年，体育部委員は，梶原八郎，内田彌六郎の2名となった。この頃，長崎YMCAの財政状況は深刻で月々200円余りの赤字を出しており，

これは事業の縮小，職員の減につながった[46]。1920（大正9）年，体育部も指導者がいなく休止状態が続いた。このような中で会館の改修に着手した。

改修の目玉は更衣室と浴室の新設であった。これは運動後の入浴はもちろん，会社や商店で仕事を終えた後にくつろぐ「共同浴場」であった。

1920（大正9）年6月，会員たちは会館横の空き地でバレーボールやテニスを楽しむことが多くなっていた。しかし，バレーボールが盛んなのは会館横の空き地が使える昼間だけで，夜間の使用はできなかった。そこで，夜間練習用の照明施設を設けることを決め，1922（大正11）年6月，募金を集め1カ月足らずで（6月20日頃）本館と元寄宿舎の間の空き地に14燭光の夜間照明とバスケットボールのボードが完成した[47]。

これによって，天候に左右されることなく夜でも使用できる室内スポーツ施設（講堂と兼用）と夜間照明のついた野外スポーツ施設が揃った。

（2）「体育事業」の展開

1917（大正6）年，この年の体育部委員は梶原八郎，武藤作次，小野亀太郎の3名であった[48]が，講堂が室内スポーツ施設と兼用になり充実した活動が望めるようになった。しかし，1920（大正9）年には指導者がいなくなり一時活動も休止状態であった。その後，1921（大正10）年に体育委員は木本竹治，梶原八郎など6名に増え[49]，夜間照明やバスケットボールのボード設置で再び活気づいた。

1）柔道・剣道

1917（大正6）年10月27日，柔道は，午後7時から，体育部主催により第2回中等学校柔道大会をYMCA会館で開催した。師範学校，長崎中学，鎮西，市立商業，YMCA柔道部が各々4～5名の選手を出して行われた[50]。しかし，1918（大正7）年2月に小野亀太郎師範が辞任し，松本孝一2段が次を継いだ。剣道の永倉も病気がちで7月には柔道部，剣道部とも指導者を欠き，精彩に欠いた。1917（大正6）年11月，柔道部は野間が毎週火曜日と木曜日の午後7時から指導し，剣道は財津勝一が毎週月曜日と金曜日の午後7時から指導を行った。しかし，1920（大正9）年には，指導者がいなくなった柔道，剣道の

活動は殆どみられなくなった[51]。

２）ピンポン

　ピンポンは，1921（大正10）年５月になって遊戯室のピンポン台を新調した。これを機にピンポン部が誕生した。練習も毎日正午から午後９時半までとした。同年６月４日～６日には市内の14チーム（鎮西学院，高商YMCA，医専YMCA，三菱工業学校，三菱造船所，三菱兵器政策所総務課，同設計課，長崎無盡会社，端島炭鉱，長崎県庁，浦陵倶楽部，十八銀行，九鉄長崎支店，市YMCA）でピンポン大会が開催された[52]。また，同年12月13日から16日まで，長崎卓球倶楽部の主催で全長崎卓球リーグ戦がYMCA会館と九州電灯を会場に行われた。これにはピンポン部と商業学校から各々８人が出場した[53]。1922（大正11）年11月11日にはピンポン大会が長崎実用商業，私立実用英語夜学校，長崎高等商業学校YMCA（学生YMCA）との間で行われた[54]。

３）登山・遠足

　1917（大正６）年３月21日，体育部はトルーマンの引率（数人の参加者）で日帰り登山会（田上を経て唐八景を超え，乙女岳に達するコース）を行った[55]。７月14日には夜間遠足が行われ，会館から南高来郡の小浜までの50kmを10時間かけて歩いた。さらに，11月３日から４日にかけて，１泊の予定で雲仙へ観楓登山を行った[56]。

　1918（大正７）年２月11日，体育部は岩屋山へ登山し[57]，次いで４月２～３日，昨年の夏に続いて第２回「徹夜徒歩旅行」（夜間遠足）を12名で行った。朝７時過ぎに大村まで行き，そこから約40km歩いて嬉野温泉に到着した[58]。

　1921（大正10）年２月11日には，長崎新聞社運動部と共同で「七高山登山会」を行った。140名余りが参加した。午前９時に桜町から金毘羅山に登り，七面山，烽火山，愛宕山などを回るコースで行われた[59]。同年３月26日には長崎新聞社後援で「多良嶽山」登山を行い，さらに同年５月14，15日には温泉（雲仙）嶽ツツジ探勝，７月17日には野母，樺島遠足を開催した[60]。

　1922（大正11）年４月２日から３日にかけて，阿蘇登山会を開催した。これを機にYMCA登山部を設立した。登山部はその目標を「運動の為め又崇高な

気分になり，天地の偉大さに接したいからである。先ず手近い長崎附近の山を踏破し次に九州一般をという位の所」[61]とした。1922（大正11）年5月13日から14日に登山部初の行事として雲仙にツツジ鑑賞登山を行った。1923（大正12）年2月17日には，YMCA登山旅行として宝満山（大宰府の東）に出かけ，また同年10月7日から9日にかけて，多良岳登山に行った。これには10名が参加した[62]。

4）バレーボール・バスケットボール

1917（大正6）年12月14日，アメリカの「ロシア鉄道奉仕部隊」隊員316名を乗せた船が長崎に入港した。鉄道奉仕部隊は，物資補給のためにほんの数日間寄港するつもりであったが，数か月に延び次年の8月中旬までとなった。この間，鉄道隊員たちのスポーツの場として会館は利用された。大講堂は室内スポーツ施設に模様替えし，毎日朝9時から夜10時まで自由に使用できるようにした。バレーボールコートが3面とれて，毎日数十人のアメリカ鉄道隊員たちがやってきて時々会員たちとバレーボールの対抗試合を行った[63]。1918（大正7）年7月には江口書記が寄宿生にバレーボールを指導し，1919（大正8）年2月24日には，寄宿舎の2階組と3階組で試合が行われるなど寄宿生の間にバレーボール熱が盛んになった。バレーボール部は，会館横のコートで週2回の練習で12～13人がいつも集まっていた[64]。

1921（大正10）年6月7日，午後3時から上海で行われた第5回極東オリンピック大会に出場した東京YMCAの選手たちが帰路の途中長崎に寄った。長崎YMCAは，東京YMCAの選手たちを招いて高等商業学校運動場で手ほどきを受けた。この頃の部員は30名を越えた[65]。

1922（大正11）年5月12日午後6時から改修された室内スポーツ施設で第1回バレーボール大会を開催した。参加チームは，YMCA実用商業学校（1921年7月認可）の1年生と2年生から5チーム，英語夜学校，市YMCA会員，高等商業学校YMCAからそれぞれ1チームで，実用商業学校2年チームが圧勝した[66]。6月24日の夜には，コート開きとして実用商業学校とYMCA体育部チームのバレーボール試合が行われ，また，6月29日にはYMCAチーム（筧光顕，江口芳英，木本竹治等）と外国人チーム［グレン・ブルナー（鎮西学院），F，N，

スコット（鎮西学院），オズワルド・ホワイト（英国領事館）等］との試合が室内スポーツ施設で行われた[67]。1922（大正11）年10月にはバレーボールを毎週火曜日，木曜日，土曜日の午後6時から行い，同じ火曜日，木曜日，土曜日の午後6時から野外スポーツ施設（夜間運動場）でバスケットボールを行った[68]。

1922（大正11）年11月3日，実用商業学校チームが，外国人チームを招きバレーボール，バスケットボールの対抗戦を行った。これを機に月一回定期に試合をする約束を交わした[69]。また，1923（大正12）年11月17日に実用商業の各クラスから20チームが参加してバスケットボールの第1回校内大会が行われた[70]。

5）体育講習会

1922（大正11）年12月4日から5日間，長崎市社会課の主催により「青年団体育講習会」が開催された。講師は，日本YMCA同盟体育部のF.H.ブラウン主事と西村正次主事であった。2人は，上海で行われた極東オリンピック大会の幹事会からの帰途長崎に立ち寄ったものであった。講習時間は午後1時から5時までで40余名が受講した。内容は理論としてフィロソフィー・オブ・プレー，組織と管理，陸上競技及び審判法，実技として陸上競技一般，団体運動，室内運動競技一般，その他であった。この講習会と同様のものがブラウンや西村を講師に「体育指導者講習会」として東京や名古屋，台湾で行われており，指導者を養成する試みでもあった[71]。

6．長崎YMCAの活動停止

1926（大正15），北米YMCA同盟からの支援は受けられないまま，会館の修繕は行われなかった。

1927（昭和2）年，世界金融恐慌で経済界が不況に陥ると，会員たちも自らの失職の為YMCAを次々と去り，また，英語夜学校や商業学校の入学者も激減し，財政はひっ迫していった。こうした中，北米YMCA同盟に1万円の借入を申請するも却下され，1928（昭和3）年には負債額が2万4000円になった。そしてもはや事業や募金など自力でこの負債が返済できる見通しは立たな

くなった。

　ついに,1930(昭和5)年11月をもって一時事業を停止し,閉館することになった[72]。その後,長崎公会堂として市民に活用させることを条件に古賀重太郎に土地建物を譲渡した。古賀はこれを長崎市に寄贈し,公会堂として開放した。長崎YMCAが再び会館を持つようになるのは戦後(1948年)のことである[73]。

おわりに

　長崎YMCAは,早くから独自の会館を有し法人化の認可も東京YMCAに次いで早かった。しかし,「体育事業」の開始当初は,指導者がおらず体育室も賃貸されほとんど活動らしい活動はしていなかった。「体育事業」が本格的に動き始めるのは,トルーマンが主事として赴任してきてからであった。トルーマンは,会員や英語夜学校の生徒たちに室内ベースボールを指導し,また体育部専任の指導者を配置した。さらに,テニスコートやボーリングアレーなどの体育施設設置を計画するなど「体育事業」に積極的に取り組んだ。

　1917(大正6)年6月,会館の照明がガスから電気に変わったのを受けて講堂のガス用シャンデリアが取り除かれた。これによって,講堂を室内スポーツ施設と兼用にして使用できるようになった。また1922(大正11)年6月,バレーボールやテニスを行っていた会館横の空き地にバスケットボールのボードと夜間照明が設置され,夜でも活動が行われるようになった。

　つまり,会館(体育室)の建設は,YMCAの実用英語学校の生徒たちに施設を定期的に利用する機会を与え,また他の学校の生徒たちにもスポーツをする場の提供に一役かっていた。さらに,夜間照明の設置や室内スポーツ施設でのスポーツ活動は,勤労者が夜や天候の悪い日でもスポーツができるということであり,スポーツをする機会を大幅に拡大させた。そして,会員たちにバレーボールやバスケットボールなどの種目を紹介したり,講習会を開催した。

　昭和の時代に入り,経済が不況に陥ると会員たちは失職のためYMCAを離れ,英語夜学校や実用商業学校の入学者も減り「体育事業」のみならず,長崎YMCAが開催する事業は停止し,会館は閉館した。しかし,明治末期から大正

期にかけて，長崎YMCAが行った「体育事業」は，トルーマンなど外国人指導者の手を借りながら，一般会員のみならず英語夜学校や実用商業学校たちの生徒たちを中心に行われていた。このように，長崎YMCAは生徒たちの就学中の活動のみならず卒業後における継続的なスポーツ活動を保障した。

［謝辞］
　本稿で使用した資料を収集するにあたり，長崎YMCA理事長　三矢泰彦氏に多大な協力をいただいた。記して感謝の意を表わします。

注
1）長崎YMCAの「体育事業」の実態を明らかにする手立てとして，長崎YMCAが発行した機関誌（『長崎青年会週報』/『長崎青年会報』/『長崎青年』）を活用した。『長崎青年会週報』は，1912（明治45）年5月に週刊として発行され，1914（大正3）年7月に『長崎青年会報』に改題し，1917（大正6）年1月より月刊として『長崎青年』に改題された。この機関誌は，論説，事業報告，プログラム紹介などが掲載されており，長崎YMCAの当時の活動を知る上で貴重な情報を与えてくれる。この中から，長崎YMCAにて閲覧できたものを活用した。また，長崎YMCAの活動や組織の概略を知る上で年史となる松本汎人，袋町「青年会館」と長崎YMCA―戦前60年の歩み―，長崎：長崎YMCA，2008，を参考にした。
2）奈良常五郎，日本YMCA史，東京：日本YMCA同盟，1959，100頁。
3）前掲書，112頁。
4）服部宏治，日本YMCAにおけるスポーツの普及と展開に関する研究，博士論文（広島大学大学院総合科学研究科），2010。
5）1920（大正9）年，長崎市の人口は約17万6500人で，日本では7番目に人口の多い都市であったが，6番目の横浜（約42万2900人）の半分にも満たなかった。
6）この節の記述は，奈良常五郎，日本YMCA史，東京：日本YMCA同盟，1959，及び長崎YMCA，長崎の市民と共に五十年―長崎YMCA略史―，長崎：長崎YMCA，1955に依拠した。
7）長崎YMCAは，1905（明治38）年8月23日の法人認可の日をもって長崎YMCAの設立日としている。しかし，1902（明治35）年2月28日，長崎YMCA設立総会が開かれ，規則の承認や役職の決定がされていること，また，1903（明治36）年7月22日に開催された日本市基督教青年会同盟総会にて長崎の代表（笹森卯一郎）が出席していることなどから1905（明治38）年にはすでに長崎YMCAは全国のYMCAに認められていた。
8）この節における記述は，主に松本汎人，袋町「青年会館」と長崎YMCA―戦前60年

のあゆみ―，長崎：長崎YMCA，2008，に依拠した．
9）松本汎人，袋町「青年会館」と長崎YMCA―戦前60年のあゆみ―，長崎：長崎YMCA，2008，2-3頁．
10）長崎基督教青年会　寄付行為は，第1条名称，第2条住所，第3条目的，第4条会員，第5条規則，第6条資産，第7条資産管理，第8条資産処分，第9条資産の維持管理，第10条費用，第11条理事，第12条任期，第13条理事指名，第14条理事選出，第15条理事選挙，第16条理事会開催，第17条事務所増設，廃止，第18条理事会開会，第19条決議，第20条名誉理事，第21条主事，第22条主事雇用，第23条欠員，第24条任期，第25条監事，第26条監事指名，第27条改正からなる．
11）この節における記述は，主に松本汎人，袋町「青年会館」と長崎YMCA―戦前60年のあゆみ―，長崎：長崎YMCA，2008，に依拠した．
12）日本基督教青年会同盟，開拓者，第3巻第3号，1908，71頁．
13）長崎基督教青年会，長崎青年会週報，1912年5月8日，2頁．
14）松本汎人，前掲書，205頁．
15）長崎基督教青年会，長崎青年会週報，1914年3月18日，1頁．
16）松本汎人，前掲書，159頁．
17）松本汎人，前掲書，181頁．
18）柔道部規則は，第1条（名称），第2条（部目的），第3条（教授法），第4条（心がまえ），第5条（礼儀），第6条（活動目的），第7条（入門申込）からなる．
19）長崎基督教青年会，長崎青年会週報，1912年11月20日，2頁．
20）長崎基督教青年会，長崎青年会週報，1913年3月5日，2頁．
21）松本汎人，前掲書，209頁．
22）長崎基督教青年会，長崎青年会週報，1914年3月18日，2頁．
23）長崎基督教青年会，長崎青年会報，1915年1月11日，2頁．
24）長崎基督教青年会，長崎青年会報，1916年10月15日，2頁．
25）遍球とは，ボーリングのこととされ，板張りの床に簡易のレーンを作りピンをたてて楽しんだものとして考えられている．（松本汎人，前掲書，p186）
26）長崎基督教青年会，長崎青年会週報，1912年6月5日，1頁．
27）長崎基督教青年会，長崎青年会週報，1912年11月20日，2頁．
28）長崎基督教青年会，長崎青年会週報，1913年2月5日，2頁．
29）松本汎人，前掲書，234頁．
30）松本汎人，前掲書，248頁．
31）松本汎人，前掲書，185頁．
32）長崎基督教青年会，長崎青年会週報，1912年5月29日，1頁．
33）長崎基督教青年会，長崎青年会週報，1914年3月25日，頁不明．
34）松本汎人，前掲書，239頁．
35）長崎基督教青年会，長崎青年会週報，1912年6月5日，2頁．

36）長崎基督教青年会，長崎青年会週報，1912年10月22日，頁不明。
37）松本汎人，前掲書，234頁。
38）長崎基督教青年会，長崎青年会報，1916年10月15日，2頁。
39）長崎基督教青年会，長崎青年会報，1916年10月15日，2頁。
40）長崎基督教青年会，長崎青年会報，1916年10月15日，2頁。
41）松本汎人，前掲書，252頁。
42）松本汎人，前掲書，253-254頁。
43）松本汎人，前掲書，264頁。
44）松本汎人，前掲書，312頁。
45）長崎基督教青年会，長崎の市民と共に五十年─長崎YMCA略史─，1955，3頁。
46）松本汎人，前掲書，293頁。
47）長崎基督教青年会，長崎青年，1922年6月15日，7頁。
48）長崎基督教青年会，長崎青年，1917年1月14日，2頁。
49）松本汎人，前掲書，321頁。
50）松本汎人，前掲書，265頁。
51）松本汎人，前掲書，312頁。
52）長崎基督教青年会，長崎青年，1921年6月15日，6頁。
53）松本汎人，前掲書，320頁。
54）長崎基督教青年会，長崎青年，1922年11月15日，7頁。
55）松本汎人，前掲書，263頁。
56）松本汎人，前掲書，264-265頁。
57）松本汎人，前掲書，282頁。
58）長崎基督教青年会，長崎青年，1918年4月13日，頁不明。
59）長崎基督教青年会，長崎青年，1921年2月15日，頁不明。
60）松本汎人，前掲書，320頁。
61）松本汎人，前掲書，335頁。
62）松本汎人，前掲書，335頁。
63）長崎基督教青年会，長崎青年，1918年1月29日，頁不明。
64）長崎基督教青年会，長崎青年，1919年1月30日，6頁。
65）長崎基督教青年会，長崎青年，1921年6月15日，6頁。
66）長崎基督教青年会，長崎青年，1922年5月15日，頁不明。
67）長崎基督教青年会，長崎青年，1922年7月15日，頁不明。
68）長崎基督教青年会，長崎青年，1922年10月15日，4頁。
69）長崎基督教青年会，長崎青年，1922年11月15日，6頁。
70）松本汎人，前掲書，367頁。
71）日本YMCA同盟のF．H．ブラウンと西村正次らは，1921（大正10）年10月，さらに1922（大正12）年4月～6月にそれぞれ東京で，また同年10月，11月にはそれぞれ

名古屋と台湾において同様の体育指導者講習会を開催している。この内容をみると「陸上競技及審判法」「陸上競技一般」「室内運動競技一般」とあり，長崎で行われた講習会も同様のものであったと推察される。

72) 奈良常五郎，前掲書，253頁。
73) 長崎基督教青年会，長崎の市民と共に五十年―長崎YMCA略史―，5頁。

活動フィルム「日本のテニス」(昭和8年)作製の経緯と歴史的考察

後 藤 光 将

はじめに

　昭和8 (1933) 年,日本庭球協会は,活動フィルム「日本のテニス」(以下,「フィルム」)を作製した。(財)日本テニス協会が所蔵する関連資料に「フィルム関係」というファイル(以下,「資料」)が存在する。「資料」は,「フィルム」作製に関する文書を集積したものである。そこには,手紙,電報,公文書の控えなどを中心に約100枚程度の文書がファイルされている。本研究は,「資料」を中心に「フィルム」作製の経緯を整理すること,および,その歴史的意義について考察をすることを目的とした。また,当時の事実関係を把握するために協会関係出版物[1]を補足的に利用した。

1. 活動フィルム「日本のテニス」について

(1) 日本庭球協会における「フィルム」作製の位置付け

　昭和5 (1930) 年2月に久保圭之助(以下,久保)が日本庭球協会主事に就任してから,日本庭球協会の組織体制は強化されていった。具体的には,昭和7年度からの社団法人への組織変更,昭和7 (1932) 年3月の協会事務所の移転[2]などが挙げられる。これらの実務作業を実行したのが久保であった。久保は,昭和7 (1932) 年3月の銀座への事務所移転を契機として,これまでの記録整理,保存のため,「協会史の刊行」,および「活動フィルムの作製」を企画した[3]。その後,『日本庭球協會十年史』は昭和7 (1932) 年12月に刊行さ

れ,「フィルム」は昭和 8（1933）年春に完成した。

また，日本庭球協会は，大正14（1925）年 7 月，米国庭球協会より庭球フィルムを購入して一般に公開[4]，昭和 3（1928）年 9 月20日，米国庭球協会より「高速度庭球フィルム六巻」を購入し，有楽町の朝日講堂[5]に於いて「テニス映畫の夕」として公開[6]，昭和 7（1932）年 9 月，1932年度ウィンブルドン大会実写フィルムを購入した[7]。活動フィルム作製の動機として，外国テニスフィルムの購入，上映実績も影響していたと思われる。

（2）「フィルム」の構成

昭和 8（1933）年春に作製された「フィルム」は，総時間数は約30分の無声映画であった。当初作製された35mmフィルムを元にして，平成15（2003）年に早稲田大学庭球部が創部100周年を記念してデジタル化，DVDメディアに複製して配布した。撮影場所に早大テニスコートが用いられたこと，早大庭球部OBが多く出演していることや撮影指揮を担当したのが安部民雄[8]などの関係もあって，早大庭球部100周年記念事業の一環としてフィルムのデジタル化が行われた。フィルムは,「第一巻　創始時代篇」,「第二巻　模倣と研究時代篇」,「第三巻　日本のテニス建設時代篇」の 3 部構成となっている。

「第一巻　創始時代篇」の内容は，初期の名選手熊谷一彌（いちや）（1890-1968），清水善造（1891-1977），柏尾誠一郎（1892-1962），原田武一（たけいち）（1899-1978），太田芳郎（1900-1994）の 5 名の紹介とテニス技術の実演であった。

「第二巻　模倣と研究時代篇」の内容は，福田雅之助（1897-1974），鳥羽貞三（ていぞう）（1901-2002），安部民雄（1902-1987），川地実（1908-1989），佐藤俵太郎（1904-2006），桑原孝夫（生没年未確認）の 6 名の紹介とテニス技術の実演であった。

「第三巻　日本のテニス建設時代篇」の内容は，関東女子庭球練習会の練習模様，当時早大学生で国際的な活躍を収めていた佐藤次郎の紹介と技術の実演，デヴィス・カップ戦（デ杯）出場選手（佐藤次郎，桑原孝夫）の歓迎試合（東京，名古屋，兵庫）の紹介であった。

表1　「第1巻　創始時代篇」の構成（9分47秒，主タイトル10秒含む）

登場人物等 (撮影場所) (m:s)	字　幕・内　容	経過時間 (m:s)
(00：10)	字幕「日本のテニス　一九三三年　日本庭球協會編纂」	00:00-00:10
(00：15)	字幕「第一巻　創始時代篇」	00:10-00:14
	字幕「日本の硬球は大正九年頃から漸次一般に採用され出しましたが全く幼稚なものでした」	00:14-00:25
熊谷一彌 (甲子園) (03：27)	字幕「日本最初のデ杯選手　熊谷一彌氏　九州大牟田の人　慶應出身　其のサーヴィスと猛球で鳴らした人」	00:25-00:35
	・コート上でラケットを持ち微笑む	00:35-00:40
	字幕「同氏のウェスターングリップ」	00:40-00:45
	・ラケットをウェスタングリップで握り身体前方，肩の高さで保持 ・フォアハンドストローク，バックハンドストローク2回ずつ素振りを行う	00:45-01:12
	字幕「フォアハンドのドライブ　フットウォークとスウィングに注意」	01:12-01:19
	・フォアハンドストロークの実演（通常速度2回，スローモーション2回）	01:19-01:58
	字幕「バックハンドストローク」	01:58-02:01
	・バックハンドストロークの実演（通常速度5回，スローモーション2回）	02:01-02:43
	字幕「ブレーキのあるアメリカンツウィストサーヴィス」	02:43-02:48
	・サーヴィスの実演（通常速度2回，スローモーション2回） ・フォアハンドヴォレーの実演（通常速度2回） ・バックハンドヴォレーの実演（通常速度5回）	02:48-03:41
(00：07)	字幕「熊谷，清水両選手の帰朝は先づ日本のテニスの暁鐘となりました」	03:41-03:48
清水善造 (甲子園) (01：25)	字幕「昔チルデンを脅かし名声をあげた　清水善造氏　群馬縣の人　東京高商出身」	03:48-03:57
	・コート上でラケットを持ち微笑む	03:57-04:02
	字幕「独特のグリップによるフォアハンドストローク」	04:02-04:07
	・ラケットをウェスタングリップで握る ・フォアハンドストロークの素振りを1回行う ・フォアハンドストロークの実演（通常速度2回，スローモーション1回）	04:07-04:38
	字幕「バックハンドストローク」	04:38-04:42
	・バックハンドストロークの実演（スローモーション1回）	04:42-05:00

	字幕「リバースサーヴィス」	05:00-05:03
	・リバースサーヴィスの実演（通常速度2回） ・バックハンドヴォレーの実演（通常速度2回）	05:03-05:13
柏尾誠一郎 （早大） （00：55）	字幕「柏尾誠一郎氏　大阪の人　東京高商出身　清水熊谷両氏を助けて後顧の憂ひをなからしめた」	05:13-05:20
	・コート上でラケットを持ち微笑む ・サーヴィス実演（通常速度1回） ・フォアハンドストローク実演（通常速度3回） ・バックハンドストローク実演（通常速度2回） ・フォアハンドハーフヴォレー実演（通常速度1回） ・フォアハンドヴォレー実演（通常速度4回）	05:20-06:08
原田武一 （甲子園） （01：56）	字幕「デ杯戦に於て最も活躍した　原田武一氏　岡山の人　慶應大学出身　ラコストやコーシェを破って世界的の大選手となった」	06:08-06:21
	・コート上でラケットとボール2球を持ち微笑む	06:21-06:28
	字幕「原田氏のウェスターングリップ」	06:28-06:32
	・ラケットをウェスタングリップで握る ・フォアハンドストロークの素振りを1回行う	06:32-06:47
	字幕「サーヴィス」	06:47-06:50
	・サーヴィス実演（通常速度2回）	06:50-06:59
	字幕「得意のフォアハンドストローク」	06:59-07:02
	・フォアハンドストローク実演（通常速度3回，スローモーション1回）	07:02-07:30
	字幕「バックハンド　グリップを少し変へてゐるのに注意」	07:30-07:36
	・バックハンドストローク実演（通常速度3回，スローモーション1回）	07:36-08:04
太田芳郎 （場所不明） （01：43）	字幕「英国を風靡して有名になった　太田芳郎氏　柏崎の人　東京高師出身　剛腹果敢のプレー振りとフォアハンドの強猛を謳はれてゐます」	08:04-08:18
	・コート上で微笑む	08:18-08:25
	字幕「太田氏のグリップ　フォアもバックもグリップを変へてゐません」	08:25-08:33
	・ラケットをウェスタングリップで握る ・フォアハンドストローク実演（スローモーション2回） ・バックハンドストローク実演（通常速度1回，スローモーション1回）	08:33-09:47

表2 「第2巻 模倣と研究時代篇」の構成（5分42秒）

登場人物等 （撮影場所） (m:s)	字　幕・内　容	経過時間 (m:s)
(00：04)	字幕「第二巻　模倣と研究時代篇」	09:47-09:51
福田雅之助 （早大） (01：38)	字幕「始めてイースタングリップを提唱した福田雅之助氏　東京の人　早大出身」	09:51-10:00
	・コート上でラケットを持ち微笑む	10:00-10:07
	字幕「福田氏はイースタングリップの特徴を痛感して今迄の強いテニスを捨てフォームを変へました」	10:07-10:17
	・ラケットをイースタングリップで握る ・フォアハンドストローク，バックハンドストロークの実演（通常速度交互に各2球）	10:17-10:47
	字幕「サーヴィス」	10:47-10:50
	・サーヴィス実演（スローモーション，前方と右方からの撮影各1回ずつ）	10:50-11:29
(00：15)	「日本のテニスはキンゼー兄弟スノッドグラスリチャーヅ等のアメリカテニスの先づ模倣に始まりました」	11:29-11:44
鳥羽貞三 （早大） (00：27)	字幕「鳥羽貞三氏　京都の人　神戸高商出身」	11:44-11:50
	・コート上でラケットとボール1球を持ち微笑む ・フォアハンドストローク実演（通常速度2回） ・フォアハンドストローク実演（通常速度1回） ・フォアハンドヴォレー実演（通常速度2回）	11:50-12:11
(00：14)	字幕「デヴィスカップが大西洋を東へフランスに奪還されてからの日本は欧州テニスの研究に変りました」	12:11-12:25
安部民雄 （早大） (00：55)	字幕「安部民雄氏　東京の人　早大出身」	12:25-12:28
	・コート上でラケットとボール3球を持ち微笑む	12:28-12:34
	字幕「サーヴィス」	12:34-12:37
	・サーヴィス実演（通常速度2回）	12:37-12:42
	字幕「バックハンドストローク」	12:42-12:45
	・バックハンドストローク実演（スローモーション1回） ・バックハンドヴォレー実演（スローモーション1回） ・試合場面（観客席に観客多数）	12:45-13:30
川地実 （早大） (00：40)	字幕「川地実氏　東京の人　早大出身　軽快なネットプレーヤーとして有名です」	13:30-13:37
	・コート上でラケットを持ち微笑む	13:37-13:45
	字幕「得意のスマッシュとネットプレー」	13:45-13:52
	・スマッシュ実演（スローモーション1回）	13:52-14:10

佐藤俵太郎 (早大) (00:29)	字幕「一九三一年のデ杯選手　佐藤俵太郎氏　三重縣の人　関西学院出身　オールラウンドのプレーヤー」	14:10-14:19
	・コート上でラケットとボール1球を持ち微笑む ・フォアハンドストローク実演（通常速度2回） ・フォアハンドヴォレー実演（通常速度2回） ・スマッシュ実演（通常速度2回）	14:19-14:39
桑原孝夫 (早大) (00:40)	字幕「一九三二年のデ杯選手　桑原孝夫氏　鳥取の人　神戸高商出身　スライス性のフォアハンドを得意とする」	14:39-14:51
	・コート上でラケットとボール1球を持ち微笑む ・フォアハンドヴォレー実演（通常速度1回） ・サーヴィス実演（通常速度1回） ・サーヴィスからの展開（通常速度，サーヴィス－フォアハンドストローク－バックハンドストローク－フォアハンドストローク）	14:51-15:19
(00:10)	字幕「完」	15:19-15:29

表3　「第3巻　日本のテニス建設時代篇」の構成　(14分01秒)

登場人物等 (撮影場所) (m:s)	字　幕・内　容	経過時間 (m:s)
(00:15)	字幕「第三巻　日本のテニス建設時代篇」	15:29-15:34
関東女子 練習会 (お茶の水) (02:33)	字幕「関東女子練習會は，テニスへの眞の理解テニスの面白さを紹介するために企てられたもので非常な成功を収めてゐます」	15:34-15:50
	・安部民雄が女子選手5名にフォアハンドストロークのフォーム指導を行う場面 ・佐藤俵太郎指導のもと，女子選手2名が壁打ちでフォアハンドストロークの練習をする場面 ・福田雅之助が女子選手2名にネット越しに球出しをしてストローク練習を行う場面 ・佐藤俵太郎が女子選手とストロークを打ち合う場面 ・女子選手2名がヴォレー練習をする場面 ・ダブルスゲームを行う場面 ・コート上での参加者集合場面（女性32名，男性15名，計47名）	15:50-18:07
佐藤次郎 (場所不明) (02:29)	字幕「佐藤次郎氏　群馬縣の人　早大在学中　硬球らしいプレーヤーが始めて生れました彼の特長は岩のやうな身体から繰出すフォアの強猛とストロークの正確さであります」	18:07-18:24
	・コート上でラケットを持ち微笑む ・ラケットをイースタングリップで握る ・試合場面（フォアハンドストローク） ・フォアハンドストローク実演（スローモーション1回） ・試合場面（サーヴィス－バックハンドストローク）	18:24-19:31

182　活動フィルム「日本のテニス」（昭和8年）作製の経緯と歴史的考察

	字幕「バックハンドストローク」		19:31-19:34
	・バックハンドストローク実演（スローモーション１回）		19:34-19:58
	字幕「フォアヴォレー」		19:58-20:01
	・バックハンドヴォレー実演（スローモーション２回）		20:01-20:36
デ杯選手歓迎試合茶話会（早大）（02：10）	字幕「佐藤・桑原両デ杯選手歓迎試合と同茶話會　昭和七年十月二十二日　早大コート・大隈会館に於て」		20:36-20:48
	・コート上での参加者集合場面（協会役員５名，選手５名，計10名） ・試合場面（観客席に観客多数） ・茶話会場面（大隈会館前で野外パーティー）		20:48-22:46
デ杯選手歓迎トライアルマッチ（名古屋）（00：30）	字幕「名古屋に於けるデ杯選手歓迎トライアルマッチ」		22:46-22:50
	・コート上での参加者集合場面（協会役員３名，選手８名，計11名）		22:50-23:16
関西支部デ杯選手歓迎試合（甲子園）（01：17）	字幕「関西支部デ杯選手歓迎試合　於甲子園コート」		23:16-23:23
	・コート上での参加者集合場面（協会役員７名，選手５名，計12名） ・試合場面（シングルス佐藤－桑原）		23:33-24:33
全日本選手権単決勝布井－佐藤複決勝佐藤・川地－西村・村上（早大）（04：47）	字幕「全日本選手権大会始まる　シングルス布井－佐藤の決勝　ダブルス佐藤川地－西村村上の決勝」		24:33-24:45
	・布井，佐藤試合前のトスアップの場面		24:45-25:08
	字幕「布井良助氏　大阪の人　神戸商大在学　ネットプレーを得意とし変化の早いプレーヤー」		25:08-25:17
	・単決勝試合場面（布井－佐藤） ・複決勝試合場面（佐藤川地－西村村上） ・表彰式（優勝カップ贈呈，単優勝布井，複優勝佐藤川地）		25:17-29:20
（00：10）	字幕「完」		29:20-29:30

2．「資料」について

　「資料」は，メモ書きから公文書に至るまで約100枚が紐綴じされたものである。内容別には，計画書，手紙，メモ，電報，請求書に分けられ，計54の文書が存在する。

表4 「資料」内容一覧

No.	種別	年月日	発信者・著者	受信者
1	計画書	［不明］	日本庭球協会	［不明］
2	手紙	［不明］	松浦竹松（南海電鉄）	久保圭之助
3	手紙	［不明］	高松定一（名古屋）	久保圭之助
4	メモ（国際電報下書き）	［不明］	日本庭球協会	宮口俊二郎（ロンドン）
5	手紙	1932/8/13	久保圭之助	松浦竹松（南海電鉄）
6	手紙	1932/8/17	［不明］	久保圭之助
7	手紙	1932/8/18	久保圭之助	高松定一（名古屋）
8	手紙	1932/8/18	久保圭之助	安部民雄
9	手紙	1932/8/19	久保圭之助	宮本孫太郎
10	電報（国際）	1932/8/19	日本庭球協会	宮口俊二郎（ロンドン）
11	手紙	1932/8/20	久保圭之助	片岡時弥
12	手紙	1932/8/20	久保圭之助	若生大四郎（関西支部）
13	手紙	1932/8/20	久保圭之助	関西支部
14	手紙	1932/8/20	日本庭球協会	各支部
15	電報（国際）	1932/8/22	日本庭球協会	宮口俊二郎（ロンドン）
16	手紙	1932/8/24	久保圭之助	宮口俊二郎（ロンドン）
17	手紙	1932/8/24	宮口俊二郎（ロンドン）	日本庭球協会
18	手紙	1932/8/25	久保圭之助	鈴木吉郎
19	手紙	1932/8/27	久保圭之助	佐藤正成
20	手紙	1932/9/12	久保圭之助	田代善助
21	手紙	1932/9/13	久保圭之助	松浦竹松・井上常之（南海電鉄）
22	手紙	1932/9/13	久保圭之助	片岡時弥
23	手紙	1932/9/13	久保圭之助	森勝礼
24	手紙	1932/9/13	日本庭球協会	極東ダンロップ護謨
25	電報（国際）	1932/9/14	日本庭球協会	宮口俊二郎（ロンドン）
26	手紙	1932/9/14	日本庭球協会	スラゼンジャー社（ロンドン）
27	手紙	1932/9/15	久保圭之助	井上七十郎（阪急甲子園）
28	手紙	1932/9/16	久保圭之助	若生大四郎（関西支部）
29	手紙	1932/9/16	宮口俊二郎（ロンドン）	スラゼンジャー社（ロンドン）
30	手紙	1932/9/19	スラゼンジャー社（ロンドン）	宮口俊二郎（ロンドン）
31	手紙	1932/9/19	大沢商会大阪支店	久保圭之助
32	電報（国際）	1932/9/20	宮口俊二郎（ロンドン）	日本庭球協会

No.	種別	年月日	発信者・著者	受信者
33	手紙	1932/ 9/22	青木静三（極東ダンロップ）	久保圭之助
34	手紙	1932/ 9/24	久保圭之助	青木静三（極東ダンロップ）
35	手紙	1932/10/ 5	久保圭之助	宮本孫太郎
36	手紙	1932/10/ 5	久保圭之助	田岸（三田土）
37	手紙	1932/10/13	宮口俊二郎（ロンドン）	日本庭球協会
38	手紙	1932/10/13	宮口俊二郎（ロンドン）	スラゼンジャー社（ロンドン）
39	手紙	1932/10/14	日本庭球協会	服部倫一（関西支部長）
40	手紙	1932/10/14	日本庭球協会	阪神電鉄株式会社
41	手紙	1932/10/14	日本庭球協会	南海電鉄株式会社
42	手紙	1932/10/15	スラゼンジャー社	台湾銀行ロンドン支店
43	手紙	1932/10/30	久保圭之助	服部倫一（関西支部長）
44	手紙	1932/11/ 6	久保圭之助	石井順一
45	電報	1932/11/ 7	若生大四郎（関西支部）	日本庭球協会
46	手紙	1932/12/ 8	久保圭之助	佐藤正成
47	手紙	1932/12/10	佐藤正成	久保圭之助
48	手紙	1932/12/20	久保圭之助	佐藤正成
49	電報	1932/12/23	服部倫一（関西支部長）	久保圭之助
50	手紙	1932/12/27	久保圭之助	佐藤正成
51	電報	1932/12/28	不明	久保圭之助
52	手紙	1933/ 1/18	久保圭之助	佐藤正成
53	手紙	1933/ 6/26	久保圭之助	イシイカジマヤ加藤一二
54	請求書	1933/ 6/26	日本庭球協会	イシイカジマヤ御主人

3．当初の計画について

（1）作製開始時期

　昭和 7（1932）年 8 月 2 日，日本庭球協会理事会において，「活動フィルム撮影の件」が議決承認された[9]。「資料」に綴じられている文書は，同年 8 月 13 日付けのものが一番古いことからも，活動フィルムの作製は，同年 8 月から本格的に開始されたものと思われる。

　「資料」内にある「庭球活動フィルム撮影に關する計劃書」[10]は，作製時期は明記されていないが，8 月 2 日の理事会で議決承認された内容であると思わ

れる。各種の後援，寄附依頼の際に，関係各所に配布された文書であったと考えられる。

（2）作製の目的

　計画書によれば，硬球の全国普及，記録，初心者への技術紹介のため，デ杯選手，及び試合の活動写真を撮影することを目的として，その内容は，1）デ杯選手熊谷，清水，原田等のフォーム，技術の高速度分解写真の撮影，2）内地，在外の現役日本人選手の実写，3）硬球初心者に対するコーチ図解の3つに分けられ，3巻立てのトーキー版とすることとされた。なお，各支部，及び希望者への配布用として複写フィルムの作製も予定された。

（3）撮影場所・大会名

　関東（大森，早大），関西（甲子園，浜寺），東海（名古屋ローンテニスクラブ）の主要なテニスコートにおいて，デ杯選手歓迎試合，全日本的トーナメント挙行の際に撮影することが予定された。その他，関東女子練習会，軟球と硬球の一場面，外国における日本選手の活躍場面も撮影することが予定された。

（4）「コーチ篇」の内容計画

　3部構成の3つ目の「コーチ篇」の内容は，軟球より硬球へ転向するプレーヤー，初歩のプレーヤーに対する心得，各種ボールの紹介，グリップ，スウィング，フットワーク，タイミンググラウンドストローク（フォアとバック），サーヴィス，ヴォレー，ハーフヴォレー，ローヴォレー，スマッシュ，ロップ，パスの仕方，女子のテニス等が予定された。

（5）収支予算計画

　主な財源としては，フィルム内に広告を挿入して，その広告料を充当することとされた。

　収入予算は，内外テニスボール会社・テニスコート運営会社広告料，および寄付金を集めることとして，合計で2,200円が見込まれた。支出予算は，フィルム製作料，トーキー吹き込み料，雑費，交通費など合計で2,200円が見込ま

れた。

表5　予算内訳

項　　目	金　額
（収入予算）	
国産ボールの広告料（三田土，丸菱，富士，三社各100円）	300円
コート紹介料（阪神電車甲子園コート，南海電車浜寺コート）	500円
ダンロップボールの広告料	500円
スラゼンヂャーボールの広告料	500円
有志の寄付金	200円
準国産ボール「セントゼームス」広告料	200円
合　計	2,200円
（支出予算）	
活動フィルム製作料・トーキー吹込料	2,000円
雑費	100円
交通費	100円
合　計	2,200円

4．主な関係人物

　第一に挙げられる主な関係人物は，日本庭球協会主事の久保である。久保は協会本部の各種連絡等の事務を担い，日本庭球協会の関西支部・東海支部関係者，協賛会社，撮影会社，英国企業との仲介役となった宮口俊二郎（台湾銀行ロンドン支店勤務）等と様々な連絡を取り合っていた。主な関係人物，関係企業は表6，7の通りである。

表6　主な関係人物一覧

氏　名	昭和7年当時の身分・役職
久保　圭之助	日本庭球協会主事
髙松　定一	名古屋ローンテニス倶楽部会長・日本庭球協会本部理事・東海支部長

松　浦　竹　松	南海電鉄株式会社社員・日本庭球協会関西支部審判部委員 元テニス選手，昭和2（1927）年第8回極東オリンピック大会出場，後に 南海ホークス球団社長	
宮　口　俊二郎	台湾銀行ロンドン支店行員	
安　部　民　雄	日本庭球協会本部専務理事・関東支部幹事	
宮　本　孫太郎	桑澤ゴム工業所社員	
片　岡　時　弥	株式会社大沢商会（ダンロップボール日本販売総代理店）社員	
鈴　木　吉　郎	三田土ゴム製造株式会社社員	
佐　藤　正　成	新興シネマ商会（名古屋）社員	
田　代　善　助	山田ラケット製作所社員	
井　上　常　之	南海鉄道株式会社社員	
森　　　勝　礼	日本庭球協会本部理事・関東支部幹事	
井　上　七十郎	阪神電気鉄道株式会社社員	
若　生　大四郎	日本庭球協会関西支部評議員	
青　木　静　三	極東ダンロップ護謨株式会社（神戸）社員	
服　部　倫　一	日本庭球協会本部理事・関西支部長	
石　井　順　一	イシイカジマヤ商店主人	

表7　主な関連企業一覧

企　業　名	関　　　　連
新興キネマ株式会社	フィルムの撮影
東京シネマ商会	フィルムの撮影
阪神電気鉄道株式会社	甲子園テニスコートの使用・宣伝
南海鉄道株式会社	浜寺テニスコートの使用・宣伝
株式会社大沢商会	ダンロップボール日本販売総代理店のため同社ボールの提供・宣伝
スラゼンジャー社	英国テニスメーカーのため同社ボールの提供・宣伝
ダンロップ社	英国テニスボールメーカーのため同社ボールの提供・宣伝
台湾銀行ロンドン支店	スラゼンジャー社・ダンロップ社との連絡仲介
極東ダンロップゴム株式会社	ダンロップ社日本法人（神戸）
三田土ゴム製造株式会社	三田土硬球の提供・宣伝
桑澤ゴム工業所	丸菱ボールの提供・宣伝
谷口勝季製造所	富士ボールの提供・宣伝
イシイカジマヤ商店	国産ラケットの提供・宣伝
フタバヤラケット製作所	国産ラケットの提供・宣伝

企　業　名	関　　　　連
山田ラケット製作所	国産ラケットの提供・宣伝
福岡ガット研究所	国産セミシープガットの提供・宣伝

5．「フィルム」作製の経緯

（1）「資料」から見る作製の経緯

1）1932（昭和7）年8月2日　「フィルム作製の件」理事会承認

　1932（昭和7）年8月2日の日本庭球協会理事会の前に計画書（資料No.1）が作製され，同理事会にて承認されたことにより，本格的な作製作業に入った。

2）8月13日　久保から松浦竹松（南海鉄道）への手紙（資料No.5）

　関西支部から正式な広告依頼をする前に，協会本部は南海鉄道に対して500円の広告料負担の事前打診をした。協会は，阪神電鉄に対しても同額の負担を依頼するとのことであった。その他には，コートでの撮影の他に，梅田，難波駅から選手が出発する風景を撮影することによって，両鉄道会社の広告効果を増加させることにも言及された。

3）8月18日　久保から髙松定一（日本庭球協会東海支部長）への手紙（資料No.7）

　協会は，当時の東海テニス界の中心人物である髙松個人に対して100円の寄附を依頼し，当面の名古屋での撮影計画案を示した。まずは500円の範囲内で撮影していくこと，名古屋ローンテニスクラブにおいて今秋開催される山階宮杯トーナメント・デ杯予選トライアルマッチでの撮影希望，名古屋市にも寄附を依頼した。また，8月17日に元デ杯選手の太田芳郎が東京へ帰京した際[11]，フォアハンドストロークの高速度撮影と通常撮影を試験的に撮影した[12]。

4）8月20日　久保から片岡時弥（大沢商会）への手紙（資料No.11）

　協会は，準国産ボールとしてセントゼームスボールの広告料として300円の負担を大沢商会に依頼した。また，協会は，ロンドンのダンロップ本社から

1,000円の寄附を依頼中であり，その他にもスラゼンジャーなど外国ボールの広告も入れる予定であるが，気に入らなければ柔軟に対応する用意があった。複数の同業社から広告料を期待したため，慎重な対応で臨んでいた。

5）8月20日　久保から若生大四郎（関西支部）への手紙（資料No.12）

安部民雄理事より私信として南海，阪神両社へ500円宛の広告料負担依頼が送られたことが，協会本部より関西支部へ伝えられた。また，大沢商会に対して同封の計画書（予算書）は見せない様に伝えられた。

セントゼームスボール（準国産ボール）に対しては，国産メーカーの3倍の300円の負担を依頼した。協会は，活動フィルム作製にあたって財政的に見切り発車的に始められ，出来る限り多くの金額を集めるために苦慮していた一面が窺える。

6）8月20日　久保から関西支部（資料No.13），および各支部への手紙（No.14）

関西支部での撮影（甲子園，浜寺）が重点的になること，阪神電鉄，南海鉄道，大沢商会など多額の広告料を見込める会社が存在する地域のため，関西支部とその他の支部では文面が異なった。各支部在住選手の出演打診，阪神電鉄，南海鉄道からは最高額の広告料の獲得，撮影会社は新興キネマ株式会社が主に担当することとなった。完成フィルムは各支部の宣伝に用いて収入が見込めることの理由から，有志よりの寄付金集めが依頼された。

7）8月22日　日本庭球協会（久保）より宮口俊二郎（台湾銀行ロンドン支店）
　　　　　　への国際電報（資料No.15），および手紙（資料No.16）

当初の想定以上に費用が掛かる恐れがあるという理由で，協会より宮口へスラゼンジャー，ダンロップの両社に対して100ポンド宛の広告料の負担交渉を依頼した。別便の手紙（資料No.16）でも同じ様な内容が記されていた。

8）8月24日　宮口俊二郎から久保への手紙（資料No.17）

宮口は，久保の要求通りの交渉は難しい旨の返事をした。スラゼンジャー社は，ボールメーカーとして唯一の広告主ならば100ポンド支払うが，他に同業

社がいれば減額するとのことであった。この時点で両英国企業からの100ポンド宛の広告料を得ることは困難となった。

9) 8月25日　久保から鈴木吉郎（三田土ゴム）への手紙（資料No.18）
　久保は，三田土ゴムに広告料負担を依頼した。計画書予算では，国産ボールメーカー各社の広告料は100円であったが，本状では，200円の負担，あるいは100円の負担と20ダースのボールの提供を依頼した。

10) 8月27日　久保から佐藤正成（新興シネマ）への手紙（資料No.19）
　久保は新興シネマに対して，9月3日より始まる全米選手権大会に参加する日本人選手（佐藤次郎，桑原孝夫），ニューヨーク在住の元デ杯選手岡本忠を撮影するための便宜が図れるかを問い合わせた。

11) 9月12日　久保から田代善助（山田ラケット製作所）への手紙（資料No.20）
　久保は，山田ラケット製作所に対して広告料負担を依頼した。また，全てのボールメーカーからの承諾，および福岡セミシープ製造所（福岡ガット研究所）からも概ね承諾を受けている旨が記されていた。

12) 9月13日　久保から松浦竹松・井上常之（南海鉄道）への手紙（資料No.21）
　久保は，南海鉄道への広告料負担を念押しした。この時点において南海鉄道より，広告料負担の承諾が得られていなかった。また，大阪での撮影時期として，昨年秋から開催されはじめた東西学生対抗戦が今年は大阪で開催されるため，その時期に合わせて，浜寺コートの国際コート（センターコート）を利用したい旨の依頼をした。

13) 9月13日　日本庭球協会（久保）から極東ダンロップゴム株式会社への手紙（資料No.24）
　宮口俊二郎がダンロップ本社（ロンドン）と交渉した結果，協会は極東ダンロップゴム株式会社（神戸）と直接交渉する様にとの返答があった。そのため，協会は，同社に100ポンドの広告料負担を依頼した。

14) 9月14日　日本庭球協会（久保）より宮口俊二郎への国際電報（資料No.25）
　8月24日付の宮口からの手紙（資料No.17）への返信として，協会の立場としては，国産メーカーを広告から除外することは困難であること，および劣等な国産メーカーボールと競合はしないことからスラゼンジャー社は外国メーカーとして唯一の広告主としたい旨が伝えられた。

15) 9月14日　日本庭球協会（久保）からスラゼンジャー社への手紙（資料No.26）
　宮口への国際電報（資料No.25）と同日に，協会は，スラゼンジャー社宛の手紙を宮口に送った。「国産ボールメーカー三社とダンロップ社の広告が入るかもしれない。本フィルムの性質上，協会としては一社のみを広告主とすることはできない。これらの考えを理解して，75ポンドを一括払いで支払う」ことを依頼した。

16) 9月15日　久保から井上七十郎（阪神電鉄）への手紙（資料No.27）
　9月13日付の南海鉄道への手紙（資料No.21）の内容と同様に，久保は，阪神電鉄への広告料負担の件を念押した。この時点では，阪神電鉄からの広告料負担は未承諾であった。

17) 9月16日　久保から若生大四郎（関西支部）への手紙（資料No.28）
　久保は関西支部の若生に対して，阪神電鉄，南海鉄道両社からの広告料の交渉依頼，および東西対抗戦の後に甲子園にて清水，熊谷両氏の撮影をすること，国産ボール会社の広告料収入は予定通り見込めることを伝えた。

18) 9月16日　宮口からスラゼンジャー社への手紙（資料No.29）
　9月14日に協会から宮口へ送った国際電報（資料No.25）の内容を踏まえて，宮口は，日本庭球協会の意向を同社へ伝えた。国産メーカーの広告が入っても実質的には外国メーカーとしてはスラゼンジャー社が唯一の広告主となるため，これまでと同様に100ポンドの広告料を依頼した。

19）9月19日　スラゼンジャー社から宮口への手紙（資料No.30）
　スラゼンジャー社は宮口へ，唯一の外国テニスメーカーとして，広告料100ポンドを支払うことを伝えた。

20）9月20日　宮口から日本庭球協会への国際電報（資料No.32）
　宮口は，スラゼンジャー社の100ポンドの広告料承諾の件を協会へ伝えた。

21）9月22日　青木静三（極東ダンロップゴム株式会社）から久保への手紙（資料No.33）
　極東ダンロップゴムの青木は，9月13日付の協会からの手紙（資料No.24）に対する返信として，フィルム中へのダンロップボールの広告料として1,000円の負担を承諾することを伝えた。
　しかし，すでにスラゼンジャー社との契約上，外国メーカーの広告を挿入することはできないこと，およびスラゼンジャー社からの広告料100ポンドは当時の為替相場において日本円にして約1,252円となり[13]，極東ダンロップゴムからの1,000円の広告料寄贈の申し入れは断るより他なかった。

22）9月24日　久保から青木静三（極東ダンロップゴム株式会社）への手紙（資料No.34）
　久保は，スラゼンジャー社との契約の関係から，極東ダンロップゴムからの1,000円の広告料負担の申し入れを断った。

23）10月5日　久保から宮本孫太郎（桑澤ゴム工業所）（資料No.35），および田岸（三田土ゴム製造株式会社支配人）（資料No.36）
　久保は，丸菱ボール，および三田土硬球の広告料として，両製造会社に前金での支払いを依頼した。

24）10月13日　宮口から日本庭球協会への手紙（資料No.37）
　宮口は協会へ，スラゼンジャー社からの100ポンドの支払いが台湾銀行を通して本日（10月13日）完了したとの報告があり，スラゼンジャー社へ正式な領

収書の送付を依頼した。

25) 10月13日　宮口からスラゼンジャー社への手紙（資料No.38）
　宮口は，広告料を支払ってくれたスラゼンジャー社に対して礼状を送った。

26) 10月14日　日本庭球協会会長から服部倫一（関西支部長）への手紙（資料No.37）
　協会は関西支部長の服部へ，阪神電鉄・南海鉄道との広告料の直接交渉のため，久保を大阪に向かわせたことを伝えた。この手紙には，両社重役宛ての御願状（資料No.40, No.41）が同封された。10月16, 17日（土，日）は，大阪の浜寺コートにおいて東西学生対抗庭球大会が開催されることから，久保は，同大会に合わせて大阪へ向かったのであった。

27) 10月30日　久保から服部倫一（関西支部長）への手紙（資料No.43）
　久保は関西支部長の服部へ，阪神電鉄，南海鉄道との交渉がまだ上手く進行していないため，早急の交渉を依頼した。久保が2週間前に大阪に出向いた時の交渉で良い返事がもらえなかったこと，また，翌年のデ杯基金募集開始（2月予定）も近付いているため気を揉んでいたと思われる。

28) 11月6日　久保から石井順一（イシイカジマヤ商店主人）への手紙（資料No.44）
　久保はイシイカジマヤ商店へ，承諾済みの広告料100円を来月5日頃に支払う様に依頼した。その他にスラゼンジャー社，フタバヤラケット製作所の広告が入ること，およびフタバヤラケット製作所からは広告料が入金済みであったことも伝えられた。

29) 11月7日　若生大四郎（関西支部）から協会への電報（資料No.45）
　関西支部の若生は協会本部へ電報で，「一三ヒカツドウタノム」[14]と伝えた。これは，甲子園で開催された関西支部主催デ杯選手歓迎試合が11月13日に開催予定であり，そこでの選手の撮影を依頼する内容であった。

30）12月8日　久保から佐藤への手紙（資料No.46）

　久保は，デ杯募集の件で12月11，12日（土，日）に関西・東海・本部役員が東京で集まるため，上京を依頼した。フィルム作製関係役員が集まり，会合を開く予定であったと思われる。

31）12月10日　佐藤から久保への手紙（資料No.47）

　佐藤は久保へ，12月8日付の手紙（資料No.46）への返信をした。病身のためフィルムの現像，焼き付け作業が思う様に進行していないこと，フィルムの長さは3,000フィート弱となる予定とのこと，東京で関係役員が集まる日（12月11日）に間に合わせて上京したいが遅くとも12月15，16日には仕上げるとのこと，12月中にトーキーも撮影して全て完成したいことなどを伝えた。

32）12月20日　久保から佐藤への手紙（資料No.48）

　久保は佐藤へ12月18日付で送られた手紙（資料No.47）への返信をした。東京シネマから請求があったが，詳細が分からず未払いのままにしていること，土日（12月17，18日）に佐藤から送られたフィルムを受け取ったことなどを伝えた。

33）12月23日　服部倫一（関西支部長）から久保への電報（資料No.49）

　関西支部長の服部から久保へ，「コウセウシナルベクキイニソウツモリ」[15)]と伝えられた。阪神電鉄，南海鉄道と未だに交渉が進行中であることが報告された。

34）12月27日　久保から佐藤への手紙（資料No.50）

　久保は佐藤へ，大阪（阪神電鉄・南海鉄道）から未だに入金されていないこと，送られた編集前のフィルムを試写した所，大阪はよく撮れていたが，名古屋は不鮮明であったこと，佐藤次郎の撮影が完了していないため早急に撮影して2月末のデ杯基金募集開始に間に合わせたいことなどが伝えられた。また，体調不良のため佐藤の上京が遅れている様であった。東京シネマ商会から支払いの請求があることから，東京での撮影は新興キネマ株式会社の佐藤から外注

する形式で東京シネマ商会が担当した様であった。

35) 1933（昭和8）年1月18日　久保から佐藤への手紙（資料No.52）

　久保から佐藤へ，名古屋での撮影分は大変不評であること，20日に佐藤が上京予定であること，トーキーの出演者に鳩山一郎文部大臣（日本庭球協会副会長）が挙がっているが佐藤次郎の高速度撮影を忘れない様にと伝えられた。

36) 6月26日　久保から加藤一二（イシイカジマヤ商店）への手紙（資料No.53）

　久保は，イシイカジマヤへ広告料の支払いを請求した。「未済分は貴店のみ」とあることから，その他の広告料支払いは完了した様に伝えられた。無声版の活動フィルムが完成したこと，トーキー版も作製予定であることも伝えられた。

（2）広告料収入減少の背景
1）ボールメーカーと日本庭球協会との関係（ボール公認制度）

　日本庭球協会では，昭和2（1927）年度より特別委員会としてボール委員会を設置して，ボール公認制度を開始した。当初は国内製のボールは品質が劣るため，公認球の多くは外国球であった。しかしながら，昭和7（1932）年度より，「内國製ボールの改良發達及使用を奨励」することから，公認球は国産ボールのみとなった。但し，ダンロップ社の日本法人（極東ダンロップゴム）が神戸で製造するセントゼームスボールは，準国産ボールとして公認された。

　協会が主催する大会の使用球は，その年度に指定された公認球を用いることになっていた。そのため，ボールメーカーにとって公認の指定を維持することは，販売促進のために重要な要素であった。ボール公認制度が開始されたことにより，各社のボールは，毎年度協会が実施する検定試験に合格することが必要となり，協会からの用具提供，広告等の依頼には，より慎重な対応が求められる様になったと考えられる。

表8　日本庭球協会の公認球（昭和2～7年度）

年　度	ボ　ー　ル　名
昭和2年度	ライト・アンド・ディトソン，スラゼンジャー，リーチ
昭和3年度	ライト・アンド・ディトソン，スラゼンジャー，ダンロップ
昭和4年度	ライト・アンド・ディトソン，スラゼンジャー，ダンロップ，三田土
昭和5年度	ライト・アンド・ディトソン，スラゼンジャー，ダンロップ，三田土，セントゼームス
昭和6年度	ライト・アンド・ディトソン，スラゼンジャー，ダンロップ，三田土，セントゼームス，スペンサー，スポルディング
昭和7年度	（国産）三田土，丸菱，富士　　（準国産）セントゼームス

2）昭和7年当時の日本庭球協会のその他の事業との関係

当時の日本庭球協会のその他の事業は，各種トーナメントに加え，地方へ有名選手を派遣する「巡回テニスコーチ」，『日本庭球協會十年史』の刊行など新規事業も実施され，また，昭和8（1933）年2月から「デ杯選手派遣基金」の募集が開始される等，関連企業は用具の提供，広告料・寄付金負担の機会が多かった。そのため，協会にとってフィルム広告料が獲得しづらい状況であった。

表9　昭和7（1932）年の日本庭球協会主要事業（活動フィルム作製を除く）

月　日	事　業　名	場　所
3月	九州方面巡回テニスコーチ	九州地方
7月下旬	東北・北海道方面巡回テニスコーチ	東北・北海道地方
8月1～7日	全日本ジュニア庭球選手権大会	甲子園コート
9月中旬～10月末	秋季関東女子庭球練習会	お茶の水コート
9月25日～10月5日	東京毎日庭球トーナメント	早大・帝大コート
10月16～17日	第2回全日本学生東西対抗庭球試合	浜寺コート
10月23日	関東支部主催デ杯選手歓迎試合　佐藤次郎・桑原孝夫　安部民雄・川地実・佐藤俵太郎	早大コート
10月29日～11月12日	第11回全日本庭球選手権大会	早大・帝大コート

月　日	事　業　名	場　所
11月13日	関西支部主催デ杯選手歓迎マッチ 佐藤次郎・桑原孝夫 清水善造，原田武一，布井良助	甲子園コート
11月18〜20日	東海支部主催デ杯選手歓迎トライアルマッチ 佐藤次郎・桑原孝夫 佐藤俵太郎，布井良助，川地実，伊藤英吉，藤倉二郎，辻季吉	名古屋ローンテニスクラブ七本松コート
12月刊行	『日本庭球協會十年史』の刊行	

表10　活動フィルム「日本のテニス」関連事項一覧

年月日	事　項	出　典
昭和7(1932)年8月初旬	「庭球活動フィルム撮影に關する計劃書」作製	資料No.2
8月2日	日本庭球協会理事会で「フィルム作製の件」承認	日本庭球協會會報昭和七年度，137頁
8月13日	南海鉄道・阪神電鉄に500円宛広告料依頼	資料No.5
8月17日	東京で太田芳郎のフォアハンドストロークの撮影を試験的に実施	資料No.7
8月18日	東海支部長高松定一へ100円の寄附依頼，今秋名古屋で撮影予定	資料No.7
8月19日	桑澤ゴム工業所（丸菱ボール）へ広告料依頼	資料No.9
8月20日	大沢商会（セントゼームスボール）へ300円の広告料依頼	資料No.11
	各支部へ協力依頼（選手出演，広告料，寄付金依頼）	資料No.13, No.14
8月22日	宮口（在ロンドン）へスラゼンジャー，ダンロップ両社に100ポンド宛の広告料を負担交渉依頼（国際電報，手紙）	資料No.15, No.16
	太田芳郎のフィルム現像完了（東京シネマ），協会理事会において試写の結果良好と認められる	日本庭球協會會報昭和七年度，137頁
8月24日	宮口（在ロンドン）より，スラゼンジャーはボールメーカーとして唯一の広告主であれば100ポンド負担する旨の返答	資料No.17
8月25日	三田土ゴムへ200円の広告料，あるいは100円とボール20ダース提供依頼	資料No.18
8月27日	佐藤（新興シネマ）へ全米選手権での日本人選手撮影の手立てはないか問い合わせ	資料No.19
9月12日	国産ラケットメーカーへ広告料の負担依頼，全ての（国産）ボールメーカーの広告料承諾済み	資料No.20

年月日	事項	出典
9月13日	南海鉄道へ500円の広告料負担依頼の念押し	資料No.21
	極東ダンロップゴム（神戸）へ100ポンドの広告料負担を依頼	資料No.24
9月14日	協会より宮口（在ロンドン）へスラゼンジャー社を唯一の広告主とすることは困難と伝える（国際電報）	資料No.25
	スラゼンジャー社のみを広告主とすることはできないため、75ポンドを一括払いで支払うことを依頼する手紙をロンドンの宮内宛に発送	資料No.26
9月15日	阪神電鉄へ500円の広告料負担依頼の念押し	資料No.27
9月16日	関西支部へ南海鉄道、阪神電鉄へ交渉依頼 東西対抗戦の後に甲子園にて清水、熊谷両氏を撮影予定 国産ボール会社の広告料収入は予定通り	資料No.28
	宮口（在ロンドン）からスラゼンジャー社へ実質的に外国メーカーとして唯一の広告主のため、100ポンドの広告料負担を依頼	資料No.29
9月19日	スラゼンジャー社より宮口（在ロンドン）唯一の外国メーカー広告主として100ポンド広告料負担を確約	資料No.30
9月20日	宮口（在ロンドン）より協会へスラゼンジャー社の広告料100ポンド確約を伝える（国際電報）	資料No.32
9月22日	極東ダンロップゴムより1000円の広告料負担の申し入れ	資料No.33
9月24日	スラゼンジャー社との約束から、極東ダンロップゴムの1000円の広告料負担申し入れを辞退	資料No.34
10月5日	桑澤ゴム工業所（丸菱ボール）・三田土ゴム製造株式会社（三田土硬球）へ広告料を前金にて送金依頼	資料No.35, No.36
	宮口（在ロンドン）より日本庭球協会へスラゼンジャー社からの100ポンドの入金連絡	資料No.37
	宮口（在ロンドン）よりスラゼンジャー社へ100ポンド寄贈の礼状送付	資料No.38
10月14日	久保が大阪へ、阪神南海へ広告料負担のお願いに行く	資料No.39
	阪神・南海両社への広告料依頼状が協会から服部（関西支部長）へ送付	資料No.40, No.41
10月29日～11月12日	第11回全日本庭球選手権大会（甲子園）単複決勝の撮影	
10月30日	服部（関西支部長）へ阪神・南海両社の広告依頼の催促	資料No.43

年月日	事　　項	出　典
11月6日	イシイカジマヤへ承諾済みの広告料100円支払い依頼　フタバヤは支払い済み	資料No.44
11月7日	若生（関西支部）より協会へ13日に甲子園で開催予定のデ杯選手歓迎試合での撮影を依頼	資料No.45
11月13日	関西支部主催デ杯選手歓迎試合（甲子園）の撮影	資料No.45
11月18～20日	東海支部主催デ杯選手歓迎トライアルマッチ（名古屋ローンテニスクラブ）の撮影	
12月8日	久保より佐藤へ11，12日に上京依頼	資料No.46
12月10日	佐藤，病身のためフィルムの現像，焼き付け作業難航，フィルムの長さは3,000フィート弱となる予定．フィルムは遅くとも15，16日には仕上げるとのこと	資料No.47
12月17～18日	久保，佐藤から送付されたフィルム受領	資料No.48
12月23日	阪神・南海両社の広告料引き続き交渉中	資料No.49
	編集前フィルム，大阪は良いが，名古屋は不鮮明，佐藤次郎未撮影	資料No.50
12月27日	阪神・南海両社の広告料未だに未入金，東京シネマ商会への支払い引き延ばし中	資料No.50
	「第1回デ杯選手派遣費募集委員会」において，活動フィルムの封切りを機会に「…の夕」等の催しを計画することを議決	日本庭球協會會報昭和七年度，128頁
昭和8（1933）年1月18日	20日に佐藤が上京予定，佐藤へトーキーの出演者に鳩山文部大臣が挙がっているが佐藤次郎の高速度撮影も忘れずに	資料No.52
不明	佐藤次郎の撮影	
6月8日	「音楽と映畫の夕」（日比谷公会堂）にて，無声版「日本のテニス」試写	日本庭球協會會報昭和七年度，40頁
6月26日	イシイカジマヤへ広告料請求（未払いは同社のみ）トーキー版も作製予定	資料No.53，No.54

おわりに

　活動フィルム「日本のテニス」は，昭和7年12月末には，ほとんどの撮影，現像が完了しており，佐藤次郎の高速度撮影を撮り終えた後に，編集して無声版が出来上がった．

　昭和7（1932）年12月27日，第1回デ杯選手派遣費募集委員会において，「一

般の熱を煽る方法として，撮影中の活動フィルムの封切を機會に各主要都市に於て『…の夕』等の催しを計劃すること」が議決された[16]。この計画通り，昭和8（1933）年6月8日18時30分から，全日本学生庭球連盟主催，デ杯選手後援「音楽と映畫の夕」（日比谷公会堂）にて，無声版「日本のテニス」が試写された。この段階では未完成版であり，トーキー版を完成版として作製する予定であった[17]。しかし，その後も完成版が作製されることはなかった。このことは，当初計画からの最も大きな変更点として挙げられる。この変更理由として考えられることは2つある。

1）予想以上に支出が増加したこと，および収入の減少

協会は，関係各社に計画書の広告料収入予算よりも高額の負担を要求した。スラゼンジャー社から100ポンド（約1,252円）という当初予算の2倍以上の広告料を得ることはできたものの，最終的に，阪神電鉄，南海鉄道から500円宛の広告料が支払われなかったこと，スラゼンジャー社との契約により，ダンロップ社からの1,000円の負担の申し入れを辞退せねばならなかったことなどが，収入減に大きく響いた。その他にも，「資料」からは，協会主事の久保が，資金集めに苦慮しているやり取りが多々見受けられた。最終的な収支報告に関する資料は残存していないが，恐らく寄付金なども含めて収入は2,000円以下，支出は関係者旅費などの間接的経費を含めると3,000円近くになったと予想される。日本庭球協会の昭和7年収支報告書には，支出に「活動フィルム仮払代　1,293円23銭」とある。収入にはフィルム関係の収入が全く入っていないため，活動フィルム関係予算は，本部予算と切り離して別立てで行っており，活動フィルム関係費の不足分1293円23銭を協会本部費用から支払ったものと思われる。「仮払代」としたのは，未収入広告料の支払いを期待したものと考えられる[18]。協会が費用負担をして不足分を協賛会社が補うという結果になり[19]，当初の予定であった広告料で全て賄うという方法が完全に崩れてしまった。

2）佐藤次郎の死

無声版完成の翌年の昭和9（1933）年4月5日に「日本のテニス」出演の中

心的選手であった佐藤次郎がデ杯のため欧州へ向けて遠征途上，マラッカ海峡で投身自殺したことも事後的に大きく影響したと考えられる。主役の佐藤の死により，トーキー版作製を実行する機運も失せていったのではないかと思われる。

　当初計画の３巻構成とは異なり，「コーチ篇」が作製されなかったことも，財政不足，佐藤の死が影響して，未着手のままになったと考えられる。

　その他，昭和7（1932）年11月18～21日，名古屋ローンテニスクラブで行われた「デ杯選手歓迎トライアルマッチ」での撮影は，役員選手のコート上での集合場面のみしか採用されなかった。この理由としては，不鮮明なフィルムが多かったことの他にも，主役の佐藤次郎が体調不良のため１回戦で敗退，もう一人のデ杯選手桑原孝夫も準決勝で敗退という結果で盛り上がりに欠けたことも影響したと考えられる。

　結果として，計画通りのものを作製することはできなかった。しかしながら，日本庭球協会は，創立10周年を契機として記録の整理・保存のために，『日本庭球協會十年史』の編纂と並んで，無声版ではあったものの活動フィルム「日本のテニス」を作製した。昭和戦前期の日本人テニスプレーヤーの映像資料を後世に残した業績は，日本テニス史はもちろん，日本スポーツ史における意義は十分認められよう。

注
1) 日本庭球協會編，日本庭球協會十年史，東京：日本庭球協會，1932。
　　日本庭球協會編，日本庭球協會會報昭和七年度，東京：日本庭球協會，1933。
　　日本テニス協会編，日本テニス協会六十年史，東京：日本テニス協会，1983。
2) 日本庭球協会の事務局は，それまで丸の内の千代田組の娯楽室を倉庫の様に使用していたが，銀座の安藤七宝ビルの一室に正式な事務所を開設した。
3) 「記録の蒐集は銀座に事務所が移転してから思いついたもので，移転による散逸を心配したからである。（中略）そのときに（理事会で）承認してもらったのが，日本庭球協会年次報告の発行の件である。昭和七年度が丁度協会創立十年に当ので，この機会に日本庭球協會十年史を発行したのである。（中略）これと同じ意図から企画したのがフィルムによる日本テニス界の実績の保存である」　日本テニス協会編，前掲書，1983，24-25頁。
4) 日本庭球協會編，前掲書，1932，14頁。

5）東京朝日新聞社ビル内，現在の有楽町マリオン内朝日ホール。
6）日本庭球協會編，前掲書，1932，30頁。
7）昭和七年度理事会報告（9月12日），日本庭球協會編，前掲書，1933，138頁。
8）安部民雄は，早大庭球部OB，元デ杯選手であり，当時協会専務理事であった。現稲門テニス倶楽部（早大庭球部OB会）会長の安部幾雄の父である。
9）昭和七年度理事会報告（8月2日），日本庭球協會編，前掲書，1933，137頁。
10）「資料」No.1
11）太田芳郎は当時大連の中学校の英語教師であった。
12）この時に太田を撮影したフィルムは，実際に「日本のテニス」で使用された。
13）昭和7年度当時の外国為替相場の平均値より算出した。（1円＝0.0798208ポンド）大黒勝馬編，明治以降本邦主要経済統計，東京：日本銀行統計局，1966，320頁。
14）「資料」No.45
15）「資料」No.49
16）第一回デ杯選手派遣費募集委員會報告，日本庭球協會編，前掲書，1933，128頁。
17）デヴィスカップ選手後援　音楽と映畫の夕，日本庭球協會編，前掲書，1933，40頁。
18）昭和七年度収支決算報告書（昭和七年十二月卅一日現在），日本庭球協會編，前掲書，1933，133-134頁。
19）「費用は協會が大部分を負擔したことは勿論であるが，英國スラゼンヂャー會社の好意で不足分を補って頂いた」協會活動フィルムの試寫，日本庭球協會編，前掲書，1933，99頁。

第Ⅱ部　東の大地との対話　203

太平洋戦争下の国民体育と体操
――東京帝国大学における鍛錬部の設置と「全学鍛錬体操」の実施――

佐々木　浩雄

はじめに

　明治期以来，体操は主に軍隊や学校で実施されていたが，1930（昭和5）年代以降，ラジオ体操をはじめとする各種の体操が国民に広がっていった。それらは30年代後半以降，厚生省設置にともなって推進された体育国策の中で，体位向上と国民精神涵養を目的とした「国民体育」として位置づけを高めていく。拙稿（2009）[1]では，「建国体操」(1936)，「日本産業体操」(1937)，「大日本国民体操」(1939)，「吟詠体操」(1940)，「興亜基本体操」(1940) など現在ではその存在すら忘れ去られてしまった無数の体操が，「国民精神総動員」の旗印の下で考案され，官民一体となった体操イベントの創出とともに大々的に展開されていく過程について論じた。これらの集団体操は1940（昭和15）年の紀元二千六百年奉祝事業を彩り，国民精神涵養という面でも大きな役割を担った。しかしその後，太平洋戦争の開戦にともなう戦時兵力の確保・充実という切実な課題を前にして，体操は「筋骨薄弱者」の体力向上へと重点を移すことになる。

　戦時期におけるスポーツの統制や国家主義への包摂については従来の研究でも取り上げられてきたが，国民の体操実践については，健民運動や国民修錬におけるラジオ体操の広がりやその他の体操の存在に触れられる程度であり，体操が戦時国民体育として何を求められ，どのように実践されたのかについては十分に論及されていない[2]。

　本稿では，1942（昭和17）年4月の大日本体育会設立や43（昭和18）年3月に

発表された「戦時学徒体育訓練実施要項」などをうけて鍛錬的に傾斜していく太平洋戦争突入後の体操の姿を関係者の記事などをもとに描き出し，その具体的な実践例の一つとして東京帝国大学における「全学鍛錬体操」がどのように実施されていったかについて明らかにする。これによって，体操の位置づけがどのように推移していったのかについて，スポーツの統制とも関連づけながら考えてみたい。

1．総力戦体制における体操の位置づけ——体育新体制と国民体育——

（1）大日本体育会の設立：競技運動から国民体育へ

　1942（昭和17）年4月に発足した大日本体育会は，従来の大日本体育協会を改組して新たに翼賛体制を支える統一的体育団体として組織された。会長には内閣総理大臣の東條英機，副会長には厚生大臣の小泉親彦，文部大臣の橋田邦彦，大政翼賛会事務総長の後藤文夫の三人が就いた[3]。

　大日本体育会の基本方針は，政府の外郭団体としてその施策に協力すること，学徒体育振興会を内部組織とすること，各都道府県に支部を設けること，各種目別連盟や協会は改称して部会組織とすることとされた。つまり，国民体育奨励のための「唯一最高の官民一体の強力なる組織」としての大日本体育会が各種団体を統括する体制が構築されたのである。これによって体育行政の一元化が目指され，既存の競技団体は「部会」となった。また，隣組，在郷軍人会，産業報国会，大日本婦人会，大日本青少年団等の国民組織は協力団体として組み込まれ，厚生省設置以来の国民体力管理政策，人口政策に官民一体となったテコ入れがされることとなった[4]。

　大日本体育会の誕生に際して厚生省は，従来の体育界は「多分に自由主義の影響の下に発達して来た」ために，体育を行うも行わぬも各人の自由であり，運動を好む者はこれに熱中し，そうでない者は運動から隔絶される状況にあったと指摘した。さらに選手制度が確立され，興行的にスポーツが行われる中で各体育運動団体は，「選手を中心とする体育愛好者達のクラブ的存在」となり，競技会の開催，選手権獲得の技術研究，選手の育成を目的とするものになっていたと評した。厚生省は，選手たちが国際舞台で活躍することによる

様々な効果やそれが民間体育関係者によって発達してきたことを評価しつつも，時局の進展にともなう体育の指導理念の転換，すなわち自由主義から国家主義への移行を強く呼びかけている[5]。そして，戦時下の「国民体育」とは「嘗つての一部少数の選手から全国民」を対象とし，「嘗つての勝敗や記録を追求した競技本位から皇国民としての完全無欠な心身を錬成すること」に目的を移行させたものと説明された。したがって体育の内容も「嘗つての特技専念から基本体力と国防技能を錬磨修得すること」に変化し，実践場は「華やかな優勝を争覇する舞台から国民修練の神聖な道場」へと転化することとなる[6]。

（２）体操部会は筆頭部会：末弘厳太郎の現状認識

　大日本体育会の「部会」の中で体操部会（前全日本体操連盟）は「筆頭部会」として位置づけられた。東京帝国大学教授であり大日本体育会理事・錬成部長の末弘厳太郎[7]は，1943（昭和18）年5月の誌上で体操の「現状」について，「今や我が国の体育界は画期的の転換期に当面してゐる。国民体育に於ける体操の地位も飛躍的に向上しつつある。現に我が大日本体育会は，体協時代下積みになってゐた体操をとり上げてその筆頭部会にした。最近発表された戦時学徒体育訓練実施要綱に於ても，基礎訓練種目の第一に体操を掲げてゐる」[8]と述べた。

　末弘がいうように，体操は厚生省設立後の「大日本体操」[9]の制定や「日本体操大会」などの体操イベントの開催，「ラジオ体操の会」の普及などを通じて国民体育としての役割を果たし，大日本体育会設立以後も引き続き重要視された。しかしながら，末弘は「それにも拘らず，我国体操界の現状は今更混沌として居り体操専門家の間にさへ体操に関して種々雑多な意見が行はれつつある。斯くの如き現状の下に於て，体操を奨励しても果してそれに依って国民体力錬成の目的を達し得るであらうか」[10]と，一貫しない体操普及の状況には苦言を呈している。種々雑多な考えに基づいた体操がそれぞれの体操指導者から提案されるばかりで，その理念も統一されず混沌とした状況だというのである。

　さらに末弘は「数十年に亘って行はれた学校体操はほとんど何等の実質的影響をも社会的に残していない実情である」とし，これは「小学校その他学校に

於て行はれた体操とその指導とが正しくなかった証拠」と批判した。体操関係者が読めば憤慨しそうな文章だが，長く体協に関わり，大日本体育会でも錬成部長という要職に就いた末弘がこのように認識していることは注目される。

（3）体操へのまなざしの変化：集団的体操から鍛錬的体操へ

　末弘は現行の連続体操への不満として，対象への考慮なしに一律に同様の体操がなされること，指導者が単なる号令者になっていること，実施が記憶による機械的動作に陥っていること，専門家が連続体操を案出することに傾注し実施の指導が不十分であることなどをあげている。特に「専門の体操教師をもってゐる学校や工場までがラヂオ体操その他各種の連続体操をそのまま形式的に行ってゐるに至っては言語道断」[11]とし，指導者の役割として対象や状況に応じながら自由自在に体操を考案・指導することを要求した。

　厚生省体育官の栗本義彦も体操の課題について末弘同様の論旨を展開し，「体操に魂を入れ日本人錬成の道として体操を建設するといひ，個人及団体の身体的要求に応じて即ち相手により人によって，体操を生み出すといひ，或はまた実施者の体操に対する認識を一層昂めるといひ，すべてこれよき指導者に俟つつところが極めて多い」[12]と，体操改善は指導者養成にかかっているとの認識を示した。

　実際に，大日本体育会は国民体育指導者養成に力を入れ，ラジオ体操も宮城遙拝などの儀式とあわせて実施された。ラジオ体操普及の要因は，誰でもが気楽になにげなく実施できる点にあったといえるが，戦時下では錬成の名の下でその気軽さや惰性的な取り組みは批判の対象となり，行的な厳粛さ，体力向上のための体操技術・動作の質的改善を求める向上心が要求されたのである。

　この意味で，集団体操の「レヴュー化」，つまり見世物化も批判の対象となる。末弘は，「近頃集団体操が流行して来たが，これに依って体操がレヴュー化しなければいいがと私は心密かに恐れてゐる。（中略）体操は飽くまでも体力錬成手段であって，見世物ではない。優れた体操，殊に正しく指導された集団体操は見ても確かに面白い。しかし体操は飽くまでも見世物であってはならない。体力錬成の精神を忘れて，多少でも人に見せる気持ちが指導者と体操者との心の中にきざすと，体操は直に堕落する」[13]と論じた。末弘のような考え

は，体操の性格を鍛錬型へと導いていくことになる。すなわち，栗本が「定められた一連の体操を一年一日の如く同じ幅で同じ深さで単に繰り返へすのでなく，今日の体操は昨日の体操よりも高く今日の体操は又明日の体操を生むといふやうに深さと幅のある体操であらしめたい。(中略) 一挙一動に全身全霊を打ち込んで行ふは勿論更に進んでは体操によって鍛錬し調子づけられた身体を武道競技に役立て，更に作業に生活に体操を応用することによってはじめて国民修練としての体操の意義がある」[14]と述べるように，国民錬成・修錬の基礎的運動として，向上心をもった自律的な体操への取り組みが期待されるようになる。

　体育新体制における大日本体育会や厚生省の指導的立場にあった末弘や栗本らからみれば，かなりの普及を見せていたラジオ体操の実態も，国民の錬成という点では不十分に映るものであった。集団体操演技についても，集団で体操をすること自体は価値づけられながら，観客を意識した「見せる体操」は否定された。体操を日々深化させ，行的に行うという発想は，徴兵を間近に控えた学生・青年たちを対象とした政策に基づいて体操を論じる際に顕在化していく。戦争の長期化は体操への要求を変化させていったのである。

　末弘は目指す体操の姿について，「最近心ある体育人達の視聴をあつめつつある海軍体操，鉄道体操，東大鍛錬体操等は此意味に於て最も理想に近い内容と指導思想とをもってゐる」[15]と述べている。これらはいずれも音楽やリズムではなく指導者の号令によって動くもので，指導員を養成した上で普及・実践する組織に特徴があった。次に，末弘らの意見を具現化した鍛錬体操として東京帝国大学の「全学鍛錬体操」をみることにしよう。

2．太平洋戦争の開戦と体力問題
　　　──国民の錬成と学生の体育・スポーツ──

　日本のスポーツ界を担った高等教育機関における戦時下の国民体育や体操実践を論じるとき，スポーツの位置づけについて論及しないわけにはいかない。なぜなら，総力戦体制下には，概して「統制されるスポーツと奨励される体操（および武道）」という図式が表れるからである[16]。スポーツの統制と体操の奨励の二面を扱うことで，やや議論が拡散するおそれもあるが，以下ではこの点

に留意しながら，東京帝国大学『帝国大学新聞』[17]（以下『新聞』と略記）の記事をもとに，「運動会」から「鍛錬部」への組織の転換と，「全学鍛錬体操」実施の過程を描くことにしたい。

（1）学生競技の統制と鍛錬の奨励：太平洋戦争の開戦と兵力確保

大日本体育会が成立する前に，すでに学生スポーツは統制対象となっていた。従来，大学・高等学校・専門学校・中等学校などの課外におけるスポーツ活動は，運動会，学友会，校友会と呼ばれる自治的性格を持つ組織の下で行われていたが，それらは1941（昭和16）年12月15日の大日本学徒体育振興会発足にともなって性格の変容を余儀なくされた。すべての学生スポーツは大日本学徒体育振興会の管理下で実施されることとなったが，戦局の悪化をうけて各種競技会の開催は次第に困難な状況となっていく[18]。

1943（昭和18）年3月には「戦時学徒体育訓練実施要綱」によって学生の戦時訓練の基本方針が示されるとともに，競技運動統制の厳格化が示された。これを受けて，国民の人気を集めた学生野球も活動停止を余儀なくされ，同年10月16日に行われた出陣学徒壮行早慶戦を最後に対外試合は行われなくなった。

このように競技運動が統制される一方で，1942（昭和17）年の勅令により高等教育機関在学者に対する徴兵猶予の特典が廃止され，理工系・医学系・教員養成系などを除く男子学生の徴兵が12月に実施された。これは当該学生の修業年限を3ヶ月短縮し，合格者を43年2月に入隊させるもので，学徒出陣が決行される中で，学生の体力問題は以前に比べて緊急性を増していた。

1）結核問題と健民修錬

政府施策としての結核対策や健民修錬について若干述べておこう。東京帝国大学では学生の結核罹患問題が終戦までの一貫した懸案事項であり，鍛錬部の取り組みも政府の方針に沿うものであった。

1940（昭和15）年9月の「国民体力法」施行によって，当初は満15歳以上満19歳以下の男子に，42年以降は満25歳までの男子に結核性の異常発見に重点が置かれた体力検査が行われた。さらに42年8月21日には「結核撲滅は国家緊要の要務にして日本民族の隆替に関する重大事なり」との考え方に立つ「結核対

策要綱」が閣議決定され，これにもとづいて「健民修錬」事業が実施された。体力検査の結果，「弱者」（筋骨薄弱者，軽症結核患者，快復期結核患者）と認定された者に対しては「一定期間療養及修錬を併施する健民修錬の施設を為す」ことが示された[19]。これに従って設けられた全国約2,000カ所の「健民修錬所」には，1943（昭和18）年度だけで約40万人の青年（17～19歳が中心）が収容され，2ヶ月間におよぶ修錬を受けたという[20]。

この「健民修錬」事業は「結核対策要綱」に基づくものでありながら，実は収容された修錬者の約7割に相当する29万人が「筋骨薄弱者」であった。この健民修錬の実施によって43年度の「国民体力管理費」は，前年度の6倍近い約3,200万円（厚生省総歳出の16％）に跳ね上がったという。つまり，健民修錬の主要対象もまた「国民体力向上修錬会」と同様，「筋骨薄弱者」に置かれていたのである[21]。

東京帝国大学では30年代半ばからレントゲン検査を含めた全学統一の体格検査が実施されるなど，結核対策は種々講じられていたが，1942（昭和17）年6月に実施された健康調査によれば「現に罹患しつつある者が申告者の15パーセントの多きを占め，その約半数が呼吸器病であること，教練免除者204名中155名が呼吸器病によること等に見ても本学学生の結核による損耗の大且つ惜しむべきを痛感せられる」[22]と，深刻な状況は改善されていないことが報告されている。

学徒出陣が間近に迫り，結核対策が強化される中で，結核罹患者の問題と体力検査に表れる「結核患者予備軍」および「筋骨薄弱者」への対応が戦時体制下における東大の課題であり，後者については鍛錬部を中心とした活動によって改善がはかられることになった。

2）東京帝国大学における鍛錬部構想：選手制度の存廃をめぐって

1941（昭和16）年1月1日付『新聞』では「鍛錬主義へ転向：運動会」という見出しで，大学内の運動会組織の改編について説明している[23]。それによれば，高度国防国家完成の一環として国民体位向上への要請が緊迫化するにともない，「運動」は従来の「競技本位」から「体力錬成」主義へと方向転換された。日中戦争開戦以後のスポーツ界の動向は，東京帝国大学運動会にも大き

な波紋を与え，1940（昭和15）年11月中旬には，東京帝国大学新体制要綱案において運動会改組が提案された。この提案は，従来の運動会は全学会の一部門として新たに誕生する鍛錬部に改組統合され，これによって各運動部はすべて鍛錬部の傘下に吸収されるというものであった。記事ではこれを「いはば運動会の発展的改組と称すべきもの」とし，鍛錬部新設の一番の目的は，従来運動を一般学生から切り離すことにつながっていた選手制度主義の撤廃にあると説明した。これが実現すれば，競技本位の運動から学生全体の体位向上を目指す鍛錬主義へ刷新されることになるが，長年の伝統をもつ選手制度は易々と覆すことが難しく，デスクプランどおりの改革は困難であると判断された。

そこで，中間策として選手制度を温存しつつ，これを利用して一般学生の鍛錬もあわせて行うという提案が，40年10月上旬に開かれた運動会OB組織である赤門運動会[24]の会合で提出された。この提案は全学生を「薄弱者，普通健康者，運動選手」の三部門に分け，「薄弱者，普通健康者」の体位向上のための指導者として「運動選手」を用いるというものであった。

記事では「結局運動会改組問題は行悩み状態のまま年を終った形であるが大体前後の事情から推して右の中間案に落ち着くものとみられてゐる」と報じている。その後の運動競技の取扱いについては明らかではないが，いずれにしても鍛錬部が設置されたことは，学生の自由に任せられてきた身体鍛錬が大学当局の積極的な働きかけによってなされることを示していた。

3）OBたちの反応：「競技運動の拡大によって一般学生も鍛錬せよ」

その後，『新聞』には，「鍛錬部設置に望む」と題したOBたち（大村一蔵，中村榮治，野津謙，松澤一鶴，清瀬三郎）の論説記事が掲載されている。中村榮治は「鍛錬部は先づ全学生に運動競技の普及を計ることに重点を置くべき」と，従来の選手を指導的立場において全学的に運動競技を広げることを提言し，「鍛錬部は先づ運動の普及と之に併行して選手制度の確立を計るべきであり，選手制度の確立のためにはまづ只勝負に強いと云ふことを目標とすることは最も非難されねばならない」と選手制度刷新の必要性を示した[25]。学生時代は水泳選手として鳴らし，オリンピック・ロサンゼルス大会，ベルリン大会では水泳日本代表の監督も務めた松澤一鶴は，鍛錬の方法は武道，スポーツに限定すべ

きとしている。ラジオ体操なども鍛錬方法の一つであるが，それは鍛錬の基礎となるべきもので，相当程度の訓練を要請するのが鍛錬とすれば，武道，スポーツに限るべきという見解を示した[26]。

戦後，日本体育協会理事長として国体の創始に尽力した人物として知られる清瀬三郎は，運動競技に一般学生が参加できるような経費の増額と各部の開放性の向上を課題として挙げた。清瀬は，選手制度についても「此の制度にも勿論欠点はあらう，然しこの制度の一番良い処は試合の相手なる一つの目標があってその目標に向かって勝たねばならぬといふ絶対の希望を以て精進する点にある。口もきけなくなる様な猛練習，血の滲み出る様な苦しい試合は選手制度が体力の鍛錬に対し持つ長所であると共に，この選手制度の持つ実に大きなそして最も特徴ある美点はかかる猛練習，試合の間に自ら育まれる逞しき精神力の涵養である」[27]と，これを存置しておきたいという意向を示した。清瀬の主張は，一般の学生をできるだけ多く運動会の各部に所属させ，もう少し気楽にスポーツをさせること，そしてその中核に選手制度を置くというものであった。

彼らの論旨は概ねスポーツを縮小せず鍛錬に用いるという点で共通しているが，厚生省体育官として体力行政に携わっていた野津謙[28]だけはやや異なる。野津はスポーツにも好き嫌いがあり，すべての学生に実施させるのは困難であろうから，健康診断を行った結果に基づいて学生を区分けし，段階的に鍛錬を実施すべきとの考えを示した。虚弱者には無理なことをさせるよりも，ある程度の体力レベルを目指して出来ることからやらせることが重要であるというのだ。その際，野津は運動競技よりは体操を重視している[29]。そして結果的に，野津が示した方向性で一般学生の鍛錬は進められていく。

赤門運動会のメンバーは，鍛錬部設置に際して世間で指摘される選手制度の弊害を取り除くことには同調しつつも，一般の学生をどのようにして体育へ導くかという課題に対しては，従来の運動会組織に属した選手たちを中心にして運動競技の普及をはかるという方針を示した。野津を除く人々は，体操や歩行は基礎的な運動と位置づけ，一般学生を含めた鍛錬は運動競技の拡張によってなすべきとしている。しかし，こうした考えは東大が抱える結核罹患者や筋骨虚弱者の現状とは隔たりがあり，体力検査で明らかになる実態に加えて，その

後の戦局の悪化と国家的要求によって鍛錬部の活動は規定されていくことになる。その変化は，太平洋戦争に突入した後の1942（昭和17）年から顕著となる。

3．『帝国大学新聞』にみる東京帝国大学「全学鍛錬体操」推進の実態

（1）鍛錬部の活動：「全学鍛錬体操」の推進（1942年）

東大では1932（昭和7）年から「学生保健体操」が存在していた。これは，1931（昭和6）年11月の共済事業委員会における，昼休みの時間を利用して保健のための体操を行いたいという学生委員からの申し出を学生課が聞き入れ，32年から始まったものであった[30]。同年3月9日の衛生委員会では，「学内の徒手体操は出来るだけ助長奨励し全学的にしやう」という申し合わせが行われていたが，鍛錬部が誕生した1941（昭和16）年の段階では，鍛錬部体操も「今の処参加者もさう多くない」という状況であった[31]。

しかし，1942（昭和17）年に入ると鍛錬部の活動とともに鍛錬体操への取り組みも本格化する。1月28日に開催された全学鍛錬部常任理事会では，43年度の鍛錬部方針が検討され，食糧増産に協力することとともに，全学生にデンマーク体操を普及させることが示された。4月以降は午後3時から20分間御殿下グランドで全学デンマーク体操を実施すること，そのために運動各部，一般学生の中から40名を選抜して合宿訓練を施してこれを指導者とし，学生が率先して体操を行うよう企画することが決定された[32]。おそらくここで登場するデンマーク体操は，1932（昭和7）年に始められた「学生保健体操」とは別のものであり，これが「東大鍛錬体操」と呼ばれるようになったものと考えられる。32年の「学生保健体操」は大谷武一らが指導したが，42年以降の体操は国鉄でも体操指導に当たった斎藤由理男が指導している。

同年4月13日からはいよいよ全学でデンマーク体操が開始されることになり，これに先駆けて4月3日からは5日間の日程でデンマーク体操指導者錬成会が検見川運動場で行われた。その様子は，「集るもの五十余名検見川寮へ合宿して毎朝まだあけやらぬ五時起出でて朝食前に一運動，午前十時までみっちり体操」をし，体操研修の後は各自くつろいで田園気分を味わいながら春の休暇を和気藹々と楽しんだと報じられている。この錬成会によって「体操の方は

僅か五日で目ざましい上達」がみられ，参加した五十余名による指導体制が作られたと報告されている[33]。さらに同月24日から26日までの三日間，再び検見川にてデンマーク体操講習会が開催された。

一方で，『新聞』には学生の徴兵検査の結果も報告されている。4月25日までで終了した検査の結果，「本学生の体位劣等は覆ひ難く各自の自覚鍛錬が望まれる」と報告された。具体的には，甲種合格が都下大学の平均値より2.9％少なく，丙丁種が3.9％多かったという。さらに「大学生は一般壮丁より約6％甲種が少ないのであるから此の成績は相当の不成績であると言はねばならない」こと，また，衛生思想の発達しているはずの帝大生にトラホームが16名もいたことや筋骨薄弱者が半数ほどにも達している点などがあげられ，「此点は学校当局も十分考慮を払ふ必要があらう」とした。しかし，体重や身長は平均値をやや超える値を示しており，「要は鍛錬と節制の問題」と結論づけている[34]。ただし，遠近視が一般平均より8.3％多いというデータも示されており，甲種が少ないのはこのためとも考えられる。

5月には体操講習会参加者を母体として鍛錬部内に新たに体操部が設置された。体操の内容については「現在では徒手体操のみ行って居るが追々器具を整備して高級な体操も行ふ計画」とされている。同月15日には「体操部講演と映画の会」が催され，「体育の理念」と題した日大教授の斎藤由理男の講演と文化映画「戦争とスポーツ　社会体操　デンマーク体操」が上映された[35]。

体操普及の取り組みは各学部単位でも行われた。第一工学部会では「全学会鍛錬部のデンマーク体操普及を促進し体育の徹底を期する為め」，各学科各クラス毎に鍛錬体操指導員を数名出し，これによってクラス単位で鍛錬体操を実施する計画が立てられた。『新聞』は30名ほど集まった指導員に対して連日講習が続けられていると報じている[36]。

（2）末弘厳太郎の鍛錬部長就任（1942年6月）

このように全学的な体操普及の取り組みが進められる中で，1942（昭和17）年6月には，東龍太郎に代わって末弘厳太郎が鍛錬部長に就任した。『新聞』は末弘を「前運動会時代から運動，鍛錬には挺身尽力，理事として全学会鍛錬部を盛りたてて来た関係から今回の鍛錬部長就任は正にその人を得たといふべ

く各方面から期待は大きい」と紹介し,「鍛錬を必要としない様な人丈が鍛錬をして,鍛錬を必要とする様な人々が運動をして居ない,それが今後どうしたらその鍛錬を必要とする様な人々が運動するやうになるかが問題」との末弘談話を掲載した[37]。

　末弘が強調したのは,やはり長らく続いていた選手本位の制度の是正,すなわち一部の学生のみが運動をし,他の多くの学生が運動から隔絶されている状況の改善であった。鍛錬部設立はこの趣旨でなされたものであったが,末弘が鍛錬部長に就任してからさらに強力に全学的な体制構築が進められる。

　末弘は1942年10月5日付の『新聞』に「大学と体育」という論説記事を寄せている[38]。そこではまず「従来吾々の大学には全く体育が存在しなかった」と断じ,大学には立派な施設も運動部もあって立派な成績をあげているが,大学に体育ありというためには,全ての学生に対して知育とともに必要十分な体育を施す用意がなければならないのだと説いた。また,「大学では学生に勉強をさせねばならぬから体育運動などをやらせる暇はない」などという大学教授もおり,学生の中にも同じような考えで高等学校までやっていた体育運動を止めてしまうものも少なくないが,これらの人々はすべて「体育について根本的な謬見をもってゐる」と述べた。彼らは,「体育と言ふと,武道なり,競技運動なり何か特別なことをやらねばならぬやうに考へ」,学業に専念するにはそのような時間がないと言うのだが,「平素から毎日日常生活を合理化し,僅かの時間を盗んででも規律正しく体操をやるとか強歩をやるやうにして体力を鍛えて」いくことが重要なのだと強調した。末弘は体操にはない武道や競技運動の価値を認めつつも,「合理的に立案された体操を毎日々々正しく合理的に実践しさへすれば,最小限度の体育目的は立派に達せられるのであって,私は大学の学生一般はもとより教職員諸君にも少くとも此程度の体育実践を希望したい」と提案した。つまり,末弘は全学鍛錬の軸に毎日の体操実践を据えたのであった。

(3)「戦時学徒体育訓練実施要綱」に基づく競技運動の規制と鍛錬強化

　1943(昭和18)年に入ると,戦局の悪化と兵員増の必要性から,さらに学生の体育訓練への要求が高まった。「戦時学徒体育訓練実施要綱」(1943年3月29

日文部省通達）は，「大東亜戦争」が決戦段階に入り，青年学徒の体育訓練は「今こそ最大の限度に之が強化徹底を図るを要すると共に，其の目標も最も明確に戦力増強の一点に置き，之に向ひて最も適切有効なる実施方策を講ずるを要す」として，各学校及び関係各方面の協力を要請した。これによって徴兵を前提とした鍛錬が徹底され，卒業後の出陣にたえられる体力・精神力の育成が目指された。また，訓練実施の重点が平素の訓練の普及強化に置かれ，各種大会，試合は「真に緊要と認めらるるものにつき厳選実施すること」と指示された。体操については，陸上競技とともに「基本運動として全校学徒に実施せしむること」とされている。東大においては，これが「全学鍛錬体操」の取り組みとなって現れる。

　学校報国団の結成や「戦時学徒体育訓練実施要綱」は，学校のスポーツ活動にも影響を与えた。例えば，『新聞』が伝えるところによれば，浦和高校では「生活訓練の徹底強化，頑健にして完全な肉体の錬成，国軍幹部として必須の国防基礎訓練の完成」を目的として，野球，庭球，卓球等の諸班を廃止して器械体操班に，陸上，ホッケーの二班を行軍戦技班に改編したほか，他の諸運動班も班技の練習時日を一週間に四日ないし三日に短縮して，余力をもって水泳，行軍，射撃，銃剣術等の国防訓練を実施することとされた[39]。これは「戦時学徒体育訓練実施要綱」発布以前の全国に先駆けた取り組みであったが，「要綱」発表後は各高等学校で「高等学校においては十八年度体育要綱は高校修練要綱に抵触せざる限りにおいて適用されること」，「鍛錬部は修練要綱における体錬実施要領に挙げられた種目に限ること」という文部省方針に従って野球，庭球，卓球等の諸運動部の存続は認められないこととなった[40]。

　このような動向をうけて，『新聞』には「受動的な正課以外に何か能動的な衝動を充たすものとしての運動部の存在は未知の高貴なるものを模索する高校生活全般にとって不可欠の手段であった。勿論運動量の過重，試合中心主義の偏頗な練習方法，資材の消耗等に多くの反省すべき点はあるにせよ，試合てふ山を失ひ更にスポーツ本来の娯楽性をも無視したかに見える行軍，戦技の諸班に，これに代ふ価値があるだらうか」と疑問を投げかける記事が掲載されている[41]。

　東大鍛錬部では「戦時学徒体育訓練実施要綱」が示された３月以来，改革案

を練り，4月に入って学生側の態度を表明した。『新聞』記事によれば，この改革案が企図するところは「本学学生一般の基礎体力の増進」であり，文部省が示した方針に大体沿うものの，「運動諸班の廃合は二義的な問題として」処理された。課題としては一般学生への周知や配属将校室との連携緊密化などがあげられ，特に伝統ある運動部に関することは「徒に形式を飾る事なき実状即応の自主的解決が望まれる」と慎重な構えをみせている[42]。また，法学部では4月16日から午後の開講時間を5分遅らせ，その5分を体操にあてることとなったこと（1時5分から15分間），第二工学部でも5月から東大鍛錬体操を昼休みか放課後に実施することが決まったと報じられている。

政府が学生の体育訓練に本腰を入れ，各種のスポーツ大会が縮小・廃止に追い込まれる中でも，東大では従来の運動諸班を廃止するという措置には二の足を踏んだ。『新聞』記事の内容から判断すると，それは学内でスポーツ統制や廃止に対する抵抗勢力が強かったためであると考えられる。鍛錬部の提案は，運動部の処遇の問題を「二義的な問題」として棚上げし，本質を一般学生の鍛錬運動と捉えるものであった。そして，その方法として「全学鍛錬体操」がさらに推進・拡大されていく。

（4）「全学鍛錬体操」の拡大

1943（昭和18）年5月10日付『新聞』には，全学体操実施についての学生の意識調査の結果が報じられている。この調査は理学部の全学生を対象にしたもので，学部の80％近くにあたる210名の回答は以下のような結果を示したという[43]。

(一) 体操に関心があるか（有166，無35，普3，少有1）
(二) 鍛錬体操は体に良いと思ふか（思ふ178，思はぬ8，不明21）
(三) 今の体操は自分に（強い46，弱い55，適当56，不明53）
(四) 強者と弱体者に分けて実施してもらひ度い（希望87，不希望89）
(五) 体操実施時間（十時37，十二時五十分135，十六時25）
(六) 出席をとり行ふがよいか（希望者9，不希望201）

全体的な傾向として体操をすることについては肯定的であるが，出席をとることに対してはほとんどが反対をしている。これは統制的な傾向への抵抗感と

ともに，必ずしもすべての学生が参加するものとして捉えられていなかったことを示していると考えられる。

そして，いよいよ「全学鍛錬体操」が実施される。43年5月，毎日12時半から1時までの30分を「全学鍛錬体操時間」と定め，全学生の参加を目標に各学部に分かれての体操が始められた。『新聞』では「さあ，全学健康へ突進だ―大講堂の時計針が縦に真直ぐになる頃―十二時半ともなればけふ此頃本学内は空地といふ空地，残る隈なく裸体が氾濫『オイチニイ，オイチニイ』のかけ声で薫風を切って一斉に手足が律動する，まさに全学八千のかもし出す鮮やかな厚生絵巻だ。」[44]と情景を描写している。また，それまでは各学部ばらばらに実施され，有志のみの参加であったが，時間を定めて一斉に行うことで「陽光を浴びる人数は一日一日と増してゆく」と参加状況を報告した。

その後，7月14日から18日までは検見川寮で体操合宿が行われ，講師に「国鉄体操」の創案者として有名な斎藤由理男が招かれた。9月24日からは5日間の日程で第二回体操講習会が開催され，これも斎藤が指導している。この講習会では「毎日体操四時間，講義二時間，講演一時間」と，密度の濃い指導が実施された[45]。

さらに12月には鍛錬部より「全学鍛錬体操」の実施拡充が提案された。これについては，「今後全学生の甲種合格を目指して従来実施中の全学体操を拡充強化し大体午前十時前後ある程度授業時間を割き又放課後，昼食時等に別けて徹底的に行はんとするものでその成果は期待すべきものがある」と報じている。従来の昼休みでは昼食をとる学生もおり，全員が体操に参加することが難しいとの理由で，10時頃から授業時間を削って体操にあてるというのだ[46]。つまり，この時点では体操よりも授業や昼食が優先される状況があったことがわかる。先に示した理学部アンケート結果にも示唆されているように，大学当局は強制的に鍛錬を課したわけではなかった。

この全学鍛錬体操のほかにも，卒業生の入営に備えた鍛錬行事が企画されている。5月には末弘鍛錬部長の提案で「新卒業生が入営しても早速役に立つやうにと，鍛錬部では徴兵検査期を控へた最終学年次生によびかけ，駈歩，体操，水泳等の基礎訓練の指導に乗り出す」[47]という記事がみられる。これは6月10日から6月下旬まで行われることとなり，「壮丁訓練実施細目」に仔細が

第Ⅱ部　東の大地との対話　219

定められた。入営後も落伍しないための「体力の基礎訓練」を目的として，「体操，駈歩，戦場運動（銃剣道その他）」を実施するもので，鍛錬部員の指導によって午後3時からの30分間を2週間続けることとされた。参加は任意で希望者が申し込むこととされている[48]。しかしながら，参加希望者は20人たらずという状況であったことも後日報じられている。

　国民体育が総力戦体制下の軍事的・全体主義的な体制に組み込まれる過程は，体育やスポーツが国民統合や動員を推進する「錬成」（錬磨育成）という概念装置によって統制される過程であった[49]。それは東大の鍛錬部新設や「全学鍛錬体操」の推進にも表れる。しかし，大学という機関の性格もあるのだろうが，紙面から読み取れる実態は「鍛錬」「錬成」という語が連想させる強権的なイメージとはやや異なる。少なくとも『新聞』記事を見る限りでは，運動競技の存続や鍛錬体操および壮丁訓練の自主的参加など，大筋では政府の施策に沿いつつも，学生の自由や自律性は一定の線で守られていたと考えられる。

おわりに

　太平洋戦争が開戦し，兵力の確保がより切迫した課題となる1942（昭和17）年以降，体操は兵力・労働力の確保や質の向上を目的とした国民錬成の基礎的運動として重視された。末弘や栗本の言葉に示されるように，見世物的な集団体操や惰性的なラジオ体操への取り組みは批判の対象となり，「国鉄体操」や「海軍体操」のようなしっかりとした指導体制の下に展開される鍛錬的な体操が推奨されるようになる。この時期，壮丁年齢の青年層に対しては，「国民体力法」や「結核対策要綱」に基づく健民修錬が実施され，「戦時学徒体育訓練実施要綱」などによって錬成の具体的内容が規定されていった。体操はその基礎的訓練項目として位置づき，日常的な取り組みが要望された。本稿で取り上げた東京帝国大学「全学鍛錬体操」もその一つである。この事例は，戦時下の学生鍛錬と体操実践の実態をスポーツの統制と合わせて把握することができ，かつ体育国策の中核にあった末弘厳太郎が直接に関与したという点で重要な意味をもっている。

　戦争遂行のための新体制運動は大学組織にも変革を迫り，東大では1940（昭

和15）年から議論された学内組織改編の方針が41年に入って実施された。この中でも，運動会組織の発展的解消による鍛錬部の設置は関心を集め，特に選手制度の弊害が指摘されていた運動競技のあり方の是正と全学生への鍛錬の普及は，学内の大きな課題として『帝国大学新聞』にもたびたび取り上げられている。

鍛錬部の設置が時局に応じた改組として積極的に受けとめられる一方で，競技運動に対して抑圧的に働くことには懸念が示されていた。運動競技の処遇をめぐっては「戦時学徒体育訓練実施要綱」の発表を受けてかなり揺らぐが，運動部の活動が完全に停止したという記事は43年の段階ではみられない。

末弘厳太郎は，東京オリンピック返上後に開かれた1938（昭和13）年の座談会「時局下に体協はどう動く」において，「野球のことをよく悪口言ふが，実際野球は観て居て面白く，又体育を拡める見地から言へばあれば相当奨励すべきものの一つだね」と述べ，野球が国民体育振興に有益であるとの持論を披瀝している[50]。末弘は大日本体育会錬成部長となり，東大でも鍛錬部長として戦時国民体育を推進していくが，体協時代からの「スポーツ人」であった末弘のこのような見解は，時局が急転する中でも大きくは変化しなかったのではないだろうか。

このような意識を反映してか，大学内の活動は政府の方針に従いつつもOBの意向を含めて自治的な面を残しているようにみえる。東大の鍛錬は強健な者よりも「筋骨虚弱者」に重点が置かれ，「全学鍛錬体操」には最も力が入れられた。鍛錬部では旧運動会の競技選手を中心に体操指導員を養成し，全学的な体操の普及がはかられたが，『新聞』記事を見る限り，それは強権的に行われるものではなく，基本的には自主的な参加を促されたものと考えられる。

本稿では「全学鍛錬体操」の実施・拡大を中心に述べたが，鍛錬部の構成員やその他の活動，東大以外の教育機関や諸団体の状況などを見ることで，この時期の「錬成」の実態や体操およびスポーツ実践の実態がさらに明瞭なものになると考えられる。今後の課題としたい。

［付記］
本稿は科学研究費補助金「十五年戦争下における集団体操の奨励と国民身体の統制」

（若手研究B，2010-2011年度，研究課題番号22700635）による研究成果の一部である。

注

1）佐々木浩雄，量産される集団体操：国民精神総動員と集団体操の国家的イベント化，坂上康博ほか編，幻の東京オリンピックとその時代：戦時期のスポーツ・都市・身体，東京：青弓社，2009，405-444頁。
2）各種の体操について触れたものとして，今村嘉雄，日本体育史，東京：不昧堂出版，1970。佐藤友久/石橋武彦，日本の体操：百年の歩みと実技，東京：不昧堂出版，1966など参照。ファシズム期におけるスポーツの統制については，入江克己，昭和スポーツ史論：明治神宮競技大会と国民精神総動員，東京：不昧堂出版，1991。今村嘉雄，前掲書など参照。
3）日本体育協会編，スポーツ80年，東京：日本体育協会，1959，109頁。
4）厚生省，大日本体育会の誕生，体育日本，第20巻（1942）第5号：4-8頁（内閣情報局『週報』288号よりの転載記事）。
5）同上。
6）同上。
7）末弘厳太郎（1888-1951）は1912（大正元）年東京帝国大学法科大学を卒業。21（大正10）年4月に東京帝国大学法学部教授に就任。42年3月から45年3月まで法学部長を務めた。戦前・戦後を通じて民法や労働法の領域で業績を残したが，一方で，大日本水上競技連盟の発足に力を尽くし，1927（昭和2）年には会長に就任するなどスポーツ界にも深く関わった。大日本体育協会理事長も務め，大日本体育会へ改組した後もその中核にあった。東大でも鍛錬部長として学生の錬成にあたった。
8）末弘厳太郎，体操管見，体育日本，第21巻（1943）第5号：2-7頁。
9）1939（昭和14）年に一般向けの「大日本国民体操」男子青年層向けの「大日本青年体操」，女子青年層向けの「大日本女子青年体操」が制定され，翌年，場所をとらず運動強度も抑えた「大日本厚生体操」が加えられた。
10）末弘厳太郎，体操管見，体育日本，第21巻（1943）第5号：2頁。
11）末弘厳太郎，体操管見，体育日本，第21巻（1943）第5号：4頁。
12）栗本義彦，今日の体操を繞ぐりて，体育日本，第21巻（1943）第5号：11頁。
13）末弘厳太郎，体操管見，体育日本，第21巻（1943）第5号：7頁。
14）栗本義彦，今日の体操を繞ぐりて，体育日本，第21巻（1943）第5号：8頁。
15）末弘厳太郎，体操管見，体育日本，第21巻（1943）第5号：4頁。
16）坂上康博は，文部省が学生スポーツを統制したのに対し，厚生省は一般国民に対して慰安や娯楽としてスポーツを奨励したことを指摘し，従来の戦時における「統制されるスポーツ」の固定的イメージに修正を促している。（坂上康博，太平洋戦争下のスポーツ奨励：1943年の厚生省の政策方針，運動用具および競技大会の統制，

一橋大学スポーツ研究，第29号（2010）：11-18頁．
17）『帝国大学新聞』は1920（大正9）年12月に創刊。44年7月からは『京都帝国大学新聞』と合併し、『大学新聞』と改称した。鍛錬部の創設や鍛錬体操実施については41年に入ってから記事が散見されるようになる。43年まではほぼ週に1回のペースで発行されている。
18）例えば朝日新聞社主催の全国中等学校野球優勝大会（甲子園大会）も41年は中止、42年は文部省・学徒体育振興会主催の大会として実施された。
19）高岡裕之，総力戦体制と「福祉国家」：戦時期日本の「社会改革」構想，東京：岩波書店，2011，263頁．
20）厚生省健民局，健民修錬の成果に就て，内務厚生時報，第9巻（1944）第5号：10-11頁．
21）高岡前掲書（2011），263-264頁．
22）学生の体位と結核対策，帝国大学新聞，第932号，1943年2月1日付．
23）鍛錬主義へ転向：運動会，帝国大学新聞，第838号，1941年1月1日付．
24）赤門運動会とは、東京帝国大学運動会OBで組織された団体で、現在も存続している。特に戦前は運動会OBの官僚・政治家や大日本体育協会を始め、各競技団体で指導的立場にある人物も多数おり、学内において赤門運動会の意向は無視できないものがあったようである。
25）中村榮治，鍛錬部設置に望む②：運動競技の全学化，帝国大学新聞，第841号，1941年1月27日付．
26）松澤一鶴，鍛錬部設置に望む④：成果は熱意に俟つ，帝国大学新聞，第843号，1941年2月10日付．
27）清瀬三郎，鍛錬部設置に望む⑤：斯く運動部の解放へ，帝国大学新聞，第844号，1941年2月17日付．
28）野津謙（1899-1983）は1923（大正12）年、東京帝大医学部卒。学生時代にはサッカーやボート競技に勤しみ、戦前・戦後を通じて日本サッカー協会の礎を築いた。1925（大正14）年に大日本体育協会理事、29（昭和4）年に専務理事となり、オリンピックにも28年（アムステルダム）、32年（ロサンゼルス）に日本選手団・本部役員として参加するなどスポーツにも精通した人物であった。医者（医学博士）として、厚生省体育官として戦時の体育行政にも深く関わり、日本産業報国会厚生部長にも就いた。
29）野津謙，鍛錬部設置に望む③：鍛錬への条件，帝国大学新聞，第842号，1941年2月3日付．
30）東京大学百年史編集委員会編，東京大学百年史：通史二，東京：東京大学，1985，963-964頁．
31）帝国大学新聞，1941年5月26日付．
32）増産、鍛錬に急進軍：常任理事会で明年度方針を熟議，帝国大学新聞，887号，

1942年2月2日付。
33) 四月の空に双手を延べて：検見川でデンマーク体操講習会，帝国大学新聞，第896号，1942年4月12日付。
34) 多い筋骨薄弱と遠・近視：徴兵検査に表れた本学生の体位。帝国大学新聞，第898号，1942年4月27日付。
35) 体操部を新設：鍛錬部丁抹体操に本腰，帝国大学新聞，第900号，1942年5月11日付。
36) 工・体操指導員講習，帝国大学新聞，第903号，1942年6月1日付。
37) 要鍛錬者に運動を：鍛錬部長に末弘教授，帝国大学新聞，第907号，1942年6月29日付。
38) 末弘厳太郎，大学と体育，帝国大学新聞，第917号，1942年10月5日付。
39) 高校鍛錬部改革に先鞭：国防訓練を主軸に：浦和高校運動諸班を廃止，帝国大学新聞，第923号，1943年2月1日付。
40) 高校鍛錬部統一へ：野球，庭球，卓球等諸部は廃止：文部省・体育行政に点睛，帝国大学新聞，第942号，1943年4月26日付
41) 運動部の改変，帝国大学新聞，第933号，1943年2月8日付。
42) 鍛錬部改組に着手：基礎訓練を強化：ここに大世帯の悩み，帝国大学新聞，第942号，1943年4月26日付。
43) 体操大いに結構：但し出欠調査は御免蒙りたい：理で"全校体操"の声調査，帝国大学新聞，第944号，1943年5月10日付。
44) 健康へ八千人の律動：薫風に，さあ出発だ：全学生参加で鍛錬体操時間始る，帝国大学新聞，第943号，1943年5月17日付。
45) 帝国大学新聞，第950号，1943年6月21日付。
46) もっと全学体操を：甲種続出を目ざして企画，帝国大学新聞，第968号，1943年12月3日付。
47) 今度は駈歩訓練："落伍せぬ兵士"を目ざして：鍛錬部，基礎運動を指導，帝国大学新聞，第946号，1943年5月24日付。
48) 壮丁訓練実施細目決る：召される身鍛へん：十日から毎日三十分づつ，帝国大学新聞，第948号，1943年6月7日付。
49) 「錬成」や「修錬」という語がどのように生成され，戦時に存在感をもったかについては，寺崎昌男／戦時下教育研究会編，総力戦体制と教育：皇国民「錬成」の理念と実践，東京：東京大学出版会，1987参照。
50) 座談会：時局下に体協はどう動く，オリンピック，第16巻（1938）第9号：33頁。

戦前日本のスポーツ外交
――1940年第12回オリンピック競技大会の招致に着目して――

田 原 淳 子

はじめに

　1940（昭和15）年第12回オリンピック競技大会（以下，「第12回オリンピック大会」と略す）の開催地を決めるIOC総会は，1936（昭和11）年7月31日にベルリンで開催された。そのとき，東京は対立候補であるフィンランドのヘルシンキを36対27の大差で破り，最初の立候補で開催権を獲得した。筆者はかつて，そのときの票読みに関する研究を行い，当時のIOC委員の6割がヨーロッパの出身者で占められていた中で，東京はそれ以外の大陸，すなわちアジア，アメリカ，オセアニア，アフリカ出身のIOC委員から，優位に票を獲得していたことを明らかにした[1]。

　では，東京はどのようにして，多数のIOC委員の票を獲得することができたのだろうか。かつての研究をさらに深めるため，本研究では，オリンピックの招致期間における日本と諸外国とのスポーツ交流に目を向けることにした。つまり，直接的にオリンピックに関する内容を取り上げるのではなく，その周辺に存在していたであろう日本と諸外国とのスポーツをめぐる関係を顕在化させていくことにより，票の獲得の成否につながる背景を探ろうとするものである。その際，当時の日本が置かれていた国際政治情勢にも留意しながら，スポーツの立場からみた国際政治と，国際政治の立場からみたスポーツという双方向の関係性についても考察を加えたい。それにより，オリンピックの招致・開催がもつ意味をより広い視野でとらえ直すことを目指している。

　先行研究・文献には，第12回オリンピック大会を扱ったものは多数あるが，

当時の日本のスポーツ外交について包括的に取り上げたものはみられない。その意味では，従来のスポーツ史研究に日本のスポーツ外交史という新たな研究領域の視座を提供する試みでもある。このような問題意識から，本研究では，第12回オリンピック大会の招致期間における日本のスポーツ外交についての包括的な把握を目的とした。

研究の対象とする期間は，皇紀2600年を記念する祝賀行事として同年（1940年）に開催が予定されている第12回オリンピック大会を招致しようという提唱がなされ，それを意識した対外的な最初の活動がなされた日本の陸上競技選手のヨーロッパ遠征にかかわる文書が現れた1930（昭和5）年3月から，ベルリンにおけるIOC総会において同大会の開催地が東京に決定した1936（昭和11）年7月までとした。主な資料は，外務省外交史料館に所蔵されている外務省記録「体育並運動競技関係雑件」[2]を用いた。

史料の分析方法としては，まず，該当する期間の文書を，「体育並運動競技関係雑件」の目次に記載されている件名，交信の相手国とその国が属する大陸，その文書で扱われている競技，交信記録の開始日について整理をした（表1）。表中の件名では，目次に記載されている名称を可能な限りそのまま記載し，目次の中で「一般及雑件」等として扱われている文書は割愛している。また，各件名に分類される文書は，1カ所あるいは複数の在外公館と外務省との往復文書や，外務省と関係機関との文書，添付資料を含み，各件名に含まれる文書量は一様ではない。また，目次には件名が記載されているものの，実際の文書が存在せず，内容を確認することができなかった件名については，表には含めていない。

表1　外務省記録「体育並運動競技関係雑件」昭和5年3月〜昭和11年7月

	件名（目次より）	大陸	相手国	競技	交信
1	本邦陸上競技選手渡欧関係	欧州	フィンランド，フランス，ソビエト連邦，スウェーデン，ドイツ	陸上	昭和5年3月28日〜
2	民國二十年度全國運動會関係	アジア	中華民國	その他	昭和5年5月1日〜

3	「プラーグ」ニ於ケル女子「オリンピック」大會（第三回女子「オリンピック」大會関係を含む）	欧州	チェコスロバキア	陸上	昭和5年5月27日～
4	國際陸上競技聯盟會議関係	欧州	ドイツ	陸上	昭和5年5月27日～
5	巴里ニ於ケル日佛対抗陸上競技会	欧州	フランス	陸上	昭和5年6月25日～
6	日本ラクビー蹴球團ノ加奈陀遠征関係	北米	カナダ	ラグビー	昭和5年10月6日～
7	在「ローザンヌ」國際体育協會ノ「スポート」改善関係	欧州	スイス	その他	昭和5年11月18日～
8	米国職業野球團招聘関係	北米	アメリカ	野球	昭和5年11月20日～
9	アラメダ野球團本邦渡来関係	北米	アメリカ	野球	昭和6年2月18日～
10	蹴球團ジヤバ遠征関係	アジア	インドネシア	サッカー	昭和6年2月20日～
11	硝子張海水浴場ノ寫真其他入手関係	北米	アメリカ	その他	昭和6年3月31日～
12	本邦氷滑選手芬蘭行関係	欧州	フィンランド	水泳	昭和6年3月5日～
13	一九三一年五月「ウエニス」ニ開催サルベキ体育及「スポーツ」国際祭関係	欧州	イタリア	その他	昭和6年4月7日～
14	サント・トマス大学バスケット・ボール・チーム來邦関係	アジア	フィリピン	バスケット	昭和6年4月9日～
15	南京中央体育場関係	アジア	中華民国	その他	昭和6年5月11日～
16	吉岡選手ヲ羅府運動倶樂部ニテ招待関係	北米	アメリカ	陸上	昭和6年5月13日～
17	伊太利体育聯合協會主催競技會関係	欧州	イタリア	不明	昭和6年5月4日～
18	体育及運動競技ニ関スル歌詞関係	アジア	シンガポール，フィリピン，インド，インドネシア	その他	昭和6年6月5日～
19	早大劔道部選手渡米関係	北米	アメリカ	剣道	昭和6年7月1日～

20	各國ニ於ケル柔道普及状況	欧州, アジア	チェコスロバキア, ポーランド, スペイン, ドイツ, フランス, イギリス, イタリア, ルーマニア, ソビエト連邦, インド, アフガニスタン	柔道	昭和6年 7月15日〜
21	丁抹体操学校長及学生運賃割引方関係	アジア	朝鮮	体操	昭和6年 8月26日〜
22	カルカッタ・サウス・クラブ日本庭球選手招待関係	アジア	インド	テニス	昭和6年 9月23日〜
23	日本庭球協會関係	アフリカ	エジプト	テニス	昭和6年 11月23日〜
24	加奈陀「ラグビー」選手渡日関係	北米	カナダ	ラグビー	昭和6年 12月3日〜
25	本邦「スケート」選手ニ「シカゴ・デーテーニウス」社賞品寄贈関係	北米	アメリカ	スケート	昭和7年 3月14日〜
26	本邦「オリンピック」選手南米方面招待	南米	ペルー	陸上	昭和7年 3月25日〜
27	加奈陀「スキー」協會ノ我「スキー」及「スケート」選手招待	北米	カナダ	スキー, スケート	昭和7年 4月14日〜
28	讀賣新聞者主催米國拳闘選手招待関係	北米	アメリカ	拳闘	昭和7年 4月4日〜
29	「ストックホルム」ニ於ケル國際蹴球協會聯合會関係	欧州	スウェーデン	サッカー	昭和7年 5月12日〜
30	日本庭球協會関係	アフリカ	南アフリカ	テニス	昭和7年 5月16日〜
31	伊國「オリンピック」選手本邦招待計画	欧州	イタリア	陸上	昭和7年 5月20日〜
32	布哇大學野球部選手関係	北米	アメリカ	野球	昭和7年 6月15日〜
33	滿洲國記念聯合大運動會	アジア	滿洲国	その他	昭和7年 6月18日〜
34	日本庭球協會関係	アジア	インドネシア, シンガポール	テニス	昭和7年 6月23日〜
35	南加テニス協會ノ日本庭球選手招聘関係	北米	アメリカ	テニス	昭和7年 7月14日〜
36	芬蘭ノ「スポーツ」ニ関スル冊子	欧州	フィンランド	その他	昭和7年 7月27日〜

37	伊国水泳聯盟ヨリ本邦水泳教師招聘関係	欧州	イタリア	水泳	昭和7年11月14日〜
38	芬蘭ノ運動選手本邦招待関係	欧州	フィンランド	陸上	昭和7年11月5日〜
39	日本庭球協會関係	アジア	フィリピン	テニス	昭和7年12月12日〜
40	洪牙利拳闘家及「レスラー」本邦就職方希望申出関係	欧州	ハンガリー	拳闘	昭和7年12月14日〜
41	維納ニ於ケル「スキー」大會関係	欧州	オーストリア	スキー	昭和7年12月20日〜
42	墨國拳闘選手関係	南米	メキシコ	拳闘	昭和8年1月28日〜
43	埃及庭球協會関係	アフリカ	エジプト	テニス	昭和8年2月16日〜
44	陸上選手南米訪問関係	南米	ブラジル	陸上	昭和8年3月1日〜
45	東京羅馬尼公使館ヨリ本邦体育研究資料関係	欧州	ルーマニア	その他	昭和8年6月10日〜
46	加州及沿岸地方陸上競技関係	北米	アメリカ	陸上	昭和8年6月29日〜
47	全満バスケット・ボール内地遠征関係	アジア	満洲国	バスケット	昭和8年7月20日〜
48	米國陸上選手招待関係	北米	アメリカ	陸上	昭和8年8月14日〜
49	全日本陸上競技聯盟ニテ米人選手招待関係（権泰夏帰國読売新聞立替電報料関係ヲモ含ム）	北米	アメリカ	陸上	昭和8年8月26日〜
50	「シドニー」水泳協會ノ本邦水泳選手招聘関係	オセアニア	オーストラリア	水泳	昭和8年9月18日〜
51	南米オリンピック大會関係	南米	チリ，ブラジル，ペルー	陸上	昭和8年9月7日〜
52	満州國体育協會露人選手上陸許可関係	アジア	満洲国	陸上	昭和8年10月28日〜
53	本邦代表卓球團体	欧州	イギリス	卓球	昭和8年12月30日〜
54	全日本学生「スキー」競技聯盟	欧州	スイス	スキー	昭和8年12月5日〜
55	秘露在留邦人ノ日本競技聯盟ヘ分擔金関係	南米	ペルー	その他	昭和9年1月30日〜

56	「デ」杯選手（佐藤次郎死去ヲ含ム）	欧州,北米,アフリカ	フランス，イギリス，ドイツ，アメリカ，エジプト	テニス	昭和9年2月4日～
57	波蘭体育協會主催　日波女子「スポーツ」競技會関係	欧州	ポーランド	陸上	昭和9年3月22日～
58	獨逸学生スキー大会	欧州	ドイツ	スキー	昭和9年3月7日～
59	全日本馬術競技大会	欧州，米，アジア	ドイツ，ベルギー，波蘭，アフガニスタン，フランス，アメリカ，イタリア，トルコ，中華民国，ソビエト連邦，ウルグアイ	馬術	昭和9年4月16日～
60	朝鮮蹴球團	アジア	朝鮮	サッカー	昭和9年4月26日～
61	伯剌西爾海軍協會ヨリ本邦水泳「コーチ」招聘申出ノ件	南米	ブラジル	水泳	昭和9年5月18日～
62	世界女子「オリンピック」大會	欧州ほか	イギリス	陸上	昭和9年5月22日～
63	上海市ノ大體育場関係	アジア	中華民国	その他	昭和9年5月26日～
64	「フロリダ」方面ヨリ青少年野球團派遣関係	北米	アメリカ	野球	昭和9年7月23日～
65	伯國海軍協會ヨリ本邦水泳「コーチ」招聘関係	南米	ブラジル	水泳	昭和9年8月22日～
66	国際陸上競技聯盟會議ニ於テ後任セラレタル世界記録	欧州	スウェーデン	陸上	昭和9年8月30日～
67	ハーバード大学野球團羅医長関係	北米	アメリカ	野球	昭和9年8月8日～
68	萬國學生競技大會	欧州	ハンガリー	陸上，テニス，体操	昭和9年8月19日～
69	華北運動會	アジア	満州國	その他	昭和9年10月22日～
70	日本漕艇協會ノ國際漕艇協會加入関係	欧州	スイス	漕艇	昭和9年10月8日～
71	教育映画國際協會技術諮問委員會及「スポーツ」映画國際競技會関係	欧州	イタリア	その他	昭和9年11月19日～

72	南阿ヨリ日本野球團招待関係	アフリカ	南アフリカ	野球	昭和9年11月30日～
73	日本庭球協會関係	アジア	フィリピン	テニス	昭和9年12月26日～
74	マニラオールカマーズトーナメント派遣選手	アジア	フィリピン	テニス	昭和9年12月26日～
75	芬蘭運動選手本邦招待関係	欧州	フィンランド	不明	昭和9年12月30日～
76	南阿ヨリ本邦野球團招待関係	アフリカ	南アフリカ	野球	昭和10年1月10日～
77	柔道ニ関スル資料	欧州	チェコスロバキア	柔道	昭和10年1月23日～
78	「オレゴン」「オハイオ州立」大學野球「チーム」本邦招待関係	北米	アメリカ	野球	昭和10年1月24日～
79	在「ワルソー」市運動倶楽部ヨリ本邦「デ」盃庭球選手招請関係	欧州	ポーランド	テニス	昭和10年1月31日～
80	阿富汗國ニ於ケル柔道教授関係	アジア	アフガニスタン	柔道	昭和10年2月15日～
81	本邦陸上競技選手ノ阿富汗訪問関係	アジア	アフガニスタン	陸上	昭和10年2月16日～
82	北米武徳會関係	北米	アメリカ	剣道	昭和10年2月19日～
83	米國學生蹴球團関係	北米	アメリカ	サッカー	昭和10年3月18日～
84	國際唖者運動競技會関係	欧州	イギリス	不明	昭和10年3月20日～
85	国際「スポーツ」ニ関スル調査ノ件	欧州,南北米,アジア	イギリス,フィンランド,フランス,スウェーデン,ドイツ,チェコスロバキア,イタリア,オーストリア,ベルギー,スペイン,アメリカ,カナダ,ブラジル,ソビエト連邦,中華民国	その他	昭和10年3月22日～
86	羅馬ニ於ケル國際「ラグビー」協會大會関係	欧州	イタリア	ラグビー	昭和10年3月23日～

87	伯國ニ於ケル齊藤水泳コーチ関係	南米	ブラジル	水泳	昭和10年3月27日～
88	朝鮮蹴球團関係	アジア	朝鮮	サッカー	昭和10年3月8日～
89	米國ヨリ本邦大學選抜野球團招待関係	北米	アメリカ	野球	昭和10年4月9日～
90	比律賓代表チーム	アジア	フィリピン	陸上	昭和10年5月24日～
91	葡國ニ於ケル柔道教授関係	欧州	ポルトガル	柔道	昭和10年5月4日～
92	致國柔道関係	欧州	チェコスロバキア	柔道	昭和10年5月6日～
93	全米「オール・スター」籠球選手歓迎関係	北米	アメリカ	バスケット	昭和10年5月8日～
94	瑞典運動倶楽部ヨリ日本選手招待関係	欧州	スウェーデン	陸上	昭和10年6月10日～
95	日本庭球協會関係	アジア, 欧州, 北米	中華民国, フランス, アメリカ	テニス	昭和10年6月11日～
96	日佛學生陸上競技関係	欧州	フランス	陸上	昭和10年6月12日～
97	日致陸上競技関係	欧州	チェコスロバキア	陸上	昭和10年6月22日～
98	第六回萬國學生競技大會関係	欧州	ハンガリー	陸上	昭和10年6月24日～
99	神戸華僑國技團関係	国内	兵庫県	登山	昭和10年6月27日～
100	米國「エール」大學學生團招聘関係	北米	アメリカ	野球	昭和10年6月6日～
101	「オデッサ」ニ於ケル体育運動會行列関係	欧州	ソビエト連邦	その他	昭和10年7月26日～
102	「ソ」聯邦ニ於ケル體育奨励関係	欧州	ソビエト連邦	その他	昭和10年8月27日～
103	日本氷上「ホッケイ」選手招待関係	欧州	ルーマニア, ポーランド	アイスホッケー	昭和10年8月2日～
104	阿富汗國獨立祭祝典ニ際シ柔道競技公演関係	アジア	アフガニスタン	柔道	昭和10年8月30日～
105	南京ニ於ケル國民運動大會	アジア	中華民国	その他	昭和10年9月16日～

106	日本陸上競技聯盟	アジア	フィリピン	陸上	昭和10年9月17日〜
107	立教「バスケット」團渡米関係	北米	アメリカ	バスケット	昭和10年10月16日〜
108	致國スキー協会本邦選手招待	欧州	チェコスロバキア	スキー	昭和10年10月22日〜
109	日本水泳選手伯國招聘干ママ係（海軍体育協会）	南米	ブラジル	水泳	昭和10年10月4日〜
110	日本「ヨット」倶楽部関係	欧州	フランス	ヨット	昭和10年10月8日〜
111	水泳競技施設照會件	オセアニア	オーストラリア	その他	昭和10年11月30日〜
112	独逸スキー倶楽部関係	欧州	ドイツ	スキー	昭和10年12月28日〜
113	濠洲「ゴルフ」職業選手團ノ訪日干ママ係	オセアニア	オーストラリア	ゴルフ	昭和10年12月9日〜
114	茨木カンツリー倶楽部関係	国内	在日外交官	ゴルフ	昭和11年10月9日〜
115	独逸「スキー」倶楽部ニ便宜供與ノ件	欧州	ドイツ	スキー	昭和11年1月17日〜
116	外人スキー團渡日関係	アジア	中華民国	スキー	昭和11年1月22日〜
117	新西蘭「ラグビー」選手工場見学干ママ係	オセアニア	ニュージーランド	ラグビー	昭和11年1月27日〜
118	大日本蹴球協会	欧州	ポーランド	サッカー	昭和11年2月15日〜
119	第五回万國学生冬季競技大会	欧州	オーストリア	詳細不明	昭和11年2月2日〜
120	西「アジヤ」「オリムピック」競技會	アジア	アフガニスタン	不明	昭和11年4月5日〜
121	奉天國際「ゴルフ」倶楽部関係	アジア	満洲國	ゴルフ	昭和11年4月7日〜
122	秘露中央日本人会ノ本邦水泳選手招待関係	南米	ペルー	水泳	昭和11年5月18日〜
123	独逸中央体育運動部関係	欧州	ドイツ	その他	昭和11年5月4日〜
124	瑞西ニ於ケル世界自轉車選手権競走ニ関シテ瀬戸物聯合會長宛同國外務大臣書翰傳送関係	欧州	スイス	自転車	昭和11年6月12日〜

| 125 | 琿春ニ於ケル建国記念運動會 | アジア | 満洲國 | その他 | 昭和11年6月23日〜 |
| 126 | 濠州「スキー」ノ訪日干係 | オセアニア | オーストラリア | スキー | 昭和11年7月27日〜 |

1．文書に関する分析

（1）大陸と国別傾向

　第12回オリンピック大会の開催を決定する投票が行われた1936（昭和11）年7月31日時点におけるIOC委員の構成は，ヨーロッパに大きく偏っていた。ヨーロッパが60％，アメリカ大陸22％，アジア10％，オセアニア5％，アフリカが3％であった（図1）。

　一方，招致期間における文書の件数を大陸別に分類すると，ヨーロッパが51％，アメリカ大陸29％，アジアが13％，アフリカ4％，オセアニア5％であった（図2）。当時のIOC委員の大陸別割合と比較すると，アメリカ大陸への比重がやや高いことがわかる。

ヨーロッパ（26ヶ国）	41
アメリカ（10ヶ国）	15
アジア（5ヶ国）	7
オセアニア（2ヶ国）	3
アフリカ（2ヶ国）	2
計	68人

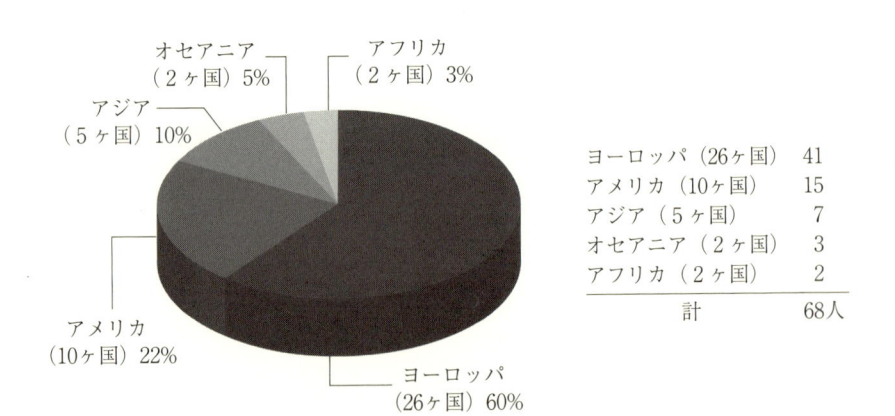

図1　大陸別IOC委員割合（1936年7月）

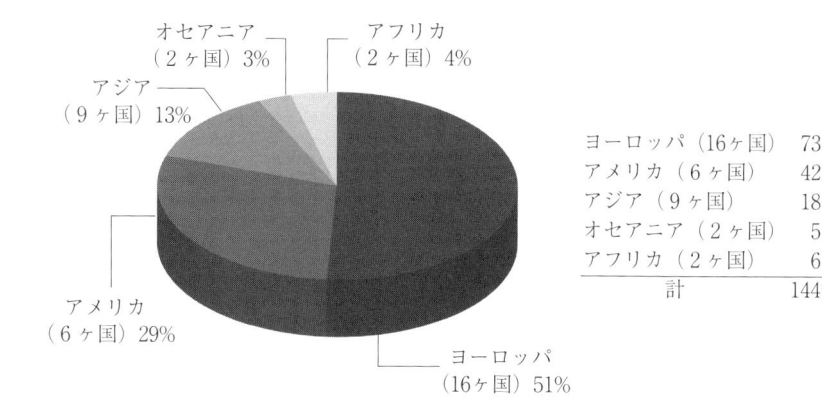

ヨーロッパ（16ヶ国）	73
アメリカ（6ヶ国）	42
アジア（9ヶ国）	18
オセアニア（2ヶ国）	5
アフリカ（2ヶ国）	6
計	144件

図2　大陸別件数割合（1930年5月～1936年7月）

　さらに，国別の傾向として，IOC委員の有無との関係で件名を整理すると，アメリカ大陸，オセアニア，アフリカ，ヨーロッパにおいては，ソビエト連邦を除き，日本はIOC委員がいる国と，スポーツに関する交信を行っていたことがわかる（表2）。件名数の多い国としては，アメリカの25が突出して多く，次いで日本と軍事的に密接な関係にあったドイツ（10件），イタリア（8件）のほか，フランス（9件），日本人移民の多いブラジル（7件）であった。

　一方，アジアにおいては，欄外に示したように，IOC委員のいない国々(インドネシア，シンガポール，アフガニスタン，朝鮮，満洲国）とも積極的にスポーツに関する交信をしていた。スポーツ交流という面では，フィリピンやアフガニスタンとの交流が比較的盛んに行なわれていた。他方，同じアジアのなかでも，中華民国と満州国においては，交信の内容に大きなちがいが見られた（後述）。

表2　投票時のIOC委員数と投票結果の推定および招致期間における対外交信

大　陸 (IOC委員)	国　名 (IOC委員数)	結果の推定 **	件数	競　　技
アジア (5ヶ国7人)	日本（3）	東京		
	中華民国		8	テニス1, スキー1, 馬術1, その他5
	インド	東京	3	柔道1, テニス1, その他1
	フィリピン	東京	6	馬術1
	トルコ		1	馬術1
(小計)			(18)	
アメリカ (10ヶ国15人)	カナダ（2）	東京	4	ラグビー2, スキー・スケート1, その他1
	アメリカ（2）	東京	25	野球8, テニス4, 陸上3, 剣道2, バスケット2, スケート1, 拳闘1, サッカー1, 馬術1, その他2
	メキシコ	東京		
	キューバ	東京		
	中央アメリカ	東京		
	アルゼンチン（2）	東京		
	ブラジル（3）	東京	7	水泳4, 陸上2, その他1
	チリ	東京	1	陸上1
	ペルー		4	陸上2, 水泳1, その他1
	ウルグアイ		1	馬術1
(小計)			(42)	
オセアニア (2ヶ国3人)	オーストラリア（2）	東京	4	水泳1, ゴルフ1, スキー1, その他1
	ニュージーランド		1	ラグビー1
(小計)			(5)	
アフリカ (2ヶ国2人)	南アフリカ	東京	3	野球2, テニス1
	エジプト		3	テニス3
(小計)			(6)	
欧州 (26ヶ国41人)	ドイツ（3）	東京	10	スキー3, 陸上2, テニス1, 柔道1, 馬術1, その他2
	オーストリア	東京	3	冬季競技1, スキー1, その他1
	ベルギー（2）*	東京	2	馬術1, その他1
	ブルガリア	ヘルシンキ		
	デンマーク			
	スペイン（2）		2	柔道1, その他1
	エストニア	ヘルシンキ		
	フィンランド	ヘルシンキ	6	陸上2, 水泳1, その他2, 不明1
	フランス（3）	ヘルシンキ	9	陸上3, テニス2, ヨット1, 柔道1, 馬術1, その他1
	イギリス（3）		5	陸上1, 卓球1, 柔道1, その他1, 不明1
	ギリシャ	ヘルシンキ		

	オランダ（2）			
	ハンガリー（2）		3	拳闘1，陸上2，テニス1，体操1
	アイルランド			
	イタリア（3）	東京	9	陸上1，水泳1，ラグビー1，柔道1，馬術1，その他3，不明1
	ラトビア	ヘルシンキ		
	リヒテンシュタイン			
	モナコ	ヘルシンキ		
	ノルウェー	ヘルシンキ		
	ポーランド（2）	ヘルシンキ	5	アイスホッケー1，サッカー1，テニス1，柔道1，馬術1
	ポルトガル	ヘルシンキ	1	柔道1
	ルーマニア	ヘルシンキ	3	アイスホッケー1，柔道1，その他1
	スウェーデン（2）	ヘルシンキ	5	陸上3，サッカー1，その他1
	スイス	東京	4	自転車1，スキー1，漕艇1，その他1
	チェコスロバキア		6	陸上2，柔道3，スキー1
	ユーゴスラビア（2）	ヘルシンキ		
（小計）			(73)	
合計	45ヶ国68人		144	

*内1名は会長につき，投票結果が同数にならない限り投票権をもたない。
**拙論「第12回オリンピック競技大会（1940年）開催地をめぐる票読みと投票結果」第51回日本体育学会（2000）研究発表による。

● IOC委員のいない国との交信

ヨーロッパ（1ヶ国）	ソビエト連邦		6	柔道1，馬術1，陸上1，その他3
アジア（5ヶ国）	インドネシア		3	サッカー1，テニス1，その他1
	シンガポール		2	テニス1，その他1
	アフガニスタン		5	柔道2，陸上1，馬術1，不明1
	朝鮮		3	サッカー2，体操1
	満州国		6	バスケット1，陸上1，ゴルフ1，その他3
（小計）			(19)	

（2）競技別傾向

　東京と札幌が招致を目指していた1940（昭和15）年の冬季及び夏季大会の実施予定競技ごとに，交信相手国を分類したものが表3である。オリンピック競技のなかで，日本が比較的多くの国と交信していた競技は，陸上，馬術，水上競技，スキー，蹴球，武道であった。一方，オリンピック大会の実施競技ではないものの，交信のみられた競技は，テニス，ラグビー，野球，ゴルフ，卓

球であった。交信相手国としては，ヨーロッパとアメリカ大陸，オセアニアなどが多く，アジア諸国との交信はテニスや馬術競技が中心であった。

表3　1940年オリンピック競技大会（東京・札幌）実施予定種目と招致期間の交信相手国

オリンピック大会実施競技種目（夏季・冬季を含む）	日本が外国と交信した競技種目	交信相手国（欧州・北南米・オセアニア・アフリカ）	交信相手国（アジア）
◇正式種目			
陸上競技	○	アメリカ，ブラジル，チリ，ペルー，ドイツ，フィンランド，フランス，イギリス，イタリア，ハンガリー，スウェーデン，チェコスロバキア，ソビエト連邦	
拳闘	○	アメリカ，ハンガリー	
自転車	○	スイス	
馬術競技	○	ドイツ，ベルギー，ポーランド，フランス，イタリア，ソビエト連邦，アメリカ，ウルグアイ	アフガニスタン，トルコ，中華民国
フェンシング			
体操	○	ハンガリー	
近代五種競技			
漕艇	○	スイス	
射撃			
水上競技	○	ブラジル，ペルー，オーストラリア，フィンランド，イタリア	
重量挙			
レスリング			
ヨット	○	フランス	
芸術競技			
スキー	○	カナダ，オーストラリア，オーストリア（冬季競技？），ドイツ，スイス，チェコスロバキア	中華民国
スケート	○	カナダ，オーストリア（冬季競技***）	
アイスホッケー	○	ポーランド，ルーマニア，オーストリア（冬季競技？）	
ボブスレー	○***	オーストリア（冬季競技***）	
◇選択種目			
蹴球	○	アメリカ，ポーランド，スウェーデン，インドネシア	
水球			
ホッケー			
籠球	○	フィリピン，アメリカ	
送球			

238　戦前日本のスポーツ外交

	カヌー			
◇番外競技				
	武道	○	ポルトガル，チェコスロバキア，ポーランド，スペイン，ドイツ，フランス，イギリス，イタリア，ルーマニア，ソビエト連邦（以上，柔道），アメリカ（剣道）	インド（柔道）
	野球	○	南アフリカ，アメリカ	
	軍隊スキー競走			
◆非実施種目				
	テニス	○	アメリカ，南アフリカ，エジプト，ドイツ，フランス，ハンガリー，ポーランド	中華民国，インド，フィリピン，インドネシア
	ラグビー	○	カナダ，ニュージーランド，イタリア	
	野球	○	アメリカ	
	ゴルフ	○	オーストラリア	
	卓球	○	イギリス	

***具体的な競技名は不明

（3）内容の傾向

　文書の内容に関する傾向は，次の３つの特徴がみられた。

① 　選手や指導者の人的交流に関する内容

② 　オリンピックの招致を意識した内容

③ 　アジアにおける管理・支配に関する内容

　もっとも多くみられたのは，①選手や指導者の人的交流に関する内容であり，オリンピック選手などの海外派遣の他，選手が海外の大会に出場した際に，近隣の諸国で招待試合に参加したり，現地の日本人クラブ等からの日本の選手や指導者の招待，また海外の選手やコーチの招聘などに関する内容がみられた。

　②オリンピックの招致を意識した内容には，次の２つに分類された。一つは，選手の海外派遣がオリンピック招致に貢献するという内容であり，もう一つは，スポーツ施設や政府支援に関する海外からの情報収集に関する内容である。前者の事例には，ハンガリーのブタペストで開催される第６回国際大学競技大会への参加に際し，日本学生陸上競技連合会長の山本忠興が，外務省に宛てた文書がある（表１，件名68番）。そこには，「皇紀二千六百年（一九四〇年）に際会ママしわが帝都に第十二回国際オリンピック大会を招致せんとする熱望

表現の目的を帯び欧州各地にスポーツ的国威の発揮と青年日本を紹介せんとする意図を持つものに候……」という記述がみられる。

また，オリンピック大会の招致と関連して，海外のスポーツに関する情報収集を行なっているとみられる内容には，各国の柔道の普及状況に関する調査（表1，件名20），上海市に新たに建設された総合スポーツ施設に関する情報（件名63），オリンピック競技などの国際スポーツの保護，奨励，その国固有のスポーツの海外紹介や設備に関して政府が補助金を出している事例の収集（件名85），オーストラリアの水泳競技施設に関する情報（件名110）などがみられた。

一方，アジアにおいては，まったく異なる情報のやりとりが行なわれていた。③アジアにおける管理・支配に関する内容としては，日本の文部省が定めた体育運動歌をアジア諸国の日本人小学校に配布する内容（件名18），満州国記念連合大運動会の開催状況の報告として，「国際連盟支那調査委員」の満州訪問の際に，民族融和を示すために，各地で運動会を実施し，それが効果をあげているという報告（件名33）がみられた。

2．日本をめぐる国際政治情勢とオリンピック競技大会の招致

以上，述べてきたように，1930（昭和5）年に第12回オリンピック大会の招致を志して以来，約6年間の招致期間に日本は多数の国々とスポーツに関する交信を行なってきた。オリンピック大会の開催は，皇紀2600年を記念する祝賀行事として日本の国を世界にアピールする絶好の機会になるとして，その招致に国を挙げて精力を注いできたが，当時の日本を取り巻く国際政治情勢には，単純にそれだけではない，オリンピック招致を後押しする別なうねりが流れていた。

オリンピックの招致に動き出した翌年の1931（昭和6）年9月に満州事変が勃発，翌年満州国が建国される。日本の軍事行動を侵略とみなした国際連盟はリットン調査団を派遣した。前述の満州国記念連合大運動会は，この動きに対応して政府がスポーツによって民族融和策をはかろうとした事例であった。1933（昭和8）年3月，日本は国際連盟を脱退し，孤立していく。こうした状

況のなかで，日本が国際社会に復帰するための切り札が，第12回オリンピック大会の招致とその開催であったという見方がある[3]。この時期，日本のスポーツ界にとっては，まさに国際社会への復帰にやっきになる政府・国家の後押しを受け，追い風に乗ってオリンピックの招致に邁進できた時期であったと見ることができる。

　1936（昭和11）年7月31日，第12回オリンピック大会の招致に成功した日本は，その約1年後の1937（昭和12）年7月7日，中国との本格的な戦争に突入する（日中戦争）。やがて政府国家は軍事を最優先し，オリンピック開催への意欲は徐々に失われ，開催の目途が立たずに返上に至るという結末に至ったことは周知の通りである。

おわりに

　本研究は，第12回オリンピック大会の招致期間における日本のスポーツ外交の概要について，以下のことを明らかにした。
・日本は，主にIOC委員のいる国とオリンピック競技を意識した交信を行っていたが，アジア諸国とはIOC委員の有無やオリンピック競技に限定しない交信が行なわれていた。
・交信の内容には，①選手や指導者の人的交流，②オリンピック招致を意識した内容，③アジアにおける管理・支配，という特徴がみられた。
・当時の日本が国際社会において孤立していく状況の中で，第12回オリンピック大会の招致は，単に皇紀2600年の記念行事という意味合い以上に，日本が国際社会に復帰していく重要な機会と捉えられ，招致活動は政治的な後押しを得て，邁進できたと考えられる。

　なお，本研究を足がかりとした今後の研究の可能性について，以下の方向性を見出すことができる。
・本研究で扱った範囲の外交記録をさらに詳細に検討し，交信の概略からさらに踏み込んだ詳細な史実と傾向を明らかにする。
・本研究は，第12回オリンピック大会の招致期間を検討の対象としたが，招致以前や招致後から大会返上までの期間についても同様に継続して史料の分析を

行い，招致期間との比較検討を行なうことで、各時期の傾向をより明確にすることができる。

・上記課題をさらに発展させて，戦後の1964（昭和39）年第18回オリンピック競技大会（東京）までの期間においても，同様の分析を行い，比較検討を行なうことで、戦前から戦後の東京オリンピックに至る流れを把握することが可能になる。

・対象とする時期の国際関係を把握した上で，個別の国と日本とのスポーツ交流史を掘り下げる。特に，本研究において交流数が顕著に多かったアメリカの他，日本人移民を通じた交流が盛んに行われていたブラジル等の南米諸国，外交的に関係が強かったドイツ，イタリア，さらにはアジア諸国とのスポーツ交流史には，その国際政治的関係とも関連して興味深い史実が予見される。考察の視点としては，文化としてのスポーツが果たしてきた機能と政治との関係，民間と国家・行政との関係などが考えられる。

・競技別の対外スポーツ交流史の観点からは，本研究において交流相手国の多かった陸上競技，馬術，水泳，スキー，サッカー，テニス，武道について，多角的に分析を行うことが可能になる。例えば，スポーツ交流の史実とオリンピック競技大会や世界選手権大会・ワールドカップとの関係，また各競技の国際競技連盟（IF）と両国の競技連盟（NF）との関係においても考察が可能である。

注

1）田原淳子「第12回オリンピック競技大会（1940年）開催地をめぐる票読みと投票結果」第51回日本体育学会，体育史専門分科会一般発表，2000。
2）外務省記録「体育並運動競技関係雑件」，東京：外務省外交史料館。
3）梶原英之，オリンピック返上と満洲事変，東京：海鳴社，2009。

日帝強占期学校体育の武道に関する研究
―― 柔道と剣道の教科目導入を中心に ――

朴　貴順（PARK Cindy）

はじめに

　1910年8月，日本は「韓日合邦条約」により帝国主義を前面に押し立てて朝鮮を武力で合邦し，以後，1945年の解放まで継続した。日本は植民地政策の一環として武断統治を敢行し，教育政策では朝鮮教育令を公布した。朝鮮教育令は教育に関連した基本法令で，植民地支配期間中における日帝の植民地教育政策を規定した最も基本的な法令として，勅令によって公布された。また，朝鮮教育令は日帝強占期間の日本の政治的な目的と状況に対応して，4次にわたる制定・改定がなされた。

　第一次朝鮮教育令は1911年8月23日勅令第229号として制定された，植民地教育体制構築のための朝鮮人教育の法令であった。この時朝鮮にいた日本人は日本本国の法令の規定に従った。これは韓国の民族主義を抑圧して，日本に忠誠する韓国人へと変えようとする日本化戦略であると言える。この法令に依拠し，1911年には普通学校規則（修業年限4年），高等普通学校規則（修業年限4年），女子高等普通学校規則（修業年限3年），実業学校規則（修業年限2年，または3年）が制定され，続いて1915年，専門学校規則（修業年限3年，または4年）が制定された。また，1914年6月10日，朝鮮総督令第27号学校体操教授要目が公布された。第一次朝鮮教育令は日本の武断統治植民地政策を通して韓国人を抑圧した。1919年，抗日3.1運動が起こった後，日本の植民統治政策は文化統治政策へと転換し，第二次朝鮮教育令が公布された。

　第二次朝鮮教育令は1922年2月4日，勅令第19号として制定され，韓国人と

日本人の教育の平等を強調し，学制を拡大し，日本人にも適用した。普通学校は6年，高等普通学校は5年，女子高等普通学校は5年または6年と規定されたが，事実上，普通学校は4年ないし5年制であった。また大学教育ならびに師範学校の規定を定めたが，6年制師範学校は普通科5年，練習科は1年課程であった。さらに日本人が韓国人の学校に，韓国人が日本人の学校に進学することが認められた。しかし一部の小学校はやはり日本人だけが入学できたので，この法令が朝鮮人と日本人との教育の平等性を強調していても，完全な教育平等政策ではないということがわかる。1937年，日本は大陸侵略の目的で中日戦争を起こし，軍人養成が必要となったことから，教育の主たる目的を皇国臣民の養成へと転換していった。

第三次朝鮮教育令は1938年3月3日勅令第103号として制定され，內鮮一体，忍苦鍛練，国体明徴を強調した教育令であった。この時期，朝鮮と日本人の教育機関は，普通学校は小学校へ，高等普通学校は中学校へ，女子高等普通学校は高等女学校へと統一的に改称された。また，師範学校の修業年限はさらに1年延長され，7年になった。また小学校では，朝鮮語教育が随意科目として採択され，教育されていた。

第四次朝鮮教育令は1943年3月8日勅令第113号として制定された。第二次世界大戦中であった日本は，学徒兵養成に教育の重点を置き，教育課程終了後，戦場に出兵させた。また小学校は国民学校へと改称[1]された。また日本本土では中学校令，高等女学校令，実業学校令が中等学校令へと統合されたが，それは朝鮮教育令にも影響を与えた。日本の国民学校令と朝鮮の国民学校規定条項との統一的な改定によって，朝鮮の初等学校規定だけにはあった朝鮮語教育も廃止されてしまった。

以上の4次にわたる朝鮮教育令は，朝鮮の学校体育の正規教科目としての柔道と剣道の導入にも大きな影響を与えた。

学校体育の柔道と剣道とに関連した先行研究として，イ・ハンネ（1990）『韓国柔道発達史』，キム・ヨンハク（1995）「韓国剣道の由来と現代剣道の形成過程に対する考察」，カク・ヒョンギ（1994）「近代初期学校体育の成立に関する研究」，チェ・ジョンサム，チェ・ヨンベ（1999）「武断統治期の韓国柔道競技に関する研究」，イム・ヨンム（2000）「韓国開化期の学校体育の性格」，キム・

ヨンハク，キム・ヨンフン（2005）「日帝時代の韓国の学校剣道の特性に関する考察」，イ・ソンジン（2005）「韓国柔道の発展過程と展望」などがある。これらの先行研究では，日帝強占期の韓国の学校体育の柔道と剣道の導入過程や特徴に関連する内容は詳細に検討されているが，朝鮮教育令との関係で学校体育の剣道と柔道がどのような影響を受けて導入されたのか，その過程や意義については十分探り得ていない。

そこで，本研究は日帝強占期に4次にわたって制定された朝鮮教育令による学校体育の柔道と剣道の導入過程ならびに意義を探ることを目的に，朝鮮教育令の内容を中心としつつ，関連文献並びに資料を収集，分析，検討し，結論を導き出そうとしたものである。本研究によって日帝強占期に形成された体育，武道，特に柔道と剣道の歴史的な理解が促進されるものと思われる。

1．近代学校体育並びに武道
――甲午更張（1894）から日帝強占期（1910）以前――

甲午更張は甲午改革とも言われ，1894年7月から1896年2月まで，開化派により推進された近代的改革運動である。第1次改革は1894年7月27日，第2次改革は1894年12月17日，第3次改革は1895年8月24日から始まり，全3次にわたり近代改革が成し遂げられた。対内的には反封建の近代化の理念により富国強兵の近代国家樹立を目標にしたが，対外的には国家の自主性を喪失した改革運動として，日帝植民地となる重要な契機となった。

甲午更張以前，すでに韓国には近代学校が設立されていた。韓国の最初の近代学校は高宗20（1883）年8月，開港場の元山に民間が開化派官僚の支援を受けて設立された元山学舎（元山学校）である。1878年には，東萊に武道学校が設立された。元山学舎は，1883年，徳源府元山の民間人らの新教育の必要性の自覚により設立された，韓国最初の近代的教育施設であった。初めは元山学舎，あるいは学舎と呼んだが，以後，元山学校と名前を変えた。設立初期の教科目を見ると，特殊科目として文芸班は経義，武道班は経書と射撃があった。文武共通科目としては，事務を執るために必要な，算数，格致（文理），各種機器と農業，養蚕，採鉱，日本語，法律，万物工法，地理など近代式学問が教

育されていた。また武道班の場合，別軍官都試節目を制定し，柳葉箭，片箭，騎芻の3技を試験科目として採択していた[2]。

　東萊の武道学校に関連した具体的な資料はないが，カク・ヒョンギによれば，列強の挑戦に対応して，人材養成のために設立されたとされる[3]。文芸班と武道班に分られ，文芸班は経義を，武道班は兵書と射撃術を，共通のものとして算数，物理と，機械，技術，農業，養蚕，採鉱とが教えられていた。また，イ・ハンネは，東萊の武道学校は，日本の浸透に対する対応策の一つとして，武備自強の必要性が提起され，建てられた学校だとする[4]。この学校では出身（同校出身者）と閑良（浪人中の者）を各々200名ずつ選んで訓練させ，別軍官として任命し，生徒の武道養成のため試験を毎月受けさせて，1，2，3等を毎年選抜し，賞を授けた。

　元山学舎での武道に関連した授業は，柳葉箭，片箭，騎芻の3技芸があり，東萊武道学校には武道班の兵書と射撃術があった。これには民族主義思想を鼓吹しながら，国防力の一助としようとした近代教育の努力が垣間見られる。

　以後1885年には宣教師アッペンゼラー（Appenzeller）が設立した最初の近代的私学の培材学堂，1886年政府が建てた近代式官学学校の育英公院と同じ年，宣教師アンダーウッド（Underwood）とスクラントン（Scranton）が設立した徹新学校と李花学堂がある。これらの学校は近代学校の過渡期的なもので，教育制度的に文明化されたものではなかった。しかし徹新学校や李花学堂のような，宣教師によって設立された学校には近代体育の胎動があった。例を挙げると，1886年米国の宣教師アンダーウッドは徹新学堂を設立して，午後の教科目に「娯楽」という時間を設けて教え，1891年には教科目を改編，整理して毎日始めの時間30分を「体操」の時間として割り当てた[5]。

　以上の学校は過渡期的な近代学校であったが，1895年7月，全文29箇条の小学校令が公布された。これが韓国歴史上，近代新式学校制度の正式な始まりと言うことができる。また，高宗32（1895）年2月2日に下された高宗の教育詔書では，体育に力を尽くせと，その重要性が強調された[6]。

　　　詔令を下すに，（中略）ああ！国民を教えなければ国を堅固にすることが
　　　大変難しい。（中略）今や朕は教育の綱領を提示し，虚名を除去して実用

を高める。徳養は（中略）體養は（中略）智養は（中略）この三つが教育の綱領である。

　高宗は五倫の品行を磨く徳養，体力を育てる体（體）養，格物致知の智養を教育の3大綱領とし，広く学校を建てて人材を育成するのだという意思を表明した。
　次の表1は小学令が公布された後，近代学校の官制並びに規則などを公布順序に従って配列したものである。

表1　小学校令と近代学校の官制並びに規則

学　校　名	年　　度	公布令
漢城師範学校官制	1895年4月16日（開国504年）	勅令第79号
外国語学校官制	1895年5月10日（開国504年）	勅令第88号
訓練隊士官養成所官制	1895年5月16日（開国504年）	勅令第91号
成均館官制	1895年7月2日（開国504年）	勅令第136号
小学校令	1895年7月19日（開国504年）	勅令第45号
漢城師範学校規則	1895年7月23日（開国504年）	学部令第1号
成均館經学科規則	1895年8月9日（開国504年）	学部令第2号
小学校教則大綱	1895年8月12日（開国504年）	学部令第3号
武官学校官制	1896年1月11日（建陽元年）	勅令第11号
補助公立小学校	1896年2月20日（建陽元年）	学部令第1号
武官学校規則	1898年5月4日（光武2年）	勅令第11号
医学校官制	1899年3月24日（光武3年）	勅令第7号
中学校官制	1899年4月4日（光武3年）	勅令第11号
商工学校官制	1899年6月24日（光武3年）	勅令第28号
医学校規則	1899年7月5日（光武3年）	学部令第9号

外国語学校規則	1900年6月27日（光武4年）	学部令第11号
中学校規則	1900年9月3日（光武4年）	学部令第12号
礦武学校官制	1900年9月4日（光武4年）	勅令第31号
宗人学校官制	1900年11月3日（光武4年）	勅令第55号
農商工学校官制	1904年6月8日（光武8年）	勅令第16号
陸軍研成学校官制	1904年9月24日（光武8年）	勅令第17号

＊資料出所：羅絢成（1981）．韓国體育史研究．教学研究社．pp.10-11．官報第17号 1895 4月19日：1-3。

　表1を見ると，1895年4月16日最初の公立（師範）学校である漢城師範学校官制が，同じ年8月12日小学校規則大綱が，1896年1月11日武官学校官制が，1899年4月4日中学校官制が，1900年9月3日中学校規則が，1904年9月24日陸軍研成学校官制が公布されたことが知られる。特に陸軍研成学校は日帝強占期以前の公立学校として，現在の総合行政学校に該当する将校たちの再教育機関である。陸軍研成学校官制を見ると，体操と剣術などの授業があったことがわかる[7]。1908年9月文官学校長であったイ・フィドゥと学務局長であるユン・チウが発起し，組織された武徒器械体育部は，教育系の青年と一般国民の体育振興のために，軍人同好会から活動を始めた体操の器械体操団体であった。

　この団体の具体的な活動内容については不明であるが，実施した体育種目として習射，乗馬，柔術，撃剣などがあった[8]。すなわちこの時期の学校体育での武道教科目はそれほど体系的に確立していないことがわかる。しかし甲午更張以前の近代学校では，すでに武道と関連した教科目が開設，運用されていた。上に述べた近代教育機関は，韓日合邦によって多様な変化をたどることになり，韓国武道の断絶ならびに日本武道の導入といった，武道史上の新しい展開をもたらすことになった。

2．日帝強占期学校体育の柔道と剣道の導入

（1）日帝強占期学校体育並びに武道

　1910年8月，大韓帝国の国権は喪失し，日帝による武断統治が始まった。日本は大韓帝国の国号を朝鮮と変更し，本格的な植民地政策を繰り広げた。当時の大韓帝国の学校令により確立された学校制度は，1911年8月23日朝鮮教育令として制定され，10月20日総督府令へと改定された。朝鮮教育令の目的は，表面的には健全で効率的な生活を営む韓国人の教育養成にあるように見せかけるが，根底の意図は韓国人を農業第一の生活をする低級な労働者として養成するところにあった。当時の教育制度を見ると，普通学校4年，高等普通学校4年，女子高等普通学校3年，実業学校2年あるいは3年，専門学校3年あるいは4年へと，学年の制限を設けたのだが，これは植民地国家である朝鮮人らの教育年限を短縮し水準を低くしようという意図でもあった[9]。

　1914年6月10日に公布された朝鮮総督令第27号「学校体操教授要目」を契機として，従来の韓国の体育政策は無視されて，日本化した体育政策が確立された[10]。この学校体操教授要目は，日本が1913年1月28日に日本文部省訓令第1号として制定頒布された教授要目と同一のもので，各学校の体操教育を統一し，指導することが強調されている。また韓末の学校体育が持っていた民族主義的性格を，近代的体育という美名で抹殺し，学校体育の日本化，すなわち植民地的学校体育の政策を企図したものだった[11]。

（2）日帝強占期学校体育の柔道と剣道の教科目の導入

　日帝強占期の韓国で，柔道と剣道が学校体育教科目として導入されたことは，日本の教育政策や教科目採択過程と関連がある。まず日本の学校体育の柔道と剣道教科目の導入過程を探ってみたい。

1）日本の学校体育の柔道と剣道の教科目導入

　日本武術の近代化にあって先駆的な役割や契機となるのは，嘉納治五郎と彼が設立した講道館の柔道，ならびに榊原鍵吉の撃剣会である。特に嘉納治五郎

が，1882年講道館を設立して柔術を柔道化したことは，単に柔術だけでなく剣術や弓術を含んで日本武術の近代化を促進していった。特に柔道は，他の日本武術が武道へと転換がなされる一つのモデルとして価値があった。こういった嘉納治五郎の柔術近代化での重要な内容は次の点にある[12]。

①従来の柔術の各門派の多様な技術を比較，検討，分類し理論的に体系化した。
②入門者，修行者の動機や目的意識を高めるため段級制即ち，昇段制を導入した。
③試合並びに大会規則と審判規定を確立した。
④講道館を財団法人化して，近代的な組織としての体系を備えた。
⑤柔道修行にあって教育的価値を強調した。
⑥講演や著作，雑誌発行などを通して講道館の柔道の広範囲な普及のために言論活動に力を注いだ。
⑦柔道の国際化を構想して，海外に紹介，普及することに努力した。
⑧女性の入門奨励のために女子柔道部を開設し女性層への柔道普及を計った。
⑨紅白試合，学校並びに地域対抗試合などを促進して，それを通して観衆も参与できる参観するスポーツとしての発展をはかった。

1882年に講道館が開設された後，講道館入門者が急激に増加したが，それは日本が極端なヨーロッパ主義に陥っていたことに反発する復古主義の復興，また清日戦争（1894-1895），ロ日戦争（1904-1905）の影響下に起こった武術復興でもあった。このような講道館の柔道は徐々に発展するのだが，特に警察，学校，軍隊に浸透し普及したことは，講道館の柔道に力を与える重要な経路になった[13]。

教育者としての嘉納治五郎は，学習院教授，第五高等学校校長，第一高等中学校校長，東京高等師範学校校長などを歴任し，警察並びに軍隊での柔道普及よりは学校体育，武道に関心が高かった。従って講道館を設立した年から，彼は学習院に柔道場を作り，帝国大学（現東京大学），慶應義塾，海軍兵学校に講道館柔道を普及した。彼の高等教育機関への講道館柔道の普及は，卒業した学生が各界で活躍し，エリート層への柔道普及と柔道の社会的認識を高めようと

する意図によるものだった[14]。

武道の学校体育導入に対して，1880年12月「武技体操論」が元老院会議で論議され，表面に浮上し始めた。1886年4月，教育令の改定により兵式体操の導入形態として実現されるが，武道教育とは連結できなかった[15]。

1883年5月，文部省は体操伝習所に，有名な撃剣，柔術の教育上の利害適合性に関する調査命令を下した。1884年体操伝習所の調査結果は，学校体育での武道教科目の採択は不適合だというものだった。体操伝習所の学校体育武道教科目への否定的結果の原因としては，調査のための研究会開催は1年余の間に10余回以上あったが，研究会の構成員の大部分が医師や外部人事であって，当時の体操伝習所では日常の健康維持や増進という目的のもと，体操をすでに教科目化してあったため，武道は大して考慮されなかったためであった[16]。このような体操伝習所の否定的結果に対し，嘉納治五郎は精神教育と人格形成のための柔道の教育的価値を主張し，各種講演で学校体育の武道教科目開設の必要性を表明した。しかし当時の彼は必ずしも学校体育に柔道が正式教科目として採択されることを望んでいたのではなかった。彼はたとえ柔道が正式教科目として採択されたとしても，指導できる資格を持つ教師がいないため，柔道の学校体育教科目採択に先立ち，まず武道教職員の養成が必要だと考えていた[17]。

以後，武道の学校体育教科目の指定に関連し，本格的な進展が起こり始めるのは，清日戦争と口日戦争を経て国粋主義の風潮が高まるにつれ，剣術系列の関重郎治らの活動によってのことだった。1893年，彼らは第10回帝国議会を始めとする会議で学校体育としての剣術の正式教科目を請願した。1905年，星野仙蔵は第21回帝国会議以後3回にわたって，剣術と柔術を正式教科目に申請するための「体育に関する建議案」を提出した。このような努力の結果，1911年7月31日，文部省（文部省訓令，第1号）は中学校令施行規則の一部を改定し，撃剣並びに柔術を正式体操教科目として採択した。次の年には師範学校でも撃剣並びに柔術科目を正式教科目として採択，指定した[18]。

2）韓国の学校教育の柔道と剣道の教科目の導入

韓国への柔術は1906年，日本の青柳喜平により伝えられたが，講道館とは別

の流派であった。講道館柔道は1906年，內田良平により導入された。東亜日報によれば，皇城基督教青年会（現YMCA）がナ・スヨン（羅壽永）とユ・クンス（劉根洙）を招聘し，朝鮮に初めて道場が開設された[19]。

　最初に公開された柔術と剣術の競技は1908年3月28日內閣園遊会を主体として，秘苑で開催された警視庁の韓日両国の巡警大会であった。同じ年9月には，武官学校長イ・フィドゥ(李熙斗)と学務局長イ・チウ(李治佑)が，先に言及した武徒器械体育部を組織し，軍人同好会で習射，乗馬，柔術，撃剣を教習し始め，以後一般にも柔術と剣術に対する認識が胎動してきた。1912年10月7日より京城の光武台団成社主人のパク・スンピル（朴昇弼）らの発議で組織された柔角拳倶樂部（柔角拳同好会）の主宰によって，普及を目的に団成社で柔道と拳闘相撲競技が挙行された。1913年11月22日，東京から講道館の嘉納治五郎の高弟らが招かれ，柔道7段の示範があり，柔道技術に対する認識が胎動し始めた。さらに，1916年5月には，京城楽園洞にある私立五星学校で柔道と剣道の道場が設立されて，一般青年を募集し，正式に指導がなされて柔道の普及と発展が本格化することになった。1921年2月19日，姜楽園を中心にして朝鮮武道館が設立され，柔道だけでなく剣道とフェンシングの武術も指導された。以後1922年4月1日から中等学校体育教授要目に柔道が教科目として採択されるに従い，各級学校でも柔道部を設立することになり，次第に普及発展がはかられていった[20]。

　一方，韓国の開化期には剣道流入は軍隊と警察から始まった。1896年1月11日に武官学校の官制が公布されて，それを契機に1904年，先に言及した陸軍研成学校が建てられた[21]。剣道と関連した文献や資料は多くなく，韓国の剣道流入についての具体的な内容の確認は難しいが，高宗実録建陽元（1896）年5月23日の記事を見ると，

　　巡檢撃劒諸具購入費三一九元
　　　（巡檢の撃剣を全部で319元にて購入した）

という記録から，1896年より警務庁では撃剣を購入していたことがわかる。これは練習のためのものと見え，すでに警察の剣道教習が行われていることを意

味するとも言える。1904年9月27日，陸軍研成学校は陸軍の教育体系を整備する一方，これを改善するために戦術科，射撃科，体操科，剣道科を置き熟練するよう教育を改め，剣道は軍警の間で徐々に芽生え始めた[22]。

　韓国の学校に柔道部が設置されたのは1910年，京城中学校が最初であった。当時京城中学校の隈本有尙校長は青年の風紀を改善しようという意図で校内に道場を設置して，警察柔道師範をして余暇の時間に柔道を指導させた。柔道を修練した学生は50余名になり，柔道部奨励のために1912年4月京都の武徳会の渡邊3段を招聘し，柔道を指導させた。1913年，隈本校長に続いて京城中学校校長として就任した柒崎校長は，学生の訓育のため武道に関心を持ち，同年9月柔道と剣道を体操科に取り入れ，正科として採択するほどであった。1913年から1914年の京城中学校の学生数は約500余名であったが，その中の300余名が柔道授業に参加した。もっとも1929年当時の京城中学校は日本人だけが通う学校であり，日本人のための柔道導入をして教育したと見られる[23]。

　韓国の学校で剣道部が最初に開設されたのは，1916年5月私立五星学校であった。私立五星学校は剣道施設を備え，一般青年にも指導した[24]。

　日本において，撃剣と柔術が随意科として採択されたのは1911（明治44）年7月31日であり，正科として採択されたのは1931（昭和6）年1月10日である[25]。こういった日本の学校体育の武道教科目採択は，朝鮮教育令の改定にも影響を与えた。

　先に言及したように，第二次朝鮮教育令は1922年，韓国人と日本人との教育上の平等を考慮し制定された。

　もちろん一部の小学校には韓国人が入学できない場合もあったが，大部分の規定は韓国人と朝鮮居住の日本人に同一適用された。このように見た時，日本で1911年に柔道と剣道が随意科として採択された事実と，韓国人の参加事実があったかどうかの確認は難しいものの，京城中学校と私立五星学校での柔道部と剣道部の開設ならびに運営形跡などから，学校体育に柔道と剣道が導入されていたことがわかる。また1913年の京城中学校柒崎校長による柔道と剣道の教科目化は，日本本土と朝鮮の一部の日本人学校で教科目化されていたが，当時の韓国人へも適用されていた可能性は希薄である。1911年から1921年の第一次朝鮮教育令が制定され，施行された時，韓国人と日本人との教育規定の適用が

違っていたことから推量してみると，第一次朝鮮教育令によっては学校体育の武道教科目導入は難しかったのではないかと思われる。しかし第二次朝鮮教育令では，朝鮮人と日本人の適用する教育規定が同じだったため，教育令制定の1922年からは，韓国の学校体育に柔道と剣道が導入されていた可能性を十分に推測できる。特に1927年4月1日からは，中学校体操教授要目教材に柔道と剣道を加えるようになり，各級学校の学友会に柔道部と剣道部を置いた事実はその推測を裏付ける[26]。また，日本本国と植民地を戦争動員体制へ再構築するための一連の政策である第四次朝鮮教育令の公布（1943年）がなされる前の1931年には，柔道と剣道は中学校正規科目として採択されて，韓国人にもその規定が適用されていた。

　以上，韓国の学校体育の武道教科目の導入は，第二次朝鮮教育令に依拠した韓国人と朝鮮居住日本人への教育規定の同一適用により，1922年には柔道と剣道が学校体育の随意科として取り入れられ，1927年には中学校体操教授要目の教材として柔道と剣道が取り入れられ，1931年には中学校正規教科目として採択されたものと思われる。

3．日帝強占期韓国学校体育の柔道と剣道教科目の導入意義

　日帝強占期の1911年，第一次朝鮮教育令の制定以後，この教育令は4次にわたって改定がなされた。特に1922年，日本が植民地政策を武断統治から文化統治へと転換しながら公布した第二次朝鮮教育令によって，韓国人と朝鮮居住日本人の教育平等が強調された。これは学校体育の武道教科目導入とも関係が生じた。日本では1911年撃剣と柔術が随意科として採択されたが，第一次朝鮮教育令では韓国人と日本人の規定適用が異なるので，韓国人はその適用を受けられなかった。しかし第二次朝鮮教育令が公布された後，柔道と剣道は随意科として，1927年には中学校体操教授要目の教材として，1931年には中学校正規教科目として採択がなされ，韓国学校体育の武道での新しい歴史の画期となった。このような韓国学校体育の武道教科目導入は次のような意義がある。

①学校体育の柔道と剣道は，当初日本人青年の心身修練や人格形成のために採択された。

②韓国学校体育の柔道と剣道は，初期の京城中学校や私立五星学校といった一般韓国学生のため導入されたものではなく，朝鮮居住日本青年の風紀の確立や心身修練のためのものであった。

③日本は1919年3・1運動勃発など，韓国人の日本に対する反感が極大化すると，統治方針を文化統治に転換しながら第二次朝鮮教育令を制定した。この時，第二次朝鮮教育令の最も大きな特徴である韓国人と日本人との教育上の平等により，柔道と剣道が導入された。また日本本土での1927年の中学校体操教授要目教材の内容や，1931年の柔道と剣道の学校体育正規教科目化は，第二次朝鮮教育令による韓国学校体育の柔道と剣道の教科目導入の契機となった。

④韓国学校体育の柔道と剣道の教科目導入は，韓国の武道の形成や確立にあって重要な始発点になった。

以上のように日帝強占期の朝鮮教育令によって，学校体育に柔道と剣道が採択され，柔道と剣道は現在まで韓国の学校体育ではエリートスポーツとして，生活体育として，奥深い位置を占めている。

おわりに

日帝強占期の朝鮮の教育は，4次にわたって制定された朝鮮教育令によって成し遂げられた。朝鮮教育令は日本の植民地教育体制の構築並びに植民地統治方針といった目的で施行され，各々の教育令は各時期の特徴を反映している。

第一次朝鮮教育令（1911）は，韓国の民族主義を抑圧して韓国を日本の下に置き日本化を図った武断統治期であるとも言え，このことは朝鮮教育令にも反映された。教育と関連する全てのことは，朝鮮総督の認可によって遂行されるようになった。何よりも韓国人と日本人の教育規定の内容，すなわち修業年限を短くしたり，大学制度や師範制度に関連することに大きな違いがみられる。

第二次朝鮮教育令（1922）は，3・1運動といった韓国人の日本に対する反感が極大化するに伴い，植民地統治方針が文化統治へと変更されることで改定された法令であった。韓国人と朝鮮居住日本人に適用する規定を同じものにして，学校の修業年限を伸ばし，大学教育や師範教育に関連する規定も作ること

になった。

　第三次（1938）と，第四次（1943）朝鮮教育令は，日本の内鮮一体に立脚した同化政策により成し遂げられた。韓国と日本の教育機関の名称を統一して，皇国植民化の統治方針へと転換した。戦争中の日本は日本人であろうが朝鮮人であろうが，日本のために教育を受けて，出兵させられた。特に注目される内容は，第三次朝鮮教育令では朝鮮語が随意科目として制定されていたが，第四次朝鮮教育令では廃止されるなど，日本の統治方針に従った朝鮮教育令の変更であった点である。このように4次にわたって制定された朝鮮教育令は韓国学校体育の柔道と剣道に少なからぬ影響を与えた。

　日本では撃剣と柔術が随意科として採択されて，1931年に正式教科目として採択なされたが，このようなことは朝鮮教育令を通し朝鮮にも適用された。1922年，柔道と剣道は第二次朝鮮教育令により日本の統治方針が文化統治へと転換されつつ韓国学校体育の随意教科目として導入され，1927年には中学校体操教授要目教材に柔道と剣道が取り入れられ，1931年には柔道と剣道は中学校正規科目として採択された。このような過程で導入された柔道と剣道には，次のような意義があった。

　一番目に，学校体育の柔道と剣道は，当初日本人青年の心身修練や人格形成のために採択された。

　二番目に，韓国学校体育の柔道と剣道は，初期京城中学校や私立五星学校といった一般韓国学生のために導入されたのではなく，朝鮮居住日本青年の風紀確立や心身修練のためのものであった。

　三番目に，日本は1919年3・1運動勃発など，韓国人の日本に対する反感が極大化すると，統治方針を文化統治に転換しながら，第二次朝鮮教育令が制定された。この時の第二次朝鮮教育令の最も大きい特徴である韓国人と日本人との教育平等により，柔道と剣道が導入された。1927年の日本本土での中学校体操教授要目教材の内容や，1931年の柔道と剣道の学校体育正規教科目化は，第二次朝鮮教育令による韓国学校体育の柔道と剣道教科目導入の契機になった。

　四番目に，このような過程により学校体育に導入された柔道と剣道は，韓国の武道の形式や規定の確立の契機となる役割をした。

以上，日帝強占期に４次にわたって改定された朝鮮教育令をもとに，韓国学校体育の柔道と剣道の教科目導入過程や意義を探ってみた。本研究は，日帝強占期武道教科目の研究という点に時論的意味を持っていると言えるのだが，さらに日帝強占期の武道教科目の体系や内容，主要人物と関連する内容を明らかにしなければならない。また韓国学校体育に柔道と剣道教科目が導入されて後，それぞれ韓国化ならびに現代化の過程を経る中で，学校体育としての役割や内容を異にしてきた。これらについての武道史や体育史の研究も今後の課題である。

注
1）朝鮮総督府，朝鮮総督府官報，東京：日本国会図書館所蔵，1911-1943頁。
2）李學來（イ・ハンネ），韓國體育百年史，ソウル：社団法人韓国体育学会，2000，51-57頁
3）곽형기（カク・ヒョンギ），近代初期学校体育の成立に関する研究，韓国体育学会誌，33(1994) 1:112-113頁。
4）李學來（イ・ハンネ），韓國柔道發達史，ソウル：保景文化社，1990，51頁。
5）羅絢成（ナ・ヒョンソン），韓國體育史研究，ソウル：教学研究社，1981，7－8頁。
6）朝鮮王朝実録　高宗32年37冊，33巻，甲辰。
7）朝鮮総督府，朝鮮総督府官報號外，東京：日本国会図書館所蔵，1904. 9. 27，36頁。
8）大韓體育會，大韓體育會史，ソウル：大韓體育會，1965，35頁。
9）羅絢成（ナ・ヒョンソン），韓國體育史研究，44頁。
10）朝鮮総督府，朝鮮総督府官報號外，東京：日本国会図書館所蔵，1914. 6. 10，2－8頁。
11）李學來（イ・ハンネ），韓國柔道發達史，ソウル：保景文化社，1990，72-73頁。
12）井上俊，武道の誕生，東京：吉川弘文館，2000，9－10頁。
13）同上，37-38頁。
14）同上，38-39頁。
15）二木謙一・入江康平・加藤寛，武道，東京：東京堂，1994，185頁。
16）同上，185頁。
17）井上俊，武道の誕生，39-40頁，42頁。
18）今村嘉雄，日本體育史，東京：金子書房，1951，115頁。
19）東亜日報社，東亜日報，ソウル：東亜日報社，1934. 3. 3。
20）大韓體育會，大韓體育會史，大韓體育會：ソウル，1965，57-58頁
21）김영학（キム・ヨンハク），韓国体育史領域による剣術並びに剣道の発達過程に関す

る研究、明知大学校大学院博士学位論文：ソウル，1999，57頁
22) 大韓體育會，大韓體育會史，61頁。
23) 李學來（イ・ハンネ），韓國柔道發達史，74頁。
24) 大韓體育會，大韓體育會史，58頁。
25) 岸野雄三・成田十次郎・大場一義・稲垣正浩（編），近代体育スポーツ年表（三訂版），東京：大修館書店，1999，115頁。
26) 大韓體育會，大韓體育會史，61頁。

戦後初期の国立大学附属小学校における学校体育の構想

崎田　嘉寛

はじめに

　本稿の目的は，戦後初期の国立大学附属小学校（以下，附小と略す）が学校体育をどのように位置づけ構想したのかを明らかにすることである。

　具体的な課題は，1）戦後初期における附小の全般的な動向を概説し，2）国民学校期における学校体育の萌芽的構想を確認してから，3）コア・カリキュラム構造における学校体育の様相を明らかにすること，である。

　本論に入る前に，上記課題に関連する先行研究と使用する資料について言及しておきたい。課題1）については，先行研究において制度史的視点から国立大学附属学校の動向が論じられているため[1]，「教育指導者講習会」（以下，IFELと略す）の資料を補足して，附小の全般的な動向を概観したい。課題2）に対しては，1946（昭和21）年度に附小が発行した報告書等を資料として，学校体育の萌芽的構想を確認したい。課題3）に関しては，竹之下，前川，岡出がコア・カリキュラムと学校体育について言及しているため[2]，1949（昭和24）年前後における附小の研究報告書を可能な限り使用することで，コア・カリキュラム構造における学校体育の様相を明らかにする。

　最後に，附小の名称は，引用文献で示した名称を省略して使用する[3]。また，引用文を含め基本的に現代かなづかいに改めて記述する。

1．戦後初期の国立大学附属小学校の動向

（1）附属学校の位置づけと法整備

　本稿の前提として，戦後初期における附小の全般的な動向を概観しておきたい。まず，1946（昭和21）年3月の『第一次アメリカ教育使節団報告書』（以下，『使節団報告書』と略す）では，現職教師への暫定的な措置方策として提起した「臨時再教育計画」において，附属学校の役割を次のように勧告している。「都道府県各地の師範学校に付属する実験校を利用すること。各師範学校に付属している実験校は，いままで以上に望ましい教育実践を提示するために，早急に改革しなければならない」[4]。このように，附小を含めた附属学校は，現職教師を再教育する手段としてではあるが，模範と研究という役割を備えた実験学校として位置づくように勧告されたのである。

　次に，附属学校に対する文部省の主要な通牒および国立学校設置に関わる法令としては，1947（昭和22）年3月の「新学校制度実施に伴う附属学校の取扱方について」，1949（昭和24）年5月の「国立学校設置法」，1951（昭和26）年4月の「大学学部附属学校設置について」がある[5]。この中で，附属学校の役割を明記したものが，「大学学部附属学校設置について」に付された「大学学部附属学校設置要項」である。要項では，「附属学校は，学芸学部又は教育学部の教育計画に従い，左（次）の機能を果たす機関とすること。1 教育の理論及び実際に関する研究並びにその実証を行うこと。2 学生の教育実習を行なうこと」（括弧内引用者）[6]と示している。すなわち，大学学部との関連の中で，附属学校は研究・実証学校および実習学校として法的に位置づいたのである。

（2）附属学校の廃止論・改革存置論

　附属学校の法令が整うまでには，附属学校の廃止をめぐって議論が展開される[7]。まず，新聞紙面では，1948（昭和23）年7月に朝日新聞，毎日新聞，日本教育新聞が，附属学校の存廃あるいは改革に関する記事を掲載する。一方で，教育雑誌においても，宗像誠也，五十嵐清止，松沢光雄が附属学校に関する廃止論および改革存置論を展開する。しかし，ここでの論調は，戦前の附属

学校に対する批判が基調となっていることが指摘されている[8]。

このような中で，1948（昭和23）年後半に，文部省は附属学校の存廃に対する態度を表明するために，附属学校廃止論を検討している[9]。検討結果では，附属学校の廃止論の根拠となる問題点を「附属学校の貴族性，傲慢性」，「地域社会からの遊離性」，「教員の地方教員との待遇差」にあると分析している。しかしながら，これらの問題は改善可能であり，附属学校を廃止する根拠となり得ないと結論づけている。そのため，文部省は，問題点を改善してより充実した附属学校に改革するという，改革存置という方針を固めたのである。

それでは，現場の附小教官は，廃止論をどのように捉えていたのであろうか。附小教官を対象としたIFELの研究集録には，次のように示されている。「廃止論の主たるものは，経済的・知的に特権化していること，地域社会性が薄い，教育実習は協力校で可能である，教育研究は研究所でできる，地方指導は教育委員会でできる，特権的な学校はモデルにならない，実証校としては特殊な児童の集まりであるから役に立たない，教官も特権化している，学部だけで教育者を養成したのでよいということである」[10]。このような批判に対して，「われわれは厳粛に今までの付属小学校を反省し，新しい付属学校の在り方として，付属学校が古い殻から脱して，次のような性格を持つべきである」[11]と述べている。そして，新しい性格として，大学と理論的・技術的に結びついて教育の本質から実証・実験する「実験学校としての性格」，児童生徒に配慮した「実習学校としての性格」，地域小学校の模範的な姿となる「モデルスクールとしての性格」，を掲げるのである[12]。このように，廃止論を背景として，教官レベルにおける意識改革の様子を窺い知ることができる。

ここまで述べてきたように，附属学校の法整備の過程では，附小を含む附属学校の廃止論および改革存置論が新聞紙面や教育雑誌で展開される。しかし，比較的早い段階で，文部省は改革を前提として附属学校を存置する方針を表明する。一方で，附小の教官においても，廃止論を真摯に受け止め，自主的な意識改革を図ることで附小の役割を果たそうとするのである。

（3）附小の研究体制と基盤

まず，戦後初期の附小数を『文部省年報』から確認してみると，1948（昭和

23)年度:91校,1949(昭和24)年度:86校,1950(昭和25)年度:81校,1951(昭和26)年度:77校,1952(昭和27)年度:78校,1953(昭和28)年度:76校,である[13]。都道府県別の校数としては,東京都に7校の附小があり,他と比較しても格段に多い。また,2校以上の附小がある都道府県の数は,1950(昭和25)年度:25都道府県,1951・52(昭和26・27)年度:21都道府県,1953(昭和28)年度:20都道府県,である。

では,附小数に増減がある中で,附小の研究体制や附小間の研究連携はどのようになっていたのであろうか。1952(昭和27)年度のIFEL(西日本附小を対象)では,次のように指摘している。「西日本の15大学の内,2校以上の付属小学校を有するものは6大学である。その内相互間に研究機関をもつもの4大学,無いもの2大学である。研究機関をもつといっても単なる形式的なものであって,真の研究体制とはいえない。即ち研究主題決定の場合,同一の主題で共同研究をするものは皆無で,僅かに主題の内容が重複せぬよう協議するもの1校,他は全く関係なく行っている現状である」[14]。多くの附小では学校を単位として研究を行なっていた状況を窺い知ることができる。ただし,附小と公立小学校による組織で,研究成果を共有するといった例もある[15]。

次に,附小の財政・経費の状況を確認しておきたい。1952(昭和27)年度のIFEL(東日本附小を対象)では,参加した22名を対象として,予算(児童一人当たりの本省予算)に関する調査を実施している。そして,「(児童一人当たりの本省予算が)最低220円から,最高920円までの開きがある。(中略)ほぼ均等であるはずの本省予算が,地域の状況によってこれだけ大きな幅をもっていることが認められた」(括弧内引用者)[16]と結論づけている。また,西日本附小を対象としたIFELでも,学級数から算定される積算基準額と大学からの配当額を比較調査した結果,約6割の附小が積算基準額から減額されて大学より配当されていることを指摘している。ここでの減額率は,およそ7~48%である。このような現状を踏まえて,「(附小間の)財政的不均衡は,確実なる事実として認めざるを得ない」(括弧内引用者)[17]とまとめている。さらに,PTA予算(保護者負担額)についてみてみると,西日本附小を対象としたIFELの調査では,児童一人当たりの保護者の月額負担額が,60円から350円となっており,平均すると199円となることを示している[18]。東日本附小を対象としたIFELでは,本省

予算とPTA予算を比較しており，PTA予算に対する本省予算の割合が5～70％になるとして，「附属学校が私立学校的性格をもつことは」歴然であると結論づけている[19]。

　ここまで述べてきたように，ほとんどの附小では，学校を単位として研究課題を設定し，研究活動に取り組んでいたことがわかる。このような中で，新制大学の発足との関わりにおいて附小の統廃合が実施され，研究活動が断絶し再編を余儀なくされた附小もあったと考えられる。また，附小の財政や経費の状況についても，附小間の格差は大きく，研究活動や教育実践に与えた影響も少なくないと推察される。

2．国民学校期における学校体育の萌芽的構想

（1）国民学校期における学校体育の概況

　敗戦から1947（昭和22）年3月までの国民学校期間は，学校体育から軍国主義および超国家主義に関する内容と方法を排除することに重点が置かれた。すなわち，文部省による一連の通牒に基づいて，学校体育から教練と武道の内容を一掃し，画一的指導法を是正することが急務の課題であった。

　一方で，学校体育の新しい方向性は，『使節団報告書』で勧告された教育の民主化施策を基幹とし，1947（昭和22）年8月の文部省による『学校体育指導要綱』（以下，『要綱』と略す）で基本となる指針が明示される。『要綱』は，学校体育の民主化と科学化に主眼を置いており，具体的には，スポーツ教材の重視，学校・教師の主体性確立を目指すものであった。

　では，学校体育に関する教科名および時間数といった制度的側面は，どのように策定されたのであろうか。まず，1945（昭和20）年12月に茗溪会が設置した新日本教育研究調査会の「新日本教育建設に関する意見」[20]では，教科名の変更に関する記述はないが，用語として「体育科」を使用している箇所が確認できる。また，時間数に関しては「国民学校にありては毎日一時間，……（中略）……正課体育を実施すること」[21]と提言している。次に，1946（昭和21）年6月に開催の「全国体育担当地方事務官会議」では，体錬科から体育科への名称変更と，授業時間数の毎週最低3時間以上の確保を要望している[22]。さ

らに，1946（昭和21）年4月に発足した教科課程改正準備委員会（同年6月に教科課程改正委員会と改称）と民間情報教育局（以下，CIEと略す）との折衝過程で提示された小学校教科課程に関する資料を見てみたい。1946（昭和21）年6月の「小学校教科課程案」は，教科名を「体操」と示し，週の時間数を，第1～3学年では音楽科と合科で4時間，第4～6学年では体操科のみで2時間と提案している[23]。続いて，8月の「小学校教科課程案」は，教科名を「体育科」と改称しており，以後変更はない。内容と時間数については，第1・2学年の内容が「体操遊戯」で，時間数が音楽科と合科で4時間としている。第3～6学年の内容は「体操，遊戯競技，衛生」で，時間数は体育科のみで3時間としている[24]。その後，11月13日の時点では，体育科に保健の内容を含み，第1～6学年まで4時間とする案が提示されるが，翌週20日の案で体育科の時間数は，第1～6学年まで3時間に修正されている[25]。これ以降の折衝過程は確認できず，最終的には，1947（昭和22）年5月の「学校教育法施行規則」に体育科が明記され，1947（昭和22）年3月の『学習指導要領一般編（試案）』（以下，『要領一般編（1947）』と略す）において，体育科の時間数が年間105時間（1週間の平均時間数は3時間）であることが明示される。

（2）附属国民学校における学校体育の構想

　上述のように，敗戦から1947（昭和22）年3月までの教科としての学校体育は，形式的には「体錬科」であり，文部省やCIEが暫定的に提示した内容と方法で実施しなければならなかった。しかしながら，師範学校や高等師範学校における一部の附属国民学校（以下，附国と略す）は，暫定的措置を踏まえつつ，学校体育の萌芽的構想を立案している。以下，1946（昭和21）年度に附国が発行した研究報告書の中から，教科名，目標，内容，時間数を比較的記述しているものを対象とし，学校体育の萌芽的構想を確認する[26]。

1）石川師範学校女子部附属国民学校

　同校では，1946（昭和21）年5月に『教育実践録第四集　新教育への発足』を発表している。この実践録は，戦後の国民学校期において，比較的早い時期に新しい教育への対応を示したものであると考える。

まず，教育目標を次に示す。「本校教育は児童各自が自他の自我を尊重し，その天分を充分に発揮し，円満なる人格と豊富なる教養と強靭なる体力を養成し，以て個人を完成し国家の再建に奉仕する能力啓培の基礎に培う」[27]。この目標に基づいて，「心身一体，遊競技を重んじ，柔軟強靭なる体力の向上を図る」，「運動場を設置し，遊競技の場を与えると共に十分なる設備をなす」という学校体育に関する方針を提示している[28]。

次に，教科課程については，「我々の求めつつある教育に教科，科目の別がない」という意図から，学校体育に関して「体操科」を設定している[29]。週当たりの時間数は，第1・2学年が音楽科と合科で5時間，第3学年以上が体操科で3時間である。また，第3学年以下は学級主任による全教科担任制であり，第4学年以上は教科主任による教科担任制を採用している[30]。

そして，同校における体操科の構想では，「人間の強力な本能に立脚して発達したスポーツは，興味の点にすぐれていることは当然であり，自由を尊重し，個性の完成を目指し，長く続けて行うことによって効果を収めようとする今後の体育に於て，王座を占めてくるのは当然である」[31]として，スポーツ教材を重視している。そのため，スポーツを教材として選択するための具体的基準（土地の状況，季節，天候，設備，身体状況）を明示し，スポーツ教材の弊害に関する内容も指摘している。また，「元来続いてやることに効果をねらうスポーツは正課時間のみで所期の目的を達成しようとするのは無理である。正課時間は楽しく運動するは勿論なるも，課外で正しくスポーツが出来る基礎を養うことを忘れてはならない」[32]と述べ，正課体育と課外体育の関連と役割についても言及している。

2）栃木師範学校男子部附属国民学校

同校では，1946（昭和21）年11月に『たからぎ研究紀要 第1集 宝木附属における学校経営』を公表している。この紀要では，学校体育に関する具体的な記述はないが，学科課程の編成内容から学校体育の構想を窺い知ることができる。

まず，教育方針として「自主性の確立」，「科学的態度の養成」，「情操の醇化」を示している。この方針は，全教官技官の会議によって決定した「旗じる

し」であることを強調している[33]。次に，学科課程の特徴は，第3学年以上において，「午前の学習」と「午後の研究時間」を分離して構想している点である。午後の研究時間は，「午前の学習の拡大であり充実であり，午前の研究の基礎にもなる」と位置づけており，具体的には「問題の徹底的な研究，技術的洗練，個人の自由・人格の尊重としての研究問題の選定，現実の社会的実践の場としての工場・試験場・図書館等との連絡」[34]としている。この中には，学校体育に関連する内容として「体育運動」(「体育作業」)の時間を設定している。

学科課程における学校体育は，教科名を「体錬科」，科目名を「体操」として存置している。週当たりの時間数は，第1・2学年が「芸能科」(音楽科目)と「体操科目」の合科目扱いで6時間，第3～6学年が体錬科体操で4時間である。また，上述したように，午後の研究時間として，第4学年以上に「体育運動」を設置している[35]。この午後の研究時間における「体育運動」の方針は，「学友会運動部の活動を中心として体育の生活化をはかる。適時対抗試合を行いその指導反省をさせる。運動の楽しさを体得させる」[36]である。内容は，第4学年が「児童の自由選択による体育の計画実施」，第5学年が「体位の調査，体育行事の立案計画，運動部による体育／球技・機械体操，競技，音楽遊戯」，第6学年が「体位の調査処理，体育行事の立案計画，運動部による体育／排球・避球・音楽遊戯・機械体操・水泳，私の体の研究」[37]である。

3）兵庫師範学校男子部附属国民学校

同校では，1946（昭和21）年10月に『新教育の実践』を発行している。ここでは，「我が校に於ける体育及養護の実際」[38]という項目において学校体育に関する記述がなされている。

同校では学校体育の立場を「実験体育」と位置づけ，次のように述べている。「本校の体育は単に本校の体育であるばかりでなく，県下児童の為の体育でもありたいと念願している。実験学校としての附属の立場から，体育に於てもいろいろ実験的に実施し，県下の学校体育に貢献したい」[39]。そして，民主化と科学化を基盤とした，スポーツ教材中心の学校体育を構想している。ただし，「国民学校体育である以上，スポーツは単なるスポーツでなく，国民学校

スポーツでなければならない。従って国民学校に於ける体育としてのスポーツは，成人のそれの縮図であってはならない」[40]とも指摘している。具体的には，表1に示した形態を実験的に構想している。

表1　兵庫師（男）附国における学校体育の実践形態

正課	基本体育	各学級主任による一週二時間の学級別の授業
	自由体育	学級主任，スポーツ係による一週二時間の二学年合同の体育
課外	課外体育	課外の同好会体育（四年以上）
養護	養護体育	養護係（養護訓導）による保健衛生の体育
生活	生活体育	遊放時，家庭，その他児童の生活全般に関する体育

出典：兵庫師範学校男子部附属国民学校，新教育の実践，大阪：教学研究社，1946，174頁から作成。

　まず，正課として構想した「基本体育」は，「体育運動のあらゆる面を網羅して，或程度の調和的発達」を考慮して「徒手体操，走，跳，投，転回及倒立，懸垂，運搬，格力，球技，音楽遊戯，水泳など」の教材を複合的に実施するとしている[41]。ただし，これらの教材は，1942（昭和17）年の『国民学校体錬科教授要項』で示された内容であることから，方法を遊戯競技化し，児童の興味に基づいて，授業形態への配慮を欠かさないこと，が必要であると指摘している。一方の「自由体育」は，「スポーツの試合の時間」であることを明示している。ここでは，教師の役割を「試合の審判，技術的或は特に道義的な指導，試合の進行係」とし，「どこまでも児童の時間であり，児童の自由を尊重し愉快に遊ばせることを建前としている」と構想している[42]。このように，正課の内容は合計で週4時間を確保しており，加えて課外体育，養護体育，生活体育まで含めると，相当の時間数を学校体育に充てる構想であったことがわかる。

4）小括
　ここまで，国民学校期における学校体育の萌芽的構想を概観してきた。資料

的制約もあり単純な比較はできないが，学校体育に関わる教科名の設定の仕方，時間数の規定からは，教育計画における運動，身体，衛生に関する内容を，いつ，どのように，どのような立場で実践しようとしたのか，という一端を窺い知ることができる。まず，教科名の設定については，研究報告書等の公表時期にもよるが，「体錬」という名称を使用したかどうかに，附国の立場が反映していると考えられる。次に，正課体育の時間数については，1941（昭和16）年の国民学校令に基づいた体錬科の時間数と比べると，2～3時間削減して設定している。ただし，『要領一般編（1947）』と比べると，同時間数あるいは1時間以上多く設定している。時間数の設定に関しては，一つは，戦時訓練的要素（教練，武道等）を削除した時間数であると考えることができる。一方で，スポーツ教材を導入するにあたって，課外における学校体育を構想し活用することで，正課における学校体育の時間数を制限して設定することができた，とも考えられる。

3．コア・カリキュラムと学校体育

（1）コア・カリキュラム運動の概要

　新教育制度の基準となるカリキュラムは，『要領一般編（1947）』において試案が提示される[43]。しかし，文部省によるカリキュラムとは一線を画し，学校や教師が主体となってカリキュラムを編成しようとする取り組みが，「カリキュラム運動」として展開する。この代表的な取り組みが，コア・カリキュラム運動と地域教育計画の作成である。とりわけ，コア・カリキュラムの研究と実践には，多くの附小が関与している[44]。

　コア・カリキュラム運動は，1948（昭和23）年10月にコア・カリキュラム連盟（以下，コア連と略す）が発足したことで全国的に展開する。コア・カリキュラムの特徴は，「カリキュラムの全体構造自体を，つねに教育の全体計画と関連づけながら追及し……（中略）……全体としての学校教育の現実的諸過程における，教育の内容と方法の統一的把握を企図した」[45]ところにある。また，「全体構造自体の探究が，個々の内容のそれに優位して試みられる」，「教科主義を放棄し，……（中略）……教育活動の人間形成に対する働きや角度から領域

を分けようとした点」[46]に独自の性格がある。しかし，コア・カリキュラム運動は「教科内容の再吟味が直接の出発点ではなかった」[47]という指摘は重要である。

　それでは，コア・カリキュラムの構造を，先行研究[48]に基づいて簡単に確認しておきたい。コア・カリキュラムの構造は，初期の頃から終始一貫していたわけではない。まず，コア連は1949（昭和24）年1月の第一回合宿研究会（神奈川県福沢小学校）において，コア・カリキュラムを「コアを有するカリキュラム」と定義する。すなわち，コアを中心に置いて，周辺に他の課程を配置するような構造をもったカリキュラムを，コア連におけるコア・カリキュラムと設定したのである。具体的には，「中心課程（中核課程）」と「周辺課程（基礎課程）」という二課程からなる，同心円的構成をとるものであった。ただし，コア連の内部においては，中心課程の構成に対する考え方は一様ではなく，「社会科の発展」と捉える立場や「包括的総合的な生活経験」とする立場が併存している。そして，基本的な立場の違いに加えて，さらに中心課程を社会科に重点を置いて構想した実践校においては，社会科と理科を融合させた中心課程，社会科と教科外活動を内容とする中心課程，ほとんど全教科を相関させた中心課程など，その幅は多様であった。周辺課程に関しても，中心課程に関連するかぎりでの教材に限定したものから，直接に関連しないまでも重要と認めた教材を含めるものまで雑多であった。

　このような初期のコア・カリキュラムが実践される中で，次に，中心課程から子どもの日常生活や学校行事等の教科外活動に関わる領域を独立の課程として編成するようになる。この領域は「日常生活課程」と称され，コア・カリキュラムの全体構造においては基底的な立場として位置づけられる。結果的に，中心課程から日常生活課程が分離したことで，中心課程が社会科的なもの（作業単元や問題単元）という色彩が強まるのである。そして，コア・カリキュラムにおける課程は，「日常生活課程⇔中心課程⇔周辺課程」という相互関係が成立し，「三層四領域論」形成の基点の一つとなる。

　コア連におけるコア・カリキュラムの構造に関する基礎的な部分は，1949（昭和24）年前半までにおおよそ確定する。その後，さまざまな実践の検討・批判を経て，中心課程と周辺課程という単純な同心円的構造から，新しい課程

を創出する試みが行なわれる。上述の日常生活課程もその一つであるが,一方で基礎学力低下論を背景として,周辺課程の拡充・充実を想定した課程の創出が試みられる。このような経緯を経て,1951(昭和26)年には「三層四領域論」とよばれるカリキュラムの理論的枠組みが構築されるのである。

(2) コア・カリキュラムにおける学校体育の位置づけ

上述してきたコア・カリキュラム運動の変遷からは,基本的な構造を保持しつつも,多種多様なコア・カリキュラムの構想があったことを確認できる。そのため,以下,三層四領域論が構築されるまでを対象として,コア・カリキュラムを採用した附小が学校体育をどのように位置づけたのかを検討する[49]。

表2は,各附小(一部重複を含む)の報告書等に基づいて,コア・カリキュラム構成を示したものである。

表2　各附小におけるコア・カリキュラム構成

	学校名（出版年） ※書名,発行所	コア・カリキュラムの構成
1	東京高師附小・第三部（1948） ※コーァカリキュラムの研究　研究紀要（一）,柏書院	・中核学習 ・基礎学習（言語,数量形,造形,音楽,体育）
2	滋賀師（女）附小（1948） ※新しい教育計画―構成と実践―	・中心課程 ・特殊領域（練習〈言語,数量,技術〉,技芸〈音楽,美術〉,健康,継続観察）
3	奈良師（女）附小（1948） ※奈良吉城プラン	・単元学習（包含される技術経験〈言語文字,科学,数理,操作,音楽〉）
4	北海道第一師（男）附小　（1949） ※北一師附小の教育計画,千代田書院	・中心学習（社会科・理科・家庭科） ・基礎学習（表現・鑑賞,技能・練習,健康・体育）
5	北海道学芸大函館附小（1949） ※学習指導の基底　研究叢書第九号　第一部	・中心学習（社会・自然） ・周辺学習（派生,系統〈国語,図工,音楽,体育〉）
6	新潟第一師（男）附小（1949） ※単元の指導記録,白林社	・単元学習 ・周辺学習（基礎技能〈言語,数量形〉,情操/心情,体育/健康）
7	新潟大第二師附小（1949） ※教育課程の構成と実践,社会科教育研究会	・生活学習（技能〈言語・数量形〉,芸能〈音楽・造形〉,健康） ・系統学習（国語,算数）

	学校名（出版年） ※書名，発行所	コア・カリキュラムの構成
8	富山師（女）附堀川小（1949） ※堀川の教育計画　構成編	・中心学習 ・基礎学習（国語，算数，理科，音楽，図工，体育，家庭）
9	山形大第二附小（1949） ※新しいカリキュラム　山形女附小プラン	・中心学習 ・基礎学習（国語，算数，図工，音楽，体育）
10	東京高師附小・第三部（1949） ※コア・カリキュラムの研究，教育科学社	・主要な経験 ・日常の経験（行事，自然観察，体育コース，ほか） ・要求される技能
11	東京学芸大・第一師附小（1949） ※カリキュラム構成と実際，学芸図書出版	・お仕事の時間/経験学習/生活学習 ・お稽古の時間/基礎学習（言語，数量形，音楽，造形） ・健康教育（保健・衛生）/運動の時間（体育を主とするもの）
12	東京第三師附小（1949） ※小学校カリキュラムの構成，同学社	・中核学習 ・周辺学習（技能の学習，情操の時間，健康・体育・音楽）
13	長野師（女）附小（1949） ※小学一年　コア・カリキュラムによる指導の実践記録，蓼科書房	・中心学習 ・基礎学習（言語，数量形，図工，音楽，体育）
14	奈良女高師附小（1949） ※たしかな教育の方法，秀英出版	・しごと　・なかよし　・けいこ
15	京都学芸大附桃山附小（1949） ※単元学習と基礎能力（教育計画）	・仕事　・研究　・表現　・運動
16	大阪学芸大池田附小（1949） ※新しい教育の計画	・問題解決の学習 ・基礎の学習（国語，算数，図工，音楽，健康）
17	兵庫師（女）附小　（1949） ※小学校のコア・カリキュラム―明石附小プラン―，誠文堂新光社	・中心学習 ・基礎学習（情操＜文学・音楽・美術＞，技術＜言語・数量＞，健康）
18	大分学芸大大分師附小（1949） ※教育課程　大分附小プラン，尚学社	・主単元，副単元，教科別の独立学習
19	新潟大新潟附小（1950） ※新潟附小　生活カリキュラムの実践記録，東洋館出版	・単元学習 ・基礎学習（基礎技能〈言語，数量形，社会自然〉，情操（文学・美術・音楽），体育

	学校名（出版年） ※書名，発行所	コア・カリキュラムの構成
20	愛知学芸大名古屋附小（1950） ※二年の指導案，明治図書出版	・中心学習（社会） ・関係学習（言語，数量，科学，音楽，造形） ・健康
21	大阪第一師天王寺附小（1950） ※四年の指導案，明治図書出版	・中心学習 ・周辺学習（国語，算数，図工，音楽，体育）
22	東京教育大附小・第三部（1951） ※コア・カリキュラム（第三部教育課程）	・中核課程　・関連課程　・基礎課程

　まず，表2から学校体育に関する内容の位置づけを見てみると，基本的に周辺課程の領域の一つとしていることがわかる。また，完全に独立した課程（京都学芸大桃山附小，愛知学芸大名古屋附小，東京学芸大・第一師範附小）として位置づけている場合もある。さらに，周辺学習に相当する課程を設定しなかった附小はどうであろうか。奈良女（女）附小や新潟大第二師附小では，中心課程（単元学習，生活学習）の中に「健康」領域が位置づいているが，単元（生活単元）の内容とはあまり関係なく健康領域の内容を示しており，独立領域として捉えることが可能である[50]。「しごと」，「なかよし」，「けいこ」という三課程を採用した奈良女高師附小では，時間割の設定において「体育」の時間が独立している[51]。同様に大分学芸大附小においても，教科的な「体育」の学習内容を提示し，時間割上でも独立している[52]。

　このように，コア・カリキュラム構成における学校体育に関する内容は，中心課程に取り入れられた一部の内容を除けば，教科的な独立した位置づけがなされている。この位置づけの背景には，二つの理由が考えられる。一つは，「健康」という学校体育を包括する領域を設定することで，教育全体における健康領域の重要性を踏まえて独立的に位置づけたという積極的理由からである[53]。もう一つは，「体育」というスポーツ教材等の運動領域を中心とした領域を設定することで，内容の系統性や学習環境を考慮する必要が生じ，結果として中心課程との関連や学習の場が共有しにくくなり，独立的に位置づけたという消極的理由からである。

次に，コア・カリキュラムにおける学校体育に関する内容の時間数を確認しておきたい。ただし，コア・カリキュラム構成では，学校体育に関する内容を，中心課程，周辺課程，業間の時間，課外活動等に再編しているため，厳密な時間数を確認することは困難である。確認できる事例を以下に示す。大阪学芸大池田附小は，基礎学習における「健康」領域の時間を，第1・2学年が2時間，第3～6学年が3時間と配分している[54]。ただし，ここでの時間数には，中心課程に取り込まれた学校体育に関する内容の時間数は含まれていない。東京学芸大・第一師範附小は，「運動の時間」に対して，低学年で全時間数の13％，中学年で11％，高学年で9％を配当している[55]。また，時間割が確認できる事例を見てみると，山形大第二附小は，「体育・自由遊戯」に毎日20分および基礎学習の体育領域に20～45分（週1～3回）設定している[56]。奈良女高師附小においては，毎日15～30分の体育の時間を設けている[57]。

　このように，コア・カリキュラムにおける学校体育に関する内容の時間数は，『要領一般編（1947）』で提示された3時間を基準として構想したと考えられる。ただし，時間割上では，単元の構成や週計画によって弾力的で柔軟性のある時間設定と運営が可能であったことを窺い知ることができる。このような弾力的な運営は，まとまった時間を継続的に必要とする運動領域（運動学習）の系統的指導には不向きであったが，健康や運動の習慣形成・維持のために短い時間でも毎日配当できるという利点はあったと考えられる。

（3）中心課程における学校体育の発展的内容

　コア・カリキュラムにおける学校体育に関する内容・教材を具体的に見てみると，運動領域（技術学習）に関しては，『要綱』あるいは1949（昭和24）年9月に発行の『学習指導要領小学校体育編（試案)』(以下，『要領体育編』と略す）とほぼ同じ内容が示されている。これは，先述したように，コア・カリキュラム運動が教科内容の再吟味を直接の出発点としなかったことに起因すると考えられる。しかしながら，中心課程に再編された運動領域（技術学習を除く）に関連する内容は，『要綱』や『要領体育編』で示し得なかった発展的内容を創出する可能性があったと考えられる[58]。

　たとえば，京都学芸大附桃山小では，「仕事」，「研究」，「表現」，「運動」と

いう生活区分からカリキュラムを構成している．表3に，第6学年における単元（一部）と，そこでのスポーツ，健康，運動と関連付けられている学習内容（「仕事」,「表現」,「運動」）を示している．ここでは，健康と運動の技術学習を除けば，他教科の視点からスポーツ，運動に関する学習内容を設定していることがわかる．つまり，『要綱』や『要領体育編』で指摘されつつも，具体的内容が明らかでなかった「体育科と他教科との関連」[59]を示した好個な事例として取り上げることができる．すなわち，小学生を対象とした学習であることを考慮すれば，スポーツ，運動の文化的多様性を導出する一つの契機となる具体的内容であると考えられる．

表3　京都学芸大桃山附小における第6学年の単元と学習内容（一部）

単元名「私たちの健康対策」
私の体育レコード
○体育ノートを作成し継続して記録する　○体育ノートの表紙図案を書く　○一年の体育について計画討議し行事表を作成する　○「野球の歌」を斉唱する　○スポーツの歌や行進曲を作曲して器楽合奏し鑑賞する　○身体測定を実施し体育ノートに記入する　○身体測定の統計を処理してグラフを作る　○体力テストの種目の記録調査　○体力テストの種目の練習をする　○テストの学級全校平均を計算してノートに記入する　○自分たちの手で用具の準備やラインを引きテストを実施する　○身体清潔の検査と記録をつける　○運動と休養と睡眠を話し合う　○テストの記録を統計処理して体力ノートに記入する　○運動ポーズの写生や粘土作をする　○「健康対策」につき討議し論文をつくる
単元名「生産と労働」
生産と運動
○生産と運動の時間累計をする　○仕事と運動の時間割を討議決定する　○体育委員会で運動会の計画立案をする　○運動会の種目練習をする　○世界の子供運動会の斉唱をする　○運動会のポスターをかく　○プログラムの印刷をする　○ラインを引く　○大運動会をする　○スポーツ粘土塑像を作る　○運動後の身体を清潔にする　○生産と休養，睡眠を話し合う
単元名「外国の友達」
世界の少年スポーツ
○ボーイ，ガールスカウトのゲームを調べる　○世界の少年スポーツ写真あつめをする　○スポーツ塑像を作る　○世界のウィンタースポーツをしらべる　○「スキーの

歌」を歌う　○サッカーを練習する　○「テニス」を読む　○長距離走をする　○世界の子供の運動練習法をしらべる　○私たちのスポーツの長所短所の討議をする　○少年スポーツについて研究文を書く　○冬の運動後の身体の清潔と休養睡眠を考え実践する　○台所用具の扱い方を研究する

出典：京都学芸大学附属桃山小学校，単元学習と基礎能力（教育計画），1949，109-129頁から作成。

ただし，他教科との関連における学校体育の発展的内容を確認できる取り組みはごくわずかである。この背景には，コア・カリキュラム運動への批判や体育学研究者のコア・カリキュラムに対する消極的態度といった影響があったと考えられる[60]。

おわりに

　本稿の目的は，戦後初期の附小が学校体育をどのように位置づけ構想したのかを明らかにすることであった。まず，戦後初期における附小の全般的な動向を概観した。附小の法的な役割を，『使節団報告書』による方針，文部省の通牒および国立学校設置に関わる法令によって確認した。また，附属学校の廃止論や存続改革論を背景として，研究体制に学校間差がある中で，附小では自主的な意識改革を図り，実践研究を行なっていたことを明らかにした。

　次に，敗戦後の暫定措置期における学校体育の動向を概観し，国民学校期における学校体育の構想を検討した。確認できたことは，教科の存続を前提として，各附小が学校体育の萌芽的構想を行なっていたことである。具体的には，正課以外における学校体育の構想との関わりで，正課における学校体育の内容を規定しようとする試みがなされている。

　最後に，コア・カリキュラム運動の動向を確認しつつ，コア・カリキュラムにおける学校体育の位置づけ，学校体育における内容の発展可能性を検討した。コア・カリキュラム構成における学校体育に関する内容は，各附小が規定した中心課程の単元，周辺課程および行事等に再編されることを基本としている。しかしながら，運動領域（運動学習）に関しては，基本的に教科的な扱いをしていることを明らかにした。ただし，健康教育との関連から全体を見たと

きに，体育科の拡大としての健康教育，健康教育に内包される体育科，体育科と健康教育の明確な分離といった多様な立場がとられ，不安定な位置づけにあったと考えられる。さらに，コア・カリキュラム構想が学校体育の教科内容を発展させる可能性があったことを，具体的な事例から提示し得た。ただし，コア・カリキュラム以外のカリキュラム形態との比較分析が必要であり，今後の課題としたい。

［付記］
　本研究は2008-2011年度科学研究費補助金，若手研究(B)，課題番号20700513「1950年前後の日本における学校体育実践に関する歴史的研究」に基づく研究成果の一部である。

注
1) 藤枝静正，国立大学附属学校の研究―制度史的考察による「再生」への展望，東京：風間書房，1996。
2) 竹之下休蔵，岸野雄三，近代日本学校体育史，東京：東洋館出版，1959，270-277頁。高橋健夫，新体育の確立，前川峯雄編，戦後学校体育の研究，東京：不昧堂出版，1973，138-143頁。岡出美則，コア・カリキュラムによる実践，中村敏雄編，戦後体育実践論第1巻 民主体育の探究，東京：創文企画，1997，67-94頁。
3) 原則的に次のように省略する。①「○○第一師範学校男子部附属小学校」→「○○第一師（男）附小」，②「○○師範学校附属□□小学校」→「○○師附□□小」，③「○○大学△△学部附属□□小学校」→「○○大附□□小」。
4) 藤本昌司，芽島篤，加賀谷俊二ほか訳，戦後教育の原像 日本・ドイツに対するアメリカ教育使節団報告書，東京：鳳書房，1995，64頁。
5) 近代日本教育制度史料編纂会，石川謙，近代日本教育制度史料 第二十四巻，東京：大日本雄弁会講談社，1957，532-534頁，367-381頁，575-578頁。
6) 前掲書，575頁。
7) 全国附属学校連盟研究会編，附属学校年鑑―研究年次報告―，東京：学芸図書出版，1949，215頁。
8) 藤枝静正，前掲書，75頁。
9) 前掲書，73-76頁。
10) 広島大学昭和二十七年度教育指導者講習会編，第九回教育指導者講習研究集録 付属小学校教育，不明，1953，2頁。
11) 前掲書，2頁。
12) 前掲書，3-6頁。

13）文部省，文部省第七十六年報 昭和二十三年度，東京：文泉堂出版，1979復刊，94頁。第七十七年報，1979復刊，92頁。第七十八年報，1979復刊，78頁。第79年報，1954復刊，91頁。第80年報，1955復刊，175頁。第81年報，1956復刊，176頁。
14）広島大学昭和二十七年度教育指導者講習会編，前掲書，15-16頁。
15）近畿新教育実験学校協会では，京都学芸大附桃山小，和歌山大附小，神戸大附住吉小，奈良女子大附小と公立小学校で組織されている。下程勇吉編，新教育10年―回顧と展望―，名古屋：黎明書房，1957。
16）東京学芸大学昭和二十七年度教育指導者講習会編，第九回教育指導者講習研究集録 附属小学校教育，不明，1953，24頁。
17）広島大学昭和二十七年度教育指導者講習会編，前掲書，46頁。
18）前掲書，48頁。
19）東京学芸大学昭和二十七年度教育指導者講習会編，前掲書，24-25頁。
20）新日本教育研究調査会，新日本教育建設に関する意見，戦後教育資料Ⅰ-7，国立教育政策研究所所蔵。
21）前掲書，11-12頁。
22）同会議では，「体錬科の名称を体育科とすること」，「国民学校，中等学校の体育科教授時数は各毎週最低三時間とし更に補充として毎週三時間以上を確保すること」と提案されている。（戦後教育資料Ⅱ-12，国立教育政策研究所所蔵。）
23）三羽光彦，六・三・三制の成立，京都：法律文化社，1999，83頁。
24）肥田野直，稲垣忠彦編，教育課程総論 戦後日本の教育改革　6，東京：東京大学出版，1980[4]，174頁。
25）田中伸明，占領下における初等教育教科課程の編成―日本の教科課程編成に対するGHQ/SCAPの指示・勧告を見る―，数学教育史研究，第8号（2008）：35-46頁，42-43頁。
26）1946（昭和21）年度に附属国民学校名で発行した書籍・報告書については，現時点で12件確認（未見含む）している。なお，広島師（女）附国および広島高師附国における学校体育の取り組みに関しては，次を参照のこと。崎田嘉寛，戦後初期学校体育の研究，広島：渓水社，2009，64-72頁。
27）石川師範学校女子部附属国民学校，教育実践録第四集　新教育への発足，不明，1946，8頁。
28）前掲書，8-9頁。
29）前掲書，62頁。
30）前掲書，9-12頁。
31）前掲書，129頁。
32）前掲書，131頁。
33）栃木師範学校男子部附属国民学校，たからぎ研究紀要　第1集　宝木附属における学校経営，不明，1946，9頁。

34) 前掲書, 16-17頁。
35) 前掲書, 17頁。
36) 前掲書, 巻末資料, 自由研究一覧表。
37) 前掲書, 巻末資料, 自由研究一覧表。
38) 兵庫師範学校男子部附属国民学校, 新教育の実践, 大阪：教学研究社, 1946, 164-196頁。
39) 前掲書, 173頁。
40) 前掲書, 166頁。
41) 前掲書, 175頁。
42) 前掲書, 184頁。
43) 同要領では, 体育を含め9教科でカリキュラムを構成すべきであるとされているが, 教科設定の理由については示されていない。東京大学カリキュラム研究会編, 日本カリキュラムの検討, 東京：明治図書, 1950, 70頁。
44) コア・カリキュラム連盟の発足当初の常任委員と委員のうち40%が附小関係者である。また, 36校の附小が, 1949（昭和24）年3月31日時点で同連盟に団体会員として登録している。コア・カリキュラム連盟, カリキュラム, 誠文堂新光社, 第1号（1949）, 39-40頁。第2号, 34-36頁。第3号, 39-40頁。第4号, 45頁。第5号, 49-50頁。
45) 肥田野直, 稲垣忠彦編, 前掲書, 541頁。
46) 前掲書, 541頁。
47) 前掲書, 490頁。
48) 本注以下の記述は, 以下の文献を参考・引用して作成した。肥田野直, 稲垣忠彦編, 前掲書, 543-570頁。日本生活連盟編, 日本の生活教育50年―子どもたちと向き合いつづけて―, 東京：学文社, 1998, 67-72頁。
49) というのも, 1950（昭和25）年にはCIEのオズボーンによるコア・カリキュラム対する批判的声明が提出され, コア連の加盟校レベルに対する切り崩しが図られたからである。勝田守一, 戦後教員物語（I）, 京都：三一書房, 1960, 131頁。肥田野直, 稲垣忠彦編, 前掲書, 483頁。
50) 奈良師範学校女子部附属小学校, 奈良吉城プラン, 不明, 1948, 20-258頁。新潟大学第二師範学校附属小学校, 教育課程の構成と実践, 東京：社会科教育研究社, 1949, 312-388頁。
51) 奈良女高師附属小学校学習研究会, たしかな教育の方法, 東京：秀英出版, 1949, 50-51頁。
52) 大分大学学芸学部大分師範学校附属小学校, 教育課程　大分附小プラン, 大分：尚学社, 1949, 15-16, 67-202頁。
53) 兵庫師範女子部附属小学校, 小学校のコア・カリキュラム, 東京：誠文堂新光社, 1949^2, 48-56頁。

54）大阪学芸大学池田附属小学校，新しい教育の計画，不明，1949，学習時程表．
55）東京学芸大学・第一師範附属小学校，カリキュラムの構成と実際，東京：学芸図書出版，1949，178頁．
56）山形大学第二附属小学校，新しいカリキュラム　山形女附小プラン，不明，1949，147-169頁．
57）奈良女高師附属小学校学習研究会，前掲書，50-51頁．
58）全国的に見てみると，単元計画の中心に体育科を設置する構想をする学校や社会科と体育科の総合を目指す学校も指摘されている．東京大学カリキュラム研究会編，前掲書，220頁．
59）文部省，学校体育指導要綱，東京：東京書籍，1947，19頁．文部省，学習指導要領小学校体育編（試案），東京：大日本図書，1949，1頁．
60）岡出美則，前掲書，69-71頁．

第Ⅲ部

人と大地の交流についての対話

オリンピックの用語史
―― 江戸後期から明治前期にかけて出版された英和辞典に注目して ――

和 田 浩 一

はじめに

「世間一般にオリンピックの何であるかを知っているものはきわめて少なかった」[1]。

1909（明治42）年にアジア初の国際オリンピック委員会委員となった嘉納治五郎（1860-1938）は，1911（明治44）年の大日本体育協会設立時のことをこのように回想している。確かに，極東に位置し，オランダ・清以外の国との交わりを約2世紀（1639-1854）に渡って閉ざしていた日本は，20世紀の初頭まで，地理的にも文化的にもオリンピックから最も離れた国の一つだった。

しかし後述するように，1909年以前の日本にオリンピックに関する知識がまったくなかったわけではなかった。それでは，20世紀初頭までの日本は，オリンピックをどの程度知っていた国だったのだろうか。言い換えれば，現在ではオリンピックと深いかかわりをもつ日本は[2]，どのような歴史的背景のもとで，どのようにオリンピックを受け入れていったのであろうか。

このような問題意識をもつオリンピズムの受容史研究は，欧米中心の文明史観から生まれたオリンピックの思想を日本からの眼差しを通して再評価しつつ，脱欧米的な新しいオリンピズム解釈の可能性[3]の提示を目指している。一連の研究で得られる成果は，異なる文明・異なる地域を包み込む新しいオリンピック理念構築を模索する国際的な議論の場（オリンピック候補地の選定等）に，一定の学術的視座を提供できよう。

本研究はオリンピズムの受容史研究の一つであり，1854（安政元）年の開国

以来，日本の近代化を進める原動力となった英学をその底辺で支えた英和辞典に注目し，これらの辞典の中でオリンピックがどの程度文字化されていたのか，あるいは文字化されていなかったのかを提示しようとするものである。

なお，本研究では，「辞書」の改まった言い方であり，広義には字典・事典を含む「辞典」[4]という用語を用いることにする。

1. 近代オリンピック以前のオリンピックの知識

本研究で取り上げる英和辞典が近代オリンピック〈前史〉の中でどのように位置づけられるのかを検討する前に，19世紀後半までのヨーロッパおよび日本に存在した古代オリンピックの知識を簡単に整理しておきたい。

（1）ヨーロッパにおけるオリンピックの知識

ギリシャ人旅行家パウサニアス（115年頃−180年頃）は『ギリシア記』（160年から176年頃）において，古代オリンピック競技会の施設や優勝者を記念する彫像などについて記している。この著作はルネサンス以降の古代ギリシャ愛好熱の高まりによって「格好のガイドブック」に仕立て上げられ[5]，とりわけ考古学や美術史の分野で注目されるようになった。中世から近代にかけてのヨーロッパにおいて，古代オリンピックに関する知識は，このガイドブックから確実に広がっていったものと見なすことができよう。

次に，網羅的・圧倒的な収録語彙数もさることながら，各見出し語について可能な限り初出の用例を探し出して掲載している世界最大の英英辞典 *Oxford English Dictionary*（1989年）で，英語におけるオリンピック用語の用例の年代を見てみよう。例えば，Olympiadの用例を年代の早いものから三つ取り出すと1398年・1490年・1532年，同様に，Olympianは1593年・1603年・1606年，Olympicは1600年・1610年・1640年となっている。中世の英語文献上で，オリンピックは文字としてその姿を確かに見せていることが理解できる。

近代オリンピックの創始者ピエール・ド・クーベルタン（1863−1937）の母国フランスでは，どうだったのであろうか。17世紀後半以降に刊行された複数の仏仏辞典の中に，オリンピック関連用語が確認できる。例えば，形容詞の

"olympique" は，*Dictionnaire universel*（1690），*Dictionnaire de l'Académie française*（1694），*Dictionnaire des arts*（1695），*Encyclopédie Diderot et d'Alembert*（1751－1765）[6]といった辞典で，見出し語として採用されている。

　中世の文学作品に目を向けてみよう。オリンピックは，初期近代英語に関する貴重な言語学的資料としても名高いウィリアム・シェイクスピア（1564－1616）の作品の中に2カ所，その痕跡を残している[7]。「ヘンリー六世第3部」（1590－91）の"As victors wear at the Olympian games."（第2幕第3場）[8]と，「トロイラスとクレシダ」（1601－02）の"And I have seen thee pause and take thy breath, When that a ring of Greeks have hemmed thee in, Like an Olympian, wrestling (sic.)."（第4幕第5場）である[9]。シェイクスピアの作品と直接関係はないものの，1806年以降の *The Times* には"Olympic Pavilion" "Olympic Theatre"という劇場名が散見され，19世紀イギリスの演劇界でオリンピックが日常的な言葉として目や耳に入っていた事実が浮かび上がる[10]。

　オリンピックは文学作品の中にとどまらず，ヨーロッパ各地において身体運動を伴うイベントとして意識される存在でもあった。ドイツのオリンピック史研究者であるカール・レナーツは，古代ローマ帝国皇帝テオドシウス1世（347－395）によって古代オリンピック競技会の幕が閉じられた393年から，第1回近代オリンピック競技会がアテネで開催された1896年にかけて，ヨーロッパ各地に各種のオリンピック・イベントが開催されていたことを報告している[11]。この中でもとりわけ，1）クーベルタンがイギリスのマッチウェンロック・オリンピックに足を運んでいたこと[12]，2）19世紀後半に開催されたギリシャ・オリンピック（1859，1870，1875，1889年）を彼が意図的に無視していたこと[13]は，近代オリンピック〈前史〉の中で特に注目に値する事実と言える。

　18世紀後半から具体的な形ができあがっていく近代体育の領域でも，オリンピックは重要な要素であった。近代体育の父と呼ばれるグーツムーツ（1759－1839）は，1793年に発表した *Gymnastik für die Jugend* で古代オリンピックについて詳述するとともに，オリンピック競技会の復興を唱えている[14]。また，ヤーン（1778－1852）によるトゥルネン普及運動の過程において，古代オリンピックを意識した競技会が催されていた事実が報告されている[15]。

　クーベルタンへの影響として忘れてならないのは，オリンピア遺跡の発掘で

ある。イギリス人チャンドラーは1776年の調査において，古代オリンピックの聖地オリンピアの一部を発見した。その後，ギリシャがトルコから独立した1829年にフランス発掘隊がゼウス神殿の一部を，1875年から1881年にかけてドイツ発掘隊が聖域の中心部を発掘することになり[16]，その成果は1878年のパリ万博における「オリンピア遺跡」の展示に結びついた。

オリンピックという文言は現れないが，宣教師たちの布教活動により19世紀後半までには地球規模で読まれることになった聖書の中に，オリンピック競技会を描写する一節が見られることも見逃せない（コリントの信徒への手紙一，9章）。

24節．あなたがたは知らないのですか。競技場で走る者は皆走るけれども，賞を受けるのは一人だけです。あなたがたも賞を得るように走りなさい。
25節．競技をする人は皆，すべてに節制します。彼らは朽ちる冠を得るためにそうするのですが，わたしたちは，朽ちない冠を得るために節制するのです[17]。

以上述べてきたことは，ヨーロッパにおける19世紀後半までのオリンピックの知識を網羅するものではない。しかし，およそ日本の武士の時代に相当する中世以降のヨーロッパにおいて，オリンピックが文献上の単なる文字としてだけではなく，考古学や辞典，演劇，身体活動，体育，美術史，聖書といった，人々の生活を豊かにする広い意味での文化的領域の中で，ある程度イメージをもって理解されていたと言うことはできよう。

（2）日本におけるオリンピックの知識

日本における近代オリンピック〈前史〉に関する先行研究には，伊東（1959，1992）と木村（1978），WADA（2007）のものがある[18]。1896（明治29）年の近代オリンピック大会開催以前に限って言えば，伊東と木村が言及しているのは，1）古代オリンピックについて記された北水生「運動会の歴史及種類」『少年世界』（1895年4月），2）第1回近代オリンピック・アテネ大会を報告するＫ・

Y「希臘オリムピヤ闘伎の復興」『少年世界』（1896年8月），3）近代オリンピックの復興について言及した碧落外史「オリンピヤ運動會」「オリンピヤ運動會（承前）」『文武叢誌』（1896年3月，4月）の計4編の記事だけである。

　ここでは，伊東と木村が取り上げた雑誌記事に加え，ギリシャ史文献と体育書によるオリンピック知識紹介の系譜があることを示唆しているWADAの研究成果を踏まえながら，明治前期日本のオリンピズム受容過程を書誌学的に跡づけておきたい。

　日本語の文献史上，オリンピックが初めて登場するのは，キリシタン版だった[19]。『サントスの御作業のうち抜書』（1591）（天正19）という書物に，「如何に愚鈍なる糺し手，オリンピコといふ遊びに出づるほどの者利運を開かんとては，裸になることを知らずや？」という一節があり，オリンピックを意味するオリンピコ（原文はポルトガル語のOlimpico）という言葉が顔をのぞかせている。この書物は，「限りなく完全な父なる神のことや至聖なる三位一体の神秘等など，キリスト教の本質にかかわる点」が十分に理解できない日本人キリシタンに対し，より身近な存在としての聖人サントスのご作業を通して教義の理解を助けようとして編まれたもので，原文はローマ字で書かれている[20]。しかし，1612（慶長16）年の江戸幕府によるキリシタン禁制から1873（明治6）年の明治政府によるキリシタン禁制高札の撤去に至るまでの約250年間，キリスト教の信仰・布教は禁止されることになった。したがって，『サントスの御作業のうち抜書』における記述が日本のオリンピック受容に与えた影響は，まったくなかったと言ってよい[21]。

　明治に入り，古代オリンピックに関するまとまった説明が，日本に紹介された西洋史・古代ギリシャ史という知識体系の中でなされるようになった。和田は，第1回アテネ大会以前に日本で刊行された歴史書（西洋史・古代ギリシャ史）118冊をリストアップし，未確認の14冊を除く104冊中，オリンピックに関する記述を含むものが67冊あったことを確認している。その中で最も古いのは，ダニエル著・村上英俊訳・村上義重重訳『西洋史記』（1870）であった[22]。

　古代オリンピックについて言及しているもう一つの知識体系は，体操伝習所の卒業生によって記された体育書である。体操伝習所は文部省が体育の研究と教員養成とを目的として1878（明治11）年に設立した，日本最初の体育の研究

教育機関である。ボストンのアマースト大学卒業後にハーバード大学で医学を学んだジョージ・アダムス・リーランド（1850-1924）が同校の教授となり，手具を用いた軽体操（普通体操）や体操の生理学的効果，体育の歴史などを教えた。体操伝習所卒業生の手による体育関係の編著書は，体育論，体操，遊戯，教練などの分野にわたって約100冊あるが[23]，そのうち，横井琢磨編『体育論』（1883）と星野久成編『体操原理』（1887），松田正典編『普通体育論』（1896）の計3冊において，古代オリンピックに関する記述が確認できる[24]。

2．日本の近代オリンピック前史における英和辞典の意味

　前節では，これまでの研究をもとに，1）雑誌記事，2）歴史書，3）体育書という，古代オリンピックの知識を日本に伝えた三つの系譜について概観した。これを踏まえ，本研究で取り上げる英和辞典が，日本の近代オリンピック前史においてどのような意味をもつのかについて検討しておきたい。言うまでもなく，英和辞典におけるオリンピック用語の記述内容を年代順に並べただけでは，オリンピック史にはならない。歴史とは事実の年代的な羅列ではなく，研究者の問題意識と総合的史観とから選択された事実の時間的・空間的な意味づけだからである。

（1）三つの系譜に先行してオリンピックが現れたという事実
　結論を先に言えば，江戸末期の1862（文久2）年に編まれた英和辞典において，オリンピック用語は見出し語として姿を現した。これは，1895（明治28）年に初出を見る雑誌記事，同じく1870（明治3）年の歴史書，1883（明治16）年の体育書に先行してオリンピックが現れた一つの厳然たる事実である。辞典は読み物ではなく，それゆえ，後のオリンピック理解に直接つながるものとは言えない。しかし，この事実を近代オリンピック〈前史〉という流れに位置づければ，近代オリンピック誕生時に一定程度のオリンピックの知識があったヨーロッパの事例との共時的比較が可能となる。具体的には，同時代においてオリンピックが文字資料として存在していたのか否かを確認することにより，ヨーロッパと日本のオリンピックへの距離感の違いをより正確に描くことができ

る。

（2）江戸末期から明治初期の日本における英和辞典の重要性

　1854年の開国以来，日本の近代化を進める原動力となったのは，欧米の知識・文化の吸収であり，1）海外視察，2）お雇い外国人による教育，3）書物の翻訳，がその主な方法論であった。言うまでもなく，1）2）3）とも一定水準以上の語学力が必要となり，外国語辞典はこの力をつけるための教材として開国後の日本で重要な役割を果たすことになる。

　1808（文化5）年8月に起きたフェートン号事件以降，日本における欧米的知識の吸収は蘭学から英学によるものへと少しずつ軸足を移していき，開国以降は英語が日本における第一外国語としての地位を占めるようになった。これにともない，幕末から明治にかけて多種多様な英和辞典が編纂されていった。英和辞典におけるオリンピック用語の記述は，日本が近代化を見据える中でオリンピックをどのように扱おうとしたのかを物語ってくれる貴重な史料であると考えたい。

（3）スポーツ用語の自国語化過程の一断面

　現在，オリンピックはまぎれもなく日本語のスポーツ用語として息づいているが，一体どのようにして自国語化の道を辿ったのであろうか。

　江戸末期から明治・大正期における英和辞典と国語辞典の見出し語に現れる用語「スポーツ」に注目し，この言葉の自国語化の過程を検討した阿部の研究は[25]，スポーツ用語の日本的な受容に関する一つの方法論的モデルを示している点で注目に値する。英英辞典等をもとに編まれた英和辞典では，スポーツはまず「遊び」に近い概念として説明され，これに「競技的な性格」が徐々に加わってき，国語辞典ではこれとは反対に「競技的な性格」に「遊び」の概念が少しずつ加わっていった。つまり，英語圏で「遊び」と理解されていたスポーツを輸入した直後，日本はその遊び心を消し去り，「競技的な性格」を全面に押し出しながら自国語化していったのである。

　本研究は，国語辞典における記述の記載年や内容との比較に踏み込むものではないが，英和・国語の両辞典を通したオリンピック用語の自国語化過程の検

討を視野に入れている。

3．英和辞典に見られるオリンピック関連用語

（1）英和辞典とオリンピック関連用語の有無

　英和辞典を収集するにあたっては下記の文献を参考にし，神戸松蔭女子学院大学，国立国会図書館（東京本館，関西館，近代デジタルライブラリー），筑波大学（岡倉文庫），神戸大学，聖トマス大学，花園大学の各図書館に赴いた。

1 ）早川勇，日本の英語辞書と編纂者，春風社，2006。
2 ）沖森卓也ほか編，日本辞書辞典，おうふう，1996。
3 ）南出康世，英語の辞書と辞書学，大修館書店，1998。
4 ）大村喜吉ほか編，英語教育史資料：英語辞書・雑誌史ほか，東京法令出版，1980。
5 ）永嶋大典，新版：蘭和・英和辞書発達史，ゆまに書房，1996（初版：1970）。
6 ）杉本つとむ，杉本つとむ著作選集 8 ：日本英語文化史の研究，八坂書房，1999。

　なお，選定した英和辞典は，一覧にして表 1 に示した。取り上げた項目は刊行年，著者・編者等，辞典名，見出し語数，頁数，見出し語に見られるオリンピック関連用語の有無およびその種類（関連用語が見出し語に「有」の場合は該当する用語の欄を「＊」で示し，「無」の場合は「記載なし」欄に「なし」と記した。また未確認のものについては「確認」欄に「未」と記入した），および備考である。

　なお，表 1 を作成するにあたって，以下の方針を掲げた。
1 ）調査の対象期間は，幕末期から第 1 回近代オリンピック大会（アテネ）が開催された1896（明治29）年までとした。
2 ）英和辞典の発行が比較的少なかった明治10年代までは，語彙集やこれに近いものも辞典として取り上げた。
3 ）日本の英和辞典編纂者や英語学習者等に大きな影響を与えた英華辞典も取り上げた。

表1 英和辞典とオリンピック関連用語の有無 (1811-1896年)

No.	年号	和暦	著者・編者	辞典名	見出し語数	頁数	Olym-piad	Olym-pian	Olym-pic	Olym-pics	Olympic games	記載	確認	備考
1	1811	文化8	本木庄左衛門	諳厄利亜興学小筌	2,000							なし		幕府の秘本、テーマ別
2	1814	文化11	本木庄左衛門	諳厄利亜語林大成	5,910							なし		幕府の秘本、アルファベット順
3	1822	文化12	Morrison, Robert	英華・華英字典(英華の部)								なし		蕃書取調所で利用
4	1830	天保元	メドハースト	英和和英語彙集	5,400	344								日本の書物を参考に編纂
5	1847	弘化4	メドハースト	英華字典									未	
6	1857	安政4	井上修理	英語箋(前編=英和の部)	5,400	112丁							未	メドハースト(1830)の翻刻、「地理」の部になし
7	1860	万延元	福沢諭吉	増訂華英通語	*3,000	99丁						なし		「華英通語」に訓点加筆、テーマ別
8	1861	文久元	石橋政方	英語箋	*1,631	67丁						なし		「地理」の部に記載なし
9	1862	文久2	堀達之助	英和対訳袖珍辞書	33,000	953	*	*						日本最初の印刷された英和辞典
10	1867	慶応3	堀達之助	*改正増補 英和対訳袖珍辞書		1,999	*	*		*				
11	1867	慶応3	平文(ヘボン)	和英英和語林集成(英和の部)	10,030	132						なし		再版(1872年、14,266語)、3版(1886年、15,697語)ともになし
12	1868	慶応4	ロプシャイド	英華字典	*2,013		*							後の英和辞典への影響大
13	1869	明治2	柳沢信大	英華字彙		322						なし		Williams辞典(1844)に準拠・訓点加筆
14	1869	明治2	前田正穀	改正増補 和訳英辞書	33,000	700	*							別名『薩摩辞書』、堀(1862)3版に相当
15	1871	明治4	内田晋斎	浅解英和辞林	18,000	885						なし		ヘボン(1867)に準拠
16	1871	明治4	前田正穀	大正増補 和訳英辞林	41,000	806	*							4版(1886)で確認
17	1872	明治5	石橋政方	*増補 英語箋	*3,178	*120丁						なし		「地理」の部になし
18	1872	明治5	荒井郁之助	英和対訳辞書	40,000	570丁	*							前田(1869)の再版
19	1872	明治5	吉田賢輔	英和字典		693	*							英英辞典に初めて準拠した英和辞典
20	1872	明治5	松岡章	和英通語		85丁						なし		テーマ別、「天文」「地理」「万国地名」類に記載なし

第Ⅲ部 人と大地の交流についての対話 291

No.	年号	著者・編者	辞典名	見出し語数	頁数	Olym-piad	Olym-pian	Olym-pic	Olym-pics	Olympic games	記載確認	備考
21	1872 明治5	権木寛則	三書字類 文典・理学・地学		117丁						なし	テーマ別
22	1873 明治6	柴田昌吉	附音捕図英和字彙	55,000	1,548	*	*				なし	明治前期を代表する英和辞典
23	1873 明治6	岸田吟香	和訳英語聯珠	60,000	765		*				未	
24	1873 明治6	青木輔清	英和掌中字典	25,000	533	*						
25	1873 明治6	卜部	改正増補英語彙		*120丁						なし	「天文」「地理」には記載なし、頁数は現物確認による
26	1873 明治6		棄准 和訳英辞書		790	*						
27	1873 明治6		英和小字典		254丁						なし	
28	1874 明治7	関吉孝	袖珍英和辞典	18,000	316						未	
29	1874 明治7	大屋愷欽	広益英倭字典	46,000	1,000	*					なし	
30	1876 明治9	Satow, Ernest	English-Japanese Dictionary of the Spoken Language		366						なし	
31	1879 明治12	津田仙	英華和訳字典		3,254	*						Lobscheid (1866-69) の抜粋和訳
32	1881 明治14	永峰秀樹	訓訳華英字典		293						なし	メドハースト (1847) に準拠・訓点加筆
33	1882 明治15	柴田昌吉	*増補訂正英和字彙	65,000	1,318	*	*					柴田 (1873) の2版
34	1884 明治17	西山義行	英和袖珍字彙		681	*	*					
35	1884 明治17	青木輔清	英和懐中字典		620	*						
36	1885 明治18	早見純一	英和対訳辞典		694	*		*				
37	1885 明治18	傍木哲二郎	明治新撰 和訳英辞林		689	*		*				
38	1885 明治18	佐々木庸徳	明治大成 英和対訳字彙		616	*			*		未	
39	1885 明治18	滝七蔵	英和正辞典		583	*						
40	1885 明治18	棚橋一郎	英和双解字典		885	*		*				
41	1885 明治18	前田元敬	英和対訳大辞彙		1,029	*	*	*				
42	1885 明治18	永井尚行	新選初学英和辞書		358	*		*				
43	1885 明治18	栗野忠雄	袖玉英和辞林	40,000	814	*	*	*			未	
44	1885 明治18	斎藤重治	袖珍英和辞書		717	*		*				
45	1885 明治18	市川義夫	英和英字彙大全		820	*	*	*				

292 オリンピックの用語史

46	1885	明治18	小山篤叙	学校用英和字典		576	*		
47	1885	明治18	大江依徳	附音挿画 英和正篇		736	*	*	
48	1885	明治18	箱田保顕	訂訳増補 大全英和辞書	50,000	715	*		
49	1886	明治19	柴田昌吉	*附音插図 英和字彙		1,548	*	*	
50	1886	明治19	柴田政舜	掌中英和辞典		578			未
51	1886	明治19	梅村守	和訳英字典大全		1,106	*	*	
52	1886	明治19	齋藤恒太郎	和訳英文熟語叢		737			*
53	1886	明治19	松山宗太郎	英和対訳普通応用初学字典		548	*		なし
54	1886	明治19	井波他次郎	新撰英和字典	40,000	795			
55	1886	明治19	岩貞謙吉	袖珍挿画専門語入 新訳英和字彙		606	*		
56	1886	明治19	深山廣平	英和熟語字典		248			なし
57	1886	明治19	長谷川辰二郎	袖珍挿画 和訳英辞書		733	*	*	
58	1886	明治19	箱田保顕	挿画訂訳 英和対訳新辞書		710	*		
59	1887	明治20	棚橋一郎	英和字海		572	*	*	
60	1887	明治20	西山義行	英和小字彙		358	*	*	
61	1888	明治20	市川義夫	英和対訳袖珍字典		928			なし
62	1888	明治21	Sigetake Sugiyama	A New Dictionary of the English & Japanese Languages		390			未
63	1888	明治21	イーストレーキ	ウェブスター氏新刊 大辞書和訳字彙	60,000	1,277	*	*	*	明治中期を代表する英和辞典
64	1888	明治21	島田豊	附音挿図 和訳英字彙	80,000	932	*	*	*	明治中期を代表する英和辞典
65	1888	明治21	山本平司	英和掌中字典		631	*		
66	1888	明治21	吉田直太郎	懐中英和新字典		669	*		
67	1888	明治21	近藤堅三	新聞 新訳英和辞書		732			
68	1888	明治21	高橋東一	英和新聞民大辞書		1,179	*	*	
69	1888	明治21	酒井勉	英和対訳中字彙		1,027	*		
70	1888	明治21	小笠原長治郎	附音插画 英和双訳大辞彙		1,207	*		なし

第Ⅲ部　人と大地の交流についての対話　293

No.	年号	和暦	著者・編者	辞典名	見出し語数	頁数	Olym-piad	Olym-pian	Olym-pic	Olym-pics	Olympic games	記載なし	確認	備考
71	1888	明治21	小笠原長治郎	附音挿画英和新字彙		1,031	*							
72	1888	明治21	松村為亮	挿画訂正英和対訳新辞林		1,317							未	永嶋・杉本では1887年
73	1888	明治21	前田正穀	附音挿画新訂英和辞彙		732						なし		
74	1888	明治21	中村国太郎	英和デスク辞書		617	*							
75	1888	明治21	芳川鋭雄	英和袖珍字彙		1,228	*							
76	1888	明治21	豊田千逕	英和小辞彙全		748	*							
77	1888	明治21	木村良平	袖珍新選英和字府		871		*						
78	1888	明治21	豊田千逕	挿画訂訳ダイヤモンド英和辞典		576						なし		
79	1889	明治17	尺振八	明治英和字典		1,270	*	*						
80	1889	明治22	フォールス	附音挿図英和辞林		935	*	*						1884-
81	1889	明治22	山本半司	英和新辞彙		734	*							
82	1889	明治22	杉江輔人	増訂新デスク辞書		649	*							
83	1890	明治23	イーストレーキ	袖珍新訂英和字彙		871	*	*						59版 (1914) で確認。「改訂」等の表記なし
84	1890	明治23	棚橋一郎	新訳無双英和新辞書		1,291	*	*						
85	1891	明治24	島田豊	*訂正増補 和訳英字彙	110,000	1,267	*	*						島田 (1888) の再訂増補6版
86	1892	明治25	島田豊	双解英和大辞典		1,172	*	*						5版 (1896) で確認。「改訂」等の表記なし
87	1894	明治27	イーストレーキ	英和故事熟語辞林		1,279	*	*	*					
88	1894	明治27	イーストレーキ	英和新辞林		1,359	*	*	*					
				計			56	21	26	3	3	22	9	

4）三国語以上を含む辞典を除いた。ただし，英・蘭・和の３カ国辞典である『諳厄利亜語林大成』(1814) は，英和辞典史の黎明期における重要な著作として位置づけられているので取り上げた。
5）重版・翻刻版等は省略したが，同名の辞典の記述内容に相違があるときのみ改訂版等を重複記載することとし，辞書名の前に「*」を付けてこれを記した。
6）未完本や文法書，哲学・隠語などの特殊用途の辞典は除いた。
7）刊行が複数年にわたるものは完成年に掲載し，第１冊分の刊行年を備考欄で「1814-」のように記した。
8）後年発行の版の奥付で「改正」等の記載がないことが確認できた場合のみ，これを初版の記述内容と見なした。
9）著者・編者等は一名のみ記載し，纂訳・校正・翻訳・編輯・訂正・訓点等の表記は省略した。
10）見出し語数と頁数は早川『日本の英語辞書と編纂者』(2006) に拠るものとし，この著書に記載がないものについては，前述した他の参考文献で補った（数字の前に「*」を付けてこれを示した）。
11）ページ数は本文相当部分とし，前書きや附録などは除いた。なお，和本については「丁」で示した。

　上記の方針に従って選定した英和辞典88冊のうち，未確認の９冊を除いた79冊について見てみよう。オリンピック関連用語が収録されていた辞典は57冊（内容を確認できた辞典79冊の約７割）であり，収録されていなかったものは22冊であった。収録されていなかった22冊のうち15冊（約７割）は，1880年までに刊行されたものであり，これ以降に出版された辞典においてオリンピック用語の採用率が高まっていった様子が見て取れる。

　見出し語に最も多く採用された用語は"Olympiad"（57冊中56冊）で，次に"Olympic"（26冊），"Olympian"（21冊）が続いている。"Olympic"と"Olympian"は1880年以降に刊行された辞典の中では比較的多く取り上げられているが，それより前は２冊でしか取り上げられていない。また，古代オリンピック競技会を意味する"Olympics"と"Olympic Games"を見出し語にもつ辞典はそれぞれ３冊と僅かであった。

（2）英和辞典の見出し語に見られるオリンピック用語の記述内容

表2はオリンピック用語を見出し語として含んでいた57冊の各辞典における，それぞれの見出し語に記載されていた内容を書き出したものである。表2の注釈は以下のとおりである

1）No.欄の番号は，表1のNo.欄に対応させた。
2）縦組み日本語は横組みにし，ルビは省略した。
3）漢字は適宜当用漢字に改めた。
4）"Olympian"と"Olympic"欄に「＊」があるときは，"Olympian"と"Olympic"が見出しとして同時に挙げられ，この欄の記述内容が掲載されていることを意味する。

"Olympiad"は「四年ノ時期」を中心に，4年間という期間を説明する記述となっている。"Olympiad"を見出し語に含む56冊のうち13冊の辞典では，これが単なる4年間という期間ではなく古代ギリシャで用いられていた暦の数え方であることを示唆する「（希臘）」「ギリシヤニテ」「希臘国祭日間ノ」「希臘史上ニテ用ユル」「古希臘西ノ」「グリースノ」「往古ノ希臘ノ」「古代希臘人ノ称ヘシ」という文言が添えられていた。

"Olympian"と"Olympic"が同時に見出し語となっているすべての場合において，これらを合わせて一つの訳が施されており，二つの語を同義語として扱っていることが分かる。具体的には，「阿林伯山ノ」「阿林比府ノ」「オリンプス山ノ」「オリンピヤ府ノ」といった地名で直後の語を限定する形容詞としての意味，「四個年ノ」「四年ノ」といった期間を表す意味，「四年メノ昔希臘国ノ遊ノ名」「『オリムピア』ノ（希臘ノ祭名）」といった古代オリンピック競技会を表す形容詞としての意味が記されている。

"Olympics"と"Olympic games"はそれぞれ三つの事例しか確認できなかったが，以下のように古代オリンピック競技会の概略的記述が見られたことを指摘しておきたい。

1）Olympic games 昔シ希臘国ニテ四年毎ニ執行シタル祭礼：『和訳英文熟語叢』（1886）
2）Olympic games, or Olympics. ［古］昔時希臘ニテ毎四年五日間「オリムピヤ」ニ於テ「ジュピター」神ノ為メニ執行シタル祭礼：『ウェブスター氏

表2 英和辞典の見出し語に見られるオリンピック用語の記述内容（1811－1896年）

No.	年号	辞典名	Olympiad	Olympian	Olympic	その他
9	1862	英和対訳袖珍辞書	四年ノ時期		四年メノ昔ノ希臘国ノ遊ノ名＊	
10	1867	＊改正増補 英和対訳袖珍辞書	四年ノ時期			Olympics 昔ノ希臘国ノ遊ノ名
12	1868	英華字典	四年、四年運			
14	1869	改正増補 和訳英辞書	四年ノ時期			
16	1871	大正増補 和訳英辞林	四年ノ時期			
18	1872	英和対訳辞書	四年ノ時期			
19	1872	英和字典	四年ノ時期（希臘）、四年運			
22	1873	附音挿図 英和字彙	四年ノ時期	阿林伯山ノ、阿林比府ノ＊		
24	1873	英和掌中字典	ヨネンノトキ（ギリシヤニテ）			
26	1873	楽雅 和訳英辞書	四年ノ時期			
29	1874	広益英倭字典	四年ノ時期			
31	1879	英華和訳字典	四年、四年運、ヨネン, yo-nen no ki.			
33	1882	＊増補訂正 英和字彙	四年期	阿林伯山ノ、阿林比府ノ＊		
34	1884	英和袖珍字彙	ヨネ＊シントキ（「ゲリースJノ）			
36	1885	英和対訳辞典	四年ノ時期		阿林伯山ノ。阿林比府ノ	

No.	年号	辞典名	Olympiad	Olympian	Olympic	その他
37	1885	明治新撰 和訳英辞林	四年ノ時期	阿林伯山ノ、阿林比府ノ＊		Olympics 昔ノ希臘国ノ遊ノ名
38	1885	明治大成 英和対訳字彙	四年ノ時期			
39	1885	英和正辞典	四年ノ時期			
40	1885	英和双解字典	Greek period of four years 四年ノ時期			
41	1885	英和対訳大辞彙	四年ノ時期（希臘国祭日間ノ）	阿林伯山ノ、阿林比府ノ＊		
42	1885	新選初学英和辞書	四年ノ時期（古希臘西ノ）	阿林伯山ノ、阿林比府ノ＊		
44	1885	袖珍英和辞書	四年ノ時期			
45	1885	英和和英字彙大全	四年ノ時期	[オリンプス]山ノ、[オリンプス]府ノ＊		
46	1885	学校用英和字典	四年期	全上。		
47	1885	附音挿画 英和王篇	希臘史上ニテ用ユル四年ノ期限		全上ノ時限及ビ其遊戯ニ関セル	
48	1885	訂訳増補 大全英和辞書	四年ノ時期			
49	1886	＊附音挿図 英和字彙	四年ノ時期（古希臘西ノ）	阿林伯山ノ、阿林比府ノ＊		
51	1886	和訳英字典大全	四年ノ時期	阿林伯山ノ、阿林比府ノ＊		
52	1886	和訳英文熟語叢				Olympic games 昔シ希臘国ニテ四年毎ニ執行シタル祭礼
54	1886	新撰英和字典	四年ノ時期			

55	1886	袖珍挿画専門語入 新訳英和字彙	四年ノ時期	
57	1886	袖珍挿図 和訳英辞書	四年ノ時期	オリンプス山ノ、オリンピヤ府ノ*
58	1886	挿画訂訳 英和対訳新辞書	四年ノ時期	
59	1887	英和字海	四年ノ時期	
60	1887	英和小字彙	四年ノ時期（古希臘西ノ）	阿林伯山ノ、阿林比府ノ*
63	1888	ウェブスター氏新刊大辞書和訳英字彙	四年期,四個年	四個年ノ:「オリムピア」ノ [希臘ノ都府] *
64	1888	附音挿図 和訳英字彙	四箇年,四年期	四年ノ:「オリムピア」ノ（希臘ノ城市）*
65	1888	英和掌中字典	四年ノ時期	
66	1888	懐中 英和新字典	四年ノ時期	
67	1888	附音挿画 新訳英和辞書	四年ノ時期	
68	1888	英和新国民大辞書	四年ノ時期	阿柏伯諸神ノ、阿林比府ノ*
69	1888	英和対訳中字彙	四年ノ時期	
71	1888	附音挿画 英和新字彙	四年ノ時期（希臘ノ国祭日間ノ）	阿林伯山ノ、阿林比府ノ*
74	1888	英和デスク辞書	四年ノ時期	
75	1888	英和袖珍字彙	四年ノ時期	Olympic games, or Olympics. [古] 昔時希臘ニテ四年毎[四年五日間「オリムピヤ」ニ於テ「ジュピター」神ノ為メニ執行シタル祭礼

No.	年号	辞典名	Olympiad	Olympian	Olympic	その他
76	1888	英和小辞彙全	四年ノ時期			
77	1888	袖珍新選英和字府	ヨネンノシキ（ケリースノ）	オリンプス｛サンノ○｛オリンピヤ｝ノ*		
78	1889	明治英和字典	四個年。四年ノ一期	四年ノ○「ラリムビアン」*	（城市ノ名）	
79	1889	附音挿図 英和辞林	四個年、四年期	四年ノ、「オリムビアン」*	（希臘の城市）	
80	1889	英和新辞彙	四年ノ時期			
81	1889	増訂新デスク辞書	四年ノ時期			
82	1890	英和袖珍新字彙	四箇年、四年期		四年ノ、「オリムピア」ノ（希臘ノ祭名）	
83	1890	新訳無双英和辞書	四年ノ時期	オリンプス山ノ、オリンビヤ府ノ*		
84	1891	*訂正増補 和訳英字彙	四箇年、四年期		四年ノ、「オリムピア」ノ（希臘ノ祭名）	
85	1892	双解英和大辞典	A period of 4 years, reckoned from one celebration of the Olympic games to another; --- the 1st being 776B.C. 四箇年、四年期（往古ノ希臘ノ「オリムピア」祭期ニ云フ）	Pertaining to Olympus ; also to the celebrated.「オリムパス」山ノ、「オリムピア」府ノ（共ニ希臘ニ在ル）ノ.*	「オリムピア」付ノ、毎四年祭	

300　オリンピックの用語史

87	1894	英和故事熟語辞林	古代希臘人ノ称ヘシ四年期（四年毎ニ行フ Olympia 大祭ノ間ヲ云）		Olympic, — games or —s. (希、古) 古代希臘ニテ行ハレシ最大国祭ニシテ四年毎ニ五日間 [?], Olympia ニ於テ Olympian Zeus (希臘ノ至尊神) ヲ祭リ其 [?] 競走角力等ノ遊戯ヲ行ヒタリ
88	1894	英和新辞林	四ヶ年		「オリンピヤ」「希臘ノ祭名」ノ、「四年ノ
		計	57	56	21	26	5

注) [?]：判読不能文字

新刊大辞書和訳字彙』(1888)

3）Olympic. — games or —s.（希，古）古代希臘ニテ行ハレシ最大国祭ニシテ四年毎ニ五日間[?]．Olympia ニ於テ Olympian Zeus（希臘ノ至尊神）ヲ祭リ其[?]競走角力等ノ遊戯ヲ行ヒタリ：『英和故事熟語辞林』(1894)（[?]は判読不能の文字）

おわりに

　本研究では，幕末から近代オリンピック大会が始まる1896（明治29）年までに日本で編纂された英和辞典に注目し，オリンピックの日本的受容の一つの過程を提示しようと試みた。

　選定した英和辞典は全部で88冊あり，確認できなかった9冊を除く79冊のうち，オリンピック用語が見出し語となっていた辞典は約7割の57冊に上った。オリンピック用語が収録されていない辞典22冊のうち，明治15年以降に出版されたものは約3割となっており，オリンピック関連用語の採用率が年を経るごとに高くなっていったことが明らかになった。

　見出し語として最も多く取り上げられていたのは，古代オリンピック競技会間の4年間を意味する天文（暦）用語としての"Olympiad"であり，その数は57冊中56冊に上った。主に地名で直後の語を限定する形容詞の"Olympic"と"Olympian"，および古代オリンピック競技会を意味する"Olympics"と"Olympic Games"は，それぞれ26冊，21冊，3冊，3冊の辞典で見出し語となっていた。つまり，英和辞典において，オリンピックは天文用語としての意味が最も強く示され，次に地理的用語としての意味が続き，体育的用語としての競技会の意味はほとんど記されることはなかった。

　英和辞典は読み物ではなく，この中の記述が直接クーベルタンが提唱する近代オリンピックの日本的受容に影響を与えたわけではない。しかしながら，近代化の過程で編纂された英和辞典の中にオリンピックが文字としてしっかりと刻まれていたことは，250年に渡って鎖国政策を貫いてきた日本における近代オリンピック〈前史〉の特徴的な事実と見なせよう。

［付記］

　本研究は2011年度科学研究費補助金（基盤研究（C），研究課題番号：22500597，研究課題：コーパス言語学的アプローチによるクーベルタン・オリンピズムの受容史研究）の助成を受けたものである。

―――――――――――

注

1 ）嘉納治五郎，わがオリンピック秘録，改造，第20巻（1938）第7号（小谷澄之ほか編，教育，国民体育：国際オリンピック大会（嘉納治五郎大系8），本の友社，1988，367頁）。
2 ）例えばオリンピックの開催地を巡っては，以下の複数の都市がかかわってきた。1940年：東京（返上），1964年：東京（開催），1972年：札幌（開催），1988年：名古屋（立候補），1998年：長野（開催），2008年：大阪（立候補），2016年・2020年：東京（立候補）
3 ）山本徳郎（研究代表者），清水重勇，阿部生雄，時本識資，田原淳子，來田享子，和田浩一，21世紀オリンピズム構築のための基礎的研究（平成16～17年度科学研究費補助金（基盤研究（C）（1））研究成果報告書），2006。
4 ）金田一京助ほか，新明解国語辞典（第5版），東京：三省堂，1997。
5 ）飯尾都人訳編，ギリシア記附巻（解説・訳注・索引篇），東京：龍溪書舎，1991，7頁。
6 ）これらの仏仏辞典の記述はすべて，2004年10月にストラスブール第二大学図書館で閲覧できる電子版で確認した。
7 ）Spevack, Marvin, *The Harvard Concordance to Shakespeare*. Hildesheim : George Olms, 1973.
8 ）Wells, Stanley, et al., *William Shakespeare, the Complete Works*. Oxford : Clarendon Press, 1986, p. 103.
9 ）Bevington, David (ed.), *Troilus and Cressida*. Walton-on-Thames : Thomas Nelson, 1998, p. 299.
10）The Times Digital Archive 1785-1985（神戸松蔭女子学院大学図書館，2011年10月10日）で"Olympic"（期間：1785-1895）を検索してみたところ，587件ヒットした。このほとんどが"Olympic Theatre"での公演演目の案内である。
11）Lennartz, Karl, *Kenntnisse und Vorstellungen von Olympia und den Olympischen Spielen in der Zeit von 393 bis 1896*. Schorndorf : Karl Hofmann, 1974.
12）Coubertin, Pierre de, "Les Jeux Olympiques à Much Wenlock. Une page de l'histoire de l'athlétisme." in: *Revue Athlétique*, 1 (1890) 12: 705-713. Coubertin, Pierre de, "A Typical Englishman: Dr. W. P. Brookes of Wenlock in Shropshire." in: *American Monthly Review of Review*, 15 (1897) 1: 62-65.

13) 真田久，近代ギリシャのオリンピック復興運動，体育の科学，第40巻（1990）第5号：391-396頁。真田久，近代オリンピックの形成におよぼした"ギリシャオリンピック"の影響に関する研究，体育学研究，第36巻（1991）第2号：97-104頁。
14) 邦訳に，成田十次郎訳『青少年の体育』（明治図書出版，1979）がある。
15) 真田久，"ギリシャオリンピック"の成立過程に関する一考察—ドイツとの関わりを中心に—，福岡教育大学紀要，第42号（1993）第5分冊，12-13頁。
16) 日本オリンピック・アカデミー編，21世紀オリンピック豆事典，東京：楽，2004，30-31頁。
17) 共同訳聖書実行委員会，聖書 新共同訳，東京：日本聖書協会，1995，（新）311頁。
18) 伊東明，オリンピック史，東京：逍遙書院，1959，20-60頁。伊東明，史料から見たオリンピック運動の歴史（体育史専門分科会シンポジウム報告），体育史研究，第9号（1992）：50-53頁。木村毅，日本スポーツ文化史（新版），東京：ベースボール・マガジン社，1978，26-47頁。WADA, Koichi, "First Contact: Olympic Ideas and Ideals in Japan until 1909," in: Niehaus, Andreas and Seinsch, Max (eds.), *Olympic Japan-Ideals and Realities of (Inter) Nationalism.* Würzburg : Ergon Verlag, 2007, pp. 17-32.
19) 室町時代語辞典編修委員会編，時代別国語大辞典：室町時代編一，東京：三省堂，1985，1193頁。
20) 尾原悟編著，サントスのご作業，東京：教文館，1996，277，389-390頁。なお，Olimpicoは，影印本（福島邦道，キリシタン資料集成3：サントスの御作業，勉誠社，1979）では229頁目に掲載されている。
21) キリシタン迫害時代，キリスト教教書類の印刷本や写本などは，幕府に発見され次第ただちに焼却処分にされて，ほとんど全部が失われてしまった。尾原，前掲書，398頁。
22) 和田浩一，明治前期歴史書に見るオリンピック，日本体育学会第59回大会発表資料，2008年9月10日
23) 大熊廣明，体操伝習所旧蔵書が語るもの，つくばね（筑波大学図書館報），25巻3号（通号97）（1999年）：9-11頁。
24) 通訳を務めた坪井玄道（1852-1922）がリーランドの講義を筆録した『李蘭土氏講義体育論』の「体操歴史」の部は未完となっており，オリンピックに関する記述を含んでいない。
25) 阿部生雄，スポーツ概念の歴史，岸野雄三編，体育史講義，東京：大修館，1984，120-125頁。阿部生雄，『スポーツ』用語の日本的受容，近代スポーツマンシップの誕生と成長，筑波大学出版会，2009，17-25頁。

汎愛派 J.H. カンペの育児論
―― 若者のための育自論 ――

西 村 美 佳

はじめに

　現代における育児には「種の存続」のみならず,「進歩する社会への新たな適応」が求められているように見受けられる。現代の進歩は,あらゆる人間の活動を「要素化」し,作業を合理的に進めることで遂げられた。その結果,要素化や合理化が難しい曖昧な領域とのひずみは広がるばかりとなった。育児とは,不確定要素が多く,まさにひずみの出やすい領域であり,「良しとされるもの」が従来と現在,さらには人によっても異なってしまっている。この複雑な矛盾の解消という責務が,現代の育児を難しくしている。不肖ながら筆者自身も,合理化された社会の中で暗中模索の育児にもがきながら取り組んでいる。

　このような育児の問題については,実は18世紀後半の近代ドイツにおいて既に似たような指摘がなされ,様々な試みが検討されていた。この普遍性は,現代人の考え方が根本的には近代以降の啓蒙思想,すなわち理性絶対主義に基づいていること,その結果,多くの実益と共に常に新たな問題を内包するという特性を持ち続けていることに由来すると思われる。このことから,今日以上に時代の変転期であった当時の教育論を正しく解釈することで,現代の日本に通じる普遍的な原則を提示しうると考える。

　カンペはそのような近代ドイツの啓蒙主義教育者,すなわち「汎愛派」の中心メンバーであり,「実践的教育者の会」の創設や,教育思想・理論の集大成『全学校制度および全教育制度の総点検』(以下『総点検』と略記)[1]の編集を

通じて実に幅広い年齢層を対象とした教育制度の改革に貢献した人物である。当時の教育は，多くの啓蒙思想家が生み出した様々な教育理論・思想の中で混乱状態に陥っていたが，カンペはその混乱状態を必ずしも否定的に捉えず，混乱の時代であるからこそ，教育思想家や医師など教育に関わる専門家が協力して，従来の教育から「非難すべきもの」と「類まれな理想」を区別し，「より良い卓越した結果」を生み出すことができると考えていた。この点にカンペの一つの独自性が見出される[2]。また，最新の資料に基づく先駆的研究によっても『総点検』に見られるカンペの教育学理論の独自性が再評価されるに至っている[3]。

そのうち，本論で取り上げる育児論は，『子どもの良い教育のためのその誕生前後における両親の必須条件について』であり，彼はこれを「あらゆる教育学で最優先すべき最重要な点」と位置づけた[4]。その中で彼は，近代化という社会の転換期における若者に親としての覚悟や心構えを説いた。現代との接点は，「この世には互いに人生を損ない合う夫婦，出来損ないの息子を嘆く父親，不幸な娘を悲しむ母親で満ちている」[5]というカンペの指摘に見られる。つまり現代の親たちが育児に懸命になろうとしつつも，魅惑的な娯楽や玉石混交の情報，すなわち，幻想的な育児像の一方で，悩める親，家庭内での暴力や離婚率の上昇，少年犯罪の話題に振り回され，地に足つけず葛藤に苦しむ姿と重なる。さらにカンペは「このような世の中で満ち足りた幸福な夫婦，そして善良で幸福な子どもに恵まれる親になるにはあなた方は何をするべきか」を説く[6]。その主張は，育児を通じて親が成長することで，現実社会の妥当性を自律的に振り返るようになれるという現代に通じる「育自論」に至る。以下では，これらの点について少し掘り下げて述べたい。

1．育児に対するカンペの当時の危機感

今日の日本は育児が難しい社会になっていると言われる。マスメディアを通じてしばしば育児に悩む親の姿や育児を困難にする社会状況が取り上げられ，それがあたかも現代特有の問題であるかのような印象をもたらしている。まず「今の親は」，「今の時代の育児は」という言説で今の時代の育児が否定的に語

られ，時代を少し遡れば育児の理想がそこに存在していたかのように回顧されることが多い。しかしながら，子どもを育てることが難しい親の存在や育児が困難な社会状況というのは今に始まったことではなかった。カンペも変転する社会状況の中で，当時の育児に対して危機感を持ち，これから親になっていく若者が，果たして立派な親になれるのだろうかと憂慮していた。まずは，若者や育児世代を取り巻く当時の社会について，カンペがどのような危機感を抱き，何を憂慮していたのかを詳しく見てみたい。

（1）「最先端の娯楽」を追う社会への憂慮

　カンペがまず最初に憂慮していたのが，親になろうとしている若者やすでに子どもを持っている親たちが，「華美という流行を追う」傾向にあることであった[7]。『総点検』は，「ブルジョワジーの男の子」を主たる教育の対象者として，子どもの年齢や発達段階に応じた理論や制度の構築を試みたとされている[8]。カンペは，当時の富裕な階層の子どもたちを育てる親は「虚栄心に満ちた贅沢」に溺れており，「最先端の娯楽を追う」傾向があることを危惧していた[9]。そして，華美な流行や最先端の娯楽を追う親は「満足して結婚生活を送り，幸福な育児をする能力を多少なりとも失った病める心」の持ち主であると述べる[10]。カンペは，このような親たちが「子どもを付き添いもなく放置」していて，「家庭内を小ざっぱりとして，きちんと整頓し，規則正しい生活を送るという，効果的な育児にとって不可欠な要件」を満たすことができていないと嘆いている。子どもを放置して娯楽に興じる親の姿は，決して当時特有のものではないだろう[11]。今日に置き換えるならば，最新のマルチメディアに興じて，横にいる子どもを無視する親，深夜子どもを寝かしつけて夜遊びに出かける親の姿にも重なる。あるいは，子どもを他人に任せきりにして自分の仕事や趣味に邁進する親であるかもしれない。

　そしてカンペは，若者や育児中の親が陥りがちな贅沢や娯楽は表面的な快楽を満たすものであり，その結果として子どもを育て，家庭を作るという着実な幸福へ興味を失ってしまうことを憂慮していた。さらに，それが大きな社会問題でありながら，社会全体がそのことにほとんど頓着しないことを嘆いていたのである。

(2)「読書熱」が蔓延する社会への憂慮

　カンペが育児を阻む社会の傾向として憂慮していた二つ目の問題は、「読書熱」であった[12]。啓蒙主義の最中、定期刊行物を含む数多くの出版物が生まれたが、カンペはその中でも、感傷主義という当時の文芸的潮流の中で、人々の中に作為的にもたらされる虚構の感情や情動が理性的な考え方や行動を阻害していることについて批判していたとされる[13]。カンペは、「読書全般を有害として否定する気はさらさらない」と述べつつ、読書熱が「心の伝染病」となって若者を蝕み、親として果たすべき責任が疎かになっていることを嘆いている[14]。

　まずカンペは、現実の家庭や育児を含めた生活全般とは、「ありふれた細々としたこと、私たちの周囲で起こる雑多で些細なこと、ささやかではあるがこうした些細なことにとって重要であり、私たちの関与と助力を必要としていること」に満ち溢れているとする[15]。しかしながら、読書熱は「人間精神を現実世界からまやかしの世界へ連れ去り、どこにも存在しない楽園世界の魅惑的幻影によって、現世では決して実現しない期待や希望や望みを抱く」ようにさせてしまうという[16]。そのような精神に陥ってしまった母親たちは、現実の家庭生活や夫、子どもに無関心になって、夫やわが子を疎み、「わが子をできるだけ遠ざけようとする」ことにさえなると警告する[17]。

　　　彼女たちの精神は、出産によってこの世を自分のお気に入りの天使で満たそうと望んでいたが、天使と思っていた子どもたちが心身のどちらの点でも、どの水の雫も互いに全く同一であるように、本能と柔弱さのどちらの点でも他の凡庸な子どもたちと何ら違わないことを知って傷ついた。こうした現実は、彼女たちの予想を越えていた。忍耐の限度を越えていた。（中略）家で夫は不平の対象になった[18]。

　「読書熱」に冒されて目の前にいる家族、子どもをありのままに受け入れることができない親、特に母親の姿は、処理しきれない多くの情報に満ち溢れる現代の社会の中で、家庭生活や育児に理想を追い求めすぎて苦悩する母親、あるいは育児の方法を巡って翻弄される現代の母親の姿に重なる。インターネット

の育児情報や数多くの新旧様々な育児書に見られる子どもの育て方や発達に関する記述から，親自身にとって真に必要な情報を選び出すことは非常に難しい。また，子どもや育児，家庭というものに過剰な憧れや理想を追い求め，現実の家庭生活や育児の持つ凡庸さ・単調さ・煩雑さに愕然とし，結果として「こんなはずではなかった」と不満を募らせる女性も少なくないだろう。

これに対しカンペは，今ここにいる配偶者や子どもをしかと受け止め，その世話を粛々とこなしていくことが人間の真の幸福であるのに，社会の風潮はそうではないことを嘆くのである。

（3）「書きたい病」[19] に陥った社会への憂慮

カンペが「読書熱と同じく恐ろしい勢いで拡大しつつある」とし，「ことに幸福な育児を侵害している」と憂慮していたのが「書きたい病」である[20]。「書きたい病」が育児に与える悪影響について，カンペは「本分である職務と適切な家政処理（とくに育児）の放棄」，「夫婦と親子の聖なる家族の絆の（完全な解体までは行かずとも）弛緩」，「虚栄心と名誉欲が亢進することによる心の荒廃」を挙げている[21]。

「書きたい病」とは，特に女性たちが「詩人，小説家，芸術批評家，その他これに類した諸々のものを気取っている」ことであるとカンペは述べている[22]。当時の富裕な階層の女性たちが，文芸クラブやサークルに所属し，文学や詩を執筆して発表することに夢中になって，家庭や育児をないがしろにすることをカンペは憂慮していたのであるが，これもまた現代の社会においてもイメージしやすい事象である。それは，昨今の育児中の母親が担い手となって綴っている「ブログ」なるものである。

昨今，インターネットで個人的な日記を公開するという「ブログ」の執筆が盛んである。特に育児中の親たちが書く「育児ブログ」も数多く存在する。その内容は，わが子の成長や日常の出来事が，日単位はおろか，時間単位で更新され，食事内容や買物の中身，散歩に出かけた先の風景，着飾った子どもの姿などが画像付きで掲載されている。そこから発せられるメッセージからは，「かわいい我が子」や「良い母親をしている私」，「良い父親をしている僕」を見てほしいというある種の自己顕示欲を感じさせられる。またその一方で，

「あまりにも言うことを聞いてくれない子どもを叩いてしまった。私は悪い母親だ」という自己心情吐露型の内容もなかには存在する。昨今の母親のなかには「自分を物語る」という問題性の存在が指摘されている[23]。がんばっている自分を物語る，あるいは可哀想な自分を物語るという行為は，それを読むブログ閲覧者から好意的な反応を受ければ書き手を幸福にするが，ときとして閲覧者から激しい反論や批判を受けて「ブログ炎上」というという事態に陥ることもある。また「炎上」の原因は，閲覧者の気まぐれな感情に左右されることも多く，炎上したブログの書き手は人格そのものまで批判・否定されることになる。これは，カンペが「書きたい病」の弊害の一つとして「書いた人の人物と性格についてもしばしば情け容赦ない世評を受けることを覚悟しなければならないが，そうした評判のせいで，不満を抱くきっかけが頻繁になることである」[24]と述べていることとも一致している。

　すなわちカンペは，親，とりわけ母親が一種の自己顕示欲に駆られて，目の前の子どもをありのまま受け止めることよりも，自己を語ることに熱中してしまう傾向にあることを憂慮していたのである。それは，横にいる子どもを一定時間放置して，パソコンや携帯電話の画面にくぎ付けになり，ブログ執筆に邁進する今日の親の姿にも重なると言えるのではないだろうか。

　上述してきたように憂慮すべき「病」が社会に溢れる中，カンペは幸福な夫婦，恵まれた親になるための方策を提示している。それを次章で明らかにしたい。

2．家庭を持ち親になるための「必須条件」の提示

　このような育児を阻む当時の社会問題を取り上げた上で，カンペは「親」になるために男女に求められる「必須条件」を挙げている[25]。まず条件の一つが「不治の虚弱体質や放蕩によって衰弱していない健康な身体」である[26]。また二つ目の条件は「心の健康」であると述べている。カンペは，「心の健康」が損なわれている状態とは「不機嫌で不平がちな性格，けんか好き，復讐欲，強欲，暴飲暴食好き，賭博癖」であるとする[27]。また親は「優しさと親切をもって」子どもに接し，「自然で素朴で単純な生活」を送るべきであると

説く[28]。カンペは，上述のような「心の健康」を損なった男女は，「結婚生活を永遠に断念するか，あるいは，彼らが結婚生活に入る前にその損なわれた志操を立て直す」ことが条件であるとすら述べている[29]。そのようにして，結婚する前に，あるいは子どもを持つ前に，自分自身を振り返って，「日々自分自身を磨き，向上させようとする真摯な努力を払う」ことができる「将来の子どもたちの模範であり得る人間かどうか」を内省するよう若者に求めるのである[30]。

　先に述べてきたように，社会における育児を阻む諸問題を憂慮するカンペは，敢えて「青少年の教育を対象とするこの論文」[31]の中で，結婚や育児は単純ではないことを青少年に向けて強調したと思われる。カンペは，青少年期の男女は性的耽溺に陥ったり世間に溢れる様々な享楽に溺れやすい傾向にあるという。その延長線上で，いかなる自覚も覚悟もなく，結婚生活や育児を迎えることが，育児を難しくし，子どもを不幸にすると警告しているのである。カンペがこれから結婚しようとする若い男女へ提示する条件は厳しいものであるが，そこにこめられたメッセージは，実は親になるためには不可欠の条件であると言えよう。

　カンペのメッセージは，今日社会において，少子化を抑止せんとする意図からか，あまり前面に出てこない「親となる覚悟」を正面から求めており，そこにはある種の新鮮ささえ覚えさせられる。人は子どもを授かることで生物学的な親にはなれるが，真の親になるためには長く地道な道程が待ち受けている。親が親らしく生きるからこそ，子どもは子どもとして安寧な子ども時代を送ることができることは確かな事実であり，それを若者に「覚悟」として求めたカンペの主張は示唆に富んでいると言える。

3．独自の育児アドバイス

　このような，親になるための準備や覚悟を促す一方で，カンペはすでに親となり育児をしている人々に対しても提言を行っている。その手法は時代の転換期において従来の教育に着目し，その中から「類まれな理想」を抽出することで，「より良い卓越した結果」を目指したもので，当時の混乱した啓蒙主義的

教育論の中で独自性を呈している。それを大きく分けると①カンペの理想とする育児観の従来的原則と，②具体的な育児アドバイスからなる。その中身について見ていきたい。

（1）カンペの育児観
1）理想の家庭・育児のルーツ

カンペは，「我々の先祖の子どもたちは健康で頑健だった。彼らには，衰弱し無気力で好色な我々の時代の人間にはほとんど残っていない自然の力が備わっていた」と述べ，かつての時代の子どもの姿に一つの理想を見出している[32]。また，約20年前ほど昔の育児家庭について「自然で単純な娯楽以外はほとんどなかった。それらは大した準備も出費も必要なく、真面目な労働のあとで心身を元気づけ、新たな努力への意欲を与えてくれた。またそれらは、幸福な家庭の炉辺に家族全員が集まり、みなが同時に楽しむものだった」と回顧する[33]。カンペはたった20年ほどで子どもや家庭のありようが当時の社会にはびこる「病」に蝕まれ，大きく変わってしまったことについて「我々の時代の啓蒙され洗練された人々が全く目を向けようとしないとは憂うべきこと」であると述べ，「健全な育児に対する父母の慎重な配慮」を喚起することの重要性を説いている。カンペの理想とする家庭や育児は，今の日本と同様，少し前の時代の家庭や育児の情景であると言える[34]。

2）暗中模索の育児を乗り切る策

育児とは，社会や風俗の変転度合に関わらず，子どもという生身の存在を相手にする以上，日々，喜びや楽しさだけではなく，様々な悩みや迷いが生じることも多い。それでも生物学的に親となった若者は，そこから逃げることなく育児に挑んでいかなければならない。そのような若い親たちに向けて，カンペは以下のように説く。

　　あなた方は浅瀬や岩礁が頻繁に出現し，空の至る所で嵐が発生して危険が迫り，海岸には以前に難破した船のおぞましい残骸がうず高く積み上げられているような大海へ，羅針盤も測鉛も持たずに，穴だらけの小舟で漕

ぎ出て行くのだ。もちろん出帆のときには空は晴れやかである。優しい西風が帆をふくらませ、あなた方の航海の全てが、幸福と満足を予告しているように見える。だが若く未熟な船乗りよ、この誘惑的な前兆を信じてはいけない。年季が入った老水先案内人の助言を求めなさい。そしていかに素早く状況が変化し、空が雲でかき曇り、恐ろしい嵐が目を覚ますものであるかを聞きなさい。その言葉に耳を傾けなさい[35]。

上記のカンペの言葉からは、育児とは、そのスタート地点では親を幸福感や満足感に満たすが、実際に育児が始まると様々な問題にぶつかり、困難や不安に悩まされることが多いと説いていることがわかる。そのような育児に迷う若い親たちに向けて、育児の先人や経験者の生きた助言を得るよう説いている。カンペは明言していないが、育児の先人や経験者の中には、カンペが理想とする一世代前に育児を経験した人々、すなわち祖父母も含まれていると言えるかもしれない。変わりゆく社会の中で、育児を経験した先人の育児の知恵を借りながら、未熟な親が暗中模索の育児を乗り越えていくことを励ましているのである。

3）「蛙の子は蛙」[36]

カンペは動物と異なり、人間だけが「生涯の最初に置かれた環境、他の人間、親密な人々から受け取るものに完全に依存」してそれらを模倣して成長し、何にでもなれる可能性を持つ存在であるとしている[37]。その一方で、カンペは、「自ら持たないものを与え得る人はいない」と述べ、「あなた方が将来のわが子になるよう求めるもの全てに、まずはあなた方自身がなっていなければならない」と説いている[38]。すなわち、親は自分ができないことを子どもに求めることはできないことを説いているのである。カンペはそのことについて以下のように述べる。

　　あなた方が将来産む子どもたちは、（中略）あなた方と同じ者になるだろう。あなた方は、たとえきわめて有能で経験豊かな教育者を雇おうと、千ものお仕着せの教材を投入しようと、大枚のお金をどぶに捨てることに

なってしまうだろう。もしあなた方自身の心と志操および生活態度が子どもたちの模範になり得ないなら，そうした全部が無駄骨になり，出費は無駄になるだろう。たとえ言葉で子どもたちの心へどんなに善を吹き込もうとしても，あなた方が行動で悪の模範を示せば，わずかの水しか流れていない春の小川が巨大な大河に飲み込まれるように，たちまち呑み込まれてしまうだろう。（中略）心や礼儀作法や喜びというものは教えられるものではなく，ただ範を垂れてしつけ，習熟させることによってのみ，他者に伝えることができる[39]。

カンペは，子どもにこうなってほしいという願望を持つのであれば，まず親自身がその姿を模範として示すこと，すなわち「気取りではなく，心の衝動から，言葉ではなく行動の形で放出」するよう説く[40]。親になるということは，正しく生きるということ，子どもに見せても恥ずかしくないような振る舞いをし，心構えを持つことであるということと同時に，育ってほしい子ども像を持つのであればそのように育つ生活を親が整えることの大切さを説くのである。またカンペは「劣悪な親の子が神の加護を受けて幸運にも良い世俗教育を享受でき，その結果善良な人間になった例は確かにあるが，それは偶然的原因に依存するごく稀な例外であり，たとえわずかでもそれを当てにするとすればそれは非常な愚行であろう」と述べている[41]。教育環境さえ整えれば，何者にもなれると信じ，子どもに必要以上の過大な期待を抱くことへの警鐘とも取れる。それはまた今日の早期教育ブームや幼少期からの偏ったスポーツトレーニングへの警鐘につながると言えるかもしれない。

（2）具体的な育児アドバイス
　1）父母は結束せよ
　カンペが望ましい育児環境に不可欠であるとして重視するのは，安定した夫婦の関係である。夫には「優しさと寛容さ，思いやりを持ちなさい」と説き，妻には「夫の意思と好みと命令を重んじてそれらを範とし，あなた方のあらゆる不満の種を一掃しなさい」と呼びかける[42]。その呼びかけからは，懐の深い夫と，それに従う明るく素直な妻というカンペの理想とする夫婦像が読み取

れるが，カンペは同時に「互いの考えや気持ちを積極的に伝え，優しく教え合う」ことができる関係が持てる夫婦であることも求めている[43]。

さらにカンペは，このような夫婦が父母となった際には，「教育についての考え方だけでなく，子どもたちに接し，子どもたちを扱う際の考え方についても完全に一致し，調和しているように努める」ことの大切さを説いている[44]。例えば「夫婦の一方が子どもに命じたことを，もう一方が否定したり批判したりしてはならない」と述べ，子どもに向けて行う父母の教育が一致していることが大切であると述べている[45]。さらに，「父母の一方が厳しすぎ，あるいは甘すぎたり優しすぎたりして，父母の間で子どもへの接し方に差を設けてはならない」とも述べている[46]。これらのことについてカンペは「父と母二人がまるで一つの口であるかのように話しなさい。二人がまるで一つの心であるかのように振る舞いなさい」[47]と表現しているように，父母が子どもの教育方針について日ごろから忌憚なく話し合い，父母が一貫した態度で子どもの教育に当たることが最も大切であることを示している。それができない場合は「子どもの愛，子どもの尊敬を永遠に失う」ことになると警告している[48]。

2）神と自然に対する畏怖の念を持て

カンペはまた，父母の中に，神や自然への畏怖の念がなければならないと説いている。カンペは「あなた方一人一人を造ってくれた偉大で愛すべき存在物」である神，そして自然を「感謝を込めて崇拝」するよう説いている[49]。親となる人が人知を超えた力に畏怖の念を持ち，目に見えない大いなる自然の力に敬意を払い，自然がもたらす美しさに鋭敏な感性を持つことを求めているのである。

子どもが自分勝手な行動を取って親を悩ませる場合や，反社会的な行動を取るとき，親を超えた超越的な規範となりうる「大きな規範性」[50]が必要であると言われる。これは「鬼」や「神様」など，親の目の届かない場所であっても子どもを常に見つめ，その行動の善悪を褒めたり諫めたりする存在であると言えるが，このような存在が近年なくなってしまっていることによって，子どもに人としての規範を植え付ける力が弱くなっていると指摘されている。カンペの「神に対する真の理性的な畏怖の欠如」[51]への憂慮は，親になる若者たちが

「人間にできないことはない」,「環境を整えれば何にでもなれる」という万能感を持つことが,子どもを育てていく上で問題となる可能性が出てくることを指しているとも考えられる。

3) 親自身が人間性を高め,子どもの模範になれ

またカンペは,子どもを育てる前に親自身の人間性を高めることを求めている。すなわち,「嫉妬・憤怒・復讐欲・高慢・強欲・猥褻・暴飲暴食などのあらゆる有害な情熱」に陥ることなく,「できる限りあなた方の心を朗らかで穏やかに」保つよう説いている[52]。「身分と財産のおかげで多額の出費が可能」な経済状況であっても,「贅沢を競うような,きらびやかだが実は喜びの無い宴」よりも「少人数の親しい身内で味わえる家庭的な幸福や静かな家庭的団欒に,より高い価値を認めるように心を向けるようにしなさい」とも述べている[53]。これは,言い換えれば,大人にとって楽しい娯楽や贅沢ではなく,子どもの心が安らぎ,子どもが楽しむことのできる生活を重視し,親は自分自身の楽しみを棚上げする覚悟を持つことを促す助言でもあると言えよう。

また,「人間への愛や隣人の苦楽に対して共感したいと望む欲求」を大切にすることを説いている[54]。親になっても,自分の子どもや家庭内のことだけを考えるのではなく,人間全体への愛や共感の気持ちを持って過ごし,その気持ちに従って「あなた方が子どもたちの模範として優れた清らかな人間的感覚を自ら行動で示す」[55]ことによってしか,子どもの中に他者への愛情や共感の気持ちが生まれてくることはないと述べるのである。

4) 育児の協力者を持て

カンペは,父母が責任を持って子どもを育てる覚悟を持つよう説いているが,決して父母のみで育児をすることを求めているのではない。カンペは「有徳ないくつかの家族と交際し,育児を互いに助け合いなさい」とも述べている[56]。カンペは「何か出来事が起こるたびに,互いの子どもたちがいたずらをしたときに善導する方法,あるいは彼らが単に励ましを必要としているとき,彼らを徐々に全般的に良い方向へ仕向けていく方法について,その家族と話し合い,取り決めておきなさい」[57]と述べ,日ごろから子どもの育て方につ

いて情報交換するようアドバイスしている。また「他人の一言の叱責や褒め言葉，そしてただ一度の怒ったり褒めたりする顔つきの方が，似たような状況で親や同居人が何か言うよりも，より効果があったことも多い」[58]とも述べ，親だけではなく，各家庭の大人が互いに協力して，子どもが良いことをしたときは褒め，逆に悪いことをしたときには叱ることが子どもにとって良い影響をもたらすことを説いている。

　また，カンペは「幸福な育児の必須条件」として「信心深く有徳な下僕を手に入れる」ことも挙げている[59]。カンペは，親が子どもの世話を子守に任せきりにすることは「悪魔のようなひどい者の手に，可哀想な見捨てられたわが子たちを委ねる」[60]ことであると警告する一方で，「信心深く有徳な下僕」であれば，親の育児を手伝うことに問題がないと述べている。そのためには親と子守の間に信頼関係を築くことが必須条件になるが，親だけが育児を一手に担うのではなく，親以外のあらゆる人に育児を手伝ってもらうことも容認していると言える。

5）子どもの人格や権利を尊重せよ

　子どもと直接的に相対するとき，カンペが親に求めるのは愛情である。カンペは「子どもたちに向ける愛情も，優しく親密，寛大で心のこもったものでありなさい」[61]と述べ，家族の中の大人である夫や妻に対するのと同じように，子どもを一個の人格として認め，愛情を持って接することを求めている。またカンペは「あなた方の子どもたちは非常に弱々しい存在ではあるが，すでに人間社会の真の一員であり，あなた方やその他の人々に対して義務だけでなく，人間および市民としての権利も持っている。我々は，子ども自身がまだ弱い存在で，その権利を我々に対して主張する能力を持たないだけに，一層この権利を神聖視しなければならない」[62]と述べて，子どもの人格を尊重するよう，親に対して繰り返し説く。子どもは，大人と同じように権利を持つ一個の人格である一方で，それを主張する力を持たない弱い立場にある存在であることを親に知らしめ，子どもを大切に守り，理性的に育むことを説いているのである。とは言え，相手は子どもであり，聞き分けのない振る舞いをしたり，いたずらをすることも多い。それは「子どもには全く当たり前な些細な軽率さ」に基づ

く行動であるので「罰するべきだと速断してはならない」と説く[63]。子どもの行動に怒りを覚えたとしても「叱責と処罰をする際に，激情に駆られることは絶対に避けなさい」[64]と述べ，理性的に子どもを見つめることを親に求めている。

　以上のように，カンペが親へ向けた育児のアドバイスからは，常に理性的に互いを敬い合う夫婦や親子関係，育児を介して互いに意見を交換し合う家族間交流の提示がなされていることがわかる。当時，どの市民階級の家庭においても父親の権威は揺るがず，自身の子どもたちを勝手気ままに取り扱うことが一般的であった[65]ことを考えると，このアドバイスは画期的であったと言えるのではないだろうか。おそらくはカンペが，幅広い世代の教育の在り方を模索する立場にあって，変転する社会状況をいち早く察知したのみならず，それに付随する教育論全体の混乱を必ずしも否定的に捉えず，従来の教育が持つ「非難すべきもの」と「類まれな理想」を区別し，「より良い卓越した結果」を生み出すことができると考えていたために生まれたアドバイスであったと考える。この点にカンペの一つの卓越した独自性を見出すことができよう。

4．現代におけるカンペ育児論の妥当性

　現代社会は合理化，効率化を加速度的に追い求めた近代の延長にある。その結果，社会に生きる人々は望む望まざるに関わらず，合理化・効率化された社会に適応しなければ満足に生きていくことも困難である。便利な新商品を認知し，それを生活に取り込むことは，一人前の社会人として生きていく上での必須条件である。そして，新商品の流行のサイクルは早まり続けており，その適応には多大なエネルギーを要する。このような合理的かつ効率的でスピーディな社会に十分適応できていれば快適に生きていくことができるのが今日である。このような今日の社会にあって，他人とわざわざ家庭を持ち，子どもを育てることを煩わしいと感じる人が出てくることは不自然ではない。合理性，効率性，スマート，スピーディという言葉と対極にある営みが，他者と共に暮らす家庭の維持であり，育児という行為であるからである。またそのような社会にあって，子どもを持ったとしても，現実社会と育児の性質のギャップの克服

は大変難しい課題を多く含んでいる。

　そのようなギャップの兆候は，カンペが生きた時代から既に認められていた。カンペは，当時の社会に「洗練された現世主義」がはびこっており，人々は「きれいな泡玉のようなはかない夢の踊り」をぼんやりと見上げて，「永遠に夢を見続ける」かのように見えると述べている[66]。しかしそのような人々は幸福なのかというとそうではなく，「恐怖と希望，疑いと欲望の不幸な渦の中でいつまでもかき回されて」いると述べている[67]。カンペは，そのような状況の中で「足元にあるものを見ない」[68]で，永遠に夢を見続ける若者の目を覚まさせることが，大人の義務であると考えていた。そして若者にまずは「目の前にあるもの，すぐそばにあるものを見据えよ」と説いた[69]。それがすなわち若者の「幸福への歩みを促進する」ことにつながるとカンペは考えるからである[70]。そして幅広い教育活動の中で，カンペが思い至った若者にとって足元にある確かな幸せとは家庭を持ち，子どもを育てるということだったのである。

　カンペは育児に際し，夫婦で協力し，育児中の他の家庭や育児経験者との交流を持つよう勧める。また，子どもに期待し過ぎず，わが子の姿を自分自身のそれと重ねて受け入れることを促す。さらに，啓蒙主義という新たな考え方が「神」を駆逐しつつある社会状況にあっても，「神への畏怖」の念を抱くことの大切さを説く。これらの育児アドバイスは，一見，子どもを良く育てるためのアドバイスであるかのように感じられるが，実はそれは親となる若者が，変化の激しい社会の中で，翻弄されずに人間らしさを保って生きるためのアドバイスになっている。目の前で育っていく子どもの姿や言動には，親のそれが如実に反映される。悪い言葉遣いやだらしない行動も子どもは確実に真似をする。そこからは，親である自分自身の生き様を内省的に振り返るきっかけができる。また，発展し続ける社会の中で失われがちな神への畏怖の念を持つことは，人智を超えた存在を改めて認識し，自身が生かされていることの奇跡や畏れ多さに思い至るきっかけとなる。そして，家庭や子どもの存在がなければ関わる機会がなかった人々との育児を介した関わりは，若者が社会の中で様々な人とつながり生きていく上で不可欠な要因である。

　生物学的には大半の若者は簡単に親になることはできる。しかし親となった

ものの，若者が家庭や育児を通じて人間として成長することは「容易ならぬ歩み」である[71]。それでも若者はその「容易ならぬ歩み」を進めなければいけないとカンペは説く。なぜならその過程なしには，若者は決して真の「人間的幸福」[72]を得ることはできない，すなわち，真の大人に成長することはできないとカンペは考えるからである。つまり，家庭を持ち子どもを育てる「育児」は，大半の若者にとって，自分自身が成長するために，最も身近で，かつ必要に迫られる「育自」の機会であると教育者である彼は考えたのである。

　このような育児を通じた親自身の成長は，社会の掟に縛られがちな人間が，ふと立ち止まって，その社会の妥当性を振り返ることにもつながる。カンペは「人間以外の地上のすべての動物は，彼らの本性がすみずみまで定めた掟によって，彼らがなりうるものになることを強いられている」のに対し，人間は「模倣する動物」として環境に依存して生きるしかない存在であると述べている[73]。人間は動物の一種であると同時に，拠って立つ環境や社会に適応・依存して生きざるを得ない。そしてその狭間で人間が最も楽に生きられるのは，社会に完全に同一化し，依存して生きていくことであるかもしれない。すなわち，便利さに甘んじ，人間万能神話を信じ，社会の流行に乗り，スピードや合理性・効率性を最善かつ唯一の原則として生きることである。しかしカンペはこれを良しとしない。カンペの言葉を借りるならば「地上にある人生行路を歩けば必ずつまずくか，幸福の一本道からますます遠く逸れてしまっても不思議はない」というのである[74]。社会が用意した「地上」の原則に若者が流されないために，家庭を持ち，子どもという自分にそっくりであるがつかみどころのない「自然」そのものの存在ときちんと向き合うことをカンペは若者に求める。それにより若者は否応なく現実社会の在り様が，自分にとり最善かつ不可欠であるか否かを見直すきっかけを持つこととなると考えるからである。それは現代社会に真に必要な発展と，実は必要ではない発展を見極める目を持つことにつながる。それこそが，若者が真に自律した人間として生きるために不可欠な要素であるというカンペの考えは，現代にも十分還元されよう。

おわりに

　上述してきたように，カンペの家庭論・育児論は，若者が育児を通じて自分自身も親として成長し，現実社会の妥当性を常に振り返るという，近代人として不可欠な自律性を育成するための「育自論」であったと言える。その真理は「目の前にあるもの」を大切にすることを通して，「育自」ができるということにある点で，現代の「育児」にも通じる普遍性を持つ。ただし，今日の社会において，家族構成や価値観は多様化しており，カンペの説いた「育自」の真理には，家庭や育児の範疇を超えた解釈が必要となってこよう。そもそも当時のカンペが説いた「育児」あるいは「育自」における真理も，社会に生きる全ての者を包括した真理の一つであった。ここからやがては，今日の社会全体に通じる普遍的原則へと昇華できないものだろうか。

［付記］
　本研究は2008-2011年度科学研究費補助金，若手研究（B），課題番号21700645「近代ドイツ汎愛派による教育論集『総点検』における乳幼児の身体教育論の思想史的考察」に基づく研究成果の一部である。

注
1）Campe, J.H. (Hrsg), Allgemeine Revision des gesamten Schul- und Erziehungswesens von einer Gesellschaft praktischer Erzieher. Hamburg, Wolfenbüttel, Wien, Braunschweig 1785-1792, Teil.1-16(Vaduz/Liechenstein 1979).
2）塩津英樹，カンペ編『点検書』の成立過程に関する考察，広島大学大学院教育学研究科紀要，第三部（2010），第59号：39-46頁，40頁。
3）塩津英樹，前掲書，40頁。ケルスティング（1992），森川（2010）の指摘によると，最近のドイツにおける研究の中でも特に旧東ドイツからの新しい資料に基づいた新たな研究などから，カンペら汎愛派が「汎愛主義教育学」と言われる教育学理論を独自に発展させ，その成果である『総点検』が汎愛派の教育理論の特異性を解明するための手がかりとして近年再注目されている。
4）Campe, J.H.,Von den Ersordenissen einer guten Erziehung von Seiten der Eltern vor und nach der Gebuert des Kindes.,Campe, J.H. (Hrsg), Allgemeine Revision des gesamten Schul-und Erziehungswesens von einer Gesellschaft praktischer Erzieher. Hamburg,

Wolfenbüttel, Wien, Braunschweig 1785, Teil.1(Vaduz/Liechenstein 1979), S.127.
5) Campe, Von den Ersordenissen einer guten Erziehung, S.127-128.
6) Campe, Von den Ersordenissen einer guten Erziehung, S.128.
7) Campe, Von den Ersordenissen einer guten Erziehung, S.163.
8) 森川直，ドイツ啓蒙主義教育学の生成―カンペ編『総点検』の考察（1）―，岡山大学教育学部研究集録，第133号（2006）：25-34頁，31頁。
9) Campe, Von den Ersordenissen einer guten Erziehung, S.163, und 167.
10) Campe, Von den Ersordenissen einer guten Erziehung, S.163.
11) Campe, Von den Ersordenissen einer guten Erziehung, S.167.
12) Campe, Von den Ersordenissen einer guten Erziehung, S.172.
13) 山内規嗣，J.H.カンペ教育思想の研究―ドイツ啓蒙主義における心の教育―，京都：ミネルヴァ書房，2010，111頁。
14) Campe, Von den Ersordenissen einer guten Erziehung, S.173.
15) Campe, Von den Ersordenissen einer guten Erziehung, S.176.
16) Campe, Von den Ersordenissen einer guten Erziehung, S.180.
17) Campe, Von den Ersordenissen einer guten Erziehung, S.176.
18) Campe, Von den Ersordenissen einer guten Erziehung, S.181.
19) Campe, Von den Ersordenissen einer guten Erziehung, S.182.
20) Campe, Von den Ersordenissen einer guten Erziehung, S.182.
21) Campe, Von den Ersordenissen einer guten Erziehung, S.184.
22) Campe, Von den Ersordenissen einer guten Erziehung, S.185.
23) 鯨岡峻，〈育てられる者〉から〈育てる者〉へ―関係発達の視点から―，東京：ＮＨＫブックス，2005，74頁。
24) Campe, Von den Ersordenissen einer guten Erziehung, S.184.
25) Campe, Von den Ersordenissen einer guten Erziehung, S.136.
26) Campe, Von den Ersordenissen einer guten Erziehung, S.136.
27) Campe, Von den Ersordenissen einer guten Erziehung, S.189.
28) Campe, Von den Ersordenissen einer guten Erziehung, S.189 und 190.
29) Campe, Von den Ersordenissen einer guten Erziehung, S.190-191.
30) Campe, Von den Ersordenissen einer guten Erziehung, S.133.
31) Campe, Von den Ersordenissen einer guten Erziehung, S.130.
32) Campe, Von den Ersordenissen einer guten Erziehung, S.161.
33) Campe, Von den Ersordenissen einer guten Erziehung, S.167 und 170.
34) Campe, Von den Ersordenissen einer guten Erziehung, S.167.
35) Campe, Von den Ersordenissen einer guten Erziehung, S.212-213.
36) Campe, Von den Ersordenissen einer guten Erziehung, S.130.
37) Campe, Von den Ersordenissen einer guten Erziehung, S.131.

38) Campe, Von den Ersordenissen einer guten Erziehung, S.130 und 220.
39) Campe, Von den Ersordenissen einer guten Erziehung, S.131-132.
40) Campe, Von den Ersordenissen einer guten Erziehung, S.221.
41) Campe, Von den Ersordenissen einer guten Erziehung, S.130.
42) Campe, Von den Ersordenissen einer guten Erziehung, S.223-224.
43) Campe, Von den Ersordenissen einer guten Erziehung, S.224.
44) Campe, Von den Ersordenissen einer guten Erziehung, S.224-225.
45) Campe, Von den Ersordenissen einer guten Erziehung, S.225.
46) Campe, Von den Ersordenissen einer guten Erziehung, S.225.
47) Campe, Von den Ersordenissen einer guten Erziehung, S.225.
48) Campe, Von den Ersordenissen einer guten Erziehung, S.225.
49) Campe, Von den Ersordenissen einer guten Erziehung, S.225 und 226.
50) 鯨岡峻，前掲書，243頁。
51) Campe, Von den Ersordenissen einer guten Erziehung, S.192.
52) Campe, Von den Ersordenissen einer guten Erziehung, S.226.
53) Campe, Von den Ersordenissen einer guten Erziehung, S.228.
54) Campe, Von den Ersordenissen einer guten Erziehung, S.227.
55) Campe, Von den Ersordenissen einer guten Erziehung, S.227.
56) Campe, Von den Ersordenissen einer guten Erziehung, S.229.
57) Campe, Von den Ersordenissen einer guten Erziehung, S.229.
58) Campe, Von den Ersordenissen einer guten Erziehung, S.229.
59) Campe, Von den Ersordenissen einer guten Erziehung, S.230.
60) Campe, Von den Ersordenissen einer guten Erziehung, S.230.
61) Campe, Von den Ersordenissen einer guten Erziehung, S.229.
62) Campe, Von den Ersordenissen einer guten Erziehung, S.230.
63) Campe, Von den Ersordenissen einer guten Erziehung, S.230.
64) Campe, Von den Ersordenissen einer guten Erziehung, S.230.
65) ベーン，M.v.，飯塚信雄，垣本知子，杉浦忠夫ほか，ドイツ十八世紀の文化と社会，東京：三修社，1984，456頁。(Max von Boehn, Deutschland im 18. Jahrhundert Die Aufklärung. Askanischer Verlag,: Berlin, 1922.)
66) Campe, Von den Ersordenissen einer guten Erziehung, S.128 und 129.
67) Campe, Von den Ersordenissen einer guten Erziehung, S.129.
68) Campe, Von den Ersordenissen einer guten Erziehung, S.128.
69) Campe, Von den Ersordenissen einer guten Erziehung, S.129.
70) Campe, Von den Ersordenissen einer guten Erziehung, S.129.
71) Campe, Von den Ersordenissen einer guten Erziehung, S.131.
72) Campe, Von den Ersordenissen einer guten Erziehung, S.164.

73) Campe, Von den Ersordenissen einer guten Erziehung, S.131.
74) Campe, Von den Ersordenissen einer guten Erziehung, S.129.

ドイツ人医師エルヴィン・フォン・ベルツと日本の伝統的武術との関わり

ビットマン　ハイコ（BITTMANN Heiko）

はじめに

　明治期に日本に滞在したドイツ人の中で，もっとも印象的かつ日本に影響を与えた一人にエルヴィン・フォン・ベルツ（1849-1913）があげられよう。お雇い外国人として西洋医学の教鞭を執るために1876（明治9）年に来日し，1905（明治38）年までほぼ30年間日本に滞在した。今日に至るまで多くの書物がベルツを「日本近代医学の父」と称している。しかし彼の活動領域は医学だけに止まらず，人類学者，民俗学者，日本学者あるいは美術品収集家としても名を上げた。ベルツの温泉に関する研究と彼の顕彰は，1962（昭和37）年には南ドイツの生地ビーティヒハイムと群馬県草津温泉を姉妹都市に結びつけた。さらにベルツは日本の体育・スポーツ，また特に日本の伝統的武術に関連する活動にも従事したのだが，今日これについては比較的知られていない。本稿では，ベルツが参画し，当時の学校体育に強い影響を及ぼした「剣術柔術等教育上利害適否調査」を中心に，ベルツの日本伝統的武術に対する考え方や捉え方について考察したい[1]。その際，ベルツが発表した著述及び日記の記述を用いる。さらに，日本では未発表のベルツによるドイツ語・英語の手書き原稿，タイプ原稿，そしてこれまでの研究が全く取り扱ってこなかった文献資料についても取り上げ，分析する。本書で扱う資料のいくつかは，筆者により初めて日本語に翻訳されたものである。

1．ベルツと身体修練としての日本の伝統的武術

　ベルツが自ら述べるように「身体修練」（körperlichen Übungen[2]）に触れるようになったのは子供の頃のことである。8歳の時，彼は故郷のビーティヒハイムにあった小学校から，ラテン語学校に転校した。この学校では，後に平行棒や鉄棒の設置場所が提供されるまで自宅の庭を「個人的なドイツ体操場」として提供していた一人の教師が活躍していた。1862年秋にはシュツットガルトで，ベルツの高校生活が始まった。ここでも彼はドイツ体操の指導を受けたと言われており，彼の姪であるマルタ・ベルツは「彼は水泳，強歩，スケートで最も優秀な人たちと同様にできた」[3]と書き残している。1866年11月，テュービンゲンにあるエーバーハルト・カールス大学の医学部に入学したベルツはゲルマニアという学生団に加入し，そこでフェンシングや乗馬も学んだ[4]。
　このように，ベルツは子供の頃や学生時代にいくつかの身体修練を行っている。ベルツが若かった頃は，「国を守る」思想を背景とするドイツ体操運動が唱えられ，身体修練が男子教育の一部分であった時代である[5]。ベルツはそうした環境で育った経験と医師になるための勉強に基づき，身体を修練することが人間の健康のために役に立つという見解にすでに若い頃に辿り着いていたと考えられる。
　来日後ベルツは，日本の学生たちの身体的状態が著しく劣悪であることについてさまざまな著述でしばしば慨嘆していた。しかし，「ドイツ体操（Turnen）」あるいは伝統的な日本の「剣術」を身体修練として取り入れるようにというベルツの要請は，当局には受け入れられなかった。また，彼の職場である東京大学設立時（1877（明治10）年）には「体操（Gymnastik）」[6]の教科が実施されていなかった[7]。一方，明治初期に西洋をモデルにあらゆる分野で急がれていた近代化は，ベルツがこの時代の目撃者として述べているように，「身体を休めることなく，かつ身体の修練をせずに」，「在来の日本的なものを軽視し」，「ヨーロッパの学問」へ没頭した点に特徴があった[8]。しかし，ベルツは学生達のことだけではなく，彼の最もよく知られている論文の一つ『日本人の身体的特徴』の第二部で，役人たちや古い上流社会の身分の高い人たちの「見る

に堪えないほどきわめて虚弱化」した身体も心配していた[9]。その状況を改善するために，ベルツは上に述べたように身体修練の一つとして日本の伝統的武術を提唱していた。

　ベルツの日本武術への関心を裏付けるおそらく最初の手がかりは，1879（明治12）年4月3日付け，ドイツ語圏では未発表の日記記述中に見られる。それによると，彼は日本滞在からほぼ3年後の時点で「日本刀をおよそ25振り」所有していた[10]。ベルツは，自身で学生時代にフェンシングをしていたため，そのような武術の興味からであったか，あるいは美術的関心からであったろうか，いずれにせよ日本刀へ関心を寄せたことはさほど驚かされることではない。しかし，今日決して安価ではない日本刀の，この所有数の多さに読者はびっくりさせられるであろう。当時は，すでに1876（明治9）年には「廃刀令」が実施され，また前にも述べたように，一般的に日本的な事物への蔑視傾向が最も強かった時であるから，日本刀をわずかな金額で購入することはそう難しいことではなかったかもしれない。あるいは贈り物として入手したのかもしれない。それはともかくとして，ベルツのお雇い外国人としての給料は，このような品を購入するにも十二分なものであった[11]。

　同じ1879（明治12）年，ベルツの息子エルヴィン・トクが編集した『ベルツ日記』の中に，剣術と弓術についての次の記述が見受けられる。

　　（1879（明治12）年）8月3日　日曜日（東京）　今日，上野で撃剣大会があった。これについては，今までにしばしば，しかもいろいろと話をきいていたが，見たのは今度が初めてで，それも十年来なかったと称せられるような完備したものだった。これらの剣士たちは，もともと上野の大祭に出場することになっていたのであるが，その大祭が全く不意に取りやめとなった。そこで，おびただしい準備がすべて，今ではむだとなったのである[12]。

　　（1879（明治12）年）12月14日　日曜日（東京）　目下，熱心に日本の弓術を練習している。弓はすこぶる強いので，張るのがやっとのことである。練習ものだ[13]。

これらの記述から，ベルツがその時に日本剣術に関心を持っていたこと，またすでに日本武術である弓術を実践していたことを知ることができる。しかしながら，彼が誰に弓術を教わったのか，またどれくらいの期間実際にやっていたのかは不明である。

　この剣術に関する記述から，明治初期において，伝統的武術が軽視されていた様子が窺われる。当時，ベルツも述べているように，日本人は自らの文化を軽視し，あるいは廃刀令などに見られるように，伝統的武術は役に立たないばかりか，新しい日本の軍隊を構築するために取り入れられた西洋軍事技術に比べて劣っていると考えられていた[14]。これらの状況から，明治初期の頃に，政府と大部分の国民は「古い」武術にあまり意義を見いだすことはなかったのである[15]。その中で，1877（明治10）年の西南の役で，警視庁（当時は警視本署）の抜刀隊が出動し効果をあげたことから，軍隊や警察が伝統的剣術に再び着目するようになった。その結果，最初の公的機関の中で，警視庁が1879（明治12）年から剣術を，そして1883（明治16）年から柔術を取り上げるようになった[16]。

　また1880年代の初めに，学校教育に武術を導入することに関して，幾つかの県から文部省に問い合わせがあったと見られる[17]。また，体操科の中に，在来の武術を取り入れるかどうかについて，賛成と反対する論者との間に，最高度の政治的レベルで，いわゆる武技・体操論争が燃え広がった。その論争で，文部省は導入に対して否定的な考え方を示していた。例えば，1880（明治13）年12月23日に河野敏鎌文部卿[18]は元老院における第二百十七号議案審議において次のように発言した。

　　　第一ニ其議官ハ曰ク武技ヲ講スルハ身胆ヲ練ルカ為ナリト或ハ然レトモ
　　身体ヲ練ルハ独リ講武ニ是レ因ルニアラス勤王ノ心愛國ノ情在ルニアラサ
　　レハ私戦ニ怯ニシテ[19]公戦ニ勇ナルコハ得テ望ムヘカラサルナリ加之昔
　　時封建ノ世ト雖モ武ヲ講スルハ概ネ十四五歳ヲ以テ始メトス然ルニ今ヤ妙
　　齢ナル小学生徒ニ之ヲ講セシムルニ至ラハ之カ為メ恐ラクハ幾多ノ負傷者
　　ヲ生スルニ至ラン抑今日ノ國民ハ其子弟ヲ学校ニ出スヲ嫌フノ情況アリ然
　　ルニ之ニ武技ヲ講セシムルニ至リ之カ為ニ身体ヲ傷クル等ノコアラハ其

父兄タル者ノ学校ヲ忌嫌スルノ情必ス（後略）
　第二某議官ハ日ク進退坐作則チ武技ナリ之ヲ議スレハ以テ身体ヲ健康ニスヘシト豈其レ然ランヤ体操ハ以テ身体ヲ健康ニ為スノ具ナリト雖モ武技ハ然ラス時トシテハ反テ之ヲ害スルアリ故ニ論者若シ今日ノ体操ヲ以テ猶未タ足ラストセハ宜ク其時間ヲ長ウスヘシ之カ為メ武技ヲ講セシムルハ其目的ヲ誤ル者ト云フヘシ
　第三ハ今日廿五番ノ人々自己ヲ保護スルカ為ナリトノ論ナリ其レ然ラハ何ソ向ニ廃刀ノ令ヲ出セシヤ試ニ想ヘ人々刀ヲ帯セシ時ト今日トハ其人ヲ傷ツケ害スル者孰レカ多ク孰レカ少ナキヤ此ノ如キハ殆ト暴ヲ以テ暴ニ代ントスルノ説ノミ蓋シ以上三箇ノ説ノ如キハ其利害得失智者ヲ俟テ而シ後チ知ラサルナリ茲ニ對説中稍取ルヘキハ我國ノ兵制ヲ利スルト為スノ一説ナリ[20]。

　この体操科に武技を加えようとする修正案は「少数ナルヲ以テ一番ノ修正ハ消滅ス」[21]，つまり賛成少数のため却下された。
　1883（明治16）年5月5日，文部省は体操伝習所に「剣術柔術等教育上利害適否調査」を依頼する通達を発した[22]。これが記録されている『文部省第十一年報附録（明治十六年）』によれば，体操伝習所は1883（明治16）年5月30日に「調査掛」を設けた[23]。さらに，同『体操伝習所第五年報』「職員之事」によれば，6月7日「経伺ノ上渋川半五郎（ママ）[24]ヲ吏員に雇ヒテ柔術調査掛ヲ命ス」ることになっていた。この人物はおそらく，江戸時代の渋川伴五郎義方（1652-1704）を祖とする渋川流柔術8代目渋川伴五郎玉吉（1866-1924）のことであろう[25]。そのほかの「柔術調査掛」として，同月28日に陸軍省12等出仕富田正直と警視庁巡査部長久富鉄太郎に調査を委嘱した[26]。また，「剣術柔術調査」の中には，1883（明治16）年6月中，渋川流の「実試ヲ為サシメ略ホ其大体ノ試験ヲ遂ケ」たと述べられている。それに続いて，「又人身ノ生理ニ徴シテ之ニ学理ノ精窮ヲ加ヘ以テ確実ノ査定ヲ得ンコトヲ要シ乃チ東京大学医学部長三宅秀[27]及ヒ同部内外科教師エルウィン，ベルツ　ジュリウス，スクリバ[28]ノ両氏ヲ招キテ柔術ノ勢法[29]及ヒ試合等ヲ実検セシメ其学術上ニ係ル利害ニ就テ意見ヲ討問セシカ」という記述がある。しかし，柔術調査として一流

派に止まる事は不十分と見なされ，また剣術の調査がまだ行われていなかったので，同年の11月以降，10回以上に渡って柔術4流派と居合術を含む剣術4流派の実試を視察諮問したことが述べられている[30]。

同様に『官報』にもこの調査についての記述が見られる。1883 (明治16) 年7月21日刊行の第9号には，体操伝習所主幹西村貞が7月10日に挙行された卒業証書授与式の演説で，体操伝習所で実施されている剣術柔術調査との関連で，卒業生たちに各県において「体育ノ科」として武術を採用するかどうかについては，慎重に判断するように求めた。

　　諸君ハ各府県長官ノ命ヲ奉シテ今方ニ其ノ任ヲ果シタリト雖其ノ長官ノ
　　諸君ヲ見ル一層ノ重キヲ今日ヨリ加フヘシサレハ諸君ハ剣術柔術等ノ採捨
　　如何ニ関シテ其ノ意見ヲ吐露スヘキノ地ニ在ルヲ免レス故ニ余ノ諸君ニ望
　　ム者ハ其ノ採捨ヲ判スルニ當リ克ク彼ノ術ヲ取リテ以テ教育ノ理論実行及
　　諸般ノ実況ニ考覈シ以テ其ノ採其ノ捨ヲ判スヘク決シテ輕々ノ観察ヲ以テ
　　セサラン「ニ在諸君ニシテ若夫流派ノ目的性質及其ノ勢法仕合等ノ何タル
　　ヲ推窮セス漫然盡ク採リテ以体育ノ科ニ充ツヘシト判定セハ余ハ其ノ輕忽
　　ニ失スルノ恐ナキヲ保セサルナリ[31]。

また1883 (明治16) 年10月18日の第93号には，「福岡文部卿[32]ハ去ル十五日東京大学医学部長三宅秀同教師ベルツ及スクリバ等ト倶ニ体操伝習所ニ至リ同所ニ於テ予ネテ教育上利害適否ノ調査中ナル柔術演習ノ景況ヲ実視シタリ」と記録されている[33]。10月29日付の102号には，柔術の渋川流の教師が雇い入れられ，その流派が調べられていたという記述が見受けられる。しかし，その日がいつであったかについては記されていない。さらに，柔術の伝習に従事する者3名が招かれ，勢法などについて，さらに剣術に関しても，同様の方法によって調査を行うことが決定されたことが述べられている[34]。続いて，11月15日付けの第116号には，精細な試査のために「去ル二日」に天神真楊流，「去ル十二日」に戸田流と起倒流の柔術家，天真伝無敵流の剣術家を招いたと記されている[35]。12月24日付けの第148号には，さらに「去ル十一月十二日以降」に，柔術の関口流と剣術の直心影流，一刀流，北辰一刀流と居合術の田宮流が

「試察討問」のため「実視」されたことが記述されている。この記述には，前述『体操伝習所第五年報』では述べられていない，柔術の「関口流」と剣術の「一刀流」が明記されている[36]。

また『体操伝習所一覧　明治十七年，十八年』には，「九月東京大学医学部教師独人ベルツ，スクリバノ二氏ヲ招シテ柔術ノ勢法試合等ノ視察ヲ需メ其実況ニ徴シテ人身ノ生理ニ及ホス医学上ノ意見ヲ質シ大ニ該術ノ利害討究上ニ便宜ヲ得タリ」とある。三宅の名はここには記されていない。この「一覧」には，ほかに，1883（明治16）年5月に調査方法を定めるため「其掛員ヲ設」けたとしか記していないので[37]，ベルツとスクリバが6月に既にこの調査に参加していたのかどうか，あるいは，9月に初めて調査に呼ばれたのかどうかについては不明のままである。この記述と，『体操伝習所第五年報』にある「6月中，渋川流が調査対象であった」とする記述に引き続く「学理の精窮を加え，以て確実な査定を得ようとした」旨の文言は，おそらく二人の医師たちが，6月の渋川流調査以後，柔術に関してそれとは別な調査をしたことを示唆しているのではなかろうか。ここに示したすべての文献によっても，ベルツとスクリバ，さらに三宅がこの調査に何回関わったかは明らかにできない。1883（明治16）年12月の『大日本教育会雑誌』第2号記事もこの調査について紹介しているが，これまで述べたこと以上に分かることはない[38]。

『文部省第十二年報（明治十七年分）』には，1884（明治17）年10月，「十三日体操伝習所ヨリ剣術柔術ノ教育上利害適否ニ関スル申報ヲ領ス」と記録されている[39]。しかし，この記述には，その結論についても，またそれに関する何らの説明も付されていない。

1890（明治23）年7月，文部省は『本邦学校体操科施設沿革略』の中で，「武技科の景況」として，剣術柔術調査の概要を述べると共に，剣術柔術の5つの「利」点と9つの「害若しくは不便」，及び結論を示している。

　二　術の利とする方
　（一）　身体の発育を助く。
　（二）　長く体動に堪ふる力量を得しむ。
　（三）　精神を壮快に志気を作興す。

（四）　柔術の風姿を去りて剛壯の姿格を收めしむ。
　（五）　不慮の危難に際して護身の基を得しむ。
　　　害若くは不便とする方
　（一）　身體の發育往々平等均一を失はん。
　（二）　實修の際多少の危險あり。
　（三）　身體の運動適度を得しむること難く，強壯者脆弱者共に過激に失し易し。
　（四）　精神激し易く，輙もすれば粗暴の氣風を養ふべく。
　（五）　爭鬭の念志を盛にして徒らに勝を制せんとの風を成じやすし。
　（六）　競進に似て却て非なる勝負の心を養ひがちなり。
　（七）　演習場毎人に監督を要し，一級全體一齊に授けがたし。
　（八）　教場の坪敷を要すること甚大なり。
　（九）　柔術の演習は單に稽古着を要するのみなれども，劍術は更に稽古道具を要し，且常に其衣類及道具を清潔に保つこと，生徒の業には容易ならず。右等の事實を得て，傳習所に於ては之を敎育上の理論に照らし，斷定を下せしこと左の如し。
　一　學校體育の正科として採用することは不適當なり。
　二　慣習上行はれ易き所あるを以て，彼の正科の體操を怠り，專ら心育にのみ偏するが如き所に之を施さば，其利を收むることを得べし[40]。

　ここで若干補足すると，三宅の後任で，1890（明治23）年に東京大学医学部長に就任した教授で医師であり生理学者であった大沢謙二（1852-1927）[41]は，先述した剣術柔術調査期間中の1883（明治16）年7月に大学の命を受け，柔術について独自の調査を行った。この調査の結果は，1884（明治17）年12月に東京大学編纂の『学芸志林』に「柔術死活之弁」として纏められた。その中で大沢は，慎重に発言し，自分の見解として柔術は安全性を確保しにくいため，この術を学校教育に導入することについてはやや否定的な立場をとっている[42]。また頼住は，文部省依頼の剣術柔術調査の東京大学での人選に，しばらくの間大沢が選任されていたことを突き止めている。東京大学に残された文部省との連絡記録草稿には，三宅とベルツのほかに大沢謙二の氏名が記されて

いる。だが，大沢の名前には消し線が引かれ，その下に括弧付きでスクリバの名前が書かれている[43]。さらに，池田は，大沢の柔術調査と体操伝習所での剣術柔術調査との関連性を示唆しており[44]，当時の医学部長の三宅と大沢との意見交換は十分考えられ，お互いに影響を及ぼしあった可能性を排除できない。

　結局，体操伝習所の目的や考え方が「古い」伝統的な武術を学校正課として採用するかどうかの適否調査に影響を与えたということは大いに考えられる。そもそも体操伝習所の名称がすでに示しているように，この機関の設置目的は，過度の運動を避け，徒手体操や軽器具を用いた身体発達と健康増進のための体操を研究し，その教員を養成することであった[45]。近代化の最中にあって，この伝習所は「モダン」な身体修練を普及させることを目指した。当然，武術を学校教育に取り入れることには否定的であった。この結論は，文部省の消極的な意向に副うものであった[46]。文部省は1898（明治31）年に，剣術と柔術を課外活動として公認したが[47]，学校体育の正課としては1911（明治44）年まで認めなかったのはこの調査結果が一つの理由だったのではないだろうか[48]。

　しかしながら，この調査結果とこれまで見てきたベルツの伝統的武術への興味，あるいは自分自身でも実際に武術に取り組んでいるベルツのイメージとはしっくりこないものがある。以上述べた状況のなかで，ベルツがこの調査に招かれたにもかかわらず，彼の意見は聞き入れられなかったのであろうか。あるいはベルツが個人的な理由から，自分の意見を控えたのだろうか。頼住はこの2つめの点について次のような見解を示している。すなわち，お雇い外国人の非行などもあって，政府は次第に彼等に対して冷淡な態度をとるようになった。また，有能な日本人が留学から帰国し，お雇い外国人の高額な給料[49]は日本人同僚たちとの対立を生む原因ともなっていた。こうした事情から，お雇い外国人の契約更新が次第に難しくなり，彼らは日本の役人とも上手く付き合ってゆかなければならなかった。ベルツも例外ではなかった。「彼にとり日本は新しい研究の継続という意味で重要な場所であり，そして高額な俸給により祖国の家族を救おうとしていた彼はおそらく長期滞在を望んでいたと思われる」[50]。この見解に従えば，ベルツが契約更新を円滑に運び，日本での滞在を

危うくしないために，敢えて調査に対する自分の意見を控えていた可能性がある。しかし，ベルツ自身による次の文からはこの仮説は多少疑問の余地があろう。というのは，彼がライプツィヒ大学に提出した私講師休職延長の申請書簡から読み取れるように，少なくとも1882（明治15）年の時点では，ベルツは日本での長期滞在を望んでいなかったのである。

　　　1882年10月1日（東京）　K.ライプツィヒ大学医学部　御中
　　　私はこの[出願書簡]に署名する者として，貴学部に次の依頼を申し出ることをお許し下さいますようお願いいたします。
　　　今年の7月，私と日本帝国政府との契約が終わりを迎えた時，政府は私に更なる4年間の契約を申し出てまいりました。必要な場合1年間の休暇付であります。私は最初，このような長い年月は滞在しないと決心しておりました。ですが，私がやり始めた科学的な論文を完成させるために，少なくとももう1年間は現在の職に我慢してとどまることが有益であるとの結論に達しました。
　　　この旨を東京大学の学長に提案したところ，彼は快く受諾いたしました。しかし，この契約は暫定的なもので，ずるずると継続されましたが，ようやく本日完成した契約書が手元に届けられました。1883年12月1日まで従事する契約です。
　　　（中略）さて，たいへん恐縮ではありますが，貴学部におかれては，どうか私の休職を再び2年間延長していただきたく，ご許可くださるようお願い申し上げます[51]。

また，時間的には後のことになるが，次の日記記述からも，ベルツが，自分の東京大学における仕事上の立場について自己を客観的に見ずに長期にわたる契約の更新を望んでいたわけではなかったことは明らかである。

　　　1900（明治33）年4月18日（東京）　（前略）医学部内に自主を目指す傾向のあったことは，もうずっと以前から気付いていた。このような意向は十分理解できるし，また正当でもある。事実，自分はそれを必要と考え，

常に自らそれを促進してきた。だから自分は，再契約の申出があった時，すでにたびたび学部当局に，一度あなた方だけでやってみてはどうかと，自分から言い出してすすめたのである。しかしそのたびごとに，いつも留任するよう押しつけられてしまった[52]。

次に，ベルツの武術についての発言，また彼と武術に関する記述がどのようなものであるかを見てみよう。例えば，1883（明治16）年6月14日付けの『開花新聞』の記事に，彼は次のように取り上げられている。

我邦の撃剣は非常に備ふるのみならず衛生上に効能ありとて大学医学部の教師ドグトル，ベルツ氏は去る四月榊原鍵吉氏の門に入り頻に勉強せられし効ありて近来は大に上達されし由また同氏は如何にも其費用に注意して我邦従来の刀剣寸尺によりて竹刀を製し其術の秘訣奥義等を日々榊原氏に尋問さるるにより同校の生徒も追々にヤットウを励むといふ[53]。

また，1883（明治16）年6月25日付けの『医事新聞』には，次のように報じられている。

東京大学医学部にては運動の為なるか予科四級の甲乙生徒三十名許申合せ競武社と云ふものを設け榊原鍵吉氏を聘し剣術を習行するよし此程内科教師ドクトル，ベルツ氏も之を試みられ大に賛成せらるれは追日加入するもの多きよし己（ママ）に昨廿四日には大演習を催されしと[54]。

これらの記事が掲載された時に，ベルツがすでに剣術柔術調査に参加していたかどうか，あるいは少なくともこの調査に招かれることを知っていたかどうかは不明である。しかし，これらの記事から読み取れるのは，調査が実施される前，1883（明治16）年4月に，ベルツ自らが榊原のもとで剣術を習い始めていたということだけではなく，調査開始後に自身も率先して手本を示しながら，医学部生たちに剣術を練習するように促していたことである。

先述したように，1884（明治17）年10月13日，文部省は剣術柔術調査の「申

報ヲ領」した。この調査報告がなされた同じ10月の31日には『大日本教育会雑誌』（第12号）が発行されており，そこにはベルツによる論説「児童生年ヨリ学齢ニ至ル迄ノ体育如何（第九号ノ続キ）」が掲載されている。そこで，ベルツは身体修練として日本の伝統的武術が良い可能性を秘めていると述べている。

> 顧フニ日本在昔ノ士ト称シタル者ハ之ヲ今日ノ日本人ニ比スルニ力量ナリ強大ナリ其逢ニ優者ナルヲ知ル是蓋シ当時ノ教育ハ啻ニ書ヲ読ミ文ヲ属スルニ止ラズ或ハ弓馬ニ或ハ槍剣ニ諸種体育的ノ遊戯ヲ勉メシメシニ由ルナラン……之ヲ省ミルモノナキカ如シ是以テ身体ハ唯益々虚弱ニ流レ毫モ強壮ニ向フノ兆候ヲ見ス従ツテ出生ノ児童モ亦虚弱多病ナルヲ免レズ実ニ痛歎ノ至リニ耐ヘザルナリ[55]。

ベルツは，1884（明治17）年8月17日に，北米への出張を兼ねて最初の帰国休暇に旅立っており[56]，この2部に分かれていた論説の後半も（前半は1884（明治17）年7月31日発行），翻訳や印刷に必要な時間や当時の連絡通信手段からして，おそらく出発前に完成されていたと見なすことができるのではないであろうか。従って，ベルツはすでに調査期間中に上に述べた意見を持っていた可能性が高い。

1886（明治19）年12月18日の『大日本私立衛生会雑誌』掲載「日本人種改良論」では，彼は明確に学校教育にまでも柔術を勧めている。

> 日本人ハ体小ニシテ一時ノ働作力多クハ驚歎スル程ナラズト雖モ天性甚ダ百事ニ巧ナレバ其智能ヲ練習発達セシメンヿヲ務ムベキナリ此ノ練習ノ如何ナル功効ヲ奏シ得ルカハ柔術ヲ見テ知ルベシ此体操法ハ普ク学校等ニ行ハレンヿヲ希望スル所ナリ[57]。

また，1888（明治21）年5月19日付の読売新聞には次の記事がある。

> 柔剣術　今度帝國大學ヘ剣術柔術を教科[58]に加はるゝ事になり右稽古所を新築せしに付去る十六日榊原健吉氏を教員とし当日世話掛りには渡邊

総長はじめ本郷警察署長，御雇独逸人，剣士教員臨場の上開場式を行はれしが柔術の方嘉納治五郎氏を教員とし昨十八日午後二時より開場式を行はれしが生徒は毎月水金曜日を以て教授さるゝ事なりしと云ふ[59]。

このことについて，いくつかの資料を加えながら考えてみよう。ベルツは榊原のもとで剣術を習っただけでなく，『東大剣道部百十年の歩み』によると，「撃剣を課す」ことについて，フランス語教師で事務にも携わっていた古賀護太郎に相談された際，ベルツは大賛成した。こうして，1882（明治15）年5月に榊原が大学に招かれることになった。また，前述の新聞記事によって，ベルツが1883（明治16）年に大学で剣術を実施するよう尽力したことが知られる。これらの記述を総合して考えると，上記読売新聞記事に出てくる「御雇独逸人」は，ベルツであることはほぼ確実であろう[60]。ベルツが大学において，おそらく課外[61]として剣術を導入することに積極的に働きかけ，開会式に招かれることでその貢献を認められた。このことはベルツが，剣術の導入に直接的に関っていたことの証となるであろう。

さらに，ベルツは女性の身体修練に関しても，武術を良い手段として見なしている。このことは，1890（明治23）年の『中外医事新報』に収録されている「女子教育上ノ弊害」の演説から分かる。

　　　女子ノ運動ト云ヘバ先刻御話シタル通リ，其鬱血ヲ防クト云フヲ以テ第一ノ目的トス。或ハ遊歩スルトモ，踊リヲナストモ，又ハ撃剣ヲ学ブトモ，長刀ヲ使フトモ，何レニシテモ宜シ[62]。

1898（明治31）年3月26日の「日本体育会」における閑院宮総裁推戴披露式典での『体育』という演説の中でもベルツによる武術推進論を見ることができる[63]。

　　　大弓は射撃に勝る運動方法なり
　　　柔術及撃剣又之を行はしむへし（満十五年以上の者に[64]）只彼の仮面

なるものは，其重きに拘はらす，頭を保護する効少なきにより，宜しく独逸学生の用ふる，針金の面を採用せは，此れ大なる進歩ならん[65]

さらに，ベルツは1904（明治37）年記述の日記の中で，身体を鍛錬する方法として柔術に最も高い評価を与えている。

>　(1904（明治37）年) 4月18日　奈良　一日中[66]，自分と寺めぐりをやって，なんの疲れも見せない七十三歳の北畠老の，驚くべき元気さにはあきれざるを得ない。氏はその昔，盛んに柔術をやった。この柔術は，およそ身体を鍛錬する方法の中で，最上のものである[67]。

ベルツは弓術と剣術と同じように柔術も教わりたかったようである。それは日本の武術に関するベルツの最も詳細な記述が見られる『嘉納柔術（柔道）』（おそらく1906年[68]）のドイツ語版の序文から窺える。しかし，弓術と剣術とは違って，この望みは叶えられなかった。

>　私も柔術を教わろうとしたのだが，30歳を過ぎていて，結局，誰も教えてくれなかった。私は年がいっているし，必ずや負傷するであろうと，皆，心配してくれたからである[69]。

すなわちベルツは，身体修練として柔術・柔道を最たるものとして考えていた。現代柔道の創始者である嘉納治五郎（1860-1938）が編み出した体系を次のように評価している。

>　(1903（明治36）年) 12月12日（東京）　正午，柔術の嘉納，富田両師範と共に，英国公使館のホーラーのもと。嘉納は柔道の方式改革により，国民に多大の貢献をした。身体を強健にし，これを組織的に完成するためには，おそらくこれ以上に完全な方法はないと思う[70]。

以上，上に紹介したすべての新聞記事，ベルツ自身による著述，そして日記

記述からは，彼の個人的な意見と剣術柔術調査の結果には明らかに大きな隔たりが見られるように思われる。このことは，調査委員会の中で，ベルツの意見が十分に聞き入れられなかったことを示唆する。彼は武術を身体修練のために奨めるだけでなく，直接的に学校教育の授業としてまで奨励しているのである。今まで発見された公的な書類や記録からは，調査委員間，あるいは委員と役所との間でどのような意見が交わされていたかは不明であり[71]，またベルツの息子が編集した日記にも，ちょうどこの調査期間中の日記記述そのものが見当たらない。したがって，調査結果とベルツの意見の隔たりについては，現時点ではこれ以上に明らかにすることできない。しかしながら，次のように推測することは無理ではなかろう。ベルツはこの剣術柔術調査の進展に納得していなかっただけでなく，講演や論文を通じて，ある意味で調査結果に反論し，またより広い意味で，当時の武術を拒む社会の一般的な態度に反省を促し，幅広く推薦した。

　さらに言えばベルツは，日本の伝統的な武術の中に身体修練を見出しただけではなく，精神的，内面的な価値も認識するようになっていた。彼は1904年『ケルン新聞』連載記事「日本人の戦争精神と死の軽視とについて」の中で，次のように述べている。

　　　日本の剣術を習つたとき，私の教師は，剣術の奥義として，次のやうなことを説いた。
　　「あなたは，戦ひに入つた刹那から，自分には，相手以外に此の世に何ものもなく，専心相手を仆そうと思ひ，そして倒さねばならぬ」……しかし，それは盲目的な錯乱ではなくて，凄まじい興奮と相並んで，鋭い大胆な洞察と測定とがあつた。外でもない。自分自身に関係のある一切の感情が沈黙してゐる時，知性は明澄に冴えて在るからである[72]。

また，ベルツはすでに内面的な修行における武術と禅との繋がりについてさえ，当時の読者に指摘していた。

　　　有名な一剣客がその高弟に与へた次の一言は，此の間の機微を物語つて

ゐる。「お前は武技が教へられることは、もう完全に知つた。之からお前は禅学を究めねばならぬ」[73]。

そしてまた武術を志す者の心構えについて、『嘉納柔術』の序文の中で、次のように述べている。

　或る人が、「柔術とは殺伐な殴り合い、喧嘩である」などと書きたてたりしたことがあったが、専門的知識に拠らない判断であり、論外のことであった。「柔術に比べて、それよりも殺伐性が少ない」と言うことの出来る格闘技が果たしてあるだろうか。実の処、世界中何処を探しても、かゝるものは見当たらない。柔術に於ては、たとえ勝とうが負けようが、飽く迄、自制心を保ち、意慇なる紳士的態度を示し、自己の平静、沈着、品位、威厳等を保つこと、これが初心者に対して、先ず始めに徹底して教え込まれる事柄なのである[74]。

ベルツは、日本伝統武術を身体修練として推奨しただけではなく、日本国内を超えてこれらを紹介することに努めたほか、特にこれらの内面的な価値を指摘した人物として、20世紀初頭の頃に、少なくともドイツ語圏の読者に、このような情報を与えた最初の一人である。

おわりに

ベルツが日本武術・武道にどのような影響を及ぼしたかについて考えてみよう。いうまでもないが、ベルツ自身が『嘉納柔術（柔道）』の序文の中で言うように、伝統的武術が「再び人気を取り戻すことに貢献した」[75]ことは、事実であると言えよう。ただし、ベルツの影響を、包括的なものと捉えてはならない。例えば、酒井シヅによる、ベルツが「柔術を国民的スポーツになるまで育て上げた」[76]とする評価はベルツの影響を過大評価していると言わざるを得ない。ベルツはこのようなことを一人では成し遂げられなかった。伝統的武術の復活どころか生き延びること自体のために、さまざまな働きかけが不可欠だっ

た。ベルツの尽力にもかかわらず，1880年代後半から徐々に強くなった，メーラーが言うところの「国家意識の自覚抜き」[77]には，このことは達成できなかった。また，さまざまな武術の大家による活躍や努力もその一つの要素であった。例をあげると，榊原による撃剣会は，旧武士たちの無職状況を緩和する意図があったとしても，武術の復活と生き延びることに結びついた。あるいは嘉納が古い柔術流派を基にして現代的「柔道」を練り上げたことも同様である。ベルツは，嘉納によって作り上げられ「改革された柔道の方式」に関して，嘉納が「国民に多大の貢献をした」人物であると述べている。嘉納は，講道館柔道の方式を当時の時代的要求に合わせることで，現代につながる各種の伝統的武道の発展に大きな影響を及ぼしたのではないだろうか。「修心」，「体育」，「勝負」といった目標設定がその例である。この目標には，当時の学校教育に武術を採用するかどうかの論議が反映されている。この論議は上に述べた目標設定に至った最初の動機になったとも言われている[78]。さらにこの目標は，ベルツの著述に見られる意見と同様に，1883〜84（明治16〜17）年の剣術柔術調査結果に反論したものと見なすこともできる。そのほか嘉納は彼の柔道が古来の柔術として理解されるのではなく，柔術を基としながら，より深い意味と広範な目標を持つものとして「柔道」という名称を望ましいと考えた[79]。これが前例となって，やがて，他の伝統的武術も「道」という文字が冠されるようになり[80]，一般的に使用されるようになった。このことによって，身体及び技術的な要素のほかに，内面的な要素，即ち教育的，道徳的な価値がより強調されるようになった。またベルツは彼の後年の著述で，伝統的武道のこの内面的な要素について語っており，比較的早い時期に，海外の読者にこのことを指摘した最初の人々の一人である。もとよりベルツは，日本において，特に身体を強壮にし，かつ健康を維持するため，武術・武道による身体修練の価値を指摘した。またそれを男女問わず強調し，その実施を強く推奨した。その際，ベルツは自ら範を示したことで，また書物や講演を通じて，当時の師範たちや修行をしている人々に，社会的にきわめて価値の高い支援を与えたと思われる。彼は伝統的武術の復活へ尽力し，また自身でも積極的に取り組んだだけではなく，当時の時代状況に適合して発展することを目指した人々を駆動する原動力ともなったのではなかろうか。ベルツは，学校教育に伝統的な武術を正

課として採用することを達成することも，早めることもできなかった。しかし長い目で見ると，1911（明治44）年についに剣術と柔術が採用されるに至ったことには，ベルツの長年に渡る努力と貢献が実を結んだと見ることができるかもしれない。少なくとも剣術が東京大学の課外活動として導入されたことに，ベルツの影響があったことはほぼ証明されたといえよう。またほかの武術に関しても，ベルツの働きかけがあった可能性は高い。ベルツは明治時代において日本人以外で，伝統的武術に最も重要で影響力のあった人物であったと称されるべきであろう。

注
1) これまでに西洋でなされたベルツについての先行研究のうち，学術的な入門概説としては，メーラー（Möller）が挙げられる。またクラーク（Clark）は著書中の一章分に当てているが，日本の文献への言及は見当たらない。一方，ベルツを取り上げている日本での先行研究中，注目すべきものとしては，木村吉次，頼住一昭，稲垣正浩，大道等（一部頼住と共著），村田直樹の研究が挙げられる。
2) ベルツは「Leibesübungen」(Leibesübung) の意味で，「Körperübungen」(Körperübung) あるいは「körperliche Übungen」を用いている。また，ベルツの著書の中に「Sport」の用語も見られるが，これらの語の概念は明確には区別されていない。
3) 1916刊行のベルツ没後の追悼文から (Germann, Susanne. *Ein Leben in Ostasien. Die unveröffentlichten Reisetagebücher des Arztes, Anthropologen und Ethnologen Erwin Baelz (1849-1913)*. Bietigheim-Bissingen: o. V., 2006, p. 29)。翻訳は筆者による。
4) 前掲書，pp. 27, 29-30, 35。
5) Neumann in Ueberhorst, Horst (ed.). *Geschichte der Leibesübungen*. Berlin, München, Frankfurt: Bartels und Wernitz, 1980, vol. 3/1, pp. 257-275 を参照。
6) この概念について，Guttmann と Thompson は次のように記述している。"Meiji-period physical education was generally refered to as *taisô* (gymnastics)" (Guttmann, Allen, Thompson, Lee. *Japanese Sports. A History*. Honolulu: University of Hawai'i Press, 2001, p. 90)。しかし体操という概念は，必ずしも体操的練習だけを意味するのではなく，他の身体修練が含まれる場合もある（今村嘉雄，日本体育史，東京：不昧堂出版，1970，317及び320頁を参照）。したがって，この概念の定義は簡単ではない。例えば，ドイツ語では「Gymnastik」としてだけではなく，「Leibesübungen」としても訳すことができる。
7) 前掲書，326頁を参照。
8) 例えばBaelz in Hancock, Harrie Irving; Higashi, Katsukuma. *Das Kano Jiu-Jitsu (Jiudo)*.

Stuttgart: Julius Hoffmann, *1906*, pp. XI-XII。1873（明治6）年に来日し，その後40年間日本に滞在したチェンバレン（1850-1935）も『日本事物誌』の中で指摘している (Chamberlain, Basil Hall. *ABC der japanischen Kultur. Ein historisches Wörterbuch (Things Japanese)*. Zürich: Manesse, 1990, p. 17ff.)。

9) Baelz, Erwin. *Die körperlichen Eigenschaften der Japaner. Eine anthropologische Studie. II. Teil*. Yokohama: Buchdruckerei des „Echo du Japan", 1883, p. 21。翻訳は筆者による。

10) 若林操子監修，池上弘子訳，ベルツ日本再訪：草津・ビーティヒハイム遺稿/日記篇，東京：東海大学出版会，2000，614頁を参照。ドイツ語圏で未発表のこの日本滞在初期の日記は「エラ」（女性名）と名付けられ，1878（明治11）年10月から1881（明治14）年3月12日までの記述であるが，分量はさほど多くない。

11) ヴェスコヴィ，ゲルハルト著，熊坂高弘訳，エルヴィン・ベルツ日本医学の開拓者，東京：文芸社，2001，79頁を参照。

12) 菅沼竜太郎訳，ベルツの日記（上），東京：岩波書店，1979，91頁。

13) 前掲書，100頁。

14) 例えば，中村民雄，剣道事典・技術と文化の歴史，東京：島津書房，1994，173頁，及び二木謙一，入江康平，加藤寛篇，日本史小百科・武道，東京：東京堂出版，1994，148頁を参照。

15) ただ，大小を許されていた昔の侍はそう思わなかったであろう。しかし，江戸時代でも，「侍」階級は全国民の5～7％に過ぎなかったのである (Hall, John Whitney. *Das japanische Kaiserreich*. Frankfurt: Fischer, 1983, p. 196)。

16) 二木謙一ほか，前掲書，181頁を参照。

17) 岸野雄三，竹之下休蔵，近代日本学校体育史，東京：東洋館出版社，1959，16頁を参照。

18) 河野敏鎌（1844-1895）は，1880（明治13）年2月28日から1881（明治14）年4月7日まで，文部卿であった（日本史広辞典編集委員会編，日本史広辞典，東京：山川出版社，1997，784頁）。

19) 河野はここで，3年前，旧士族が起こした西南戦争あるいは敵討ちのことを指しているのかもしれない。

20) 元老院会議筆記刊行会，元老院会議筆記（前期），東京：元老院会議筆記刊行会，1965，790-791頁。

21) 前掲書，793頁。

22) 文部省編，文部省第十一年報附録 明治十六年，東京：文部省，1885，17頁及び917頁。

23) 前掲書，17頁。

24) おそらく「渋川伴五郎」の誤記であろう（藤堂良明，柔道の歴史と文化，東京：不昧堂出版，2007，137頁を参照）。

25) 講談社・ベック編，日本の武道，第4巻，東京：講談社，1983，195-196頁を参照。

26) 文部省編, 前掲書, 917頁.
27) 1848-1938. 1881（明治14）年7月14日から1890（明治23）年11月11日まで医学部長であった（東京大学医学部, 東京大学医学部百年史, 東京：東京大学出版会, 1967, 289頁）.
28) 1848-1905. 外科医.
29) 武術の型（講談社・ペック編, 前掲書, 第15巻, 87頁を参照）.
30) 文部省編, 前掲書, 920-921頁.
31) 太政官文書局編, 官報, 東京：太政官文書局, 第9号（1883.7.11）, 4頁.
32) 福岡孝弟（1835-1919）は, 1881（明治14）年4月7日から1883（明治16）年12月12日まで, 文部卿であった（日本史広辞典編集委員会編, 前掲書, 1845頁）.
33) 太政官文書局編, 官報, 第93号（1883.10.18）, 4頁.
34) 前掲書, 第102号（1883.10.29）, 9頁.
35) 前掲書, 第116号（1883.11.15）, 9頁.
36) 前掲書, 第148号（1883.12.24）, 8頁.
37) 体操伝習所編, 体操伝習所一覧：明治十七年, 十八年, 東京：体操伝習所, 年代不明, 5頁.
38) 渡辺一郎, 前掲書, 771頁を参照.
39) 文部省編, 文部省第十二年報 明治十七年分, 東京：文部省, 1886, 5頁.
40) 渡辺一郎, 前掲書, 772頁.
41) 大沢は1890（明治23）年11月11日から1893（明治26）年9月11日までに医学部長を務めた（東京大学医学部, 前掲書, 289頁）.
42) 大沢謙二, 柔術死活ノ弁, 東京大学編, 学芸志林, 第15巻・第87冊, 東京：東京大学, 1884, 370頁また381-382頁を特に参照のこと.
43) 頼住一昭,「文部省往復」にみる「剣術柔術調査」の諮問委員の人選に関する一考察, 日本体育学会編, 日本体育学会・第49回大会号, 松山：日本体育学会第49回大会組織委員会, 1998, 147頁.
44) 池田拓人, 中村民雄, 近代における体操科教材史（1）：明治10年代の柔術採用論, 福島大学教育実践研究紀要, 第37号（1999）：99頁.
45) 能勢修一（体操伝習所を中心とした明治体育史の研究, 私家版, 1968, 411頁）は, 体操伝習所は体育目的として身体の発達と健康増進の立場をとったと述べている. また岸野雄三, 前掲書, 16頁も参照.
46) 能勢修一, 前掲書, 407及び411頁を参照.
47) 木下秀明,「術」から「道」へ, 大道等, 頼住一昭編, 近代武道の系譜, 東京：杏林書院, 2003, 4頁を参照.
48) 1883～84（明治16～17）年の調査以外に, 1896（明治29）年と1904～05（明治37～38）年に, 2回に渡り調査が行われていたが, 両方が基本的に「従来ノ方針ヲ持続セリ」となっていた（池田拓人, 前掲書, 103-104頁）.

49)「例えば，明治10年代に東京大学に雇われた者の俸給は文部省の全予算の約1/3を占めていたといわれる」（頼住一昭，明治16年に行われた「剣術柔術調査」，大道等，頼住一昭編，前掲書，22頁）．
50) 頼住一昭，東京大学医学部ベルツ教師の武道観，大道等，頼住一昭編，前掲書，112頁．
51) Kästner, Ingrid; Schwendler, Gerhild. „Die Berichte des Internisten Erwin Baelz (1849-1913) aus Japan an die Medizinische Fakultät der Universität Leipzig". in: Universität Leipzig (Hrsg.). NTM-Schriftenr. Gesch. Naturwiss., Techn., Med. Nr. 28. Leipzig: Universität Leipzig, 1991/92 (2), p. 271. 翻訳は筆者による．ベルツの休職は1893年まで続き，終了した（同，272頁）．
52) 菅沼竜太郎訳，前掲書（上），201-202頁．
53) 三益社，開花新聞，第81号（1883.6.14），大阪：三益社，3頁．
54) 医事新聞社編，医事新聞，第89号（1883.6.25），東京：医事新聞社，9頁．
55) ベルツ，エルヴィン，児童生年ヨリ学齢ニ至ル迄ノ体育如何（第九号ノ続キ），大日本教育会編，大日本教育会雑誌，第12号，東京：大日本教育会，1884，26頁．
56) Germann, Susanne, 前掲書，p. 67を参照．
57) ベルツ，エルヴィン，日本人種改良論，大日本私立衛生会雑誌，第43号（1886）：19-20頁．
58) ここでの「教科」は何をさすのかは不明である．おそらく課外活動を意味するであろう（頼住一昭，E. ベルツの剣術・柔術理解，大道等，頼住一昭編，前掲書，129頁，注25を参照）．
59) 日就社編，読売新聞，朝刊（1888年5月19日），東京：日就社，2頁．
60) 赤門剣友会編，東大剣道部百十年の歩み，東京：講談社出版サービスセンター，1997，12-17頁．
61) 『東大剣道部百十年の歩み』によると，すでに1886（明治19）年に「撃剣部」が設立され，これが東大「剣道部」の前身であると言われている．しかし，1888（明治21）年まで剣術の道場はなかった（前掲書，4頁及び16-18頁）．
62) ベルツ，エルヴィン，女子教育上ノ弊害，中外医事新報，第238号（1890）：37頁．
63) 日本体育会編，学校法人日本体育会 日本体育大学 八十年史，東京：日本体育会，1973，153-156頁を参照．
64) この文言はドイツ語の原稿にはない．
65) ベルツ，エルヴィン・三島通良訳，体育，日本体育会編，内外名家・体育論集，東京：日本体育会，1902，213頁．
66) このテクストの部分は，4月18日に収録されているが，文脈から次の日の19日のことと推定される．
67) 菅沼竜太郎訳，前掲書（下），60頁．また1908（明治41）年の3ヶ月半にわたる日本滞在中の日記で，ある若い男性について記述した中で，柔術を同様に評価してい

る（若林操子監修，池上弘子訳，前掲書，207頁）。
68) この書物には出版年が記載されていないため，これまでの文献で通説とされている1906年に従う。ちなみに『嘉納柔術（柔道）』の英語版は1905年に出版された。
69) 友技高彦訳，村田直樹著，嘉納治五郎師範に学ぶ・第17回，ベルツと柔道，月刊武道，2000年5月号：57頁。
70) 菅沼竜太郎訳，前掲書（上），345頁。
71) 頼住一昭，東京大学医学部ベルツ教師の武道観，大道等，頼住一昭編，前掲書，112頁を参照。
72) 伊東鍈太郎訳，ベルツ博士著：死と日本人，東京：青年書房，1940，81-82頁。
73) 同上，79頁。
74) 友技高彦訳，村田直樹著，前掲書，51頁。
75) Baelz in Hancock, Harrie Irving; Higashi, Katsukuma, 前掲書, p. IX。翻訳は筆者による。
76) 酒井シヅ，菅沼竜太郎訳，前掲書（上），16頁。
77) Möller, Jörg. „Der deutsche Arzt Erwin von Bälz und die Entwicklung von Körperkultur und Sport in Japan". Lämmer, Manfred (Hrsg). *Stadion Nr. XVI, 1.* Sankt Augustin: Academia Verlag, 1990, p. 136.
78) 藤堂良明，前掲書，139頁を参照。
79) 嘉納治五郎，嘉納治五郎著作集，第3巻，東京：五月書房，1983，27-28頁を参照。柔道は全く新しい名称ではなかった。稀ではあるが，すでに江戸時代に散見される。
80) 木下秀明，「術」から「道」へ，大道等，頼住一昭編，前掲書，11頁。

女子教育のパイオニア下田歌子の体育奨励について

藤坂　由美子

はじめに

　本稿では1900年前後（明治30年代）における日本の女子教育について概観し，女子の体育重視を主張した先駆的教育者「下田歌子」に焦点を当て，彼女が日本の近代女子体育のうえに残した足跡や，地方に与えた影響を論じる。

　日本の近代体育は，1872（明治5）年に制度化されて以降，富国強兵策に伴った国民の体格改善という大義のもとに重視されるようになり，1890年代（明治20年代）に入り「体操」（特に兵式体操）が徳育強化の手段として学校を中心に国民に浸透していった。しかし，これらは男性中心の教育における体育教化策であり，女子は男子と区別され普通体操や遊戯が適当とされた[1]。女子教育において積極的な体育の実践が見られるようになるのは，1899（明治32）年の高等女学令の制定以降，全国各地に公立私立の女学校が開設され，女子の体操指導者が出現する時期を待たねばならない。

　女子の中等教育機関は，1870（明治3）年にフェリス女学校，1872（明治5）年に官立東京女学校，新英学校（京都），北海道開拓使女学校，1875（明治8）年に東京女子師範学校，跡見女学校，神戸英和女学校などが早くに開設されていたが，これらはキリスト教主義の女学校や，裕福な中流家庭以上の子女が通う特定の教育機関であった[2]。東京女子師範学校は官立の女子教員養成機関として設立されたが，1882（明治15）年に付属高等女学校が併設されている。学制期には女子の中等教育機関は制度上独立して扱われることはなく，明確に制度化されるのは1895（明治28）年の高等女学校規程の公布からであった[2]。

前述の各種女学校におよそ10年遅れ、1885（明治18）年に「華族女学校」が設立された。華族や政府高官の子女への教養教育を目的とした官立の女学校として法制化されたが、以後、全国の公立私立女学校が制度化され、府県に多数開設されるのに伴い、華族女学校は東京女子師範学校とともに女子中等教育のモデルとされていった。

　この華族女学校の教育成果は、1885年の設立当初から学習院に統合される1906（明治39）年まで幹事兼教授（1886年から学監）として務めた下田歌子（以下「歌子」と記述する）の尽力によるところが大きい。

　歌子の女子教育者への道は、1872年に皇后に仕える身分として宮内省に出仕を命ぜられたことに始まる。そこで和歌や漢詩など文芸に秀でた才女として天皇皇后に賞賛され、後に宮廷や政府高官らの推挙を契機に女学校の設立に関わり、女子教育に携わっていくこととなる[3]。

　歌子は、近代女子教育のパイオニアとして女性史や教育史のうえでその功績が明らかにされてきた。彼女が残した和歌や書物は数多く、それらを著作集としてまとめた文献や、個々の著作を文学的観点から分析・評価した研究も多数見られる。また、彼女の美貌と才能、私生活の華やかさゆえに「妖婦」と称され物語化された書籍も少なくない。さらに、彼女が女子教育への高い理想を持ち、生涯を賭して実現していく過程を記録した伝記も残されている。このような文献・書籍類の多さやその内容からも、当時から常に世間の注目を集め話題に事欠かない女性であったことがわかる。

　しかしながら、これら多数の先行研究や文献があるにもかかわらず、彼女が上流社会の子女教育から一般国民の女子教育に目覚めていく過程で、女子の「体育」の必要性を唱えたことは、体育史的観点からは注目されてこなかった。本稿では、歌子が近代日本の女子体育において果たした役割について言及していきたい。

1．下田歌子（1854-1936）略歴

　歌子は、1854（安政元）年8月9日、美濃国恵那郡岩村（現岐阜県恵那市）に、岩村藩士平尾鉦蔵（父）、ふさ（母）の長女として生まれた。幼名を鉎（せき）と

いった。祖父は，幕末の儒者であった東条琴台である。

彼女は幼児期から和歌や俳句を好んで読み，漢詩も韻を踏んで作るほか，画才も備えていた。父の東京在住に乗じて，1871（明治4）年に郷里の岩村から東京に旅立った。そして翌年10月19日，宮内省十五等出仕をもって皇后に仕えることなる。これは宮内省御用掛として皇后のお歌に接していた八田友紀や，八田の門人高崎正風，福羽美静らの推挙からであった。皇后からは歌を作る優れた才能を賞賛され「うた」の名を賜った。こうして平尾鉐は「うた」

写真1　下田歌子（華族女学校時代）[29]

と名乗るようになり，宮中では年ごとに昇進し，1875（明治8）年5月には宮内省十二等出仕，6月には権命婦となった。同年の11月に皇后にお供して女子高等師範学校の開校式に参列して以来，学事に関する皇后の行啓には必ずお供を命ぜられるようになった。また，皇后のご進講に同席し，多くの学問を直接耳にする機会も与えられ，彼女の後の学校創設や教育活動において大きな収穫となった。「歌子」という名は1911（明治44）年に改名し名乗るようになる。

1878（明治11）年，下田猛雄と結婚するが，猛雄が病であったためにそれを理由に宮中奉仕を辞し，猛雄が亡くなる1884（明治17）年まで夫への献身的な看護に尽くした。宮中を辞した歌子であったが，彼女の才能への周囲の期待は大きく，伊藤博文，山県有朋，佐々木高行，土方久元，井上毅などの勧めによって，華族や政府高官の子女教育のための女学校開設に携わることになる。こうして寄宿舎を備えた私立の「下田学校」が1882（明治15）年3月に誕生した。同年の6月には「桃夭学校」と改称する。

明治10年代に入ると公立私立の女学校が全国各地に開校されるようになったことを受け，華族や上流社会の子女に対する教育機関としては1885（明治18）

年に「華族女学校」が開設された。これを機に「桃夭学校」の生徒は「華族女学校」に編入され，歌子は幹事兼教授に任命された。「桃夭学校」は寄宿舎のみ残され，夜間に歌子から薫陶を受ける「桃夭（女）塾」となった。歌子はこの華族女学校において，同校が1906（明治39）年に学習院に女子部として合併されるまで校務と教育を担い，女子教育の発展に尽力した。

さて，歌子は華族女学校に在職中，1893（明治26）年に宮内省より女子教育の実情視察のために渡欧を命じられる。彼女の渡欧は2年間に渡ったが，その間にイギリス，フランス，ドイツ，オーストリア，ベルギー，スウェーデン，アメリカ，カナダの各国の教育事情を視察した。そして，帰国後に視察状況を報告している。この欧米視察が彼女の後の教育活動に大きな影響を与えたことは後述する。

欧米視察を終えて帰国した歌子は，華族女学校学監として引き続き在職するが，同校は1906（明治39）年に施行された学習院学制に準じて学習院に統合され「学習院女学部」として発足する。このとき歌子は女学部長に任ぜられ，1907（明治40）年まで務めた。

また，欧米視察を機に一般女子教育の必要性を痛感した歌子は，1899（明治32）年に「帝国婦人協会」を設立し，「実践女学校」および「女子工芸学校」を附設した。彼女は同協会の会長および同校の校長として女子教育の理念と構想を実現していった。歌子は1936（昭和11）年に83歳で亡くなるまでその生涯を教育に注ぎ，女子教育界に大きな足跡を残すこととなる[3) 4)]。

2．下田歌子の女子教育観

前述のように，歌子は1893年からの2年間，欧米各国を訪問し女子教育事情を視察した。各国の女子教育の進歩は歌子に衝撃を与え，その後の彼女の教育活動に大きな変化をもたらした。以下に，歌子の女子教育に対する考え方の変化を見ていきたい。

（1）欧米視察前
1）桃夭学校

下田歌子の女子教育への第一歩は，1882（明治15）年に設立された「下田学校」での教育であった。当時，東京や京都で私立の女学校や女塾が設立されるようになり，華族や政府高官らから，自分たちの子女にも高い教養を身につけさせたいという要望が高まり，歌子に白羽の矢が当たる。彼女はそのとき宮中の出仕を辞して，家庭で病気の夫の看護をしていたが，伊藤博文や山県有朋などの勧めがあり，また実家の生計も困窮していたことから，女子教育の任にあたることを決めた。こうして1882年3月，麹町区一番町四二番地（現千代田区九段南二丁目）に敷地350坪，建坪48坪の小さな女学校が発足した。そして同年6月には「桃夭学校」と校名を改めることとなる[3]。

　同校では年齢10歳以上の女子を入学資格者とし，本科は就業年限4年（初等・三等・二等・一等）に，さらに別科を置き就業年限1年とした。教科は句読・講義・輪読に分けられ，句読では孝経・四書・五経・国史略・十八史略・史記・佐伝・前後漢書，講義では徒然草・古今集・女四書・栄華物語・源氏物語・大日本史・万葉集，輪読では本朝烈女伝・枕草子・論語などが教授された。また，これらの教科以外には裁縫や弾琴など，女子として身につけるべき技芸習得の時間が設けられた。主として和漢を中心にした私塾的性格の強い女学校であり，体操や遊戯の時間は学科課程表には見られない。翌年の1883（明治16）年には「桃夭学校改正学則」が定められ課程表が改められた。ここで新たに学科が修身・和漢文・習字・算術・歴史・裁縫に区分されるが，やはり体操や遊戯の時間は設けられなかった[3]。

2）華族女学校

　1871（明治4）年に明治天皇が華族に対して「勧学の勅諭」を出し，1874（明治7）年に華族の子弟のための「華族勉学所」が設けられた。後にこれが「華族学校」と改称され，さらに1877（明治10）年に「学習院」と改められて神田錦町に開校する。ここでは女子の入学も認められていたが，男子中心の学則が定められており，女子は小学科までの修業に留まり中学科までは進むことができなくなっていた。やがて明治10年代には全国的に公立私立の女学校が開校されるようになり，華族や上流社会の子女にも教育制度を備えた女学校が必要であるとされ，1885（明治18）年に学習院の女子部が廃止されて新たに「華族女

学校」が開設された。歌子は，同校の幹事兼教授に任命され，学校管理と教育を担うこととなる。この華族女学校新設に伴い，桃夭学校の生徒の多くは入学試験を経て華族女学校に編入され，桃夭学校は閉校となった[3]。

さて，ここで当時の華族女学校の教育方針と教育課程を見てみたい。

同校は6年間の課程を持つ小学科と中学科に大別され，それぞれが3年間の下等小学科・上等小学科・初等中学科・高等中学科に分けられた。いずれの学科も一年ごとに第三級・第二級・第一級の進級制であった。

教科課程は，下等小学科に修身・読書・算術・実物・裁縫・礼式・習字・図画・音楽・体操の10課，上等小学科に修身・読書・算術・地理・本邦歴史・物理・博物・裁縫・礼式・習字・図画・音楽・体操の13課とされ，図画や音楽・体操といった科目が加わった。同様に中学科の課程にも図画・音楽・体操が見られる[5]。

また，同校の生徒心得には華族女子の規範が以下のように示された。

> 第一条　本校の生徒たる者は常に皇后宮の盛旨を服膺し心を正しくし行を励まし温良貞淑の女徳を養成せんことを勉へし
> 第二条　本校に在て学業を勉むる者は他日夫に配しては良妻たるへく子を得ては賢母たるへく父母舅姑に事へては孝順の子婦たるへく奴婢僕隷に臨みては温良慈恵の内君たるへく畢竟貴族女子の資質を完備せむか為なれは虚文に馳せす空想に流れす専ら応用の道を索むへし
> 第三条　身体は才智を貯ふるの器にして徳行を載するの車ともいふへき者なれは常に飲食を節し肌膚を清潔にし運動を適度にする等凡そ摂養の道を守りて気力を壮健にせん事を勉へし
> 第四条　毎日の課業を怠ることなく教場の出入は必す其時を守り教場に在ては別して容儀を正しくし挙動を整粛になすへし
> 第五条　長上師友に対しては殊に礼譲を厚くし信義を重んし又堅く学校の規則及教誡を守るへし[5]

第一に華族および貴族たるべき資質を養うことが目的とされ，将来は良妻賢母として家庭での役割を果たし得る女性の育成を目指していることがわかる。

さらに，このような精神や資質を備えるべき身体の衛生管理に関する条項も盛られ，運動の必要についても触れている。同校の年報によれば，1887（明治20）年に「六月一日始テ普通体操ヲ教習ス」[6]とあり，この年から体操の時間には普通体操が採用されるようになったことがわかる。

同校は，1889（明治22）年に麹町区永田町に新築校舎が建設されるが，このときの主な建物は本館（1072坪）・雨天体操場（60坪）・門長屋（6坪）で，本館はゴシック式にルネサンス式を加味した煉瓦造り二階建ての西洋建築であった。この学校新築を機に，同校の教育体制はさらに整備されていった。校長は，初代に谷干城（学習院長兼務），1885-1887（明治18-20）年は下田歌子が校長代理，1887-1888（明治20-21）年に大鳥圭介（学習院長兼務），1888-1893（明治21-26）年に西村茂樹，1893年からは細川順次郎へと交代していくが，専任校長となった西村・細川の時代からは次第に徳育や体育が重視されるようになっていった[3]。

このように，下田学校・桃夭学校から華族女学校へと校名は変化を辿ったが，そこでの教育は常に「温良貞淑の女徳」を養成するための教養や礼節・作法重視の上流子女教育であった。歌子が華族女学校で教授した内容は，1886（明治19）年に『家政学』と題して出版された著書から知ることができるが，そこには家庭を守る女性として留意すべき衣食住の手解きが示されており，運動や遊戯に関する項目は見られない[7]。つまり，1893（明治26）年以前には歌子が華族女学校で積極的に体育を奨励し，運動法を紹介した事実は確認できない。

（2）欧米視察以後

歌子は華族女学校在任のまま1893（明治26）年，宮内省から渡欧を命ぜられる。1888（明治21）年に天皇の第六皇女常宮昌子内親王，1890（明治23）年に第七皇女周宮房子内親王が誕生し，皇女が将来において時代に順応できる女性となるような教育方針を欧米先進国に倣おうという宮内省の意図から，皇女教育に適当な人物として歌子が任命されたのである[3]。

歌子の渡欧は2年間に及んだ。主としてイギリスのロンドンに滞在しつつ，

フランス・スイス・ベルギー・イタリア・オースリア・ドイツの各国を巡り女子教育の実状を視察し，多くの教育関係資料も収集した。帰路にはアメリカ・カナダにも立ち寄っている[8]。当初は，王室や貴族などの上流階級の女子教育調査が目的であったが，各国の状況を見聞するうちに，一般国民の女子教育の進歩に驚かされ，下層社会の教育にも関心を持つようになっていった。その状況を，歌子は帰国後に著した『泰西婦女風俗』（1899年）の中で以下のように記している。

　　女子高等教育の進歩は，疑ひも無く，社會の程度をして，高からしめしに相違無く，（多少弊害の伴ふことあるにもせよ）又，各職工業，美術等の増進は，其女子が，獨立の生計を營み，又，其良人を助け，子女を教育するの被補となり，其下等貧民に在りては，漸次，彼等が飢寒の辛苦を離れて，自活の道を計るを得ること多きを加へ，且各商店の賣子の如き，女子にして，此事に関するもの，日一日より多くなり行きたるが結果も，亦良好なりといへり。又其下婢，子守奉公を為す者も，普通の筆算を学び得たるが為，甚其雇主をして，便宜を感ぜしむると同時に，一方には彼等をして，人の雇役を受くることを嫌ふの風を生じ，現に，今，英京倫敦府中，小学卒業女子五万人の内（大抵下婢となるべき身分の者にて）其下婢となりしは，僅に，四千二百十四人なりとぞ。（中略）
　　兎まれ，畫一，秩然たる文明社會を形くれる，彼歐米各國の現況，能く爰に顧て，女子一般教育の普及を計らざる可からざる時なるべし[9]。

欧米各国（イギリスを代表して述べているが）にも身分階層があったが，下層階級の女子にも教育が普及し，職業を得て経済的な自立が可能であった。実際に下層と呼べる貧民は減少し，社会全体が豊かになってきていることを歌子は知った。そして，すべてが教育に起因していることを実感し，日本にも一般女子教育が必要不可欠であることを痛感している。歌子の欧米視察の最大の収穫はこの点にあったといえる。

3．下田歌子の体育奨励とその活動

（1）各種書籍の刊行

　歌子は欧米視察からの帰国後に多くの執筆活動を行っている。その大半が女子教育に資するための著作であり，物語や和歌などの文芸的作品のほかに，家庭教育のあり方や女性としての心得などを説いた啓蒙書が多く見られる。彼女の著書に一貫している主張は，以下の文章からもわかるように「賢母良妻」としての理想的女性論であった。

　　　女子のつとめとは，其女子たるべき天賦の職責をつくすを云ふなり。女子の天職とは何ぞ。曰く人の母たり。妻たり。女たるの地位を安くたもちて，いさゝかも道に違ふ所無きの謂なり。されば，其之を安くたもたんとするには，先第一に徳を積み，智を磨き，身を健やかにし，兼て女工に巧みならんことを期すべし[10]。

　歌子は様々な書において，女性として生まれた者は妻として母として主婦として家庭のため，ひいては国家のために努めることを第一とし，それぞれの立場においてあるべき女性の姿を示している。そして，賢母良妻であるためには，まず心身を強健にすべきことを強調し，学校や家庭における体育の重要性を説いた。

　　　仰も，日本国民が世界文明国と並立して，第一に劣れるものは，其の健康ならん。劣れる健康は劣れる徳性，劣れる智力と伴はざるべからずは，生物の原則上，已むを得ざるの結果なれば，我ら日本国民の将来は，殊に此の点よりして大改革を施すの必要なることは，茲に詳論するの要からん，（中略）
　　　健全なる国民は，健全なる母が胎内に育つべき，我国民の前途を想像すれば，将来国民の母たる今の女性が其の體育の不完全なる，斯の如くにして改良せざらんか，假令智あり徳ある婦人輩出するも，そは僅に一代に止

り，子孫の繁栄，国家の富強得て望むべからず。されば，予は今の女子教育に熱心なる父兄に向ひて，舊来の習慣を打破し，勉めて快活なる體育の養成法を其家庭にまで及ぼさんことを希望す[11]。

　明治30年代後半になると学校における女子の体育は次第に整備されてくるが，学校を卒業した後は，当時の女性の生活において運動の機会は皆無となり健康維持が困難となっていた。歌子は生涯において女性が健康を保っていくために，体育は女学校卒業後や結婚後の家庭においても行うべきであるとして，女子の父兄への理解を求めた。女性は子孫を生み育てていく存在であり，女性の健康こそが国家の永続的繁栄の源であるという考え方が根幹にあった。それを裏付けるように，歌子は女性にとっての体育の必要性と，生涯にわたって自発的に継続することができる運動法をいくつかの書で紹介する。

　歐米諸国の躰育を重んずることは，今更云ふ迄も無き事ながら，就中，英の如きは，之に力を用ふること，最も甚しく，女子の如きも，躰操科の成績悪きは，德育の欠點と，殆ど同様の感を以て，自らも恥ぢ，人をも擯斥する迄に至れり。歐米に行はるゝ所の，躰操方法を大別して，其緩厳をいはゞ，先づ三個に分たるべし。一，純然たるヂムナスチックの正式に従ふ者，及び，男子の兵式躰操に類似のもの，二，ヂムナスチックに舞踏の手を交へたる者，三，遊戯に属して，筋肉の発達に注意し，四肢の働きを適度ならしむるもの等なり[12]。

　これは，『泰西婦女風俗』（1899年）において欧米諸国で当時実施されていた体育を紹介した文書であるが，特にイギリスでは体操を徳育同様に重視していること，欧米諸国の体操法を大別すると①ヂムナスチック（兵式体操のような形式的な体操），②形式的な体操にダンスを加えた体操，③遊戯，の3種があることを報告している。そして，この文章の後には，各国の女学校で行われていた体操を紹介し，スコットランドでは女子も男子同様に「スエデシユ様」の体操（スウェーデン体操）やクリケットという遊戯を行っていることを報告し，そのため女子の身体が強健で精神が活発に保たれているのだと分析している。ま

た，ドイツ・フランス・オーストリア・ベルギーにおいては②の体操法が多く採用されていること，アメリカでは①と②の両方を行い，特に遠足などを奨励していること，③の遊戯は主として幼児が行っていることを記述している。

歌子は，欧米視察において，女子が男子同様に激しい体操を実施していたことに驚いたが，その体操の効果によって女子の体格は優れ，心身の健康が保たれていることを学んだ。また，形式的体操の主たる方法として「スウェーデン体操」が盛んであることに注目している。スウェーデン体操は歌子がこの書を刊行した後の1902-1903（明治35-36）年頃に，川瀬元九郎，井口あくりらによって日本に紹介されるが，それ以前に歌子はこの体操法を実際に目にし，体操の効果を理解していたということができる。

また，歌子は翌年の1900（明治33）年に『女子遊嬉の栞』と題する遊戯書を著している。この書は全12編からなる『家庭文庫』（1897-1901年に順次刊行）の第11編目の書で，家庭婦人に向けた手引書である。この書において，歌子は遊戯を「戸外遊嬉」と「室内遊嬉」に大別し，戸外遊戯25種，室内遊戯34種の合計59種の遊び方を文章と一部図の挿入によって解説している。また各頁の上3分の1部分には別項として日本古来の遊戯・童謡（鞠歌・わらべ歌・子守歌）76種が紹介されている[13]。戸外遊戯・室内遊戯にはそれぞれ日本独自の遊戯と欧米で行われている遊戯の両方を交えて列挙しているが，いずれも歌子が女性のために適当な運動法として選択し掲載したことがわかる。各種遊戯の運動強度に応じて，幼児期から老年期までに行うべき適当な時期を解説の中で示している。この書に掲載された遊戯は「表1」のとおりである。この書が華族女学校の教育課程中に用いられたかどうかは不明であるが，歌子の運動に対する関心と知識を窺い知る一つの史料であるといえる。また，前述のようにこの書には日本古来の伝統的遊戯と欧米移入の遊戯との混在が見られるのが一つの特徴である。歌子は「直訳的西洋文明への偏向を戒め，日本古来の婦徳の長所を生かすところに新時代の女子教育のあり方を求めた」[14]といわれるように，従来の日本文化を尊重し且つ欧米の科学的知見を参考に，当時の日本女性に最も適した生活や教育内容の雛型を模索していたのである。このような彼女の理念は，1898（明治31）年の「帝国婦人協会」の組織化と，翌年の同協会「付属実

践女学校および女子工芸学校」の開設とともに具体化され，全国の女子教育界へ発信されていくこととなる。

表1　『女子遊嬉の栞』掲載の戸外遊嬉と室内遊嬉

戸　外　遊　嬉		室　内　遊　嬉	
唱歌遊嬉	蟲撰み	フキツトリー氏體操	つぎ字
追羽子	鳥買	玉突	字直し
毬つき	競馬遊び	椅子とり	ぬき歌
毬籠	籠の鳥	歌がるた，詩がるた	四句ぬき
毬拾ひ	蛇行進	お弾き	てんがう俳諧
毬網	花競争	お手玉	連歌遊び
毬送り	庭作り	雙六（新式）	あてもの
轉毬		福笑ひ	地水空の遊び
鬼ごと		茶坊主	言ひづき
盲目鬼		家の尾	電信拳
隠れ遊び		花の名	一種物合せ
子取り		花競べ	福引
ローンテニス（庭球）		國めぐり	談話の會
クロツケー（循環球）		文字鎖り	読本の會
輪とり		歌まはし	音楽の遊
柱環り		火まはし	聞香
梯登り		植物まはし	
富士見西行		動物まはし	

（2）女子の服装改良への取り組み

　華族女学校は体操の実施に伴い，1886（明治19）年から生徒の服装について以下のように規定している。

　　六月一日ヨリ普通體操ノ教習開始ニ付同日ヨリ當校ノ生徒タル者在校時間ニ必洋服ヲ着用スヘキモノトシ且其制限ヲ定ムルコト左ノ如シ
　第一　衣服ノ地合ハセルフランネル麻木綿ノ類ニ限ルベシ
　第二　衣服仕立ノ形ハ當校ニ備置ケル雛型四種ノ中ニテ其年齡ニ適應セル者ヲ撰ミ之ニ準據スベシ

358　女子教育のパイオニア下田歌子の体育奨励について

第三　レース金玉等高價ノ飾物ヲ用ユベカラズ
　但所持ノ洋服ニテ右第一第二ニ抵觸セザルモノハ當分其儘相用ヒ苦シカラズ[15]

　1886年より普通体操が行われるようになったことを受けて，学校での服装を洋服に改めるよう指示している。同校の開校当初には，和服洋服どちらでもよいが，和服の場合は袴を着けて靴を履くことを規定していた。袴は縞を除き色目地紋は自由とされたが，次第に海老茶が多く用いられるようになった。この袴は歌子が考案したデザインで，後に袴姿の女学生は「海老茶式部」と呼ばれ，地方の学生や女子教員も着用するようになる[3]。
　女学生に袴が普及していったことに対して歌子は次のように述べている。

　　近来女服改良の説，社會に喧しく，又其気運も實際に改良を促さではえあらぬ時期となりたるが如くなれば，各種の新意匠を漸次其改良服の上に見ることなるべく，且つ，種々の工夫を凝したるものを，實地に用ひ試み，而して其可なるものを取り用ひつべきは，云ふも更なることなれども，余は其風俗を變へ習慣を改むることの，一朝にして能し難きを覺ゆるが故に，今現に，少年少女（おとめごら）の学校服に用られつゝある袴を一般の女子もなるべく着用するに至らしめんには，先づ女服改良の第一歩を着けたるものといはまし。且つ其衛生より云ふも，經濟より云ふも，亦其風采より云ふも，見憎しとは迄云はるべきにあらず。寧ろ品格の點は，からげの帯つきよりも優等なるべしとさへに覺ゆるなり[16]。

　日本の近世以来の和服については，生理衛生的根拠からドイツ人医師エルヴィン・フォン・ベルツらからも健康に悪影響があると指摘されるが[17]，歌子も同様な認識を持っていた。歌子は同じ女性として，教育の立場からその改善を推進した先駆者であるといえる。また，服装改良の目的には，体育の実践が容易になるようにというねらいもあった。歌子は「日常の運動歩行に便ならんが為には，進みて，衣服改良の企てをさへ為すもの，滔々として起れるは，わが国家進運の為，まことに慶すべき出来事なりと云ふべし」[18]と述べ，服装改

良とともに女子の運動奨励が全国的に拡大していることについても満足している。

4．地方の女子教育界への下田歌子の影響
——長野高等女学校の事例から——

　この項では，下田歌子が学監を務めた華族女学校および歌子自身が影響を与えたと思われる，長野県の女学校の事例を挙げる。

　長野県は近代教育導入の先進県であったということは広く知られているが，女子中等教育への着手も比較的早く，1896（明治29）年に初めて公立の高等女学校が開校した[19]。本科4年および技芸専修科4年の教育課程を持った長野町立の高等女学校である（1909年に長野県立長野高等女学校へ改称）[20]。初代校長には，渡辺敏という東京師範学校卒業の経歴を持つ人物が任命された。この渡辺校長の教育方針等から，同校が設立当時，華族女学校をモデルにして教育を行っていたことが窺える。

（1）体育の奨励と女子体操法の指導

　長野高等女学校が開校した当時のことを，渡辺校長は1909（明治42）年に回顧して「已に小学の高等科を修むる程のものすら是なき程の事なれば高等女学校などの起こるべき筈もなく女子にて小学以上の科程を修むるを得る学校とては天下に只華族女学校と東京女子師範学校とあるのみ」[21]と述べている。このことから，当初は華族女学校が日本の女子中等教育の代表的位置にあったことがわかる。

　渡辺もまた女子教育において体育を重視し，以下のように述べている。

　　　　競争世界ニ国スル国民ノ身体ハ強健ナラサル可ラス　強健ナル国民ヲ養
　　　　成セントスルニハ人ノ母タルベキ女子ノ体育ニ注意セサル可ラス　（中
　　　　略）　国民教育ニ従事スルモノハ女子ノ体育ヲ以テ最大要事トセサル可ラ
　　　　ス　女子ノ体育ヲ忽ニシテ体育ヲ喋々スルハ抑末ナリ[22]

　渡辺校長は強い愛国心をもった教育者であり，良妻賢母の養成を教育方針と

して掲げ，体育を重視し，体操に適した服装として着袴を奨励して服装の改良を図った。華族女学校に倣い制服として海老茶袴を採用している[23]。さらに，1899（明治32）年頃に同校の体操教員であった植村金一郎（1899-1900年在職）が華族女学校に視察に出向き，華族女学校体操教員の小野泉太郎[24]から新しい体操法の指導を受けている。この体操法は普通体操とは異なるため，植松は「新器械体操」の「ホウキツトリー氏器械体操」（図1）と呼び，長野県に戻った後に長野高等女学校で実践している[25]。この器械体操は，前述した下田歌子の著書『女子遊嬉の栞』に「室内遊嬉」として掲載された体操法と同様のものである（表1）。この体操法が実施されていた期間については不明であるが，華族女学校で実際に行われており，長野県の体操教員にも指導されたことがわかる。

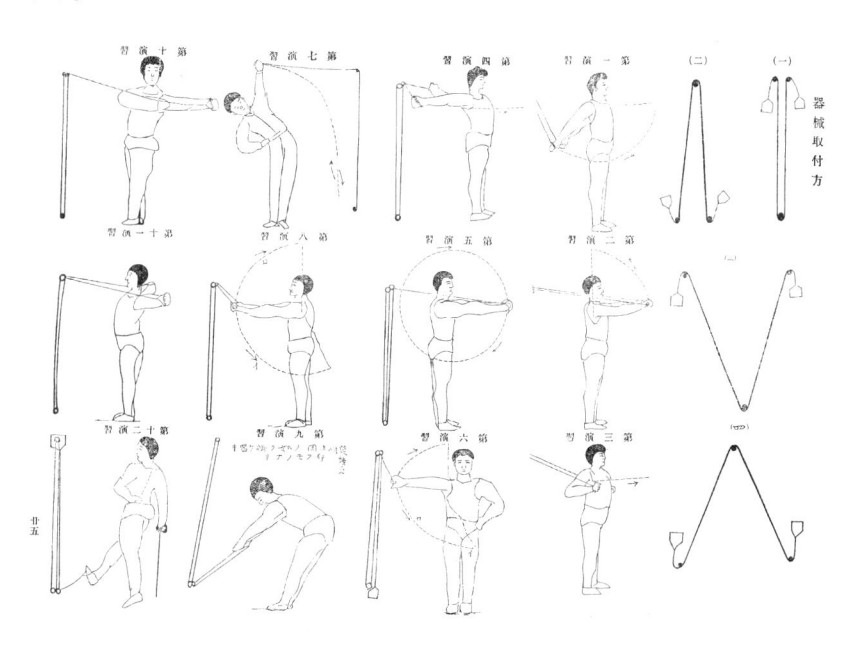

図1 「ホウキツトリー氏器械体操」[25]

（2）下田歌子の長野県訪問

歌子は欧米視察によって，一般家庭の女性たちの教育水準の高さや，女性の

地位の高さを目の当たりにした。そして，日本国においても大衆婦人教育が急務であることを痛感し，危機感すら感じた。そして1898（明治31）年に日本女性の教養と自覚を高め，生活を改善し向上させることを目的に掲げ「帝国婦人協会」を設立させ，また，教養および実業教育機関として「実践女学校および女子工芸学校」を開設した。協会では機関紙「日本婦人」を刊行し，各種図書を出版し，講演会を行うなど，女子教育推進の啓発に努めた[26]。歌子は同協会の会長に就任し，精力的に事業を展開している。事業の一環として地方各地にも出向き，講演なども行った。歌子は，信越地方を訪問した様子を『信越紀行』（1900年）として自ら記録し著している。

　1900（明治33）年の夏に，歌子は長野県の上田町（現上田市）・長野町（現長野市）と新潟県を訪れた。長野県では信濃教育会や婦人談話会，婦人会の会員らの接待を受け，講演会や尋常中学校・女子裁縫講習所などの視察を行っている。その行く先々で歓迎を受け，女子教育や帝国婦人協会のこと，女子の服装改良のことについての談話を行った[27]。その中に長野高等女学校長の渡辺敏も同席している。この『信越紀行』には，教育関係者や婦人団体が歌子を熱烈に歓迎し，歌子の訪問や談話を心待ちにしていた様子が綴られており，人々が歌子の主張に共感し，歌子の実践を模範にしようとしていたことが窺える。

おわりに

　下田歌子が女子教育に関わるようになった時期は，日本が日清・日露の二つの戦争を経験し，帝国主義国家としての性格を顕著に現わしはじめた時期であり，その影響は日本の教育にも大きく作用していた。

　1889（明治22）年に大日本帝国憲法が発布され，続いて翌年に教育勅語が発布された。ここに天皇制を根幹にした立憲君主制と，それに基づいた教育体制が確立する。初代文部大臣森有礼のもとで諸学校令が制定・公布され，忠君愛国精神の涵養が第一義的な教育目的として掲げられた。1886（明治19）年の中学校令制定以降，中等普通教育が法制化され，男子の尋常中学校に対応する教育機関として高等女学校が位置づけられた。高等女学校が制度的に整備されるのは1895（明治28）年の高等女学校規程，1899（明治32）年の高等女学校令に

よってである。男女の中等教育は明確に区別され，徳育重視の傾向の中で女子には温順貞淑の気質や家事を処理する能力，子女を養育する能力が求められ，良妻賢母の養成が女子教育の理念とされた。この良妻賢母主義に基づく教育観は女子教育の整備拡充によって全国的に浸透し，戦前まで継承され，家父長制度や国家主義思想を強化する役割を担っていった[28]。

　この良妻賢母主義が台頭して来る時期に，下田歌子もまた「女子の天職」は「人の母たり。妻たり。」と女徳の養成を基本とした女子教育を展開していった。政府当局の教育理念と歌子の教育実践は実に合致していたのである。歌子自身も家庭にあっては夫の看病に尽くし，良妻を体現した人物として知られている。歌子の才能と美貌，業績は世に知られ，歌子と歌子の女子教育理念は，女子教育の草創期に良妻賢母主義を全国に普及していくうえでシンボリックに作用したものと思われる。

　同時に，歌子の主張する「体育重視」論も同時に全国的に浸透していく。歌子は女学校，そして家庭における女子体育の重要性を説いた。歌子の体育論は，良き母・妻になるための要は健康・体力の維持であるという原則の上に立っていた。その手段として室内遊戯や戸外遊戯，伝統的な唱歌遊戯などを挙げた。歌子の示した女子のための運動法には，欧米移入のスポーツと日本古来の伝統的な遊戯の混在が見られる。欧米視察によって女子教育における体育の重要性を痛感したことから，歌子は欧米諸国において実践されていたスポーツを紹介しているが，単に欧米スポーツの模倣に留まらず，日本の伝統的な遊戯を尊重している点が特徴である。これは，日本の開国以来の極端な欧化主義政策を批判し，伝統文化を見直そうとしていた当時の風潮と合致している。またこの時期は，普通体操への倦怠から科学的根拠に裏付けられた合理的体操法を模索していた時期であり，歌子もまた欧米の運動法を参考に日本の伝統的な遊戯にも注目しつつ，日本女性の個々に適した運動法を奨めたのである。なお，歌子は欧米視察においてスウェーデン体操を目にしていたが，この体操法を日本に導入するまでには至らなかった。体育指導者ではなく，華族女学校の教授として女子教育を視察したという歌子の立場的限界がそこにあったものと考えられる。

　歌子の体育論については体育史においてこれまで注目されてこなかったが，

体育の女性指導者が未だ出現していなかった当時において，女子教育者が体育重視を唱えた意味は大きい。男性に従属し保護される存在ではなく，主体的に健康を管理する自己へと女性が自立していく礎を歌子は築いたのだといえる。

　さらに，このような歌子の教育理念や体育重視の姿勢は，長野県という地方の女学校や婦人団体にも影響を与えていたことが本研究から明らかになった。女子教育の法制化と全国的な整備拡充に伴って，良妻賢母主義に基づく女性観および体育論が地方に着実に根付いていく過程で，下田歌子という女子教育者の貢献は大きかったといえる。

――――――――――――――――

注
1) 国立教育研究所，日本近代教育百年史　第四巻，東京：国立教育研究所，1974，362-363頁。
2) 日本近代教育史事典編集委員会，日本近代教育史事典，東京：平凡社，1971，421-425頁。
3) 実践女子学園100年史編纂委員会，実践女子学園100年史，東京：学校法人実践女子学園，2001，11-47頁。
4) 実践女子学園，下田歌子先生小伝，東京：実践女子学園，1982，16-19頁。
5) 学習院百年史編纂委員会，学習院百年史　第一編，東京：学校法人学習院，1981，335-339頁。
6) 華族女学校，華族女学校第二年報，東京：華族女学校，1886，第一章掲載の頁。
7) 下田歌子，家政学　上・下，東京：博文館，1893。
8) 下田歌子，泰西婦女風俗，東京：大日本女学会，1899，1頁。
9) 下田歌子，泰西婦女風俗，東京：大日本女学会，1899，187-188頁。
10) 下田歌子，女子のつとめ，東京：成美堂，1902，1頁。
11) 松原岩五郎，女学生の栞　附録（女子教育概言　下田歌子女史），東京：博文館，1903，142-145頁。
12) 下田歌子，泰西婦女風俗，東京：大日本女学会，1899，184-185頁。
13) 下田歌子，家庭文庫　女子遊嬉の栞，東京：博文館，1900，1-221頁。
14) 実践女子学園100年史編纂委員会，実践女子学園100年史，東京：学校法人実践女子学園，2001，47頁。
15) 華族女学校，華族女学校第三年報，東京：華族女学校，1887，1頁。
16) 板垣弘子編，下田歌子著作集　資料編1，東京：実践女子学園，1998，（本邦女子服装の沿革　下田歌子）。
17) 黒沢勇，内外名家体育論集，東京：日本体育会，1902，118頁

18）板垣弘子編，下田歌子著作集　資料編4，東京：実践女子学園，2000，（女子の體育に就きて　下田歌子）．
19）文部省第二十四年報，1897，54-56頁。1896（明治29）年には全国に官立1校，公立12校，私立6校の高等女学校が存在した。
20）九十周年記念誌委員会，九十年のあゆみ，長野：長野県長野西高等学校，1986，174-175頁。
21）渡辺敏全集編集委員会，渡辺敏全集，長野：長野市教育委員会，1987，556頁。
22）渡辺敏全集編集委員会，渡辺敏全集，長野：長野市教育委員会，1987，298頁。
23）百周年記念誌編集委員会，百年のあゆみ，長野：長野県立長野西高等学校，1996，8頁。
24）名久井孝義，1900年代初等、女子教育における体操と遊戯の役割—華族女学校教師、小野泉太郎の体操・遊戯の言説を中心に—，仙台電波工業高等専門学校研究紀要，第27号（1997），84-102頁。小野泉太郎は，1898（明治29）年に華族女学校の教師となり，同校が1906（明治39）年に学習院に併合された後も同院で教鞭をとり，1915（大正4）年まで勤めたとある。
25）岡村雄海，信濃教育会雑誌　第六十六號，長野：信濃教育會事務所，1900，19-25頁。
26）実践女子学園100年史編纂委員会，実践女子学園100年史，東京：学校法人実践女子学園，2001，59-67頁。
27）下田歌子，信越紀行，東京：帝国婦人協会，1900，12-26頁。
28）日本近代教育史事典編集委員会，日本近代教育史事典，東京：平凡社，1971，421-425頁。
29）円地文子監修，創美社編集，人物日本の女性史　第十二巻　教育・文学への黎明，東京：集英社，1978，116頁。

金井勝三郎の普及活動からみた
スキー技術の変化について

新 井　博

はじめに

　今日のスキーは，カービングスキーが主流になっている。スキー板のサイドカーブ（板の両サイドのくびれ）がきつく，長さの短い，まるで「しゃもじ」のようなカービングスキー板による，サイドカーブを生かした滑りが広く普及している。これは，日本だけでなく世界的な潮流である。今から約10年前は，サイドカーブのあまりなく長いスキー板を使う人達とカービングスキー板を使う人達の割合は，半々程度であった。約20年前は，サイドカーブのあまりない，長い板が主流であった。

　使われるスキーの技術や用具が変わることは，今に始まったことではない。日本にスキーが紹介されてから今日まで，何度か起こってきたことである。これは，他のスポーツについても言えることである。しかしながら，スキー技術や用具が，如何なるきっかけで変化したのかと問われると，カービングスキーに変わる場合も含めて，明らかな解答があるわけではない。

　ここでは，レルヒによって日本に導入された「1本杖（ストック）を使ったオーストリア式スキー技術（以下，アルペン式）が，何故2本杖を使ったノルウェー式スキー技術（以下，ノルウェー式）に変わったのか」といった技術的変化に関するテーマに目を向け，上記の問題に向かい合ってみたい。このテーマは，以前からスキー関係者とって大きな関心事であったが，納得できる解答を得ないままである。研究上の問題点は，以下のようなことが考えられる。

　分析の方法が，単純であったことである。それは，ある地方のスキー場で一

本杖を使っている様子の写真と，その数年後同じスキー場で二本杖が使われるようになった様子の写真を比較して，何年頃技術が「変化した」と述べている。他の場合は，人の回顧だけを証としている。「何時頃から変わったようだ」といった，聞き取った人の記憶を頼りにしているだけで，記憶を補足する資料もなく，確たる証拠に乏しい。また「何故技術が変化したのか」といった理由に答えられていない。

これらの原因はとりもなおさず，納得できる検証方法が見出されていなかったことに帰結する。つまり，技術変化を起こした要因を絞りきれていなかったことである。「如何なる作用によって，スキー技術に変化が生じたのか」を念頭においた分析がなされていないために，変化が生ずる過程を実証する資料を探しきれていないのである。

そこで本研究では，1915（大正4）年から1917（大正6）年の3年間において，高名なスキー家金井勝三郎が樺太（以下，ポーツマス条約以後の北緯50度以南の日本の領土と認められた地域を指す）において，ノルウェー式を普及するために如何なる活動を実施したのか解明していく。この過程で，人物による普及活動の側面から，スキー技術の変化におけるメカニズムを多少なりとも捉えられるのではないかと考える。

本論では金井勝三郎の活動について，新聞・テキストによるノルウェー式の啓蒙，ノルウェー式の指導講習実施，樺太中央スキークラブでの組織的な運営，用具の斡旋の側面から検討していく。

1．樺太でのスキーのはじまり

樺太での近代スキー（以下，スキー）の歴史は，1913（大正2）年に旭川第7師団から樺太の警備のために守備隊に配属された日澤廉次郎中尉によるスキー指導をきっかけに始まった。その基は，1912（明治45）年2月にテオドール・エドラー・フォン・レルヒ少佐（同年中佐に昇進）が旭川第7師団でスキー講習を実施して後に，旭川師団や学生にスキーが広まったことからであった。レルヒから旭川の師団でスキー技術を学んだ日澤は，守備隊の任務で樺太にわたり部下にスキーを指導したのである。

先に近代スキーと述べたのは，1905（明治38）年以降ポーツマス条約によって樺太の北緯50度以南が日本の領土となったが，その地域にはモンゴル系，中国系，ツングース系，ロシア系などの少数民族が住んでおり，彼らのなかには「シュトー」（当時「露式カンジキ」と呼ばれる）と呼ばれる，先がそりあがっていない，幅広いスキー板を使う人々がいたからである。勿論，スキーとは滑る技術も違っていた。「シュトー」は，小動物であるテンなど冬場の狩に使われることが多かった。これらの動物の皮は，ヨーロッパの市場で高値がついたことから，彼らは冬場に「シュトー」を使った狩を続けてきたのである。

　樺太では，古くから「シュトー」を使っていた現地の人々と，1905（明治38）年のポーツマス条約以降日本から移り住んだ人の中に，新たに「シュトー」を始める者が存在していた。そのため，樺太では1912（明治45）年以降にスキーが伝えられてからの数年間，樺太ではスキーと「シュトー」が両方使われていたのである。しかし，以下で述べる金井勝三郎が1918（大正5）年に来島するとスキーの普及を積極的に行った。

　1913（大正2）年から日澤により伝えられたスキー技術は，一本杖によるオーストリアのアルペン式であり，1915（大正4）年から金井勝三郎により広められた技術は，二本杖によるノルウェー式であった。1913（大正2）年以降樺太庁が樺太の領土全体へのスキーの普及に力を注いだため，主要な町である豊原，大泊，真岡へと広まり，1913・14（大正2・3）年にスキー倶楽部が設立されるまでになっていた。

（1）金井勝三郎について

　金井は群馬県の出身で，明治末から高田第13師団で中国語の教師をしていた。1911（明治44）年来日したレルヒが師団でスキー講習を始めると，金井はスキーに強い関心を持ち講習に参加した。以後，持ち前の頑張りでスキー黎明期を代表する高名なスキー家の一人となった。当時，スキーで名を馳せた軍人の山口十八中尉，小学校訓導の安部正亮，新聞記者の高橋進らと高田でスキー講師団を組織し，他地域からスキー指導を依頼されると，当地に出向いて熱心に指導を行った[1]。

　一方で，1912（明治45）年9月，レルヒがオーストリアに帰国すると，金

図1　金井勝三郎
（日本スキー発祥記念館所蔵）

井，山口，高橋等はノルウェー式の練習を本格的に始めた。レルヒの愛弟子であった彼らは，すでにレルヒが日本に滞在していた2年間の内にアルペン式に十分熟達し，ノルウェー式についても研究を進めていたのである。結果，アルペン式より高等な技術として，ノルウェー式が存在することを認識し，強い興味を抱いて練習を始めていた。

また，特に積極的であった金井は，日本在住の外人たちが作っていた日本アルペンスキー倶楽部にも所属していた。倶楽部は，1912（明治45）年のスキーシーズンから東京や横浜に住む商人や大使館で働く外国人たちが，日本でスキーを楽しむために設立したものであった。福島県の五色沼周辺を中心にスキーを楽しんでいた。彼らの中には，ノルウェー式を使う者もあり，金井には魅力的であり，貴重な経験であった[2]。

フランス語に長けていた山口十八中尉は，レルヒが来日した当初から，長岡外史師団長の命を受けて外国のスキーテキストを研究し，スキーについての一番の理論家であった。1914（大正3）年の長岡の京都への移動によりスキー研究を続けることができなくなった山口は，大正4年に外国のスキーに関する多くの資料など全てを，熱心な後継者である金井に引き継いだと回顧している[3]。

レルヒが帰国し，長岡が京都に移ると，長岡の後を継いだ秋山師団長は騎馬隊の育成に力を入れた。そのため，高田師団のスキー活動は全く振るわなくなった。そんなスキーの陰りが見え始めた高田から，金井は新天地でスキーを広めようと，1915（大正4）年4月に樺太に渡ったのである。

2．1915（大正4）年から1916（大正5）年における金井の普及活動

（1）新聞による啓蒙活動

1）1915（大正4）年の新聞記事による啓蒙活動

　1915（大正4）年4月に樺太に渡った金井は，豊原にあった樺太日日新聞社の記者として勤め始めた[4]。早速，当地の状況を掴むために樺太についての勉強と調査を始めているが，本来の金井の目的は樺太でノルウェー式を広めることであったことから，スキーに関する記事を紙上に積極的に書いている。

　具体的に，金井は1915（大正4）年4月22日の樺太日日新聞に「春の雪滑」[5]を載せて，樺太では4月でもスキーが出来る土地柄であり，スキーをすることを奨励している。また，1915（大正4）年4月25日から30日まで金井は，「スキー術に就いて」の6回の連載を行っている[注1]。また，秋になると11月9日と19日の2回にわたり「スキーに就いて」の連載[6）7]を行い，スキーとカンジキの違いを詳しく紹介している。

　さらに，12月17日に金井は「雪艇の先祖争ひ」[8]と言った題で，日本にスキーを紹介した横浜の商人・クラッツアーや体操家・永井道明等について説明している。また，金井は「第13師団に於ける雪艇研究経過」[9]と題して，レルヒが来日するまでの師団のスキー研究について紹介している。

　さらに，12月25日に金井は「犬を用いるスキー術について（上）」[10]と12月26日に「犬を用いるスキー術について（下）」[11]と題して，スキーを犬に引かせて長い距離を滑る方法について紹介している。樺太のような広い原野では，町から町への移動手段として必要であるとして，犬の訓練や滑る技術などを紹介している。

2）1916（大正5）年の新聞記事による啓蒙活動

　1916（大正5）年1月元日の新聞第1面に，「偉大なるスキー＝斯くの如き幾多の効果あり＝」[12]の題で，各国のスキーや体育に及ぼす効果，また樺太の発展のためにスキーの使用が不可欠であることを理論的に解説している。

5月7日の「雪艇=に関する調査と研究（一）」から，5月18日の「雪艇=に関する調査と研究（十）」まで10回にわたって，スキーに関する連載を行っている[注2]。

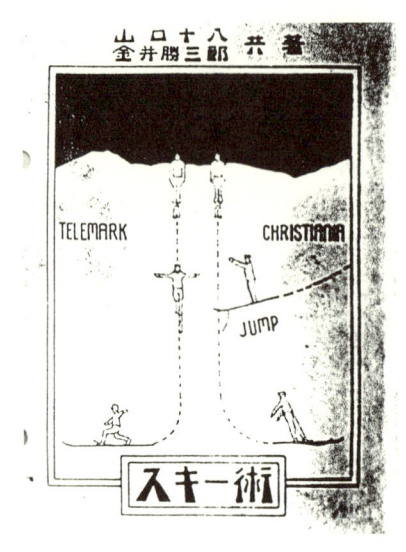

図2 『スキー術』

(2) 金井・山口著『スキー術』

1)『スキー術』によるスキー技術の啓蒙

金井は，山口十八と共に著した『スキー術』（1916（大正5）年1月発行）を，スキーを学ぶテキストとして市民に広める活動を行った。

『スキー術』は，日本のスキー黎明期（明治末から大正中頃）に著されたスキー書の中で，優れた一冊であった。他のスキー書が，レルヒの講習内容を基に技術についてのみを紹介するものであったのに対して，本書はスキーについて広く触れていた。本書のなかに，次のようなくだりがある。

「日本スキー倶楽部の教育方針を改め爾後常に妙々の紹介に簡単廉価なるスキー使用の鼓吹に努めたりと雖も未だに甚だ意に満たざるものあり，依りて完全なる一書を編纂し一般スキー家スキー練習希望者の良師友たらしむべく併せて各般の社会に普及せしめんと欲し英独佛瑞諾諸国の諸書を渉猟し比較対照実地研究の上其長短を取捨し久しく編纂に苦心の末漸く茲に本書を公刊するの期を得たり」[13]。

まさに本書こそが，日本でのスキーの普及に適しているといった金井と山口の自信を感じさせる。

2)『スキー術』にみる金井のスキー技術

内容は，世界的なスキー技術の潮流から，スキー用具の構造や雪質にまで及んでいる。アルペン式の説明に加えてノルウェー式の特徴であるテレマーク・

クリスチャニア，そしてジャンプの技術について詳しく説明を加えている。その点が，外国のスキー技術をそのまま紹介した従来のもの，或いはレルヒにより紹介されたスキー技術を紹介したテキストとは全く違っていた。

また，金井の提唱したスキー技術の特徴も見えてくる。それは，プルークを基本技術にしたアルペン式の上に，テレマーク・クリスチャニア・ジャンプといった上級技術を積み上げた型の技術的体系である。レルヒから学んだアルペン式の上に，外国のスキー文献や日本アルペンスキー倶楽部の外国人から直接学んだノルウェー式のテレマーク・クリスチャニア・ジャンプといった上級技術からなっていた。

本書は，読者が読み進めながら，基礎技術であるアルペン式から発展技術であるノルウェー式まで学べる内容となっていた。

3）『スキー術』の普及

金井は『スキー術』の発刊が近づくと，1915（大正）4年の秋から新聞に広告[14]の掲載，また各地でスキーの講演や講習を開催した折に宣伝を行っている。1916（大正5）年1月25日に『スキー術』が東京の出版社から売り出されると，積極的に宣伝に努めている。

また，12月中に樺太から注文していた『スキー術』が，1月25日に東京の大日本新聞学会出版部から発送された知らせ（電報）[15]が，金井のもとに届いている。2月には注文した『スキー術』が，人々の手に届き始めていたと考えられる。

（3）スキー講習会の開催

1915（大正4）年を皮切りに1917（大正6）年まで，新聞による啓蒙，『スキー術』の普及に続いて，金井は樺太の主要な豊原，真岡，大泊の町で実際的なスキー指導を行ってきた。以下では，金井のスキー指導の様子を，豊原，真岡，大泊での3年間について順に見ていこう。

1）豊原での場合

樺太中央スキー倶楽部の誕生

樺太の中心地であった豊原には，すでに1913（大正２）年から樺太を代表する樺太スキー倶楽部が存在していた。1913（大正２）年樺太にスキーが紹介されると，樺太庁が全島にスキーを普及する目的で，樺太庁の役人や教師たちが幹部やクラブ員となり，樺太スキー倶楽部を誕生させている。以後，スキーは徐々に普及していったが，優れたスキー指導者の不在やスキー用具の供給が不十分であった。これらの問題から，２～３年経つうちに倶楽部の普及活動は精彩を欠いていった[16]。

　1915（大正４）年12月，新たに樺太中央スキー倶楽部が，樺太スキー倶楽部の後を継いで誕生した。従来の樺太スキー倶楽部の有志たちは，高名なスキー家金井勝三郎の積極的な普及活動に触れて，この機に新たな組織を立ち上げ，スキー活動の発展を決心した。よって，1915（大正４）年12月４日，「スキー術を練習し併せてスキーの改良と普及発達を図り冬季の戸外運動を奨励し以て剛健な体力気力練るを目的とす」（規約）[17]を決めて，樺太中央スキー倶楽部が誕生したのである[18]。倶楽部は，金井のいる樺太日日新聞社内に事務所を置き，練習，練習場，用具供給について新しく決めている。また，練習については，金井が責任を持って計画・指導することになったのである。

　樺太中央スキー倶楽部での講習会

　誕生した樺太中央スキー倶楽部のなかで，金井の役割は重要であった。10名の理事に選ばれただけでなく，さらに５名（小島，小田島，角田，佐藤，金井）の常任理事の１人に任命されている。特に，スキー指導についての責任者であり，実質的な樺太中央スキー倶楽部の中心人物と言ってよかった。また倶楽部の活動としてスキー練習会が，豊原郊外の旭ヶ岡の斜面で毎週土曜・日曜に開催されることが決められた。

　樺太中央スキー倶楽部は，1915（大正４）年末から1916（大正５）年初めにかけてのシーズンの幕が開いた1915（大正４）年12月24日に，練習と講話会を開催した。練習は午後１時から始められ，夕方５時からスキーの練習日程・内容についての講話会が中華倶楽部で開催された。金井は技術一般についての講話を担当している。翌12月25日は，朝から練習が行われた[19]。また倶楽部は，年の暮れで忙しい12月29日と30日にも練習会を行っている。金井は，1916（大

正5）年1月元日から調査とスキー講習のために真岡に犬スキーで出かけていたが，倶楽部では正月早々1916（大正5）年1月3日と4日を練習日と決めて，練習を行っている[20]。

真岡から戻った金井は，1916（大正5）年1月15・16日（土・日曜日）に樺太中央スキー倶楽部の発会式と競技会を開催している。発会式に多くの来賓が呼ばれ，倶楽部の発足が宣言された。そのあと倶楽部員による距離競技会を中心とした競技会が開催されている。

1916（大正5）年1月22・23日（土・日曜日），金井は豊原の旭ヶ丘で練習会を開催している[21]。1月22日の講習では，ノルウェー式のテレマーク・クリスチャニア技術を指導している。翌日23日の講習は，ジャンプの指導を基本から行っている[22]。

巡査のスキー講習

1916（大正5）年1月26日豊原に樺太巡査練習所が開設されると，雪の多い当地では巡査の仕事にスキーは欠かせないことから，金井に指導が依頼された。翌週の2月5日（土曜日）の午後から，金井は20名の巡査を対象にスキー講話を行い，続いて2月7日（月曜日）より1週間にわたり朝7時から9時までの2時間，スキー講習を巡査講習場で実施している[23]。その後も金井の講習は2月23日まで継続して行われ，24日は成果の発表が樺太神社の斜面で行われ，巡査たちは普通滑走，制動滑走，遽止法に習熟していることが確認された[24]。

豊原高等女学校での講話

1917（大正6）年2月1日午前10時より，金井は豊原高等女学校でスキーに関する講話を行っている。高等女学校では，次の週よりスキー練習を始めるに当たり，金井がスキー全体についての講話を行っている[25]。

樺太中央スキー倶楽部での講習会

1917（大正6）年2月3日より，樺太中央スキー倶楽部によるスキー講習が，金井を中心とする指導者によって51名の受講生を対象に旭ヶ丘で始まっ

た。2月3日より10日間，午後2時から連日の予定で開催された。内容は以下のようであった[26]。

　2月3日の第1日目は，準備動作—手入れ—保存法—履き方—平地運動—行進法—杖の持ち方使用法—方向変換法—転倒・起立法—除雪法—斜面登行法—直行登—斜行登—スキーの角付—方向変換法—杖の持ち方変換法—開脚登—横登り—斜面滑降法—滑降姿勢—杖の持ち方—滑降開始—直滑降—転倒及び起立法。
　2月4日の第2日目は，平地行進—行進法—滑降法—斜面登行法—直行登—開脚登—斜面滑降法—直滑降—斜面滑降—滑降自然停止法。
　2月5日の第3日目は，前日までの内容の復習。
　2月6日の第4日目は，制動滑降—半制動—杖を持ち得る場合—両制動—座制動—クリスチャニア制動—両杖制動。
　2月7日の第5日目は，直滑降—横滑り—斜横滑り—横滑り—テレマーク滑降—テレマーク姿勢のとり方—テレマーク滑降—屈伸滑降—両スキーを揃えまたは前後せしめてスケート式滑走。
　2月8日の第6日目は，前日までの内容の復習。
　2月9日の第7日目は，回転運動中の制動回転制動登り回転（即ち制動遽止法）—右に遽止—左に遽止—左右とも杖を持ち得る場合とない場合。
　2月10日の第8日目は，制動下り回転（即ち制動方向転換）—左に方向転換—右に方向転換—左右順次に方向転換。
　2月11日の第9日目は，回転運動中のテレマーク回転—その上下回転—テレマーク登り回転—テレマーク下り回転。
　2月12日の第10日目は，回転運動中のクリスチャニア回転—その上下回転—クリスチャニア登り回転—クリスチャニア下り回転。

10日間の講習全体が終わってからの金井を含めた指導者たちのからのコメントは，次のようであった。

　「今日はテレマーク練習日，次回はクリスチャニア練習日，その次は飛行

と言うがごとく，予め練習課目を定めその都度その技術に熟達した者を指導者にして練習すること，なるべくテレマーク，クリスチャニアのごときは既に相当の妙手排出せるも飛行に至っては，未だ正式の練習を行いし事なきを以って，今後は主として飛行の練習に重きを置くべく昨日飛台の築造に取り掛かれる」[27]。

この時点で，テレマーク，クリスチャニアについては，すでに多くの熟練者が現われていることが分かる。しかし，飛行（ジャンプ）について，あまり訓練されていないことが分かる。

巡査のスキー講習
1917（大正6）年においても警察本部から前年同様の要請があり，金井は1月20日から28日まで，島内から集まった巡査に講習を実施している。前年と比べて講習生の格段の上達ぶりに驚きを隠せない様子が，見学した大泊スキー倶楽部の柳（記者）の以下の言葉から分かる。

「初歩者にとっては雑作がない様に見えても中々難しい。金井氏は山を右にしての場合及び山を左にしての場合の半制動と両制動を実地に示して熱心に教授する。練習生は巡査講習生ばかりでなく教官の池田警務課長や岩田保安課長も混じって熱心に猛烈に練習していたが岩田課長の乗りぶりは中々巧いもので方向変換や遮止やなどを自在にやってのけテレマーク，クリスチャニアの回転をも練習していたのは全く私の予想を驚倒させてしまった」[28]。

大泊スキー倶楽部員の柳は，豊原で金井による巡査のスキー講習を取材して，巡査たちがノルウェー式の練習に熱を上げている様子を紹介している。この時期多くの者がノルウェー式を試みている様子が見て取れる。

樺太島技大運動会での活躍
樺太島技大運動会

樺太には，樺太島技大運動会といった毎年開催される大きな行事があった。大運動会はスキーが紹介される以前の1910（明治43）年から，樺太の活性化のために樺太庁が中心となり開催してきた。当初内容は，シュトー競走を中心に，カンジキ競走，みかん拾い，障害物競走などの楽しみを主眼としたお祭りで，参加者・観客合わせて千人もの人々が各地から豊原に集まった。
　1913（大正2）年に樺太守備隊からスキーが紹介されると，樺太庁はシュトーに代わってスキーの重要性を提唱するようになり，2月全域から指導者に適した人物を集め，講習会を開催し普及を図った[29]。そのため，1913（大正2）年2月の第4回島技大運動会は，これまでとは変わりスキー競走が主となった大会となった[30]。1914（大正3）年2月の第5回樺太島技大運動会でも，スキー競走が大会の中心となった[31]。また，翌年1915（大正4）年2月の第6回樺太島技大運動会もスキー競走が，大会の中心となっている[32]。

第7回樺太島技大運動会での金井の活躍
　樺太中央スキー倶楽部が1915（大正4）年12月に誕生すると，倶楽部が島技大運動会の開催を担当することになり，金井は中心的に役割を担うことになった。今シーズンは当所1916（大正5）年2月11日に第7回島技大運動会の開催を計画していたが，風雪が厳しく3月12日に延期された[33]。
　1916（大正5）年3月12日第7回島技大運動会は，以前に増してスキーの他にカンジキ競走，犬スキー競走，障害物競走など多くの種目を加えて旭ヶ岡で開催された。運動会を終えて，金井はこの大会は小学生などへの普及に力を入れた。またスキー競走において，アルペン式よりノルウェー式の方が有利であることを以下のように述べている。

　　「樺太のような平原の多い危険斜面の少ない土地では，単杖と複杖は何れが得なりを問う間でもなく，二本杖が有利なのを鎧捷だて居るもので，決して之を以って一時の流行と見るべきものではない」[34]。

　2）真岡での場合
　真岡のスキー

1916（大正5）年1月元日に豊原を犬スキーで出発した金井は，冬場の難所である豊原―真岡山道を踏破して真岡に入った。真岡は，豊原，大泊に次ぐ第3番目に大きな町であり，当時約19,000人の人口をもち，漁業を中心としながら馬鈴薯の生産も盛んであった[35]。

　真岡では真岡病院に勤務する西村氏が，1913（大正2）年に豊原で開催されたスキー講習会から帰り普及に努めてきた。1914（大正3）年2月西村等有志の尽力により真岡スキー倶楽部が設立している[36]。会長に真岡支庁長である成富氏が着任すると，倶楽部は積極的に普及に努め，1915（大正4）年までに60名の会員を持つまでになっていた。

真岡スキー倶楽部で金井のスキー指導

　1916（大正5年）1月1日に豊原を犬スキーで出発し，2日の夜真岡に着いた金井は，真岡スキー倶楽部の依頼を受けて1月5日から7日までの3日間，約30名の倶楽部員を対象にスキー講話と講習を実施している。5日は午前中に講話を行い，午後から各種登行法，方向転換法を指導している[37]。翌日6日は午後から練習を始め，各種登行法，方向転換法，全ての遮止法を練習している[38]。最終日7日は午後から練習を始めている。初めは緩斜面で制動遮止とクリスチャニア遮止を順序良く練習，続いて杖を用いての制動，転落法，ジャンプの練習を行った。

　会員たちは，昨年1度講習を受けただけであったが，大変熱心で飲み込みも速く，当時まだ新しい技術であったノルウェー式であるテレマークやクリスチャニア，また飛行（ジャンプ）まで練習している。金井はそれについて「進歩の著しきに驚くと共に，講習員一同の熱心なる研究を喜び……テレマークの練習をする，これまた大方会得する」と述べている[39]。

　金井が帰った後，倶楽部では西村氏が中心となり，さらに10日間のスキー練習会を実施している。そこでは，金井から指導された内容が伝えられ，倶楽部員に定着することになった。合わせて，金井が著したスキーテキストの『スキー術』も参加者に広められた。

3）大泊での場合

大泊のスキー

　大泊は，当時樺太に上陸するための港であり樺太の表玄関であり，スキーも最初に紹介されたところであった。先に簡単に触れたが，1912（明治45）年に旭川師団の日澤中尉と生田目司令官が，スキーを守備隊に講習していた。講習の様子を見学した大泊支庁長である池上安正が，市民や生徒の健康に頗る好ましいと感じ，生田目司令官に顧問を依頼し，1913（大正2）年2月に大泊スキー倶楽部を設立した経緯がある。だが，その後は指導も満足に行われず，用具も不足していたので満足な活動はできないままであった。大泊スキー倶楽部は1914（大正3）年2月にスキー競技会を開催していたが，シュトー競走やカンジキ競走，ミカン拾い等が中心で，スキーはカンジキ競走に入れられ僅かであった[40]。

　ところが，高田でスキー講習を受けた目黒教諭が，1914（大正3年）大泊中学校に赴任して町は活気づいた。目黒教諭はスキー技術に精通していたばかりでなく，アルペン式スキー用具を30台ほど高田から取り寄せ，スキーの普及に力を注いだ[41]。1914（大正3）年から毎年スキー競技会も開催されるようになった。そのようなことから，1916（大正5）年には小学校・中学校の教師の分として70台のスキー用具が配備され，学校に備え付けられたスキー用具の数は，100台を超えるまでになっている[42]。

大泊スキー倶楽部で金井のスキー指導

　大泊スキー倶楽部では，1915（大正4）年11月から目黒教諭や支庁に勤める宇野氏らが中心となり練習を始め，1916（大正5）年1月9日からは本格的な練習が始まった。

　金井は，前日の2月4日まで豊原で警察官への講習を行っていたが，2月5日（土曜日）から6日（日曜日）にかけて所用で大泊に来る機会があったことから，大泊スキー倶楽部の目黒教諭や半田氏らの倶楽部員に講習を行った。6日の講習では「各種遽止法並びに飛行法などのノルウェー式スキー技術を講習」していた[43]。

　金井の指導をきっかけに，倶楽部では目黒・半田らが中心となって，ノル

ウェー式の猛練習が続けられた。その結果，2・3週間の後の大泊のノルウェー式の上達ぶりは，「テレマーク遽止法やクリスチャニア遽止法等の所謂高等スキー術は，金井君の来泊によって二三会員には伝授されたが，今日では多数の会員が大体其の要領を会得して小学生までも伝わって居る」[44]程になっていたと新聞は伝えている。

さらに，何度も大泊スキー倶楽部の招聘を受けて，金井は1916（大正5）年3月3日から5日まで3日間，再び大泊を訪れ講習を行っている。その様子について，金井は「各講習員の熱心なる練習により技術の進歩著しく，各種回転法飛行等総てに上達せるもの数名あり」[45]と紹介している。大泊の倶楽部では，ノルウェー式に多くの者が上達したのである。

王子製紙会社大泊分社の社員にスキーを指導

王子製紙会社大泊分社では，1912（明治45）年から従業員によるスキーが盛んであった。樺太はパルプの生産が盛んで，最も重要な産業であった。豊原に本社を置く王子製紙の子会社が大泊分社であった。1915（大正4）年12月樺太中央スキー倶楽部の創立時に常務理事に選ばれた小島弘助氏（当時樺太庁）が，王子製紙大泊分社に入社し，熱心にスキーの普及に努めていた。樺太中央スキー倶楽部時代の同僚であった小島氏から金井はスキー指導を依頼され，指導を行うことになったのである。

1916（大正5）年3月2日から3日間にわたり，金井は王子製紙大泊分社のスキー部員にスキー指導を行った。「各講習員の熱心なる練習により技術の進歩著しく各種回転，飛行等総てに上達せるもの数名あり，来る15日の休日は豊原へ遠征を試みん計画なる由」[46]と金井は新聞に紹介している。

1916（大正5）年3月12日，大泊分院の練習場で分院の職員，樺太庁中学校の生徒，王子分社の社員による連合スキー競技会が開催された。優秀な選手は，この時期豊原で開催されている島技大運動会に参加していたが，それでも「王子分社の高橋君と名誉の月桂冠に輝いた高橋君はテレマークもクリスチャニアも一通り会得」[47]とノルウェー式の上達ぶりを紹介している。

（4）金井考案ノルウェー式用具の製造と斡旋
1）金井考案ノルウェー式用具の考案

　金井はノルウェー式の提唱とともに，それに即したスキー用具の考案も行っていた。彼は，高田でスキーを普及していた頃も指導だけでなく，用具の研究にも熱心であった。すでに当時から，ノルウェー式に関心をもち研究していたことから，ノルウェー式の用具についても多くの研究の蓄積があった。

　彼は，完全なノルウェー式の用具と言うより，アルペン式の用具を基に折衷した新たな用具を考案していた。それは，彼が指導する技術がノルウェー式を多く取り入れながらも，アルペン式を基礎としていたことから，そのような形となっていた。大きな違いは，レルヒが紹介した重いバネを入れたアルペン式のビンデング（板と靴を固定する留具）ではなく，ノルウェー式のフィットフェルト式と呼ばれる簡易なビンデングを使用したものであって，大きな違いは殆どなかった。

　彼は用具を考案するばかりではなく，販売するために新潟県直江津にあった田中スキー製作所で用具を製造していた。1912（大正元）年，全国にスキーを普及する目的で高田に軍の肝いりの越信スキー倶楽部が誕生すると，大量のスキー用具の製造販売を一手に引き受ける部署として，倶楽部付属田中スキー製作所が直江津に誕生した。越信スキー倶楽部の幹部であった金井は，倶楽部の付属であった田中スキー製作所の製造・販売に指導的に関わっていたのである。田中スキー製作所と深い結びつきを持っていた金井は，考案したノルウェー式用具を同製作所で製造し，樺太からの注文に応じられるようしたのである。

2）用具の斡旋

　金井は，1915（大正4）年4月に来島すると樺太日日新聞上でスキー記事による啓蒙を行ってきたが，同年12月末から始まるスキーシーズンを前に，12月中頃から用具の斡旋も始めている。

　用具の斡旋は，スキーの普及に大切な役割であった。樺太のようなスキー用具を製造する会社がない所では，とりわけそうであった。金井は，スキー用具の注文をとり，直江津の田中スキー製作所に発注した。12月25日頃には最初に

注文したスキー用具が樺太に届いた[48]。

翌年の1916（大正5）年1月16日樺太中央スキー倶楽部の発会式と競技会の後，スキー用具の斡旋が行われた。競技会が終わると，集まった人々に倶楽部入会の勧誘が行われ，150名もの新入会者があった。さらに，スキー用具の斡旋が行われ，金井式スキー用具は多くの注文を受け，直江津の田中スキー製作所に発注されている[49]。新潟から16日の発会式に間に合うように送られたスキー用具が，2日遅れて18日にようやく届いた。

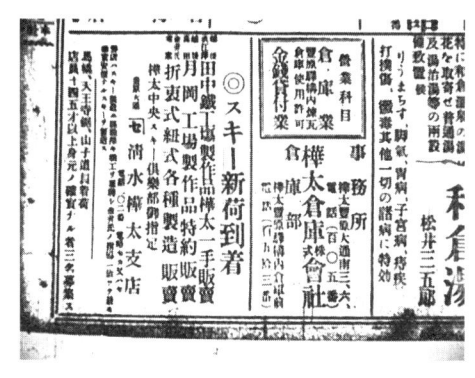

図3　スキー用具の宣伝（出典：高田日報）

また，1月19日に注文した数十代の金井式のスキーが，田中スキー製作所から船によって樺太に送られている[50]。取次店となっている豊原の金セ商店では，届いたスキーを注文者に配布している。高価なスキーの値段は9円，普通のスキーの値段は，7円となっている[51]。

一方で，1915（大正4）年秋に樺太庁通信課での局長会議に呼ばれた金井は，新潟県下の郵便局によるスキー利用の経験から，郵便の集配業務に効果が大きいことを説明した。そのことから，通信課では金井式スキー用具と一般の用具を注文し，各郵便局に2組ずつ設置することになったのである。注文していたスキーが，1916（大正5）年1月に新潟から樺太の局に届き，各郵便局に配られ使用が始められた[52]。

おわりに

樺太でのスキー技術の変化について，金井による啓蒙，技術指導，用具の供給といった普及活動の分析から，次のことが明らかとなった。

新聞や著書によるアルペン式の啓蒙により，樺太における重要性が市民に広く浸透し，スキーに対する意識が高められた。

第Ⅲ部　人と大地の交流についての対話　383

主要な町である豊原，大泊，真岡でのアルペン式の技術指導により，多くの将来を担う指導者を育成することができた。

樺太での用具の大量な供給を，新潟県の田中スキー製作所を使うことによって可能にし，普及の効果を高めることできた。

注

注1）オーストリア式とノルウェー式の違いや，それらへの日本人の誤解について詳しく紹介している。金井勝三郎，スキー術に就いて，樺太日日新聞，大正4年4月25-30日。

注2）ここでの内容は，金井が樺太に1915（大正4）年4月に来島して以降，調査のためにスキーを使って樺太内を丹念に回って分かったことや，改めてスキーが如何なる点で必要であったのかについて，産業，生活，自然，教育，健康，心理などの幅広い側面から丁寧に述べている。

引用及び参考文献

1）金井勝三郎，入社の辞，大正4年4月20日，樺太日日新聞。
2）金井勝三郎，雪艇＝に関する調査と研究（一），樺太日日新聞，大正5年5月7日。
3）山口十八，スキー年鑑。
4）金井勝三郎，入社の辞，樺太日日新聞，大正4年4月20日。
5）金井勝三郎，春の雪滑，樺太日日新聞，大正4年4月22日。
6）金井勝三郎，スキーに就いて，樺太日日新聞，大正4年11月9日。
7）金井勝三郎，スキーに就いて，樺太日日新聞，大正4年11月19日。
8）金井勝三郎，雪艇の先祖争ひ，樺太日日新聞，大正4年12月17日。
9）金井勝三郎，第13師団に於ける雪艇研究経過，樺太日日新聞，大正4年12月20日。
10）金井勝三郎，犬を用いるスキー術について（上），樺太日日新聞，大正4年12月25日。
11）金井勝三郎，偉大なるスキー＝斯くの如き幾多の効果あり＝，樺太日日新聞，大正5年1月1日。
12）金井勝三郎，雪艇＝に関する調査と研究（一），樺太日日新聞，大正5年5月7日。
13）山口十八，金井勝三郎，スキー術，XX：大日本新聞学会出版社，1916，2頁。
14）『スキー術』宣伝広告。
15）スキー書，樺太日日新聞，大正5年2月4日。
16）樺太中央雪艇倶楽部の創設，樺太日日新聞，大正4年12月7日。
17）樺太中央雪艇倶楽部規約，樺太日日新聞，大正4年12月14日。
18）樺太中央雪艇倶楽部の創設，樺太日日新聞，大正4年12月7日。

19) スキー界, 樺太日日新聞, 大正4年12月26日.
20) スキー界, 樺太日日新聞, 大正4年12月28日.
21) スキー界（練習会）, 樺太日日新聞, 大正5年1月22日.
22) スキー日誌, 樺太日日新聞, 大正5年1月25日.
23) 雪艇講話, 樺太日日新聞, 大正5年2月6日.
24) スキー界（巡査講習終了）, 樺太日日新聞, 大正5年2月26日.
25) 女学校の雪艇, 樺太日日新聞, 大正6年2月1日.
26) スキーヶ岡所見, 樺太日日新聞, 大正6年1月30日.
27) スキー界（講習終了）, 樺太日日新聞, 大正6年2月10日.
28) スキーヶ岡所見, 樺太日日新聞, 大正6年1月30日.
29) スキー専習員の教育予定, 樺太日日新聞, 大正2年21日.
30) 島技大運動会, 樺太日日新聞, 大正2年11日.
31) 島技大運動会, 樺太日日新聞, 大正3年5日.
32) 旭ヶ岡の島技大会, 樺太日日新聞, 大正4年2月14日.
33) 雪艇大競技会再び延期される, 樺太日日新聞, 大正5年2月3日.
34) 島技大会雑感, 樺太日日新聞, 大正5年2月18日.
35) 支庁長歴訪録, 樺太日日新聞, 大正5年2月8日.
36) 真岡スキー倶楽部, 樺太日日新聞, 大正3年3月1日.
37) 真岡滞在日誌（上）, 樺太日日新聞, 大正5年1月12日.
38) 真岡滞在日誌（中）, 樺太日日新聞, 大正5年1月13日.
39) 真岡滞在日誌（下）, 樺太日日新聞, 大正5年1月14日.
40) 島技大運動会, 樺太日日新聞, 大正3年2月4日.
41) 大泊の雪艇界（四）, 樺太日日新聞, 大正5年2月4日.
42) 大泊の雪艇界（五）, 樺太日日新聞, 大正5年2月6日.
43) スキー界（大泊の練習）, 樺太日日新聞, 大正5年2月4日.
44) 大泊の雪艇界（八）, 樺太日日新聞, 大正5年2月18日.
45) スキー界, 樺太日日新聞, 大正5年3月7日.
46) 王子分社員, 樺太日日新聞, 大正5年3月7日.
47) 総合競技の跡, 樺太日日新聞, 大正5年3月23日.
48) スキー界, 樺太日日新聞, 大正4年12月26日.
49) 雪艇発会式, 樺太日日新聞, 大正5年1月18日.
50) スキー界, 樺太日日新聞, 大正1年1月20日.
51) スキー到着, 樺太日日新聞, 大正5年1月22日.
52) 郵便局とスキー, 樺太日日新聞, 大正5年1月29日.

日系新聞にみるハワイ日系移民のスポーツ活動に関する研究
——異種格闘技試合とプロ・レスリング——

梶　孝之

はじめに

　ヴァン・リード[1]によって斡旋された149名の日本人は，1868年に政府の正式な出国許可を持たずにハワイに渡った。これが，日本最初の集団移民となる。「出稼ぎ」から「定着」，「永住」へと状況が変化していく中で，日系人は日本的な慣習を色濃く残したまま，新しい生活に順応していく。このように日本的な慣習を維持することが可能であったのは，日系人の割合が第一次世界大戦時には全島人口の約4割を超え，政治や経済において大きな影響力を持ったことで，ホスト社会と日系移民社会との間に緊張関係が存在したためであった。それはスポーツ活動に関しても同様で，ハワイの日系人達は移民当初から相撲や撃剣を行うなど，アメリカ本土のように規制されることなく，自らがスポーツ活動を選択し，展開することができた。そして，スポーツ活動は唯一，全島の日系人が集まることができる場となり[2]，このことから日系移民の定着に一定の役割を果たしたと考えられる。さらに日系人は第一次世界大戦を境に，アメリカ合衆国から同化政策を受けるようになり[3]，次第にスポーツ活動にも変化が表れはじめる。
　本稿では，当時のハワイにおいて活躍した"松の森"と"沖の海"の活動に焦点を当ててみたい。この松の森という力士の活動を追うことで異種格闘技試合の傾向が，また沖の海という力士の活動を追うことで，ハワイにおけるプロ・レスリングの成立過程を窺い知ることができるであろう。
　先行研究は，日本における移民史研究はハワイにある史料を手にすることが

限られていたため，移民の背景から彼らが国を離れるまでの送出過程を主に扱っている。ハワイにおいてもやはり日本にある第一次史料への接近が困難であるという研究上の制約があったため，移民がハワイに到着した時点からの移民受入過程を描いている。そのため，1908年から1946年という定着期及び永住期の移民史研究は数少ない。よって日系移民の文化が定着していく過程を歴史的に描いたものは少なく，スポーツ活動にもほとんど言及されていない。

時期区分については先行研究において様々な分け方がなされているが[4]，本研究においては，次のような時期区分を用いる。

- ・1885-1908年を日系移民が出稼ぎを主な目的として移民してきた出稼ぎ時代。
- ・1908-1924年を紳士協定[5]以降，家族や花嫁を呼び寄せることによってしか原則的に移民が認められず，人々が定着していく定着時代。
- ・1924年以降を排日移民法[6]によって移民は全面的に禁止され，永住を選択するようになった永住時代。

以上のような時期区分を行うものとする。本稿では，日系人一世及び二世の生活が安定し，永住していく年代に着目し，1924年以降に焦点を当てた。この時期の史料分析の結果，上記に述べたような2人の日系人の存在が明らかとなり，彼らの活動を見ることで，スポーツ活動が日系人のハワイへの定着に一定の役割を果たした事実を明らかにしたい。

本研究では，主たる史料として『布哇報知』を用いる。この『布哇報知』は日系新聞であるということから，日系人側に立った主観的な論調を採用する場合があり，また編集者の編集方針によって新聞記事の内容が左右されてしまうという危険性も考えられる。しかしながら，新聞は，当時の具体的なスポーツ活動の様子が描かれている，ほとんど唯一のまとまった史料であるということに加えて，スポーツ活動が日系移民にどのような影響を及ぼしたかを考察する土台となる貴重な史料となりうる。そして当時の様子が描かれている資料と照らし合わせながら考察を行うことで，さらなる詳細な検討が可能となるであろう。

1. 異種格闘技試合の変容

『布哇報知』では，異種格闘技試合の報道が人気を博した。この異種格闘技試合において，排日移民法以前は，日本的な柔道において，道着を脱ぎ捨ててでも「白人」に勝つことが望まれた。そして，日系人が勝利することが関心を呼び，日本的スポーツ以外のスポーツを学んででも勝利することが支持された。そのため，排日移民法以降，力士や柔道家達は，こぞってアメリカ本土に渡り，レスリングやボクシングを学ぶようになる。そのことから，異種格闘技試合に日系人の参加が見られなくなっていった。しかし，1924年以降は日系人が出場しない試合に関しても盛んに報道されるようになった[7]。また1930年代になると，アメリカ本土においてレスリングを学んだ，力士である池田金城や柔道家である樋上蔦雄がハワイへ戻り[8]，彼らが中心となってレスリング団体を組織するようになると，それまでの異種格闘技試合は一変し，戦後に力道山がハワイ遠征を行い，日系人達の血を湧かせたプロ・レスリングとして組織化されていくこととなった。それは以下の記事に示される。

  黒マスクの復讐を受け遂に引分けに終つた，又當地のリングには初めてである[9]。

ハワイにレスリング団体が組織され，以上の記事のようにアメリカ本土からの興行としてマスクを被ったプロ・レスラー同士が試合をするようになると，次第に現在のプロ・レスリングに近い様相を呈するようになる。そして，それまでは日系人の勝利に絶対的な関心がおかれたが，『布哇報知』では試合の勝敗ではなく，レスリング選手に対して，

  柔道の手を用ゆるのが餘程恐ろしいと見へる[10]，

とするなど，日系人が柔道の技で立ち向かっていく様子を報道するようになった[11]。この際，柔道技を使って日系人選手が勝利した場合は，

樋上君の足絞め見事に極まり，胴絞めに行き，立派に樋上君の優勝に帰した[12]。

とその戦い振りが評価されたが，柔道技や日本相撲の技を使用しなかった場合は，たとえ「白人」選手に勝利しても

　　　一本背負いや合掌捻りなんていう派手な技でなくてもよいが，下手投げも出やしない。一生懸命らしいが試合振りはふざけるなと怒鳴る観客で満たされていた。その点今回のサンテルの試合振りは見事であつた[13]。

というように『布哇報知』では日系人選手が観客から罵倒され，相手の「白人」選手の戦い振りを褒め称える様子を報道した。

2．松の森と沖の海

　第二次世界大戦以前のハワイでは，日系人たちによる相撲大会が盛んに行われていた。これに出場する力士たちはハワイの各島を巡業し，その利益は1日で，円に換算して1万円以上もの収入となったという。当時の月給が900円程度であったので，どれだけ多額な利益を得たのかは容易に想像がつく。そして日系人たちは，

　　　入場した内外人の見物約千五百人と算せられた[14]。

とされるように，当時の彼らにとって入場料1ドルから2ドルという大金を支払い，多数の見物客が訪れた。相撲は日系人にとって，それほど大切な楽しみであったし，「白人」にとっても相撲は賭け事として人気となっていた[15]。また日本の東京大相撲の力士の巡業も，日本の相撲史から見ればそれはあくまで巡業の一部にしかすぎないが，ハワイの日系人にとっては，ただの巡業ではなく，記念すべき行事であったことは想像に難くない。日系人たちは，日本の力士とハワイの力士の勝負を心待ちにし，相撲に祖国を感じ，まさに憧憬のまと

であったに違いない。

　上記のようなことから，相撲大会に関する記事は『布哇報知』に頻繁に掲載された。そこで，毎日のように紙面を賑わせた人物に松の森と沖の海という力士がいた[16]。ここでは，この松の森と沖の海の活動に焦点づけて論を展開してみたい。松の森という力士の活動を追うことで異種格闘技試合の傾向が，また沖の海という力士の活動を追うことで，プロ・レスリングの成立過程を窺い知ることができるであろう。

写真1　チャップリン松の森

　チャップリン松の森こと松永岩之進は，1900（明治33）年5月24日，山口県柳井市に松永佐治郎の次男として生まれる。その後，山口県大島郡に移り，同地の高等小学校高等科を1915（大正4）年に卒業した。この翌年に両親の呼び寄せによって，ハワイへ渡航することとなる。16歳でハワイに渡った松の森は，カウアイ島で2年間の耕地労働に従事した後，オアフ島へ移住した。自身

の著作である『ハワイ相撲界を語る』[17]によれば，労働の傍ら，アイエア本願寺サンデースクールの教員などを務めたという。相撲大会には移民してすぐに参加するようになり，1940（昭和15）年1月7日に引退相撲をとるまで相撲大会があるごとに参加している。彼が最もエピソードの多い力士としてとり挙げられるのは，その人柄であったという。彼のその名前からも想像できるように，とてもひょうきんな男で，何を言われても腹を立てなかったと言われている。日本の力士と同じように髪を伸ばし，髷を結っていたのでハワイ相撲の名物男となっていた。力士としては，それほど名をあげることはできなかったが[18]，その人気は絶大であった。

　彼の相撲の師匠は，元東京大相撲の力士であった池田錦城こと，池田義弥であった[19]。

写真2　池田錦城

　池田は異種格闘技試合において，ロシア人のサンテルやアメリカ海軍のフィンに勝利し[20][21]，一躍有名になった人物である。これらの試合は，アメリカレスリング界においても空前の激戦とされている[22]。彼は異種格闘技試合に出場する力士としても有名であったが，それ以上にこの異種格闘技試合をハワイに

広めた張本人でもあった。それは『布哇報知』の以下の記事に見出すことができる。

　　　往年柔道と相撲との力競べがあつたが爾来既に五ヶ年に及びたれば更に再び柔道相撲を興行せんとの計画を立て力士金城發企となり柔道部の方へ交渉を開きしが柔道の方にては言下に快諾し何時にても力士を引受けて柔道相撲をやると云ふ事になつた然れば此上は力士の方へ交渉し其交渉にして纏まらば直ちに興行するのである[23]。

上記の「力競べ」という語に示されるように，初期の異種格闘技試合はルールも話し合いによって，例えば一回戦がレスリング，二回戦が柔道，三回戦が柔道というように決定され，「フィン足を折られ決勝戦をなし得ず」[24]と相手が動けなくなるまで真剣勝負が繰り広げられた。チャップリン松の森は，池田の下でこのような異種格闘技試合にも多数参加している[25] [26]。試合の参加について，チャップリン松の森は以下の感想を述べている。

　　　両力士への投げ花は数千ドルという莫大なものであった。こうした風景は，他のスポーツでは到底見受けられず，国技相撲ならではのことであった[27]。

しかし，その金を貯金しようと考える力士は少なく，各地で豪遊してきれいに使い果たしたという。チャップリン松の森も，一晩で七百五十ドルもの投げ花をもらい，一生でこんな大金は見たことがないと夢心地であったが，家に戻って来たときはポケットにたった二十ドルしかなかったというエピソードを残す。ここで，注目すべきは異種格闘技試合を「力士」や「国技相撲」と表現していることであった。つまり，相撲は1924年以降，従来の日本相撲ではなく西洋相撲としばしば混同されるようになる。したがって，これらの記述は異種格闘技試合への参加の感想とみてよいだろう。しかしながら，チャップリン松の森自身は，自らが異種格闘技試合に参加した経験について決して語ろうとはしなかった[28]。著書において，「相撲生活二十三年」と記すように，あくまで純

第Ⅲ部　人と大地の交流についての対話

粋な日本相撲の力士を全うしようとしたようである。彼は異種格闘技試合において，そのチョンマゲで日系人たちの人気をさらった。そのチョンマゲを結ったきっかけについて，以下のように語った。

　　　自分が長髪したのは第一回米布合併相撲の際，米国相撲協会井谷会頭から稽古を怠ること無く強くなっておれよ，後はまた，第二回の大会を行うからその際におまえだけはキット一行に加えて招くとのお言葉に励まされて，それからと云うものはそのよろこびを胸に秘めて各力士に先じて懸命に稽古を励んだ。自分はこんどは一ツチョンマゲを結んで羅府の皆様にお目にかかろう。それがそもそもの長髪の動機であったのである[29]。

この1927年5月に行われた米布合併相撲以降，映画スターのチャーリー・チャップリンにならってチャップリン松の森と呼ばれ，異種格闘技試合の道化役として親しまれた。彼はまた以下のようにも述べている。

　　　自分はハワイで今後相撲生活をつづけて行くからにはチョンマゲをこのままに残しておこう。一見して日系の人々は誰もが力士であることを直感する。自己満足で引退するまでチョンマゲ姿でいたのであった。事実のところ髪は神様のカミに通じるので，自分はいつも頭上にチャント神様を戴いていると云う信念の下に神聖なる土俵に上ったものであった[30]。

以上の記述からも見られるように，外国人と対戦する異種格闘技試合において，日本的意識を保持しようとする意図を見出すことができるであろう。
　また，ハワイの相撲を語るとき，沖の海の存在を忘れてはならない。彼は松の森と同様に数々の相撲大会に出場し，好成績を残した[31]。沖の海は本名を識名盛夫，ハワイや日本において沖識名「オキ・シキナ」の愛称で親しまれた。彼を一躍有名にしたきっかけは，1951（昭和26）年，ハロルド坂田[32]の誘いでプロレスに転向した力道山のコーチを務めたことであった。以後，日本プロレス界において長年に渡ってレフェリーを務め，特に暴走する外国人レスラーにシャツを破かれるシーンが定番であった[33]。このように日本で一世を風靡した

あの力道山が，実はハワイの日系人に密接に関係することは実に興味深い事実である。

写真3　沖の海

沖の海は1905（明治38）年に沖縄で生まれ，5歳の時にマウイ島に移民していた両親に呼び寄せられた。彼はそれからプランテーションの関係で，マウイ島からカウアイ島，ハワイ島，オアフ島とその居住を転々とすることになる。

彼は，『沖縄ハワイ移民一世の記録』[34]において，ハワイの相撲について以下のように語った。

> 前は日本からよくすもうとりが来て教えてたけどね。ぼくらの小さいときに，東京ずもうの江戸桜がすもうの先生としてハワイに来た。十両までいった人。ぼくはカフルイで江戸桜にすもうをいろいろ教えてもらった。それで，ぼくはすもうが強くなったんだ……ぼくは沖の海といった[35]。

第Ⅲ部　人と大地の交流についての対話　395

江戸桜は，本研究の対象年代以前にハワイの相撲大会で活躍した日系人力士である。沖の海は，この江戸桜を相撲の師匠として，上記に示したような相撲大会に参加の形跡を残す[36]。沖の海は続ける。

> だけどすもうをはじめたのは，いなかの小学校を卒業して，ヒロ本願寺学校に行きだしてから。あれから，柔道，すもうをとりはじめた。ただ，僕ははじめは柔道をしたんだ。大勢のものとけんかをしたことがあってね。そしたら，寄宿舎のとなりの，松本かなんかいうそこの息子が柔道に行きおったんよ。『識名，ユーは柔道ならったらあのくらいのものはなんでもないぞ』いうから柔道をならったんだ。彼がヒロ心勇館にぼくを連れていって，先生は岡崎清四郎という師範代。そしてヒロにいるあいだずっと柔道をならっていた。一級までしかいかなかったけどね[37]。

上記のように，沖の海はこのころから他民族との喧嘩の中で，相撲だけでなく柔道への興味を示すようになる。ここに見られる岡崎清四郎は，異種格闘技試合に参加した選手であった。この時期は1915年前後であるので，異種格闘技試合が盛んに行われ始めた時期でもある。岡崎はモリスというボクサーと試合をし，その勝利は日系人を狂喜させた[38]。この時，日本の武道と西洋の武道のどちらが強いのかという素朴な関心が人々の間にあった。このような少年時代の出会いが沖の海のプロレスへの道を加速させていくこととなる。そしてこの後に『布哇報知』に掲載されるように，以下のような異種格闘技試合に参加していく。

> それから学校を止めてペペキオ（ハワイ島）にかわったんよ。そこにも柔道場があった。そこには広島の浜井仁之助先生がいた。起倒流のね，むかし流なんだ，これ。そこでまた柔道を一生懸命した。青年会館があってね，そこに週三回畳を敷いてね。すもうをそこでもしたんだ。体が大きいしね。やれ，やれ，いうもんだから。そのころは十七，八だったかな。少し腕白だったからね，なあに，この野郎と思ってけんかもしよったしね。ボクシングもやりよったのよ。あの辺には日本キャンプもあるがフィリピ

ンキャンプもある。そこではフィリピン人がボクシングばかりやりよった。フィリピンのキャンプボスがそこに強いのがいると，ぼくんところへ連れて来るのよ。そして「識名，ユー，これとボクシングやってみんか」いうて。「やってみよう」そう答えると，それでみんなが「識名がボクシングやるから，みんな青年会館に集まれ，集まれ」いうて。それをやっつけてしまうからね。そしたら強いフィリピン人をまた連れて来るのよ。おれに勝つの，ひとりもいなかった[39]。

上記のような記述から，当時どのようにして異種格闘技試合が行われたのかを知ることが出来るだろう。このように試合は，予期せぬところから始まった。

ところで，沖の海はもちろん，試合において生計を立てていた訳ではなかったので，トラックの運転手やキャタピラーの運転手など転々としながら，月曜日から金曜日の夜には柔道の練習，相撲は土曜日，日曜日というように練習に明け暮れた。練習は，定期的にというよりも，どこかのキャンプで今日は相撲の稽古があると聞くと他のキャンプの者もそこに集まった。たいていは出雲大社などの神社で稽古が行われた。稽古は，てっぽう，ぶつかり稽古，最初は主に押しの稽古，その後は力士たちの身体に合わせて技の稽古をした。力士たちは昼間働いていたので，日本の力士とは違って朝稽古は出来なかった。

このような生活がしばらく続いたが，三宅太郎との出会いが沖の海のプロ・レスラーへの道を決定づけ，その生活を一変させるこことなる。それは1931年9月のことであった。アメリカのレスリング団体に所属していた三宅が，ハワイにおいてプロ・レスリングの興行を行ったのである。沖の海は『布哇報知』の記事からそれを知り，実際に試合を見て以下の感想を持っている。

> あれ（三宅）ははじめイギリスにおったのよ。そして，イギリスでレスリングを習ったのよ。柔道は強い。すもうもレスリングも強かったね。体はちいさいけど足が大きい。強かったよ。すもうだってね。相手を好きなところへ投げるけん強かった[40]。

三宅は，この時

柔道及び相撲の心得ある者は立ち業において殆ど確實に西洋人に勝てる[41]。

と，大会会場においてアメリカで本格的にプロ・レスリングを行う日系人を募集した。そして，当時日系人達が柔道や相撲は日本の武道，ボクシングは西洋の武道と捉えていたように，沖の海も日本的な柔道や相撲の技で外国人レスラーを投げ飛ばす三宅に惚れ込み，弟子入りを決意し渡米した。

　　　その人に一年ついてレスリングと柔道を教えてもらった。それからプロになった。はじめはニューヨークでね。前座からはじめた。それからだんだん上にあがっていった。そのころ先生がなにか用事があって日本に帰るいうから一緒に加州へ行こうということになった。そしてサンフランシスコまで来て先生の日本へ行く船を見送ってそれからぼくはロスアンジェルスにむかった[42]。

以降，三宅太郎とアメリカへ渡って一年間，毎朝レスリングの稽古と柔道の稽古を繰り返した。そして，アメリカで活動していた当時の日系人レスラーの人気については，

　　　柔道やっていたから，ぼくはプロレスで得をしたんだ。バーとぶつかって投げられても，ぱっと立つからね。受け身でね。そういうこと，外人はできないのよ。それとつまさきで歩くでしょう。それでゴーと人気がでてきたのよ。ほかのレスラーとちょっと違うから。人気があるけど三ヵ月たったら，たいがいはほかの土地に出ていくのよ。悪いのは（人気のないレスラーは）「ユー出て行ってくれ，よそへ行け」といわれよったが，ぼくなんかには，まだおれといいよった[43]。

と言う。
　三宅が沖の海に指導したのは，何も柔道やレスリングばかりではない。沖の海にとっての一番の収穫は，その興行の仕方の伝授に他ならない。それは以下

のようなものであった。

 けど，ぼくは六ヵ月もいたら出て行くんだ。そうすればまた，ほしがるところが出てくるのよ。手紙書いて，電話でもかけるとね「オー，すぐ来てくれ」というんだ。だから，よかったんです。それは三宅さんが教えてくれたの。「人気が落ちるまでおるな」ちゅうて。「六ヵ月おったら，もうよそへ行け」ちゅうて[44]。

　この後，数年間アメリカでプロ・レスリングを学んだ沖の海は，ハワイに戻って多くの大会を催した。先述したように，このころには，既に樋上らがハワイにおいてプロ・レスリング団体を組織していたので，沖の海の帰布が『布哇報知』のプロ・レスリング記事の上昇に大きく関与している事は言うまでもない。そして，研究を先取りすれば，1951（昭和26）年から数年間力道山のコーチを務め，この沖の海の提案から「黒のロングタイツ」に「空手チョップ」という力道山のファイトスタイルが生まれることとなった。

　このように，ハワイで行われた異種格闘技試合は，アメリカから取り入れら

写真4　ハワイに到着した際，日系人力士の歓迎を受けた時の写真。一番左が力道山。

れたプロ・レスリングとして結実し，ハワイにおいて熟成され，ついには日本プロレス界の礎を築いたと言われる力道山というレスラーを誕生させることとなったのである。

おわりに

以上の活動の変遷の検討から，ハワイの日系移民におけるスポーツ活動については，以下のように評価できる。

本研究の対象年代のハワイでは，全島人口の約4割が日系人であり，彼らは「日本町」に集まって住んでいた。そこでは「日本風の生活」をおくるのに必要なものはほとんど手に入り，食生活も米や刺身や豆腐，味噌汁などを食べた。買い物をする店は，日系人の経営する店であったし，医者も日系人の開業医であった。このように，ハワイに移民しても，日本的なものに愛着していた。しかし，日本語，ハワイ語，英語を混用する子供が現れるなど，日系人社会は複雑な意識が交錯していく。

このような混沌とした時代の中で，日系移民が自発的にスポーツ活動を行ってきたという事実は，一考に価する。そして，日系人達はスポーツ活動においても，日本的な文化の継承を意図し，また一方では，アメリカ本土で行われているスポーツ活動に関心を持った。しかし，それらの影響を受けつつも，彼らは「日本人」または「日系人」としてスポーツ活動を展開する。そうした事実は，日系人達がスポーツ活動を通して，「日本人」または「日系人」としての存在意義を確認し，そうした意識が複雑に交錯し変化する様子を示していると考えられるであろう。

注
1) ハワイ政府は労働力不足を解決するため，1864年移住民局を設置し，労働力を日本から導入する計画を立てた。そして1865年，横浜に在住する貿易商ヴァン・リードを駐日ハワイ総領事に任命し，日本での移民労働者募集を依頼した。
2) 1896年には「全島大寄布哇相撲大会」が開催されている。これはハワイ全島にわたる初めての日系人のイベントであり，これ以降もハワイ全島にわたるイベントはスポーツ活動以外では戦後までみられない。戦前はハワイ全島の日系人を統括する団

体がなく，全島の統括団体は1958年までは存在しない。したがって，ハワイ全島にわたる日系人イベントや統括団体創設を待ち望んだ日系人達にとって，「全島大寄布哇相撲大会」は画期的な出来事であった。
3）第一次世界大戦を境に，「一国家，一国旗，一言語」をスローガンとする愛国運動が全米で起こった。第一次世界大戦後のこのようなアメリカの愛国運動の時期に，日系人はハワイ総人口の40％以上にもなり，日系人は労働組合を組織して大規模なストライキを敢行するなど，「白人」社会に挑戦的になりつつあった。このようなことから，日系人はアメリカに対する忠誠心を疑問視され始めた。そして，第一次世界大戦への徴兵問題ともあいまって，同化政策が行われ始める。ただし，アメリカ本土の同化論のような「100％の同化」ではなく，ハワイの同化論は「英語を話し，アメリカの衣服を着て，アメリカ的スポーツをする」ことを奨励するというような比較的緩やかなものであった。
4）先行研究では，様々な時期区分がなされている。例えば，ハワイ日本人移民史刊行委員会の『ハワイ日本人移民史』（ホノルル：布哇日系人連合協会，1964）は，1885－1908年を出稼ぎ時代，1908－1924年を定着時代，1924年以降を永住時代と区分している。また，アラン・T・モリヤマ（日米移民史学，東京：PMC出版，1988）は，1885－1894年を官約移民時代，1894－1908年を会社移民時代又は私約移民時代，1908－1924年を独立移民時代，1924－1952年を移民禁止時代としている。
5）日系移民の急増から，1908年の日米紳士協定によって，新規に日系移民がアメリカ合衆国へ入国することが禁止された。この日米紳士協定では，すでに日本から移民した者以外には旅券は発行せず，その他の目的の旅行者への旅券発行も制限された。しかし，一時帰国の再渡航者と現地居住者による近親者の呼び寄せは，例外的に認められた。
6）それまで移民規制となっていた紳士協定は自動的に破棄され，日本人の移民は全面的に禁止された。つまりは呼び寄せによる移民も禁止されることとなった。
7）ロシアの獅子堂々勝利を博す，布哇報知，1931（昭和6）年10月7日，5面。
8）レスリングの三宅太郎君来布，布哇報知，1931（昭和6）年9月23日，5面。
9）ロシアの獅子が葡國人覇者を屠る，布哇報知，1931（昭和6）年7月29日，5面。
10）三宅太郎君必勝を期す，布哇報知，1931（昭和6）年10月22日，5面。
11）樋上三段の相撲試合見物，布哇報知，1932（昭和7）年5月12日，5面など。
12）樋上勝つ，布哇報知，1925（大正14）年4月19日，3面。
13）三宅太郎君楽に勝つ，布哇報知，1931（昭和6）年10月24日，5面。
14）樋上對サンテルの試合は勝負つかず，布哇報知，1925（大正14）年6月21日，1面。
15）工藤美代子，海を渡った力士たち，東京：ベースボール・マガジン社，1988，51頁。
16）ロシアの獅子堂々勝利を博す，布哇報知，1931（昭和6）年10月7日，5面。三宅太郎君必勝を期す，布哇報知，1931（昭和6）年10月22日，5面など。
17）チャップリン松の森，ハワイ相撲界を語る，神戸：伴義孝，1975。これは日系人自

身が相撲について語っている唯一の著作であると言われている。
18) ハワイの番付では関脇まで昇進している。
19) チャップリン松の森，前掲書，21頁。
20) フィンと金城試合，布哇報知，1923（大正12）年 5 月15日， 2 面。
21) フィンと錦城大試合，布哇報知，1923（大正12）年 5 月19日， 5 面。
22) この試合後，軍役にあった錦城は，陸軍特技伍長の位を授けられる。このことから彼は除隊と同時に米国市民権をも獲得し，1924（大正13）年 4 月にロサンゼルスで行われた米布合併相撲の後，そのままホノルルに居住する家族を呼び寄せてロサンゼルスに住むようになった。その後の消息は不明となっているが，1970年代に日本に帰国し，ほどなくして他界したという。
23) 金城等發企図なり柔道相撲興行の計画，布哇報知，1916（大正 5 ）年 2 月12日， 4 面。
24) フィン足を折られ決勝戦をなし得ず，布哇報知，1923（大正12）年 5 月28日， 3 面。
25) ギルマンとの試合高橋三段易々勝つ，布哇報知，1923（大正12）年 1 月30日， 3 面。
26) 柔道對西洋相撲大試合，布哇報知，1925（大正14）年 3 月27日， 4 面。
27) 工藤美代子，前掲書，100頁。
28) 工藤美代子氏のインタヴュー調査においても，チャップリン松の森の家族は口を閉ざしてしまった。
29) チャップリン松の森，前掲書，19頁。
30) チャップリン松の森，前掲書，20頁。
31) 大相撲の番組，布哇報知，1913（大正 2 ）年11月24日， 5 面。
32) 1948年ロンドンオリンピックにおいて重量挙げで銀メダルを獲得した日系人レスラー。トシ東郷と名乗り，兄グレート東郷と共に東郷ブラザーズを結成。来日した際に，ナイトクラブで力道山と喧嘩し，それがきっかけとなって力道山をプロレスの道へと引き入れることとなる。
33) 1973（昭和48）年 3 月の日本プロレス崩壊により引退。同年10月に全日本プロレス主催の引退興行が催された。1983（昭和58）年に79歳で，ちょうど20年目の力道山の命日に他界する。
34) 鳥越皓之，沖縄ハワイ移民一世の記録，東京：中央公論社，1988。
35) 同上書，93頁。
36) ハワイの大相撲番付では大関まで昇進する。
37) 鳥越皓之，前掲書，95頁。
38) 岡崎対モリスの試合，布哇報知，1922（大正11）年 5 月23日， 5 面。
39) 鳥越皓之，前掲書，96－97頁。
40) 鳥越皓之，前掲書，99頁。
41) レスリングの三宅太郎君來布，布哇報知，1931（昭和 6 ）年 9 月23日， 5 面。
42) 鳥越皓之，前掲書，99頁。

43）鳥越皓之，前掲書，101頁。
44）同上。

写真の出典
写真1　チャップリン松の森，ハワイ相撲界を語る，神戸：伴義孝，1975，21頁。
写真2　同上，19頁。
写真3　同上，20頁。
写真4　工藤美代子，海を渡った力士たち，東京：ベースボール・マガジン社，1988，104頁。

篠原助市の「心身一体の教育」(1941) について
―― 戦時下における心身再考 ――

鈴 木 明 哲

はじめに

　1936（昭和11）年の第二次改正「学校体操教授要目」には，初めて「人格を陶冶する」という文言が登場し，さらに1941（昭和16）年の「国民学校体錬科教授要項」では，「闊達剛健なる心身を育成し献身奉公の実践力を培い」と変わっていく。こうした変化を捉えて「ここにわれわれは，体操科の主目的の身体から心身への転換をはっきりと見てとることができる」[1]とされている。つまり，「身体から心身への転換」は，36年を嚆矢とし，41年へと結実したのである。特に36年の「人格を陶冶する」という目的採用には，1932（昭和7）年11月，篠原助市によって発表された「体育私言」に示された「意志的体育論」が大きく作用していた。すなわち「体育私言」における「身体が意志の表現形態になることによって始めて人格は成り，意志に対立しながら，意志の表現形態になること，ここに身体の人格的意義は存在する」[2]という説明が36年の「人格を陶冶する」に作用したのであった。
　篠原の「意志的体育論」は，「基本的にはドイツ観念論，なかでも新カント派の批判的哲学を摂取し，J．G．フィヒテやP．ナトルプの民族主義的，国家主義的教育学のほか，W．ディルタイの生の哲学を思想的基盤」[3]としていたが，「身体が剛健であることが即価値あることではない。それが精神・意志を表現する限りで価値を認めようとするのが篠原以来の一貫した体育論」[4]というように，その後の体育論に大きな影響力を及ぼしていた。特に篠原が「健康の意志に対する手段的位置を強調」[5]したことは，「体育の道徳主義化の新し

い粉飾の重要な理論的支柱」[6]を与え，なおかつ「従来の体育論の弊害を指摘することに役立ち，体育に学問的深さを与えたことはよく理解されるが，一面，教育を精神あるいは意志の面で強調するあまり，体育本来の領域である養護学を軽視する風潮の生じたこともまた事実」[7]とされている。

　また，「篠原体育論を体錬科の目標に即して展開」しようとした浅井浅一の体育論については，「戦争に際してその精神・意志が，死を賭けた報国尽忠のための実践という内容をもつとき，身体の健康性は最高度に発揮されると考えられるのである。死と健康という本来相反する事態は，報国尽忠という日本人的価値の表現を内容としてもった精神・意志のもとで矛盾なく両立することになる」[8]とされている。つまり，浅井を介して「意志的体育論」の思想的限界性が顕わになり，それが戦時下の体育論を支配していたという見方である。

　先行研究は「体育私言」発表後の「意志的体育論」の影響力に配慮しつつ，戦時という視点が濃厚であり，あたかも「意志的体育論」が戦時下の皇国臣民の錬磨育成と密接に結びついていたかのような印象を与えている。もちろん1942（昭和17）年の『教授原論』発表の時点においては「ファシズム・イデオロギーに包合される傾向は避けうべくもなかった」とされ，「かれの教育学の転回は否定すべくもない」[9]と歴史的評価が下されてはいる。しかし，こと「意志的体育論」に限っては，篠原の後続する体育論を忠実にたどっての説明ではなく，浅井というその影響を受けた人物を介しての歴史的評価であり，また体育論的解釈である。これまでの先行研究では，浅井を例に，確かに篠原の影響を受けてはいるが，曲解したと思われる「意志的体育論」の提唱者を引き合いに出しながら，彼の理論の限界性と戦時との一致を説明してきた。「体育私言」において，篠原は皇国臣民の錬磨育成や死の問題については言及していないにもかかわらずである。

　そこで本研究では篠原が1941（昭和16）年１月に発表した「心身一体の教育」という，これまで全く取り上げられてこなかった論考を中心に検討，考察する。この論考は，「体育私言」が発表された1932（昭和７）年から十年近くが経過した，より深刻な戦時下にあった体育論である[10]。つまり，篠原の体育論と戦時との結びつきを見る上においては重要な論考であり，篠原体育論の影響を受けた人物を介しての篠原像ではなく，彼の筆による論考をもとにした正

確な像が明らかにできると考えられる。
　以下，本研究では篠原の「心身一体の教育」を明らかにし，そこに記述された心身の一体化が戦時下において掲げられたそれといかに差異をもった説明であったのかを検討，考察する。特にこれまでの先行研究が主張してきた身体による意志・精神の表現及び養護の軽視，体育の道徳主義化などを素材として再検討することにより，戦時下における心身一体化との差異化を試みたい。さらに戦時下の政策的差異も明らかにするため，1940（昭和15）年8月に発表された「国民学校教則説明要領」を中心的に引用し，比較，考察する。以上を経て，最終的には篠原助市像の修正が本研究のねらいである。

1．「心身一体の教育」執筆の経緯とねらい

　篠原は「体育私言」の末尾において，「私は以上の人格的な立場からして，所謂心身の並行とか，相制とかの問題をも，或る程度まで解決し得るものと考えているが，夫れには尚かなり長い叙述を必要とするから，ここには暫く，之に触れないで置く」[11]と記している。実際，「体育私言」の中では，「心身一体」という用語はほとんど使われていない。「体育私言」で留保された心身に関する説明には多言を要するため，この問題は1941（昭和16）年の「心身一体の教育」まで持ち越されることとなったのである。
　では，なぜこの1941（昭和16）年1月に「心身一体の教育」を発表しなければならなかったのか。その理由は国民学校教育とそれまでの教育及び体育への反省に基づいている。
　「心身一体の教育」において，篠原はその理論が当時の時代情勢とどのような位置関係にあったのかを一切説明しておらず，その関連は不明である。だが，「心身一体の教育」よりも2号前の『教育学研究』に掲載された「国民学校の本旨」という論考において，篠原は「我が国一切の教育は国家による国家のための教育であり，一切の方法は肇国の大精神を具現するための方法とならねばならぬ」[12]と時代に対する立場を明確にしている。これが彼の時代認識であった。
　篠原は，この「国民学校の本旨」という論考において，以下のように記して

いる。

　　尚また小学校令第一条に於いて僅かに『身体ノ発達ニ留意シテ』とあったものが国民学校案では心身を一体として教育し，著しく身体的方面を重視するに至ったことも，単に方法上の問題としてのみでなく，目的観の一つの書き換えとも見られ得るので，この点また国民学校教育の本旨を明らかにする上に於いて軽々に看過することを許されぬ。然らば心身一体の教育とは如何なる意味を有するか，私は次号に於いてやや詳細に之について考えてみようと思う[13]。

　「心身一体の教育」とは国民学校教育の要であり，その重要性を彼は認識していた。だから，この「国民学校の本旨」という論考の中では書き尽くせず，別に新しい論考を立てて「次号に於いてやや詳細に」説明する旨，読者へ伝えていたのである。だが，この伝えは実現せず，実際には「次号」ではなく，「次々号」，つまり『教育学研究』の第9巻10号を待たなければならなかった。遅れを生じるほど「心身一体の教育」とは，彼にとって難問であったことがうかがえるが，いずれにせよ，篠原が「心身一体の教育は国民学校教育の目的及び方法を規定する最も重要な一点」[14]と位置づけていたことは明らかであった。しかも「方法上の問題」ではなく，「目的観の一つの書き換え」と捉えていた。

　また，彼は国民学校教育を「著しく身体的方面を重視」と認識していたが，このことは後述の検討，考察の際に銘記すべきである。「心身を一体として教育し」と謳った文言を，なぜ彼が「著しく身体的方面を重視」と認識するに至ったかについては1936（昭和11）年5月に伏線がある。当時，篠原は東京文理科大学教授の任にありながら，文部省教育調査部長を兼ね，その時に「義務教育年限延長の取り調べを命ぜられたので，小学校令第一条の改正に始まる教則の原案」[15]を審議，検討していた。その渦中にあって，小学校令第一条の「『身体ノ発達ニ留意』するとは身体の軽視に当たる。小学校時代は，反対に最も身体の教育に注意すべきではないか」という意見があったことを回想している。そして「心身を一体として教育し」という文言に改めたことにより，

「難題は大凡除去された」[16]とも回想している。つまり「身体の軽視」から「著しく身体的方面を重視」することを意図して，「心身一体の教育」という文言に改めたことがわかる。注意すべきは特に「心」や「一体」の意味が十分に吟味されていないことである。

先行研究によると，戦時下において心身の一体化が提起されてきた背景には「知育偏重の克服」原理として採用されたという説明がなされている[17]。つまり，1920年代からの懸案事項であった学校教育における知育の時間的割合を減じさせ，体育と半々にすることにより知育と体育のバランスを保とうとする意図であった。だが，篠原の説明は違っていた。

> 従来どうもすれば精神の教育に偏しがちであったのに反対し，身体の教育（体育）を重んじさえすればそれで心身一体の教育が成るかの如き速断と誤解に陥らないように特に警告したい。心身一体の教育は知育と体育との外部的結合という如き安易な解決に止まり得るものでなく，寧ろ一切の方法の根底とも称すべき最も重要な教育的見地である[18]。

知育偏重のアンバランスを是正するために心身一体の教育を唱えることが多かった当時の状況を，「外部的結合という如き安易な解決」と批判している。心身一体の教育とは，そのように単純な捉え方ではなく，もっと教育の根本的な原理であるという重い認識であり，以下のように説明している。

> もし心身がいつでも一体であるとしたら心身一体を教育上，また倫理上要求する理由は毫末も存しないであろう。存在は要求でないから。すなわちいやしくも夫れが要求せられる限り，二者の分離が必然に予想せられねばならぬ。ここに於いてか，私は前に挙げた，本来一体であるものが如何に分離し，分離しつつも合一するという第二の段階の考察に自然に歩みを進めなければならぬ。そして夫れは同時に本来の教育問題に向かうこととなる[19]。

心身がいつでも一体であるならば，それはもう教育の範疇ではないという認

識であり，分離をしつつも合一するところに教育の問題があるとしている[20]。体育だけではない，教育の根底に位置する重要命題であると把握していたことに注意したい。だから以下のように説明していた。

> 精神的または身体的なるものの一方に偏し，二者の合一に欠くる所がないではなかったか。あるいは精神を欠いた空疎な身体的（心意的）活動に偏し，あるいは身体的（心意的）活動から離れた抽象的思索に流れ，一言に精神が生活となり，生活が精神となるという点に於いて未だ不十分の識を免れ得なかった。ここに二者の合一が今更のように要求せられる理由がある[21]。

「精神が生活となり，生活が精神となる」ために精神と身体の「二者の合一」，すなわち「心身一体の教育」が要求されると説明していた。また，ここでは「生活」という視点が重視されている。

なお，上記引用に記された「心意」という用語を理解するため，篠原による精神と身体の関係説明を明らかにしておきたい。

> 精神は，おおよそ身体に結合して連続的に作用するものと，身体から離れて断続的に発動するものと二大別せられ，現代では一般に前者を心意（Seele），後者を精神（狭義）(Geist) と呼び現している。あるいは前者を存在としての精神，後者を当為としての精神と言っても宜しい。こは古く已にアリストテレスの認めたところで，彼は身体と結合せる精神に受動的精神（ヌース，パテティコス），之から離れて存する精神に能動的精神（ヌース，ポイエティコス）という名を与えた[22]。

篠原は精神を身体との関係から二つに大別して把握していた。一つは身体に結合する，存在としての精神である「心意（Seele）」，「受動的精神」であり，もう一つは身体から離れる，当為としての精神である「精神（狭義）(Geist)」，「能動的精神」であった。

2. 篠原助市の「心身一体の教育」論について

以下では，篠原の「心身一体の教育」論について，その特徴を明らかにする。

（1）生活に即した心身把握

「心身一体の教育」と題する論考を執筆するにあたり，「私はなるべく哲学的な考察を差し控え，心身一体の発動を現実の相に於いて把握しようと思う」[23]とその視角を明らかにしている。

そこで「まず我々の『生活』に於いて（少なくとも生活感情に於いて）精神と身体とが分離せられているか否かを考察の主題に掲げ」[24]，「始めから分かれて存するものの統一ではなくて，もと一体であるものが如何にして分かれ，分かれながら統一せらるか，生活に即して言えば一つの生活に如何に止揚せられるかを段階的に吟味しなければならぬ」[25]という「生活感情」を基軸に据えた視点を設定している。

篠原によれば「生活とは身体的であって同時に精神的である。生活とは活動であり，動かす精神と動く身体とが一つであること，夫れが生活である。だから精神のないものに生活はないと共に，身体のないものにも生活はなく，その所に物体と身体との根本的，本質的な分界線がある」[26]と哲学に代わり，生活に目を転じながら身体と精神を考察していこうとしていた。この「生活」は，「体育私言」には見られなかった新視点であった。

では，生活に即して心身一体を考えるとはどういうことであったのか。篠原は「心身一体の発動を現実の相に於いて把握」[27]するために，おおよそ四つの観点に分けて論を展開している。

第一に「まず生活活動の一般的状態を我々は内面的に如何に体験するか」[28]という問題を提起している。「一般的状態の体験」とは，「有機感覚または一般感覚と呼ばれている」もので，「例えば身体の一部の活動たる呼吸や脈拍は一般には感ぜられないが，激しい運動後には強く感ぜられる」[29]ことを指しているという。つまり「有機感覚は生活が昂進または減退せられるときに一般に明

らかに意識に上り来る。然るに我々はまず有機感覚に於いて，自己の身体を体験するので有機感覚から離れた身体がありとしたら夫れは他人の身体であって自分の身体ではない」[30]という説明が成り立つのであった。だから「我々の生活活動の内面的な体験は身体的であると共に，精神的であり，もし二者が分離するときは身体は最早身体ではない。夫れは単に見られる事物たるに過ぎない」[31]とし，精神と身体の一体化を「有機感覚」を媒介として捉えている。

　第二の観点は「外なる世界と身体との関係について考えてみる」ことであった。ここでまず篠原は「身体は自我と世界とを媒介し，二者の限界に位置する」とその空間性を問題にし，「外界と交渉し，外界の知覚は一切身体的に規定せられる」[32]と身体なしに外界の知覚をつかみ取ることはできないとしている。特に「頭と之に伴う眼の動きは自我と外界とを関係せしむる中心点」[33]であった。

　　　殊に知覚が漠然たるものから精密な知覚に，受動的な知覚から能動的な
　　　直観に高まるには，注意して知覚すること，分析と綜合の必要であるこ
　　　と，同時に感覚器官が鋭敏に作用すること等心身一体の修練を必要とし，
　　　その一つを欠くも外界事物の正しい認識は得られるべくもない[34]。

だから「知覚は言うまでもなく精神的現象であるから，外界の知覚に於いては心身はいつでも一体として発動」[35]するのであった。
　以上，二つの観点に基づく篠原の説明は，彼自身の言葉によれば「身体の立場からして内面的及び外面的に心身一体の事実について考えた」[36]とのことであった。
　第三の観点は「転じて精神の方面から同じ問題を探ってみ」ることであり，「まず考えられるのは精神の身体的表現」[37]というように「体育私言」でも説明されたテーマであった。
　篠原は「表現はおおよそ（一）精神的体験の一時的な表現と，（二）同じ体験を反復せる結果固定化した表現とに区別せられる」と把握する。前者は「表情と称せられるもの及び手の運動（ゼスチュア），歩き方，個々の生活状態に応ずる全身の態度」であり，一方後者は「人相及び全身の習慣的態度，手の姿

（百姓の手，裁縫師の手等それぞれ特色を有する如く）等」[38]であった。両者はともに「精神は直接に身体に表現せられ，逆に身体は精神を象徴し，精神は身体に於いて，透明に直視せられる」[39]のであり，だから「精神を象徴しない身体があるとしたら，夫れは身体ではなくて物であり，身体に表現せられない精神があるとしたら，夫れは例えば喜怒色に現さずといったように忍苦修養の結果であって自然の状態ではない」のであった。篠原は「要するに心身一体の事実は表現に於いて如実に示され，心身一体という立場を離れて表現を理解する道はどこにも存しない」[40]と「体育私言」以来の論理を重視している。

　第四の観点は「本能的及び衝動的行動」による説明であり，これこそが「心身一体の事実を明示するもの」[41]にほかならなかった。このあたりの衝動に関する説明は「体育私言」で言及済みであった[42]。例えば「渇して飲を欲するという衝動的行動に於いて，この行動の原因は身体にあるのか，若しくは精神にあるのか」という問いを立て，「二者は渾然たる一体」であり，故に「分析することすら極めて不自然であって，直接の体験に於いてかかる分界線はどこにも引かれていない」[43]と説明している。一方「本能的行動」については，「発展的本能と呼ばれている好奇心とか模倣」を例に説明しようとしているが，ここでも「衝動的行動」と同じように，「幼児の事物に対する好奇心の原因は眼にあるのか心にあるのか，其の模倣は身体的であるか精神的であるかと問うたら，恐らく何人もはっきりした答えを与え得ないであろう」[44]と一掃している。だから，以下のように記している。

　　　発展的本能である遊戯についても，幼児は身体で遊戯するのか，精神によって遊戯するのかとの問いは一種駄問である。遊戯とは心身一体の発動であり，心身一体の発動であるが故にこそ遊戯に於いて心身共に発展するのである。そしてもし幼児の世界が遊戯の世界であるとしたら，幼児の生活は心身一体の生活であると言い得るし，その所では身体と精神とは一つに，一つとして体験せられ，それ以外の何物でもない[45]。

　もし，幼児の生活が「心身一体の生活」でないとしたら，そこに遊戯は存在しないという認識であった。

「生活」という新視点から心身の一体化を説明していたが，総じて，「体育私言」の論調を繰り返しており，それほどの斬新さは感じられない。

（2）身体的（心意的）活動から精神的活動の発現へ

篠原は「心身一体の教育」というこの論考の最後を「最後に述べ来たった心身一体の段階を児童の発達に即しつつ考察してみよう」[46]と結んでいる。こうした児童の発達段階に留意した説明は，かつての「体育私言」にはなかったところである。

まず幼児期における「精神（心意）はいつでも身体と一体として発動」し，以下のように説明している。

> 精神（狭義）は身体（もとより心意も一体としての）に言わば付着し，未だ心意の中に潜んでいる。従ってこの時期の教育はいつでも身体に結合して行われ，主として感覚器官及び運動器官の練習と言語の収得（ママ）と及び起居の動作の外部的な躾けに向けられ，一切が遊戯の形式に於いて行われる。その所では心身の合一は求めずして自然に成り，改めて問題にするに当たらない[47]。

前述の遊戯に関する説明に類似し，心身の一体化は自然に発現していると捉えている。

次に児童期では以下のように説明されている。

> 精神は徐々に顕現する。彼等は徐々に思考し始める。けれどもおおよそ十一歳期の児童の思考は直観的，空間的に事物に結合して遂行せられ，事物と離れた形式的思考は十一歳以後初めて現れる。彼等はまた意志し始める。けれども夫れは未だ他律的であって，概ね大人の善とし，または悪とするものを無批判に受け入れたものに過ぎない[48]。

篠原が「体育私言」以来重視する「意志」が現れてくるが，まだ「他律的」であった。

幼児期には,「精神（心意）はいつでも身体と一体として発動」し,児童期には「精神は徐々に顕現」していくというように,発達段階的に精神は後から芽生えて来るというのが篠原の考え方であったが,「児童期に於ける精神の発動は概ね身体的（心意的）活動に追随し,若しくは之に促されての発動であるに止まる」[49]と精神は身体に追随して発達すると捉えている。だから「児童期の教育では,特に具体的事物に即し,身体的（心意的）活動に結合しつつ精神的活動を促進し,翻って精神的活動を具体的な事物,身体的（心意的）な活動によって吟味し,徐々に,しかも自然に自己反省に誘導することが重要視せねばならぬ」[50]と,まず「身体的活動」があり,それに付随して「精神的活動」が出現し,さらにその「精神的活動」は再度「身体的活動」によって確かめられ,発展していくのであった。「身体的活動」が起点となっており,以下のように説明されている。

　　　心身一体の教育は,ここでは身体的（心意的）活動から精神的活動へという方向を取り,精神的活動は身体的活動によって促され,及び翻って吟味せられ,身体的活動を中心としての心身一体であるべきことが要求せられる[51]。

　児童期における心身一体の教育は,まず「身体的活動」から始まり,そしてその作用は「精神的活動」に及び,再び「身体的活動」に立ち返ることにより「精神的活動」が高められる,というように篠原は心身の一体化に関するその方向性を分析し,認識していた。つまり,精神は「身体的活動」によって形成されるということであり,精神を向上させるためには身体の存在と活動が不可欠であった。

（3）「身体の精神的形成」のための「心身一体の教育」論
　前述したように「心身一体の発動を現実の相に於いて把握」[52]しようとする篠原は,精神の問題を次のように考えていた。篠原は「単に自然の生活が精神によって内面的に統一せられ,知覚が認識となり,衝動が意志となるのみでなく,認識が生活に於いて表現せられ,意志が生活に於いて実践せられねばなら

ぬ」[53)]というように，すでに「体育私言」で言及済みであった「意志が身体に於いて，身体を通じて表現せられる所に意志は実現せられ，この実現に於いて人格は創造せられる」[54)]という「表現」や「意志」の問題を提起する。しかし，ここで注意すべきは前述の「生活」という文言が加筆され，しかもその「生活」において意志が「実践」されなければ意味をなさないという命題が提起されているところである。この意志が実践されるという点を詳細に明らかにすることにより，緒言で取り上げた先行研究とは異なる論点が見えてくると思われる。さらに引用を続ける。

> 心身一体の問題はかくて意識に於ける身体（心意的）と精神との対立と其の止揚から，更に進んで，内面的理念的な統一と夫れの生活における具現，言い換えれば理論的な考察と夫れの生活に於ける実践との合一，端的に理論と実践との合一，精神と作業との結合如何の問題にまで進展する。そしてここに主として理論的な教授と主として実践的な訓練とは不可分の関係に立ち，心身一体の教育は当然教授と訓練との分離を忌避することとなる[55)]。

ここでは理論と実践の合一，精神と作業との結合が説かれ，あくまで「教授と訓練との分離を忌避する」という教育学的な観点から「心身一体の教育」を主張していることに注意したい。加えて「理論的な教授」と「実践的な訓練」は不可分というように，「訓練」に実践を託している点にも注意を払いたい。そしてようやく体育の説明となってくるが，教授と訓練，理論と実践の説明はさらに続く。

> 生活の統一は精神に於いて，実践の原動力は身体に於いてである。従って思索と実践の合一，内面的統一とその生活に於ける実現を目指す教育は，精神的な思索と共にまた身体的諸能力の健全な発達を意図しなければならぬ。そしてこれ体育の重要性が近時特に力説せられる所以であり，この点からして心身一体の教育に於いて養護（体育）は教授及び訓練と不可分の関係にある[56)]。

「生活の統一は精神」に託し，一方「実践の原動力は身体」に託していた。体育の重要性を語っているが，ここには日本精神や皇国臣民の錬磨育成のためといった文言は一切ない。あくまで教育学的な観点，すなわち「養護（体育）は教授及び訓練と不可分の関係にある」という把握に基づく体育及び心身の一体化の重視であった。また，「近時特に力説せられる所以」の根拠は，以下のように説明されている。

> 体育は教授及び訓練と不可分の関係にある。心身一体の教育は単に教授と訓練との分離を忌避するのみでなく，またこれらと養護（体育）との分離をも排斥する。国民学校の方針に「心身ヲ一体トシテ教育シ，教授，訓練，養護ノ分離ヲ避クルコト」とあるのも恐らく如上の意味に於いてであろうと思われる[57]。

国民学校に準じていたが，独自の教育学的解釈をしていたのであった。だから，「体育は身体の精神的形成であり，体育それ自身已に心身一体の教育である」[58]とし，以下のように続けている。

> 精神的形成である限り，体育はいつでも教授及び訓練と結合し，一時も之から離れることを許されない。如何にすれば身体は理想的に発達するかという考量（夫れは教授の依る所である）を欠き，及び理想的に発達せしめようとの意志（夫れは訓練に依る）に一貫しない体育があるとしたら，それらは共に体育の本質を無視せるものと貶し去るべきである[59]。

つまり，教授的側面を「如何にすれば身体は理想的に発達するか」とし，訓練的側面を「理想的に発達せしめようとの意志」とし，体育（養護）はこれらと密接に結びついて成立しているとの考えであった。引用を繰り返すが「体育は身体の精神的形成であり，体育それ自身已に心身一体の教育である」[60]というように，篠原の主眼は「身体形成」におかれていたのである。緒言で触れたように，「体育私言」の影響で，養護軽視の風潮が広まったと先行研究は伝えているが，しかし，「心身一体の教育」における上記のような説明を見たと

第Ⅲ部　人と大地の交流についての対話　417

き，必ずしも篠原が養護（体育）を軽視していたのではなかったことがわかる。このような篠原の教授，訓練に関するこだわりは，1938（昭和13）年2月，学制改革の私案を文部省で説明した頃から認められる。

　　席上私は，現今，教授と訓練（または訓育）とを混合するものが多いが，二者はどこまでも比較的に区別せねばならぬ，と言ったら，今はすべて「教育」と称しているのであるから，それで差し支えないではないかと，誰かが主張された。之に対し私は，「それは宜しくない。第一，国語でも教えと躾けと，英語のEducationとTeaching，独逸語のErziehungとUnterrichtなど，どこの国でも二者は分かれている。教授が多分に技術的なるに対し，訓練（訓育）は主として心情（情操）に関する。私は教育学者の面目にかけてこれだけ守り抜く」と大見得を切った[61]。

よって篠原の言う体育とは，以下のようであった。

　　体育それ自身，いやしくも身体の理想的発達に関する限り，夫れは盲目的な身体の練習ではなくて，精神的な身体練習，言い換えれば身体的諸能力を一定の法則により一方の方向に統一する思考と，この思考の線に沿って発動する意志に支えられた身体練習足るべくかかる練習であってはじめて体育と呼称し得る[62]。

一心不乱にただ回数だけをこなし，運動による身体への負荷とそれに伴う精神的苦痛に堪えることで目標が達成するというような非科学的，非合理的方法を奨励していた訳ではない。ここが神がかり的となった当時の体育論との大きな相違である。
　しかしながら「理論と実践の一致，作業と精神の合一という古くて，しかも新しい要求はしかしたやすくは実現し得らるべくもない」[63]とその実現の難しさについては，熟知していた。

　　知と実行の合一は東西古今，おおよそ一致した要求であるにもかかわら

ず，今尚完全に実現せられていない。実現せられていないが故に夫れはいつまでも重要な課題として残り『知識ト実行，精神ト身体ヲ一ニシテ』教育することは現に国民学校に対する教育審議会の強い要求となっている[64]。

神がかり的に戦時に協力した当時の体育や教育を表面的に批判することはできない。篠原が記したように，積年の教育課題を一気に解決しようとした斬新性，進歩性も見受けられるのである。皇国臣民の錬磨育成的観点からの心身の一体化要求だけではなかったことがわかる。そしてそれはまた太古から続く永遠の教育課題でもあった。いかに大きな問題にぶち当たっていたのかがうかがえる。

3.「国民学校教則説明要領」における心身の一体化

最後に国民学校体錬科における心身の一体化を明らかにしておきたい。
1940（昭和15）年8月に発表された「国民学校教則説明要領」，「第四章 体錬科」，「第一 体錬科総説」の「一 体錬科の目的」には，「身体を鍛練し精神を錬磨して闊達剛健なる心身を育成し献身奉公の実践力に培うこと」という要旨に関する解説が添えられている。

> 要旨にはまず「身体を鍛練し精神を錬磨し」とあるが，之は身体の鍛練と精神の錬磨とが相俟って一体として行われるべきことを意味する。身体と精神とは一体的に作用するものであって，それぞれ別個に活動するものではない[65]。

作用と活動からして身体と精神は一体であるという把握であった。だから「心身は正に一体であるから，身体を鍛練するためには精神を錬磨しなければならず，精神を錬磨するためには身体を鍛練しなければならぬ」[66]と説明されているように，身体の鍛練と精神の錬磨という二つの達成課題が提示されており，このそれぞれの課題を達成するためには精神は身体を手段とし，また身体

は精神を手段とすることが要求されていた。それが一体化という意味であった。

さらに「第二　体錬科体操」,「一　体錬科体操の目的」では，以下のように説明されている。

> 心身はもと一体にして分離し難きものであるが，思考の便宜上，暫く心身両面から体操の目的を検討すると，身体的方面に於いては，身体各部の均斉にして調和的なる発達を促し，健康を増進して強壮ならしめ，動作を機敏・耐久的にし，姿勢を端正ならしめるにある。精神的方面に於いては，身体の修練を通して快活剛毅なる気風を育成し，また団体訓練によって規律を守り協同を尊ぶの習慣を養うにある[67]。

ここでも明確に，身体と精神，それぞれに分けての達成課題を示している。かろうじて「身体の修練を通して」という文言から，精神に働きかけることを心身の一体化と認識しているようにも読み取れる。さらに注目すべきは，「思考の便宜上」という文言である。それぞれに分けて考えた方がわかりやすいという認識であったと考えられるが，逆にいかに心身の一体化の説明が難しかったのかを物語っている。

先述のように篠原は幼児の遊戯に「心身一体の発動」を見出していたが，試みに「国民学校教則説明要領」,「第四章　体錬科」の「第一　体錬科総説」は以下のようであった。

> 児童の遊戯について見るに，それは所謂霊肉の素朴的統一に外ならぬ。児童の活動は遊戯より競技に進み次第に作業化し事物の学習，学習せるものの実践に移行するものである。競技が遊戯と同じく心身の一体的活動であることは言うまでもない[68]。

こうして心身一体の代表格に遊戯と競技を位置づける視点は，両者の共通項であった。

おわりに

　以上，篠原による「心身一体の教育」論を検討，考察してきたが，先行研究の指摘や国民学校体錬科との相違を強調しながら結語としたい。
　まず篠原は生活の実相において，意志が実践されなければならないことを説いていた。それはすなわち「理論と実践との合一」，または「精神と作業との結合」であった。さらには「理論的な教授」と「実践的な訓練」が不可分の関係にあると認識し，つまり理論を教授に，実践を訓練に託して考えていた。このような考え方の基盤には教育学的な視点が濃厚にあり，いかに教授，訓練，養護を分離させないかという配慮のもとに考え出され，「心身一体の教育」もこの基盤の上に説明されていた。そこを踏まえながら，篠原は「体育は身体の精神的形成」と定義しつつ，精神の作用を助力とした身体の形成を重視し，これを「心身一体の教育」の具体的な実践像としてみていた。「身体の理想的発達」という文言からも，彼がいかに身体の形成を重要視していたかがうかがえる。よって篠原には国民学校体錬科に求められていたような「精神を錬磨し」という側面は微塵もなかった。
　「心身一体の教育」論全体を通じて，篠原の説明は理論的で，当時流行した道や修行という文言は使われていない。神がかり的，神秘的でもない。また神がかりや神秘に代わり，わかりやすい「生活」という視点から説明している。精神や意志も説明されているが，身体はそれらの表現形態としての役割を担っていたのではない。彼の視点は精神や意志の助力を得た身体形成にあった。つまり，いかに身体を合理的に作り上げるかという視点が篠原の「心身一体の教育」論が目指したところであり，神がかりや神秘とは逆に，実は科学的理論に基づく実践要求へつながっていたと考えられる。つまり，篠原の意図は身体形成にあり，精神や意志を身体で表現することが強調されていたわけではなかったことは明らかである。また，「心身一体の教育」論には養護軽視の論調も認められない。
　こうした説明内容をもっていた「心身一体の教育」論は，先に記され，そして体育界に大きな影響力を及ぼした「体育私言」とどのような関係のもとに

あったと考えればよいのか。一つに「体育私言」から「心身一体の教育」へと至る過程で，篠原が方々の批判を踏まえて書き改めたという可能性がある。例えば先行研究が指摘するような養護軽視の問題が紛糾したために，身体形成に力点を移し替えていったという可能性である。また逆に，「体育私言」と「心身一体の教育」との間に説明の相違はなく，両者はともに身体形成を重視し，同一の文脈のもとにあったとも考えられる。つまり，篠原が曲解され，その真意を捉えられていなかったということである。「体育私言」の正確な読み直しが今後の大きな研究課題となってくる。おかしなことに，戦時下と「意志的体育論」を結びつけた浅井は，1945（昭和20）年12月，篠原理論の復活を構想し，「氏の素晴らしい体育学説も学的水準に未熟であった当時の体育界では，それを現実に生命化してゆく域にまで到らなかった」[69]と伝えている。ここから考えると，篠原が曲解されていた可能性が極めて高い。以上を斟酌すると，戦時下との直接的な結びつきが強調されてきたこれまでの篠原助市像は修正されるべきであると思われる。浅井は1943（昭和18）年に「何れの国家の体育にも説明のできる定義であって，直接我が日本の体育を指導する原理とはならない」[70]と篠原の抽象性を批判しているが，このことからもわかるように篠原の「心身一体の教育」は国家主義や軍国主義との関連説明が極めて脆弱であった。

［付記］
　本研究は平成15-17年度科学研究費補助金，基盤研究（C）（2），課題番号15500415「近代日本における『心身の一体化』に関する歴史的研究」に基づく研究成果の一部である。

注
1) 久保健, 学校体育思想における「主体者」像の検討, 伊藤高弘ほか編, スポーツの自由と現代, 下巻, 東京：青木書店, 1986, 281頁。
2) 篠原助市, 体育私言, 篠原助市, 教育断想―民族と教育その他―, 東京：宝文館, 1938, 131頁。
3) 入江克己, 日本ファシズム下の体育思想, 東京：不昧堂出版, 1986, 115頁。
4) 岡田猛, 篠原体育論の現象学的検討, 九州体育学研究, 第9巻（1995）第1号：9-17頁, 15頁。

5）岡田猛，前掲書。
6）草深直臣，戦後日本体育政策史序説―その1. 戦後初期の体育政策―，立命館大学人文科学研究所紀要，第25号（1977）：3-44頁，41頁。
7）大場一義，篠原助市「体育私言」，松田岩男・成田十次郎共編，身体と心の教育，東京：講談社，1981，273頁。
8）岡田猛，前掲書，15頁。
9）柳久雄，教育学研究の遺産―篠原助市の教育学について―，教育学研究，第40巻（1973）第4号：29-35頁，32頁。
10）その間「体育私言」は，1938（昭和13）年3月に出版された『教育断想』において「補正」という形で若干の修正が施されているが，1932年と内容的には大差ない。
11）篠原助市，体育私言，132頁。
12）篠原助市，国民学校の本旨，教育学研究，第9巻（1940）第8号：1-14頁，6頁。
13）篠原助市，国民学校の本旨，14頁。
14）篠原助市，心身一体の教育，教育学研究，第9巻（1941）第10号：21-41頁，21頁。
15）篠原助市，教育生活五十年，東京：相模書房，1956，375頁。
16）篠原助市，教育生活五十年，376頁。
17）木村吉次，学校体育の理論と実践，岡津守彦編，教育課程各論（戦後日本の教育改革：第七巻），東京：東京大学出版会，1969，373頁。
18）篠原助市，心身一体の教育，41頁。
19）篠原助市，心身一体の教育，29頁。
20）こうした心身の分離を前提とした説明は現代の学習指導要領と実践をめぐる問題とよく似ている。すなわち現代の学習指導要領における「心と体を一体として捉えるという前提は，実際には心と体が別であることを認めた主張」であり，「それは努力目標として捉えることができる。すなわち，一体であることが望ましいという主張である」（滝沢文雄，現象学的観点からの「心身一体観」再考：「身体観」教育の必要性，体育学研究，第49巻（2004）第2号：147-158頁，149頁）という説明である。篠原は「努力目標」として設定すべきことまでは述べていないが，まずは分離を前提とし，合一を目指すことがすなわち教育であると考えていた様子はうかがえる。
21）篠原助市，心身一体の教育，34頁。
22）篠原助市，心身一体の教育，31頁。
23）篠原助市，心身一体の教育，24頁。
24）篠原助市，心身一体の教育，22頁。
25）篠原助市，心身一体の教育，23頁。
26）篠原助市，心身一体の教育，22-23頁。
27）篠原助市，心身一体の教育，24頁。
28）篠原助市，心身一体の教育，24頁。

29) 篠原助市, 心身一体の教育, 24頁。
30) 篠原助市, 心身一体の教育, 24-25頁。
31) 篠原助市, 心身一体の教育, 25頁。
32) 篠原助市, 心身一体の教育, 25頁。
33) 篠原助市, 心身一体の教育, 26頁。
34) 篠原助市, 心身一体の教育, 26頁。
35) 篠原助市, 心身一体の教育, 26頁。
36) 篠原助市, 心身一体の教育, 26頁。
37) 篠原助市, 心身一体の教育, 26頁。
38) 篠原助市, 心身一体の教育, 26頁。
39) 篠原助市, 心身一体の教育, 26-27頁。
40) 篠原助市, 心身一体の教育, 27頁。
41) 篠原助市, 心身一体の教育, 28頁。
42) 「衝動に於いて精神と身体は合一して, 其の所に少しの隙間もない。だから衝動は身体的なものとして, 同時に精神的なものとしても考えられる」(篠原助市, 体育私言, 129頁) という引用に見られるとおり。
43) 篠原助市, 心身一体の教育, 28頁。
44) 篠原助市, 心身一体の教育, 28頁。
45) 篠原助市, 心身一体の教育, 28-29頁。
46) 篠原助市, 心身一体の教育, 39頁。
47) 篠原助市, 心身一体の教育, 39頁。
48) 篠原助市, 心身一体の教育, 39頁。
49) 篠原助市, 心身一体の教育, 40頁。
50) 篠原助市, 心身一体の教育, 40頁。
51) 篠原助市, 心身一体の教育, 40頁。
52) 篠原助市, 心身一体の教育, 24頁。
53) 篠原助市, 心身一体の教育, 34頁。
54) 篠原助市, 体育私言, 131頁。
55) 篠原助市, 心身一体の教育, 34-35頁。
56) 篠原助市, 心身一体の教育, 36頁。
57) 篠原助市, 心身一体の教育, 37頁。
58) 篠原助市, 心身一体の教育, 37頁。
59) 篠原助市, 心身一体の教育, 36-37頁。
60) 篠原助市, 心身一体の教育, 37頁。
61) 篠原助市, 教育生活五十年, 377頁。
62) 篠原助市, 心身一体の教育, 36頁。
63) 篠原助市, 心身一体の教育, 35頁。

64）篠原助市，心身一体の教育，35頁。
65）著者不詳，国民学校教則説明要領，国民学校，第 1 巻（1940）第 5 号：75-94頁，75頁。
66）国民学校教則説明要領，75頁。
67）国民学校教則説明要領，78頁。
68）国民学校教則説明要領，75頁。
69）浅井浅一，体育思想の発達，学徒体育，第 5 巻（1945）5 号：8 頁。
70）浅井浅一，国民錬成と体錬，東京：教育科学社，1943，53頁。

ドイツ再統一後の旧東ドイツ スポーツジャーナリストK. フーンの言説
―― 2つの自叙伝的著作とインタビューで語られたことを中心に ――

寳 學 淳 郎

はじめに

　東西ドイツの統一を前に当時のドイツ連邦共和国（以下，1990年以前は西ドイツ，以後はドイツと表記）首相H. コールは，ドイツ民主共和国（以下，東ドイツと表記）の諸州の風景は短期間で繁栄へと変わるだろうと語ったが，条約上の統一が達成された後の東西ドイツの政治，経済，社会の統合は，予想を超える負担と困難をともなった。市場経済化と旧西ドイツ経済との一体化は，豊かな消費生活と生活水準の向上をもたらしたが，信託会社によって進められた人民所有企業の民営化によって多くの企業が閉鎖され，競争力のない企業の倒産も相次ぎ，1990年代半ばまでに東ドイツの就労者の約3分の1が職を失ったのである。また，変革で東ドイツの政権政党であったドイツ社会主義統一党（以下，SEDと表記）の支配が終わりを迎えた後，東ドイツでは政治家や文化人が秘密警察シュタージの協力者であったことが次々と暴かれたことなどから，東ドイツ地域ではエリート層の大幅な交代も生じ，省庁では多くの西ドイツ出身者が高位のポストに就いた。他方，東ドイツの崩壊後，東ドイツの歴史学も厳しい批判に晒された。官学としての東ドイツ史学は資料に基づく客観的な事象の解釈とその叙述から出発したのではなく，党の政治方針を勅命としてそれに適うべき解釈を義務づけられていたからである[1]。

　統一後の厳しい現実のなかで，当初の高揚した空気や連帯感は醒め，東西ドイツの市民の間には心の壁と言われる心理的な溝が生まれた。東の市民は，自らが2級市民で西に植民地化されているという意識を抱き，東ドイツへの後ろ

向きの郷愁が広がった。一方，西の市民も，統一がもたらした重い経済負担や東の人々の不平屋で恩知らずな態度に苛立ちを募らせた[2]。こうした対立の背後には，長期にわたる分断と異なる体制のもとで培われたメンタリティや行動様式の違いがあった。また，西と比べて東では社会主義の理念や旧東ドイツの社会に一定の価値を認め，東ドイツを不法国家として否定する見解には距離をおく傾向にあるなど，歴史意識のずれも東西間の心理的軋轢の要因となっている[3]。東西間の格差が思うように解消されないなかで[4]，1994年の連邦議会選挙では，SEDの後継政党である民主社会党（以下，PDSと表記）が現実に失望する東ドイツ出身者の受け皿となり，1990年に引き続き議席を獲得した[5]。

　冷戦下に高い工業水準，技術水準を誇った東ドイツは，東欧共同体におけるひとつのモデルであった。それは何よりも東ドイツが社会主義圏第1の経済国としてひとりあたりの国内総生産でトップの地位を占め，世界ランキングで8位に記録されたことによる。しかし，1970年代経済が停滞してから，東ドイツはむしろスポーツ分野で世界の注目を集めた。特にオリンピック大会のメダル獲得数において，人口1700万人ほどの東ドイツが大国アメリカ，ソビエトに迫ったことに世界が驚愕した。しかし，ベルリン壁の崩壊後，競技スポーツ，スポーツ政策，スポーツ科学などで世界の注目を集めた東ドイツのスポーツについても，失敗という観点から国家的ドーピング，競技スポーツ偏重のスポーツ政策，シュタージといったメディアによるセンセーショナルな報道が続いた。

　再統一後のドイツでは，東ドイツ時代に書かれた教条主義的なスポーツ史叙述にも懐疑がかけられ，東ドイツスポーツ史の再構成が企図されてきた。1990年代後半になってポツダム大学等を中心として進められた東ドイツスポーツ史に関する研究がまとまった成果として出されたが，そのひとつ旧西ドイツのG.シュピッツアー，H.J.タイヒラー等によって編纂された『東ドイツスポーツの鍵となる文書：オリジナルな史料によるスポーツ史的概観』（1998年）は，転換期を中心に東ドイツスポーツの発展を跡づけ，その輪郭を明確にするものであった[6]。同著では，ドーピング，シュタージ，秘密裏の競技スポーツの助成など，主に東ドイツスポーツのネガティブな側面に焦点があてられている。その後，東ドイツスポーツを新しく如何なる形で叙述しようとするかに関

する論議が生じたが，この論議の焦点のひとつは旧東ドイツスポーツ関係者の関与をどこまで認めるかにあった[7]。このことは現代史研究における悩ましい問題であるが，今後の研究の方向性を見極めるためにも，我々は東ドイツスポーツ関係者の考えや主張を蔑ろにせず，まず知る必要があろう。

このような動向を意識しつつ，本研究は，ドイツが再統一した1990年から旧東ドイツスポーツ関係者によって出された自叙伝的著作の分析を中心に，彼らが東ドイツスポーツおよびその周辺について語ろうとするものを検討するものである。自伝ではなく自叙伝的著作と用語を用いているのは，これらに「自ら書いた自分の伝記。自叙伝」以外のものも含まれているからである。1998年までのその状況について，C.ベッカーは，旧東ドイツのスポーツマン，トレーナー，幹部，ジャーナリストが東ドイツスポーツ発展に関するその個人的見解を詳述したことは歓迎すべきことであり，それらは，時代の証言者へのインタビューとともに，純粋な公文書類の研究に対し，方法論上避けがたい修正を示したと述べる一方で，風当たりの強い当事者に対するインタビューを纏めた出版物については，主観的な証言もみられることを指摘している[8]。国家崩壊後批判に晒された当事者による著作の取り扱いには注意を要するが，東ドイツ時代には語られることのなかった言説は，今後の東ドイツスポーツ史研究を考えるうえで示唆を与えるものであろう。表1は1990年から2007年までの主な自叙伝的著作の著者，著者の東ドイツ時代の主な職業，出版年，題名である[9-21]。

表1 1990－2007年までの旧東ドイツスポーツ関係者の主な自叙伝的著作

著者（生年）	東ドイツ時代の主な職業	出版年	題名
M.ザイフェルト（不明）	スポーツジャーナリスト	1990	東ドイツスポーツの名声と不幸：総括でない―スポーツジャーナリスト40年のメモ
R.フクス，K.ウルリッヒ（1946/1928）	女子陸上選手，スポーツジャーナリスト	1990	月桂樹と喪章：スポーツの驚き東ドイツの興隆と"没落"
M.エヴァルト（1926）	スポーツ界のトップ幹部	1994	私がスポーツであった：勝者が次々に生まれたおとぎの国の真実と伝説
K.ヴィット（1965）	女子スケート選手	1994	規定演技と自由演技の間の私の人生

著者（生年）	東ドイツ時代の主な職業	出版年	題　名
H. F. エルテル (1927)	スポーツジャーナリスト	1997	最高の時：回想録
G. ゼイフェルト (1948)	女子スケート選手	1998	その時なお何かをなさねばならない：規定演技と自由演技以上の私の人生
G. A. シュアー (1931)	自転車選手	2001	テーフェ　自伝：グスタフ・アドルフ・シュアーがその人生を語る
I. ガイペル (1960)	女子陸上選手	2001	見失われた競技：あるドーピング訴訟日誌
H. ヘトリッヒ (1932)	大衆スポーツの幹部	2004	スポーツ：私の大きな愛
N. ロガルスキー (1935)	スポーツ科学者	2005	資格を付与されたが不適格となる：私はどのようにドイツ体育大学を過ごしたのか？
K. アンプラー (1940)	自転車選手	2005	自転車のための人生：自伝
K. U. フーン (1926)	スポーツジャーナリスト	2007	私の第3の人生
H. レックナーゲル (1937)	スキージャンプ選手	2007	姿勢の問題：思い出

　このような自叙伝的著作の分析は様々な側面から可能と思われるが，本稿では，ドイツ再統一後旧東ドイツスポーツ関係者の言説がどのように変化したのかに着目し，それを2つの自叙伝的著作を出している旧東ドイツのスポーツジャーナリストK.フーンの言説を通じて検討したい。1928年2月24日生まれのK.フーンはベルリンのジャーナリスト，出版業者である。彼はSEDの主要機関誌ノイエス・ドイチェラント紙（以下，NDと表記）の創設世代に属し，1990年までそこで従事した。そのうち38年間彼はスポーツ編集部のチーフであった。国家指導部と密接な関係があり，そのために他よりも自由行動があった彼はそこでペンネーム"Klaus Ullrich"を用い，17のオリンピック大会などを報告した。彼はまた1976年から1993年までヨーロッパスポーツジャーナリスト連盟の幹部会に属し，最後は副会長，事務総長であった。K.フーンはまさに東ドイツ，ヨーロッパを代表するスポーツジャーナリストのひとりであった[22]。そして，その政治的姿勢も彼を特徴づけている。早い時期からSEDの党員であったK.フーンは，変革後も一貫してPDSを支持し続けているのであ

る。本稿では,『月桂樹と喪章：スポーツの驚き東ドイツの興隆と"没落"』『私の第3の人生』という2つの自叙伝的著作と2010年のインタビューでK.フーンによって語られたことを中心に,ドイツ再統一後のK.フーンの言説およびその変化について検討したい。

1．『月桂樹と喪章：スポーツの驚き東ドイツの興隆と"没落"』（1990年）

（1）出版の意図

1990年に出版されたK.フーン（著者名はKlaus Ullrich）とR.フクスによる著作は,旧東ドイツスポーツ関係者の著作の中で最も初期に出版されたひとつである。同著は,K.フーンとR.フクスの対話を本に纏めたものである。1946年12月14日生まれのR.フクスは東ドイツの元女子槍投げ選手であり,オリンピックミュンヘン大会とモントリオール大会で優勝した名選手である。その後,彼女は政治家となり,同著出版当時は東ドイツ人民議会議員（青少年・スポーツ委員会委員長）であった。同著出版の意図は明確に述べられていないが,前文からは,世界を驚かした東ドイツスポーツがなぜ変革後数週間でとても不評を被り,その後あたかも基礎がなかったかのように砕けることになったのかを見出そうと2人が論議したこと,変革後の混乱の中で,東ドイツスポーツがしばしば歪曲してあらわされたことなどがその背景にあったことが窺える[23]。

（2）構成と概要

同著は前文と38項目からなる。次は38の項目名である。バケツを伴う出し物／サッカーによる選挙用宣伝／瓦礫石の上の優勝杯／青シャツを着た釣人の問題／H.シェーンの弱い記憶力／印象深いボクサーの髪型／忘れられた統一のための闘争？／何時濫用は始まった？／不安に対する戦い／それを好まなかったかもしれないひとりの優れた人物？／どのように東ドイツにおいて世界選手権が開催されたのか／ウルブリヒトはグロムイコの76演説を勧めた？／第23条の役割／闇のチナとボクサー／部屋からタンスを運び出す／境界の問題／分娩室での認識？／ネッカーマンは実行できた／フラストレーションの原因／サッカーと計画の実行／都市高速鉄道のように知られていた／予約済みの敗戦／カ

ナダ人と"ボス"／"団長"に関する競争／"スポーツ2"への追放／組織されていた演説者リスト／コンピュータのための"餌"／貴賓席への配慮／"役に立たない"ドイツトゥルネン・スポーツ連合（以下，DTSBと表記）の中心人物／王女との対話／政治参加の理由／そしてアムンゼンのモチーフ？／子守歌のように勧める／大衆スポーツに関する少なさ／言ってもよいこと／変化が思われる／スポーツジャーナリストの職務／代表相談役の申し出。

　次は同著の概要である。第2次世界大戦後，ポツダム協定，連合軍管理理事会訓令第23号の解釈に際して，ソビエト占領地区（以下，SBZと表記）において当初スポーツについて重視されたのは非政治的であることであり，恐れられたのは，元ナチスが集まりスポーツフェラインの復活計画を立てることであった。プロスポーツは娯楽として当初ソビエト軍政府によって容認された。戦前の労働者スポーツが賛美されていた訳ではなく，1946年3月までスポーツ活動はすべて自発的で基盤なしに行われ，4月に自治体スポーツ局がつくられた。ドイツ共産党とドイツ社会民主党の統合が強制的に行われたという従来の主張は誤りである。1946年10月SEDは最初の選挙の時，サッカーの試合を党のために利用しようとしたが不評であった。K.フーンと早くからの知り合いであった東ドイツ初代大統領W.ピークは，プロスポーツにも関心はあったが，自転車ロードレースの勝者に対してはお金ではなく優勝杯を授与した。1947年まで，SBZでは州毎に異なった方針によって，スポーツは組織されていた。メクレンブルクの自由ドイツ青年同盟幹部がスポーツの重要性を早くから認識し，青年の利益を代表しそれを精力的に組織した。それがソビエト軍政府を動かし，1948年5月，以後この例に基づいて行動することが決定された。60歳の大人も釣りをしたかったので，自由ドイツ青年同盟に入会した。1948年6月末，SED中央委員会がイニシアチブをとり，スポーツに関する基本方針が定められた。人々が無秩序を終わらせようとしていたことは事実であろう。1948年8月自由ドイツ青年同盟と自由ドイツ労働組合同盟を支柱とする統一的民主的スポーツ促進運動が成立した。モスクワから帰ったW.ウルブリヒトのグループが当初からスポーツへ関与したという従来の西側の主張は誤りである。ドイツスポーツ委員会（以下，DSと表記）をつくることには多くの賛同があったように思われる。新しい道は反ファシズムの道となることが期待された。西

ドイツサッカー監督H.シェーンは後に過去をごまかしたが，DSに当初参加していた。1946年以来SEDはメディアを利用し，スポーツの成果を手段として利用したと従来西側は主張していたが，1948年の時点でもメディアはスポーツの成果を書く機会がなかった。初期段階において，DS会長の交代などで個人的な権力闘争があったように思われる。反ファシズムのためには大衆スポーツを強調しなければならなかったにもかかわらず，長きに渡ってDTSB会長の職にあったM.エヴァルトなどが1950年のサッカー試合の勝利などを新しい社会の卓越と称したことは間違いである。ジャーナリストも東ドイツの勝利をシステムの勝利として賛美したこともあった。ドイツ統一に関する闘争が行われていたが，西ドイツは東ドイツからの統一に関する提案を受け入れなかった。東ドイツ承認に関する闘争はSEDとその同盟者が東ドイツにおいて成功しなければならなくなった時に始まった。ドイツの向こう側ではできるだけ早く共産主義の支配から解放することが目標とされた。ソビエトは，1956年にはオリンピックメダル獲得数でアメリカを抜いたが，スポーツの濫用は東ドイツのためにスポーツの成果を求めた時に始まった。東ドイツの国際的孤立を打破するために，大見出しが必要となった。東ドイツのスポーツは社会を反映していた訳でなく，競技スポーツに対してフラストレーションもあった。スポーツ幹部と選手では考えの違いもあり，選手は監視されていた。スポーツ報道のあり方について，メディアと幹部では対立があった。スポーツの驚き，それは謎に満ちた薬剤でなく，構造によってもたらされた。K.フーンがSEDに入党したのは，不安（戦争，爆弾など）がひとつの要因であった。東ドイツ史の前半その時々に行われたすべてのプロセスが誤りのプロセスであったことは断じてない。東ドイツにおいてスポーツに関しても批判的な文章を書くことは困難であった。SED第1書記W.ウルブリヒトのことを気にかける人たちがいたのである。公にされていないが，1950年代半ばには，東ドイツによる西側スポーツ選手（自転車選手）の引き抜きや，東ドイツスポーツ幹部の西側への亡命もあった。SED中央委員会の決議で示されたメディアの政治性が自由を妨げた。スポーツの自立性ということでは，SED中央委員会がスポーツ幹部を指名したり辞めさせたりしたことは問題であった。西ドイツの基本法第23条はこの国の者だけがドイツ人であることを東ドイツ市民に示唆した。この条項はスポーツ

の権利を示唆したものではなかったが，様々な影響を及ぼした。西ドイツのスポーツ研究者W.クネヒトは東ドイツに批判的な文献を沢山書いたが，多くの者にインタビューした訳ではない。東西のアジテーションの応酬がスポーツ現場にも影響を及ぼしたこともあった。東から西へ移りプロとなった者でも，僅かな成果しか達成できなかった者もいた。単独代表権の要求や統一チームという妥協など西ドイツの外交政策とスポーツ政策にも矛盾があった。先に到着していた東ドイッチーム選手が部屋を移るよう後からきた西ドイッチームから強要されるなど，統一ドイッチームでは当初トラブルがあった。トラブルを1970年代前半から緩和しようとする試みが選手の間でなされたが，監視されていたので用心深くならざるを得なかった。「誰もが何処でも週に1度はスポーツを」というスローガンは，大衆スポーツのためのものでなく，W.ウルブリヒトにとってそれはスポーツの驚きのねじであった。青年時代スポーツを行った者で，国家のトップに入ってからスポーツを積極的に行った者は少なかった。オリンピックの成果に活気づけられた青年がそれを熱心に見習うということは，東ドイツの最後の頃しばしばみられなくなった。児童・青少年スポーツ学校などは秘密にされた。帰属意識，連帯感があったスポーツ共同体とは異なり，スポーツクラブでは成果のみが要求された。優れた競技成果をあげた時には報酬があった。R.フクスは1967年に初めてそれを受け取ったが，領収書に額は書かれてなかった。1970年5月，西ドイツにおいてそれ以前にもスポーツの援助のためにお金が支払われていたことがスポーツマンでもあったJ.ネッカーマンによって公表された。一方，東ドイツではこのことは秘密にされたが，このことは変革に際してスポーツに否定的なイメージもつくった。東ドイツではスポーツマンの殆どが学校を卒業し，職業を習った。スポーツの方針はオリンピックサイクル毎に規則的に政治局で決定されたが，これはM.エヴァルト自身によって作成されたものであり，他人が口を挟むことは困難であった。国際的に大した成果のなかったサッカーの極端な助成にはフラストレーションも存在していた。サッカー上層部は観客のことをあまり考えず，権力を濫用した。W.ウルブリヒトの後を襲いSED第1書記となったE.ホーネッカー自身はスポーツに関心がなかった。スポーツに熱心な国家保安省長官E.ミールケはその権力によって何度もM.エヴァルトの指令に反抗した。国外へ行っ

た者が帰国した際，直ちに報告をし，質問に答えねばならなかったことは周知のことである．シュタージが権力を行使したこともあった．アイスホッケーなどでは国際的に昇格しないためにわざと負けようとしたこともあった．カナダ人のジャーナリストD. ギルバートはM. エヴァルトのことをよく知る人であった．初期にはあったかもしれないが，M. エヴァルトは大衆スポーツのことを顧みなかった．独自のオリンピックチームを準備することは，東ドイツの国際的承認を援助すると考えられていた．東ドイツ選手の参加人数の増加により1964年M. エヴァルトが統一ドイツチームの団長となったが，このことも東西ドイツの単独チームを生じさせた要因となった．オリンピックメキシコ大会後すぐに重要な決定が行われた．促進する種目と促進しない種目の区分である．後者はスポーツ2に追放され，裏庭となった．スポーツ2となった種目の幹部がやる気を失わず，その余暇を犠牲にして大衆スポーツの組織化を援助したことは賞賛される．数千の競技会が住民のために組織された．オリンピック種目の助成に関して，DTSBからその額が示されることはなかった．幹部会では，演説者リストは会議開催のずっと前から決められていた．種目代表者も大衆スポーツに積極的に取り組むことはなく，例えば自転車では，大衆スポーツの組織化に主に従事したのはメディアであった．住民のためのスポーツ行事が数年で絶えることもあった．DTSBは次第にトップアスリートのトレーニングの分析に傾斜していった．DTSBの大衆スポーツの責任者は何もしなかったが，スタンドの貴賓席に来る訪問者を怒らせないために何をすべきかは考えていた．来賓者もそれを望んでいた．党・国家がこれらを変えようとしなかったことは否定できない．陸上に関しては，1973年の代表チームはイギリス王女からも賞賛される素晴らしいチームワークを有していたが，1988年の代表チームでは，お国のためというより，メダルにかかる報酬に関心が集まっていた．R. フクスにとって，選手としてのみでなくその生活を送ってきた思いが変革後の政治参加の理由でもあった．ドーピングに関して，R. フクスはトレーニングの援助として薬剤を用いたことはあるが，ドーピングをして試合に臨んだことはなかった．R. フクスはそれをドーピングと考えていない．東ドイツのすべての選手がドーピングを強要された訳でなく，一方，西ドイツでもドーピングは行われていた．R. アムンゼンの頃と異なり，今日高度なスポーツの成果は普通

でない成果として賞賛されなくなっている。東ドイツスポーツの高度な成果には，長期的な計画，トレーナーの努力，スポーツ科学の高さなども関係していた。東ドイツでは非人道的な取り扱いがなされ，濫用されているといった言葉，それは長年後ろから扇動されたものであった。東ドイツにも問題があったことは確かであり，正当化できないかもしれないものを正当化しようとは思わない。東ドイツにおいて，大衆スポーツは軽んじられ，基礎においても充分ではなかった。運動指導者やボランティアは自己を犠牲にし，大衆スポーツの面倒もみてきたが，価値をもってみなされていない。東ドイツでは企業もスポーツに出資していたが，変革後企業の資金が削除され，例えば乗馬は特権的なものとなった。質的な急変が恐れられる。東ドイツにおいてジャーナリストは最初から抑圧されていたが，K.フーンはそのことに抵抗したこともあった。元トップアスリートのR.フクスが人民議会の青少年・スポーツ委員会代表に選出された。

（3）特徴

同著の中で東ドイツスポーツに関連して多く述べられていることは，SBZおよび東ドイツにおけるスポーツの組織化，当初プロの容認，党のスポーツへの干渉，公にされていないスポーツ指導部の交代，西ドイツの基本法第23条の影響，冷戦のスポーツへの影響，統一ドイツチームの状況，W.ピーク，W.ウルブリヒトなど国家指導部のスポーツへかかわり方，児童・青少年スポーツ学校やスポーツクラブの状況，選手への報酬，秘密裏の競技スポーツの助成，M.エヴァルトのスポーツにおける権力と問題，サッカーの特別な優遇，E.ミールケのスポーツへの関与，統合後の競技スポーツ選手に対するねたみ，促進スポーツ種目の区分，西ドイツの研究者による東ドイツスポーツ研究の問題，西側からの絶え間ないアジテーション，DTSBの競技スポーツへの傾斜，スポーツ組織の自立性のなさと形骸化，スポーツ選手の意識の変化，大衆スポーツの軽視，ドーピング，シュタージ，スポーツ科学の高さ，トレーナー・ボランティアの努力，東ドイツの問題，東ドイツ企業のスポーツへの出資，東ドイツにおけるジャーナリストの抑圧，東ドイツスポーツの一面的理解，東ドイツの全般的否定に対する反論などである。

これらは東ドイツ時代には知られなかったことが多く，また，党に近い者にしかわからない情報や実際に練習・試合に参加した者にしかわからない情報が多く，大変貴重と言える。同じ1990年に出版されたM．ザイフェルトの著作と比較すると，同著では，東ドイツスポーツのネガティブな側面にとどまらず，企業からのスポーツへの出資やスポーツにおけるボランティアの役割など東ドイツスポーツのポジティブな側面も述べられていることが特徴的である。また，M．ザイフェルトの著作と異なり，同著では，強制的なSEDへの合併や，W．ウルブリヒトグループの早い時期からのスポーツへの関与など，従来西側からなされた主張に対する反論もみられる。

2．『私の第3の人生』（2007年）

（1）出版の意図

　『月桂樹と喪章：スポーツの驚き東ドイツの興隆と"没落"』から18年後の2007年，『私の第3の人生』はKlaus Ullrich Huhnの名でシュポットレスから出版された。同著出版の意図は明確に記されていないが，そのタイトルは変革以後のK．フーンの人生が主に述べられていることを窺わせる。

（2）構成と概要

　同著は51の項目からなる。次は51の項目名である。最初の人生から／2つ目の人生がどのように始まったのか／"汚染地区"となる／トラクターが旋回する／ジョニーとの再会／合法的な盗み／多くのサドルにおいて／玄関前の「昔の所有者」／閣僚評議会議長との協議／ある伝説の話／カトレンブルクでの発見／"もしフーンが……全くの嘲笑である"／マンチェスターでのファイナル／シュポットレスブーム／非売品のクラブ／パンコウ発の特別列車／病院での恐怖／リーゲとの別れ／10月の演説／"地区"から"いわゆる"へ／カムニッツァーの心労／別の側面での怒りの爆発／クラッペの場合／ゲブハルトへの花束／人はどのようにスポーツ史を書くのか？／時代の目撃者との付きあい／"エデル―スキャンダル"／秘密に満ちた痕跡／歴史と"シュタージ"／誰が競技場にいたのか？／魚さえドーピングをする？／スターとチーム／赤ずきん

ちゃんと連邦議会／トリオのアピール／シュアーが議員を辞めた後もトリオ／バード・ドベラーンでのデビュー／我々の著者達について／ヘルトへのカントの前書き／ホーネッカーの乗っている機中でのゲラ刷り／ガウク文書と結末／ゲーリッヒについての評価／マルツァーンでの発砲／そしてアーヘンで……／ビショファーオーデへの途中で！／カール・マイ社との協力／ケーラーの最後のテキスト／ベングシュの２度とない協力／"ファーストレディー"とのデート／さらになお：ポツダムでチーフ／ホーエンシェーンハウゼンと終わりのなさ／カナダのある教会でのアウェーゲーム／墓場の前で。

　次は同著の概要である。最初の人生は数学の授業から高射砲へ私が追いやられた時に突然中断された。弾薬の湯気が徐々に消えていく時，私の第２の人生が始まり，私はレポーターそして思いがけずスポーツジャーナリストになった。第２の人生は反共に対する闘争の中で始まり，私は17のオリンピック大会など多くの経験をした。私は目撃者であり，多くの人々と出会い，彼らやその成果を書いた。1990年NDスポーツ編集部が集まるのを常としていたところで私の第２の人生は終わった。決定は「自由な投票」でなされたが，それは「スターリン主義の汚染された地区」以上に感じられた。その頃，我々が普及したスポーツの価値が沈むことを予感しなかった。逃亡という選択はせず，東ドイツの「歴史」を真実の道に導き，東ドイツを先に進めた行為に敷石をしくため私は留まった。東ドイツは「くぼみ」の「抵抗」の歴史だという話に私はうんざりしている。東ドイツには浮浪者収容施設などはなかった。変革後東ドイツ出身者に対する態度を変える者に私は軽蔑を感じている。NDは私を解雇したが，編集部事務長を提案した。新しい仕事に私は長くかかわることはなかった。その後しばらくの仕事は他人の世話であった。私の第３の人生はその時まで知らなかったミュンヘンの人へ自分の家を引き渡すことによって始まった。東ドイツ―偽りというメディアの流れに逆らい，真実を普及させるために，無から出版社を立ち上げ，私は企業家となった。出版社の名称はスポットライトからとり，しみ汚れのない（Spotless）とした。変革は東ドイツに烙印を押し，多くの著名な科学者や芸術家と同じように東ドイツの作家を愚かな非難によって片付けようとした。最初の出版物は東ドイツの作家によるものであった。シュポットレスは当時孤立していたが，目標の販売を達成した。カルテンブル

クの牧師が東ドイツ時代に出版され，変換期に好まれなくなった印刷物を集め倉庫に運んでいた。我々は手伝ったが，そこには殆ど誰も興味を持たなくなった近代オリンピックの創始者P.deクーベルタンの本もあった。1990年以後とりわけ西ドイツのスポーツジャーナリスト達は，私がもの凄い悪であるように組織的に迫害した。ヨーロッパスポーツジャーナリスト連盟の幹部メンバーとして私は長年従事してきたが，西ドイツのジャーナリストは変革後理由もなく幹部メンバーから私を外そうと試みた。会長の判断で私は幹部会に残ったが，彼らは何度も復讐を謳った。シュタージの非公式協力者であったことで解雇された東ドイツのジャーナリストもいた。私はシュポットレスに全精力を投入した。我々の目的は真実を広めることにあった。脅かされたことは希ではなかったが，得意先との結び付きができていき，次第にシュポットレスは安定していった。1992年の「統一の日」の祭典に，PDSは関係者を連れて行くために特別列車を貸し切った。シュポットレスも同行したが，すべての駅に警察が配置されていた。イエナの国際法学者G.リーゲの運命に我々はショックを受けた。無責任な議員の追求があった。ある演説の際の若者の質問が東ドイツ国家の成立と発展について考える契機となった。我々の国家は主権がないとされ「地区」と呼ばれ，次第に「いわゆる」東ドイツとなり，そしていやいやながら国家として知られるようになった。それは対決の中で進行した。ドイツ統合後の学長選でのG.リーゲに対する不当な扱いには，狭い了見や中傷が感じられた。ガウクのリストでG.リーゲの名前が見つかり，ナチス戦争犯罪人を明らかにすることに尽力したG.リーゲは非公式協力者として有罪とされ，仲間から見捨てられて自殺した。シュポットレスはこのことに関する包括的な文書を初めて出した。フンボルト大学で歴史を教え，後に執筆家となったH.カムニッツァーに対して流布されたスパイ疑惑，メディアの狩りたて猟の対象となった彼の最後の作品を出すところなどなかったので，シュポットレスが出版すると，大きな反響があった。1992年のバルセロナオリンピック大会前，東ドイツ出身の女子陸上選手K.クラッベはドーピングによって出場停止になった。この際にもビルト紙が音頭をとり，1992年8月彼女は走ることと偽ること以外に学んでいないと扇動した。K.クラッベは不当な出場停止を訴え，10年後に陸上連盟は屈服した。W.ゲブハルトはドイツ最初のIOC委員であった

が，西でも東でも注意を払われずにいた。全ドイツ的に彼について研究することに役立つと考えられたので，彼にかかわる文献をシュポットレスで出版した。過去20年間，東ドイツスポーツ史に関して一面的な扱われ方があった。このようなことは1950年代に西ドイツスポーツ指導部によって始められていた。西ドイツのスポーツ史家は東ドイツスポーツ批判を行ってきたが，それは公証がない。ポツダムの現代スポーツ史研究者のH．J．タイヒラーが目撃者として私を招いた。彼はテープレコーダーを繋ぎ，私に質問をした。3つ目の質問は彼の同僚G．シュピッツァーによって中断された。犯人に対する刑事のように彼は私を尋問した。東ドイツジャーナリズム連盟の文書をお前はどこに預けているのかと。私が殆どないと回答すると，G．シュピッツァーはにやにやしてそれをすでにガウクで見たと言った。私はその種の発言がもう一度あれば帰るとH．J．タイヒラーにわからせた。我々はなお2時間一緒に座っていたが，私の情報は反東ドイツ的な彼らにとって相応しくはなかった。彼らとは後にも会ったが，彼らは殆ど東ドイツに来なかった。我々の経験や見解を求めていないことは明らかであった。1995年ポツダムでのスポーツ史会議において，東ドイツ初代NOC委員K．エデルの残した記録について話そうとしたが，H．J．タイヒラーにK．エデルのシュタージ文書を出すから講演をやめるように言われた。シュタージ文書を歴史の模範的な判断資料として評価する者は私の陳述など問題としない。H．J．タイヒラーはK．エデルのシュタージ活動を暴露するのみならず，人格についても述べた。M．クリューガーはシュタージ文書を証拠文書として使用するという広まった方法に疑念を呈した。この分野ではシュポットレスは永遠の敗北者ではなかった。1995年からシュポットレスは，年に2度「スポーツ史のための貢献」を発行している。1956年に東ドイツのオリンピック参加を妨害しようと西ドイツ政府がスポーツ指導部に命じていたことが保管された文書や書類によって裏づけられた。H．J．タイヒラーを頂点とする東ドイツスポーツ史に関する4巻本に不信があったので，シュポットレスから東ドイツスポーツ史に関する本を出版することにした。それはG．ヴォンネベルガーやL．スコルニンクなど東ドイツのスポーツ史家によって書かれた。スポーツの発展を初めから最も近いところで体験していた彼らは，シュタージ文書を叙述の基盤に選択しなかった。南ドイツ新聞は提供されたシュタージ文書

を広めていた。そこには平和レースなどで事実と異なる記述もあった。新しい連邦諸州につくられた団体「スポーツと社会」は，専門的科学会議を通じて広まった真実でないことと戦っている。歴史家は文書と時代の証言者のどちらにより重きを置くのであろうか。1950年のサッカー試合［ツヴィッカウがフリードリッヒシュタットに5：1で勝った］は長い間SED指導者の指示による審判のせいとされてきたが，それは証言に反するものであった。私は芝生の上にいたのであるが，それでもゲッティンゲンの者は納得しなかった。2001年のポツダムでの会議のテーマは東ドイツにおけるサッカーであった。裏付けのないシュタージ文書を用いて話を進めたG．シュピッツァーは途中で間違いに気づき，会場も狼狽したが，議事録は知らぬ顔をしたままである。私は不快にならないテーマを選択した。東ドイツにおける子供の釣りであり，会場の者の殆どは知らなかった。東は釣りを助成し，西は動物保護の観点から禁止していた。ホールでは批判的な質問はなかった。昼休みにH．J．タイヒラーが後でドーピングの専門家であるG．シュピッツァーが話すことになると予告した。このような進め方がおかしいと考える者も他にいた。西ドイツの人々にも東ドイツの自転車の名選手G．A．シュアーは高く評価されていた。1997年の第50回平和レースにおいてもG．A．シュアーの人気は高かったので，PDSのG．ギジがG．A．シュアーを連邦議会の議員候補に獲得するように私に頼んだ。G．A．シュアーは議員に当選し，私や元オリンピック体操優勝者のK．ケステが協力者となった。4年間G．A．シュアーの演説は滅多に共感を得ず，野次にうんざりすることもあった。またメディアが1960年代に引退していたG．A．シュアーが1970年代にドーピングをしたという根拠のない批判をしたこともあった。G．A．シュアーが議員を辞めた後も，G．A．シュアー，K．ケステ，私のトリオは住む所は違っても集まり続けた。2003年G．A．シュアーらはドイツのスポーツマンに平和アピールを行った。勿論強い政治的リアクションもあったが，多くの賛同があった。最終的にドイツオリンピック委員会も同意した。シュポットレスは，東ドイツ時代と変革後の状況を扱った著作などを出版した。妻を守るために居場所を言っただけで非公式協力者にされた者など，変革後様々な犠牲者があり，メディアによる東ドイツの人々（スポーツ関係者も含む）への圧迫もあった。シュタージ文書には信頼性がないものがあった。PDSへの圧力もあっ

たが，シュポットレスを除いてその事実を追求しなかった。シュポットレスはドイツにおける人間の苦労のみを取り上げるのではなく，北アメリカのインディアンについて言及したこともあった。メディアによる追い込み猟にも変わらない人々の存在など，残したいものを残すことに私は自分の第３の人生の意味を感じた。PDSの努力がメディアによって見過ごされていたので，第３の人生においても私はチーフディレクターとなったが，シュタージ文書が広められるなど多くのストレスがあり，２年後にやめた。シュポットレスへの厳しい眼差しは外国でもあった。年老いて考えることは，東ドイツ建設という真摯な試みや真面目な人々の存在である。

（3）特徴

同著の中で東ドイツスポーツに関連して多く述べられていることは，ガウク機関に集められたシュタージ文書によって再統一後多くの東ドイツ市民（スポーツ関係者も含む）が不当な疑惑をかけられ被害を被ったこと，西ドイツのスポーツジャーナリストによるK. フーンに対する組織的迫害，ドーピングが理由で旧東ドイツ出身のスポーツ選手に下された不当な出場停止処分とドイツのメディアの報道姿勢，西ドイツ時代からの裏付けのない東ドイツスポーツ批判やスポーツの政治的利用，再統一後の東ドイツスポーツ史の一面的な取り扱い，東ドイツスポーツ史を再構成する際のシュタージ文書の価値，再統一後の旧東ドイツスポーツ関係者の真実を広めるための取り組みなどである。

1990年の著作では，東ドイツスポーツのネガティブな側面とともにポジティブな側面も述べられていたが，同著では東ドイツスポーツのネガティブな側面への言及はなく，東ドイツスポーツの不条理な扱い関する言及が多いことが特徴的である。I. ガイペルの著書（2001年）にも述べられているように，2000年のドイツにおける集団ドーピング訴訟は７月に結審し，未成年の女性アスリート達のドーピングによる身体障害を142ケースにわたって幇助したという罪で，スポーツ幹部M. エヴァルトとスポーツ医療責任者であったM. ヘプナーは有罪となったが，2007年のK. フーンの著作はこの判決に触れていない。また，同著においてシュタージ文書の信憑性に関する叙述が多いことは，2005年にK. フーン自身にシュタージ疑惑がかけられたこととも関係するように思わ

れる[24]。

3．2010年のインタビューにおけるＫ．フーンの言説

（１）インタビューの過程
　筆者は，以前から旧東ドイツのスポーツ関係者にインタビューしたいと考えていた。その理由は，インタビューによって自叙伝的著作などの内容がより豊かに理解できるのではないか，現代史研究ではインタビューが必要ではないかと考えていたからである。その実現は関係者が高齢であるなどの理由から当初困難を極めたが，2009年のG．ヴォンネベルガーによるH．ヘトリッヒ（東ドイツの大衆スポーツの専門家）の紹介が端緒となった。K．フーンに対するインタビューが実現したのは，2010年11月のことであった。

（２）ドイツ再統一20年後のK．フーンの言説
　「何故，インタビューを受け入れたのか？　H．ヘトリッヒから聞いていた。日本人がドーピングやシュタージなどに集中することなく，真面目に東ドイツスポーツを知ろうとしていることを。他からもインタビューの依頼は多いが，体調もすぐれないので断っている」とK．フーンがまず語った。筆者は，「1990年の著作では，東ドイツ時代のスポーツについて幾分ネガティブなことも多いが，2007年の著作ではそれらは見られず，再統一後のことが多いように思われる。この間に考えることや主張したいことが変わったのか？」と尋ねた。K．フーンは，「1990年の時点で，他の者と同様，私は東ドイツと東ドイツスポーツが何故滅んだのかわからなかった。独裁であったルーマニアにはなかったが，東ドイツには魅力的なものもあった。2007年の著作は1990年の著作を思い出しながら書いた。西側から流れてきたものを見つめ直すためにも。例えば，統一後ドイツは東ドイツの作家を価値のないものとして排除した。私はもう一度書いて欲しいと考えたが，ドイツでそれを出そうとする出版社はなかった。だから私は自ら出版社をつくり，それを出版し，その後230冊ほど文献を出版した。1990年の状況に戻ると，東と西は兄弟と思っていたが，その後その関係は壊れた。さらに東ドイツがダメであると認識が流布された。最近ブ

ランデルク市長は東ドイツ時代の良かったものまで潰してしまったと発言したが。このようなことから私は戦うことにした」と答えた。この2つの発言からは，20年間のK. フーンの心情の移り変わりや，2007年の著作が意識的に書かれたものであることが窺える。

　その他，インタビューにおいて，K. フーンは，キーンバウムの低圧室などの技術，商業主義的でなかった社会，タレントの発掘と育成のシステム，専門家による定期的な情報交換など東ドイツスポーツのポジティブな側面について語ったが，ネガティブな側面を語ることはなかった。

おわりに

　以上のように，本稿では，ドイツ再統一後の旧東ドイツスポーツ関係者の言説およびその変化について，K. フーンの言説を通じて検討した。ドイツ再統一の頃と比べて，東ドイツスポーツのネガティブな側面への言及がなくなり，東ドイツスポーツの不条理な扱いに関する言及が多くなるというK. フーンの言説の変化には，再統一後の東西の格差や心の壁，再統一後も続く東ドイツ，東ドイツ市民（スポーツ関係者も含む）に対する不条理な扱い，そのような状況に対するK. フーンの姿勢なども反映しているように思わる。本稿では再統一後も東ドイツ，東ドイツスポーツを擁護する立場のK. フーンの言説を検討したが，勿論，東ドイツのドーピングを徹底して糾弾し続けているI. ガイペル（元女子陸上選手）などK. フーンとは立場が異なる旧東ドイツスポーツ関係者の言説にも我々は目を向ける必要があろう。社会主義国家であった東ドイツの社会やスポーツを理解するために，我々は，主観性や作為性に留意しつつ，より多くの，そして様々な立場の旧東ドイツスポーツ関係者の言説を慎重に読み進める必要があると思われる[25]。

注
1 ）次を参照。仲井斌，ドイツ史の終焉—東西ドイツの歴史と政治，東京：早稲田大学出版部，2003。
2 ）当時，尊大で思いやりの心の欠けた西の連中を意味する「ヴェッシー」(Wessi)，

自分で働こうとせず西に援助ばかりを要求する依存心の強い東の連中を意味する
　　　「オッシー」（Ossi），郷愁を意味するノスタルジーと東を意味するオストからつく
　　　られた「オスタルギー」（Ostalgie）などの造語も生まれた。
3 ）次を参照。石田勇治編著，図説ドイツの歴史，東京：河出書房新社，2007。
4 ）旧東ドイツ地帯は統一以来20％前後の失業率（西は８％）が続き，今後も改善はあ
　　　まり望めないが，東の市民の多くは統一を肯定的に受けとめている。特に，行動や
　　　意見の自由，環境保護，消費や余暇の選択肢の多様さ等について，統一後の方が良
　　　いと考えている人は多い。次を参照。平野洋，東方のドイツたち―二つの世紀を生
　　　きたドイツ人たちの証言集―，東京：現代書館，2006。
5 ）2005年の連邦議会選挙に際し，PDSは社会民主党左派が結成した「労働と社会的公
　　　正のための選挙オルタナティブ」と政党連合「左翼党」を結成してのぞみ（PDSは
　　　選挙前に左翼党―民主社会党と改称），54議席を獲得し，事実上議会第４党に躍り
　　　出ることに成功した。
6 ）Spitzer, Giselher, Teichler, Hans Joachim, Reinartz, Klaus (Hg.), *Schlüsseldokumente zum DDR-Sport: Ein sporthistorischer Überblick in Originalqullen*. Aachen: Meyer & Meyer Verlag, 1998.
7 ）例えば次を参照。船井廣則，「歴史」としての東独スポーツ，スポーツ史研究，第18号（2005）：43-48頁。
8 ）Buss, Wolfgang, Becker, Christian (Hg.), *Der Sport in der SBZ und frühen DDR: Genese-Strukturen-Bedingungen*. Schrondorf: Verlag Karl Hofmann, 2001. pp.50-52. 1998年までの自叙伝的著作については次も参照。寶學淳郎，旧東ドイツスポーツ関係者が語る東ドイツスポーツ―自叙伝的著作（1990-1998年）の分析を中心に―，スポーツ史研究，第21号（2008）：43-55頁。
9 ）Seifert, Manfred, *RUHM UND ELEND DES DDR-SPORTS: Keine Bilanz-Aufgeschriebenes aus 40 Jahren eines Sportjornalisten*. Berlin: Verlag Bock & Kübler, 1990.
10）Fuchs, Ruth, Ullrich, Klaus, *Lorbeerkranz und Trauerflor: Aufstieg und "Untergang" des Sportwunders DDR*. Berlin: Dietz Verlag, 1990.
11）Ewald, Manfred, *Ich war der Sport: Wahrheiten und Legenden aus dem Wunderland der Sieger*. Berlin: Elefanten Press, 1994.
12）Witt, Katarina, *Meine Jahre zwischen Pflicht und Kür*. München: C.Bertelsmann, 1994.
13）Oertel, Heinz Florian, *Höchste Zeit: Erinnerungen*. Berlin: Das Neue Berlin, 1997.
14）Seyfert, Gaby, *Da muß noch was sein: Mein Leben-mehr als Pflicht und Kür*. Berlin: Das Neue Berlin, 1998.
15）Schur, Gustav-Adolf, *TÄVE Die Autobiographie: Gustav-Adolf Schur erzählt sein Leben*. Berlin: Das Neue Berlin, 2001.
16）Geipel, Ines, *VERLORENE SPIELE: Journal eines Doping-Prozesses*. Berlin: Transit Buchverlag, 2001.

17) Hettrich, Hasso, *SPORT-MEINE GROSSE LIEBE*. Berlin: Spotless-Verlag, 2004.
18) Rogalski, Norbert, *Qualifiziert und ausgemustert: Wie ich die DHfK erlebte*. Leipzig: Vokal-Verlag, 2005.
19) Ampler, Klaus, *Mein Leben für den Radsport: AUTOBIOGRAPHIE*. Gotha: Medien Service Gunkel & Creutzburg, 2005.
20) Huhn, Klaus Ullrich, *Mein drittes Leben*. Berlin: Spotless-Verlag, 2007.
21) Recknagel, Helmut, *Eine Frage der Haltung: Erinnerungen*. Berlin: Das Neue Berlin, 2007.
22) K．フーンがくしゃみをするだけで皆が震えるという話が2010年になってもベルリンで聞かれるほどその影響力は強い。
23) Fuchs, Ullrich, Lorbeerkranz und Trauerflor: Aufstieg und "Untergang" des Sportwunders DDR, pp.7-12.
24) K．フーン自身はこの疑惑を否定している。
25) 本稿では十分に触れることはできなかったが，「世代」という観点を含めた東ドイツスポーツ史研究が今後重要と考えられる。

参考文献

範例
- 各論文における参考文献は「和文著書」「和文論文（著書）」「和文論文（雑誌）」「外国語著書」「外国語論文（著書）」「外国語論文（雑誌）」の6つのカテゴリーに分けて掲載した。
- 文献の表記は事務局が可能な限り統一を試みた。

和文著書

赤門剣友会編，東大剣道部百十年の歩み，東京：講談社，1997。
浅井浅一，国民錬成と体錬，東京：教育科学社，1943。
阿部生雄，近代スポーツマンシップの誕生と成長，東京：筑波大学出版会，2009。
阿部生雄ほか，清水重勇先生退官記念論集　体育・スポーツ史研究への問いかけ，京都：清水重勇先生退官記念論集刊行会，2001。
阿部生雄編，体育・スポーツの近現代―歴史からの問いかけ―，東京：不昧堂出版，2011。
飯尾都人訳編，ギリシア記附巻（解説・訳注・索引篇），東京：龍渓書舎，1991。
池田猪佐巳，戦後日本現場体育保健研究の変遷，東京：泰流社，1986。
石井正司，民衆教育と国民教育―プロイセン国民教育思想発生期の研究―，東京：福村出版，1970。
石田勇治編著，図説ドイツの歴史，東京：河出書房新社，2007。
石橋武彦，佐藤友久，日本の体操，東京：不昧堂出版，1966。
板垣弘子編，下田歌子著作集　資料編1～9，日野：実践女子学園，1998～2002。
伊藤高弘ほか編，スポーツの自由と現代　下巻，東京：青木書店，1986
伊東鉄太郎訳，ベルツ博士著：死と日本人，東京：青年書房，1940。
伊東明，オリンピック史，東京：逍遙書院，1959。
稲垣正浩，スポーツを読む，東京：三省堂，1993。
井上一男，学校体育制度史　増補版，東京：大修館書店，1970。
井上俊, 武道の誕生, 東京：吉川弘文館, 2000。
今村鞆，朝鮮風俗資料集説―扇・左縄・打毬・匏―，ソウル：民俗苑，1981（同書，朝鮮總督府中樞院，1937）。
今村嘉雄，日本體育史，東京：金子書房，1951。
今村嘉雄，日本体育史，東京：不昧堂出版，1970。
入江克己，日本ファシズム下の体育思想，東京：不昧堂出版，1986。
入江克己，昭和スポーツ史論―明治神宮競技大会と国民精神総動員運動―，東京：

不昧堂出版，1991。
入澤宗寿，汎愛派教育思想の研究，東京：教育研究会，1929。
岩切実和（編），薩藩先公遺徳　下，出版社不詳，1860。
ヴェスコヴィ，ゲルハルト，熊坂高弘訳，エルヴィン・ベルツ―日本医学の開拓者―，東京：文芸社，2001。
上沼八郎，近代日本女子体育史序説，東京：不昧堂，1968。
上野篤，健児之社，東京：中文館書店，1927。
円地文子監修，創美社編，教育・文学への黎明　人物日本の女性史　第12巻，東京：集英社，1978。
大久保英哲，明治期比較地方体育史研究：明治期における石川・岩手県の体操科導入過程，東京：不昧堂出版，1998。
大田才次郎（編），日本児童遊戯集，東京：東洋文庫，1968。（日本全国児童遊戯法，1901）
大林太良編，民族遊戯大事典，東京：大修館書店，1998。
大日向雅美，育児と出会うとき，東京：NHKブックス，2002。
大村喜吉ほか編，英語教育史資料：英語辞書・雑誌史ほか，東京：東京法令出版，1980。
大道等，頼住一昭編，近代武道の系譜，東京：杏林書院，2003。
木村毅，日本スポーツ文化史（新版），東京：ベースボール・マガジン社，1978。
岡津守彦編，教育課程各論　戦後日本の教育改革　第7巻，東京：東京大学出版会，1969。
小河織衣，女子教育事始，東京：丸善，1995。
沖森卓也ほか編，日本辞書辞典，東京：おうふう，1996。
尾原悟編著，サントスのご作業，東京：教文館，1996。
オリボバ，ベラ，阿部生雄・髙橋幸一訳，古代のスポーツとゲーム，東京：ベースボール・マガジン社，1986年。
学習院東洋文化研究所，李朝實録・全56冊，東京；学習院東洋文化研究所，1953-1967。
鹿児島縣，郷土史読本，鹿児島：鹿児島縣，1944。
鹿児島県教育委員会（編），鹿児島県教育史　上巻，鹿児島：鹿児島県立教育研究所，1970。
鹿児島縣教育會（編），薩藩士風沿革，東京：日本警察新聞社出版部，1907。
鹿児島市破魔投げ保存会（編），破魔投げ記念誌，鹿児島：鹿児島市破魔投げ保存会，1968。
鹿児島市破魔投げ保存会（編），破魔投げの由来と競技法，鹿児島：鹿児島市破魔投げ保存会，発行年不詳。
柏木惠子，子どもという価値，東京：中公新書，2005。

梶原英之，オリンピック返上と満洲事変，東京：海鳴社，2009。
霞会館編，騎馬打毬，東京：㈳霞会館，2009。
勝田守一，戦後教員物語（Ⅰ），京都：三一書房，1960。
金子茂編，現代に生きる教育思想第4巻，東京：ぎょうせい，1981。
嘉納治五郎，嘉納治五郎著作集　第3巻，東京：五月書房，1983。
龜岡倉太，薩摩土産，鹿児島：永吉利平，1899。
岸野雄三，竹之下休蔵，近代日本学校体育史，東京：東洋館出版社，1959。
岸野雄三編，体育史講義，東京：大修館書店，1984。
木下秀明監修，社会体育・スポーツ基本資料集成，東京：大空社，1992。
木村毅，日本スポーツ文化史（新版），東京：ベースボール・マガジン社，1978。
木村吉次編著，体育・スポーツ史概論　改訂2版，東京：市村出版，2010。
木村吉次，日本近代体育思想の形成，東京：杏林書院，1975。
共同訳聖書実行委員会，聖書　新共同訳，東京：日本聖書協会，1995。
鯨岡峻，＜育てられる者＞から＜育てる者＞へ―関係発達の視点から―，東京：ＮＨＫブックス，2005。
グットマン，アレン，谷川稔ほか訳，スポーツと帝国，京都：昭和堂，1997。
工藤美代子，海を渡った力士たち：ハワイ相撲の百年，東京：ベースボール・マガジン社，1988。
黒田勇，ラジオ体操の誕生，東京：青弓社，1999。
ケーニヒ，オイゲン，山本徳郎，身体―知―力―身体の歴史人類学的研究―，東京：不昧堂出版，1997。
高津勝，日本近代スポーツ史の底流，東京：創文企画，1994。
講談社・ベック編，日本の武道　16巻，東京：講談社，1983。
小谷澄之ほか編，国民体育　国際オリンピック大会　嘉納治五郎大系　第8巻，東京：本の友社，1988。
坂上康博，権力装置としてのスポーツ―帝国日本の国家戦略―，東京：講談社，1998。
坂上康博，スポーツと政治（日本史リブレット58），東京：山川出版社，2001。
坂上康博，高岡裕之編著，幻の東京オリンピックとその時代―戦時期のスポーツ・都市・身体―，東京：青弓社，2009。
崎田嘉寛，戦後初期学校体育の研究，広島：溪水社，2009。
薩藩叢書刊行會（編），薩藩舊傳集　巻三　薩藩叢書第一編，鹿児島：薩藩叢書刊行會，1906。
実践女子学園，下田歌子先生小伝，東京：実践女子学園，1982。
実践女子学園100年史編纂委員会，実践女子学園100年史，東京：学校法人実践女子学園，2001。
篠原助市，教育生活五十年，東京：相模書房，1956。

篠原助市，教育断想―民族と教育その他―，東京：宝文館，1938。
女性体育史研究会，近代日本女性体育史　女性体育のパイオニアたち，東京：日本体育社，1981。
ジレ，ベルナール，近藤等訳，スポーツの歴史，東京：白水社，1952年。
末松保和，朝鮮史と史料　末松保和朝鮮史著作集　第6巻，東京：吉川弘文館，1997。
菅沼竜太郎訳，ベルツの日記　2巻，東京：岩波書店，1979。
杉本つとむ，日本英語文化史の研究　杉本つとむ著作選集　第8巻，東京：八坂書房，1999。
大黒勝馬編，明治以降本邦主要経済統計，東京：日本銀行統計局，1966。
高井昌吏，古賀篤，健康優良児とその時代―健康というメディア・イベント―，東京：青弓社，2008。
高岡裕之，総力戦体制と「福祉国家」―戦時期日本の「社会改革」構想―，東京：岩波書店，2011。
高橋秀実，素晴らしきラジオ体操，東京：小学館，1998。
田中昭徳，ロホー国民教育思想の研究，東京：風間書房，1989。
谷山市誌編纂委員会（編），谷山市誌，鹿児島：谷山市役所，1967。
チャップリン松の森（松永岩之進），ハワイ相撲界を語る，神戸：伴義孝，1975。
朝鮮總督府中樞院，校訂經國大典，ソウル：保景文化社，1995（同書，朝鮮總督府中樞院，1934）。
土谷正規，奈良女高師・奈良女子大学附属小学校　戦後の体育，大阪：タイムス，1999。
寺崎昌男，戦時下教育研究会，総力戦体制と教育―皇国民「錬成」の理念と実践―，東京：東京大学出版会，1987。
寺田光雄，民衆啓蒙の世界像―ドイツ民衆学校読本の展開，京都：ミネルヴァ書房，1996。
東京大学百年史編集委員会編，東京大学百年史　通史二，東京：東京大学，1985。
東京大学医学部，東京大学医学部百年史，東京：東京大学出版会，1967。
東大カリキュラム研究会，日本カリキュラムの検討，東京：明治図書，1950。
藤堂良明，柔道の歴史と文化，東京：不昧堂出版，2007。
鳥越皓之，沖縄ハワイ移民一世の記録，東京：中央公論社，1988。
仲井斌，ドイツ史の終焉―東西ドイツの歴史と政治―，東京：早稲田大学出版部，2003。
長崎基督教青年会，長崎の市民と共に五十年―長崎YMCA略史―，長崎：長崎キリスト教青年会，1955。
長崎基督教青年会，長崎YMCA80年のあゆみ，長崎：長崎キリスト教青年会，1985。

永嶋大典，新版　蘭和・英和辞書発達史，東京：ゆまに書房，1996（初版：1970）。
中村哲也，学生野球憲章とは何か―自治から見る日本野球史―，東京：青弓社，2010。
中村敏雄編，民主体育の探究　戦後体育実践論　第1巻，東京：創文企画，1997。
中村敏雄ほか，スポーツナショナリズム　シリーズ：スポーツを考える　第5巻，東京：大修館書店，1978。
中村民雄，剣道事典・技術と文化の歴史，東京：島津書房，1994。
奈良常五郎，日本YMCA史，東京：日本YMCA同盟，1959。
成瀬治ほか，世界歴史大系　ドイツ史　第2巻―1648年～1890年―，東京：山川出版社，1996.
成瀬治，伝統と啓蒙，東京：法政大学出版局，1981。
南条範夫，妖傑下田歌子，東京：講談社，1994。
二木謙一，入江康平，加藤寛，武道，東京：東京堂，1994。
日本オリンピック・アカデミー編，21世紀オリンピック豆事典，東京：楽，2004。
日本史広辞典編集委員会編，日本史広辞典，東京：山川出版社，1997。
日本随筆大成編輯部（編），『瓦礫雑考』（1927）　日本随筆大成　第1期第1巻，東京：吉川弘文館，1975
日本生活連盟編，日本の生活教育50年―子どもたちと向き合いつづけて―，東京：学文社，1998。
日本体育協会監修，スポーツ大事典，東京：大修館書店，1994。
日本体育会編，学校法人日本体育会　日本体育大学　八十年史，東京：日本体育会，1973。
日本体育協会編，スポーツ80年史，東京：日本体育協会，1958。
日本庭球協會編，日本庭球協會十年史，東京：日本庭球協會，1932。
日本庭球協會編，日本庭球協會會報　昭和七年度，東京：日本庭球協會，1933。
日本テニス協会編，日本テニス協会六十年史，東京：日本テニス協会，1983。
能勢修一，体操伝習所を中心とした明治体育史の研究，私家版，1968。
野村一夫ほか，健康ブームを読み解く，東京：青弓社，2003。
長谷川博隆，古代ローマの若者，東京：三省堂，1987年。
服部宏治，日本YMCAにおけるスポーツの普及と展開に関する研究，博士論文（広島大学大学院総合科学研究科），2010。
早川勇，日本の英語辞書と編纂者，横浜：春風社，2006。
ハワイ日本人移民史刊行委員会，ハワイ日本人移民史，ホノルル：布哇日系人連合協会，1964
肥田野直，稲垣忠彦，教育課程総論　戦後日本の教育改革　第6巻，東京：東京大学出版局，1980[4]。
ビットマン，ハイコ，エルヴィン・フォン・ベルツと身体修練，明治時代におけ

参考文献　451

る体育と伝統的武術，Ludwigsburg und Kanazawa: Verlag Heiko Bittmann, 2010.
平野洋，東方のドイツたち―二つの世紀を生きたドイツ人たちの証言集―，東京：現代書館，2006。
福永哲夫，山田理恵，西薗秀嗣（編），体育・スポーツ科学概論―体育・スポーツの新たな価値を創造する―，東京：大修館書店，2011。
藤枝静正，国立大学附属学校の研究―制度史的考察による「再生」への展望―，東京：風間書房，1996。
藤本昌司，芽島篤，加賀谷俊二ほか，戦後教育の原像　日本・ドイツに対するアメリカ教育使節団報告書，東京：鳳書房，1995。
二木謙一，入江康平，加藤寛篇，日本史小百科・武道，東京：東京堂出版，1994。
ベーン，M. v.，飯塚信雄，垣本知子，杉浦忠夫ほか訳，ドイツ十八世紀の文化と社会，東京：三修社，1984。
本田和子，子どもが忌避される時代，東京：新曜社，2007。
前川峯雄，戦後学校体育の研究，東京：不昧堂出版，1973。
正高信男，ヒトはなぜ育児に悩むのか，東京：講談社現代新書，1995。
松田岩男・成田十次郎共編，身体と心の教育，東京：講談社，1981。
松村昌家ほか編，帝国社会の諸相　英国文化の世紀　第2巻，東京：研究社出版，1996。
松本彦三郎，郷中教育の研究，東京：大和学芸図書，1943。（復刻版，1978）
松本汎人，火焔の人　教育者にして伝道者　笹森卯一郎の生涯，長崎：長崎文献社，2006。
松本汎人，袋町「青年会館」と長崎YMCA～戦前60年の歩み～，長崎：長崎YMCA，2008。
マルー，アンリ・イレネ，横尾壮英ほか訳，古代教育文化史，東京：岩波書店，1985年。
南出康世，英語の辞書と辞書学，東京：大修館書店，1998。
三羽光彦，六・三・三制の成立，京都：法律文化社，1999。
室町時代語辞典編修委員会編，時代別国語大辞典：室町時代編一，東京：三省堂，1985。
森川直，近代教育学の成立，東京：東信堂，2010。
モリヤマ，アラン・T．，金子幸子共訳，日米移民史学，東京：PMC出版，1988。
柳田國男，『神樹篇』　定本柳田國男集（新装版）　第11巻，東京：筑摩書房，1987。
山内規嗣，J．H．カンペ教育思想の研究―ドイツ啓蒙主義における心の教育―，京都：ミネルヴァ書房，2010。
山内芳文，ドイツ近代教育概念成立史研究，東京：亜紀書房，1994。
山田理恵，日本の伝統打球戯の形態とその変遷に関する研究，平成15～18年度科学研究費補助金基盤研究（C）（2）研究成果報告書，2007。

山本徳郎（研究代表者），清水重勇，阿部生雄，時本識資，田原淳子，來田享子，和田浩一，21世紀オリンピズム構築のための基礎的研究（平成16～17年度科学研究費補助金（基盤研究（C）（1））研究成果報告書），2006。

吉見俊哉編著，1930年代のメディアと身体，東京：青弓社，2002。

若林操子監修，池上弘子訳，ベルツ日本再訪：草津・ビーティヒハイム遺稿　日記篇，東京：東海大学出版会，2000。

渡辺一郎，史料・明治武道史，東京：新人物往来社，1971。

和文論文（著書）

阿部生雄，スポーツ概念の歴史，岸野雄三編，体育史講義，東京：大修館書店，1984，120-125頁。

阿部生雄，『スポーツ』用語の日本的受容，阿部生雄，近代スポーツマンシップの誕生と成長，東京：筑波大学出版会，2009，17-25頁。

有賀郁敏，19世紀前半のチュービンゲンにおけるトゥルネンとトゥルナー組織の規則，阿部生雄ほか，清水重勇先生退官記念論集　体育・スポーツ史研究への問いかけ，京都：清水重勇先生退官記念論集刊行会，2001，61-70頁。

稲垣正浩，外国人が見た明治初期のスポーツ，稲垣正浩，スポーツを読む，東京：三省堂，1993，147-160頁。

大場一義，篠原助市「体育私言」，松田岩男・成田十次郎共編，身体と心の教育，東京：講談社，1981，260-273頁。

岡出美則，コア・カリキュラムによる実践，中村敏雄編，民主体育の探究　戦後体育実践論　第1巻，東京：創文企画，1997，69-94頁。

大道等，運動害毒論―武道は体に悪い？―，大道等，頼住一昭編，近代武道の系譜，東京：杏林書院，2003，27-33頁。

嘉納治五郎，わがオリンピック秘録，小谷澄之ほか編，国民体育　国際オリンピック大会　嘉納治五郎大系　第8巻，東京：本の友社，1988，366-378頁。

木村吉次，学校体育の理論と実践，岡津守彦編，教育課程各論　戦後日本の教育改革　第7巻，東京：東京大学出版会，1969，401-469頁。

久保健，学校体育思想における「主体者」像の検討，伊藤高弘ほか編，スポーツの自由と現代，下巻，東京：青木書店，1986，275-298頁。

篠原助市，体育私言，篠原助市，教育断想―民族と教育その他―，東京：宝文館，1938，121-147頁。

寒川恒夫，ぎっちょう，日本体育協会監修，スポーツ大事典，東京：大修館書店，1994，202-203頁。

寒川恒夫，ホッケー，大林太良編，民族遊戯大事典，東京：大修館書店，1998，189-193頁。

日本随筆大成編輯部(編), はま　浜投げ,『瓦礫雑考』(1927)　日本随筆大成　第1期第1巻, 東京：吉川弘文館, 1975, 97頁。
松村昌家, 都市文学の誕生ピアス・イーガン「ロンドンの生活」, 松村昌家ほか編, 帝国社会の諸相　英国文化の世紀第2巻, 東京：研究社出版, 1996, 29-57頁。
柳田國男, 左義長問題,『神樹篇』　定本柳田國男集（新装版）　第11巻, 東京：筑摩書房, 1987, 68頁。
山田理恵, 阿波騎馬打毬の昭和, 扶桑社・霞会館編, 騎馬打毬, 東京：㈳霞会館, 2009, 118-129頁。
山田理恵, 武士の体育・スポーツ, 木村吉次編著, 体育・スポーツ史概論　改訂2版, 東京：市村出版, 2010, 63-69頁。
山田理恵, 伝統打球戯の近現代—薩摩のハマ投げと阿波騎馬打毬—, 阿部生雄編, 体育・スポーツの近現代—歴史からの問いかけ—, 東京：不昧堂出版, 2011, 377-389頁。
渡辺融, 日本古代のスポーツ, 木村吉次編著, 体育・スポーツ史概論　改訂2版, 東京：市村出版, 2010, 38頁。

和文論文（雑誌）

秋元忍, イングランドのホッケー普及過程における企業内クラブの役割—Rowntree Cocoa Worksのクラブを事例として　1911-1914年—, 体育史研究, 第27号 (2010)：1-13頁。
浅井浅一, 体育思想の発達, 学徒体育, 第5巻 (1945) 第5号：8頁。
池田拓人, 中村民雄, 近代における体操科教材史（1）：明治10年代の柔術採用論, 福島大学教育実践研究紀要, 第37巻 (1999)：97-104頁。
石井昌幸, 黎明期のゲール運動競技協会に関する覚え書き, スポーツ史研究, 第9号 (1996)：49-57頁。
伊東明, 史料から見たオリンピック運動の歴史（体育史専門分科会シンポジウム報告）, 体育史研究, 第9号 (1992)：50-53頁。
今村鞆,〈日鮮支那〉古代打毬考（上編）, 朝鮮, 第196号 (1931)：143-160頁。
榎本雅之, Celtic Times (1887) にみるアスレティック・スポーツ種目の実相, スポーツ史研究, 第22号 (2009)：1-12頁。
榎本雅之, GAA加盟クラブによる1887年の総合的スポーツ大会の一考察—セントパトリックス・ゲーリック・アスレティック・スポーツの事例から—, 星稜論苑, 第37号 (2009)：63-74頁。
榎本雅之, アイルランドにおけるフットボールの歴史に関する研究①—1879/80－シーズンのIRFU加盟クラブの対外試合の実施状況について—, 星稜論苑, 第38

号（2010）：15-32頁。
海老島均，GAAクラブ史を通してみた民族アイデンティティの形成過程，エール，第24号（2004）：65-85頁。
大熊廣明，体操伝習所旧蔵書が語るもの，つくばね（筑波大学図書館報），第25巻（1999）第3号（通号97）：9-11頁。
大道等，頼住一昭，武道医科学の系譜―明治期の実証主義を問う―，武道・スポーツ科学研究所年報，第3巻（1998）：57-83頁。
岡田猛，篠原体育論の現象学的検討，九州体育学研究，第9巻（1995）第1号：9-17頁。
加納武夫，ハマ投げの復現，三州，復刊 第18巻（1967）第3号：18-27頁。
草深直臣，戦後日本体育政策史序説―その1．戦後初期の体育政策―，立命館大学人文科学研究所紀要，第25号（1977）：3-44頁。
M. クリューガー，有賀郁敏訳，カール・フェルカーと英国におけるトゥルネンの始まり，立命館産業社会論集，第44巻（2009）第4号：159-174頁。
小林雅夫，ローマ世界のねじれ現象―教師と医師の実態をめぐって―，地中海研究所紀要，第1号（2003）：33-52頁。
近藤良享，スポーツと性別―女性確認検査／性転換選手容認の問題－，コミュニティ政策研究，第7号（2005）：21-27頁。
真田久，近代ギリシャのオリンピック復興運動，体育の科学，第40巻（1990）第5号：391-396頁。
真田久，近代オリンピックの形成におよぼした"ギリシャオリンピック"の影響に関する研究，体育学研究，第36巻（1991）第2号：97-104頁。
真田久，"ギリシャオリンピック"の成立過程に関する一考察―ドイツとの関わりを中心に―，福岡教育大学紀要，第42号（1993）第5分冊：12-13頁。
塩津英樹，カンペ編『点検書』の成立過程に関する考察，広島大学大学院教育学研究科紀要第三部，第59号（2010）：39-46頁。
篠原助市，国民学校の本旨，教育学研究，第9巻（1940）第8号：1-14頁。
篠原助市，心身一体の教育，教育学研究，第9巻（1941）第10号：21-41頁。
高橋幸一，古代ギリシア・ローマのスポーツに関する研究動向―II. ローマ―，スポーツ史研究，第6号（1993）：41-47頁。
滝沢文雄，現象学的観点からの「心身一体観」再考：「身体観」教育の必要性，体育学研究，第49巻（2004）第2号：147-158頁。
田中伸明，占領下における初等教育教科課程の編成―日本の教科課程編成に対するGHQ/SCAPの指示・勧告を見る―，数学教育史研究，第8号（2008）：35-46頁。
著者不詳，国民学校教則説明要領，国民学校，第1巻（1940）第5号：75-94頁。
平原三郎，破魔投げの話，三州談義，第65号（1965）：34-35頁。
船井廣則，「歴史」としての東独スポーツ，スポーツ史研究，第18号（2005）：43-

48頁.

寳學淳郎, 旧東ドイツスポーツ関係者が語る東ドイツスポーツ—自叙伝的著作（1990-1998年）の分析を中心に—, スポーツ史研究, 第21号 (2008): 43-55頁.

村田直樹, 嘉納治五郎師範に学ぶ　第17回　ベルツと柔道, 月刊武道 (2000) 5月号: 50-58頁.

森川直, ドイツ啓蒙主義教育学の生成—カンペ編『総点検』の考察 (1) —, 岡山大学教育学部研究集録, 第133号 (2006): 25-34頁.

森川直, ドイツ啓蒙主義教育学の生成—カンペ編『総点検』の考察 (2) —, 岡山大学教育学部研究集録, 第134号 (2007): 19-27頁.

森川直, ドイツ啓蒙主義教育学の生成—カンペ編『総点検』の考察 (3) —, 岡山大学教育学部研究集録, 第139号 (2008): 17-24頁.

柳久雄, 教育学研究の遺産—篠原助市の教育学について—, 教育学研究, 第40巻 (1973) 第4号: 29-35頁.

頼住一昭, 「文部省往復」にみる「剣術柔術調査」の諮問委員の人選に関する一考察, 日本体育学会第49回大会号 (1998): 147頁.

頼住一昭, 明治16年に行われた「剣術柔術調査」に関する一考察: ベルツが示した武術観と当時の外国人教師の置かれた立場, 名古屋自由学院短期大学研究紀要, 第32巻 (2000): 103-110頁.

頼住一昭, 日本近代医学導入者たちによる健康教育について: E. ベルツと三宅秀の考えを中心として, 名古屋音楽大学研究紀要, 第19巻 (2000): 1-7頁.

頼住一昭, E. ベルツの剣術・柔術理解に関する一考察: 榊原鍵吉および三浦謹之助との出会いを中心として, スポーツ史研究, 第15号 (2002): 1-10頁.

來田享子, 近年のハイパフォーマンス・スポーツ界における性差認識の変化—性別確認検査の廃止とIOCによる性別変更選手の参加承認を事例として—, ジェンダー研究, 第8号 (2005): 29-44頁.

外国語著書

韓国古典叢書刊行委員会, 韓国古典叢書1 語学類・龍飛御天歌全, ソウル: 大提閣, 1973。

國學刊行會, 武藝圖譜通志・全, ソウル: 民俗苑, 2000。

大韓體育會, 大韓體育會史, ソウル: 大韓體育會, 1965。

李學來, 韓國體育百年史, ソウル: 社団法人韓国体育学会, 2000。

李學來, 韓國柔道發達史, ソウル: 保景文化社, 1990。

任先彬ほか著, 朝鮮前期武科殿試儀考證研究, 牙山: 충남발전연구원, 1998。

任東權, 鄭亨鎬, 馬文化研究叢書Ⅱ・韓國의 馬上武藝, 果川: 한국마사회 마사박물관, 1997。

김영학. 韓国体育史領域による剣術並びに剣道の発達過程に関する研究. 明知大学校大学院博士学位論文. 1999。

羅絢成. 韓國體育史研究. ソウル：教學研究社. 1981。

König, Eugen. *Körper-Wissen-Macht. Studien zur historischen Anthropologie des Körpers. Reihe historische Anthropologie: Bd. 8.* Berlin: Dietrich Reimer Verlag, 1989.

Ampler, Klaus. *Mein Leben für den Radsport: Autobiographie.* Gotha: Medien Service Gunkel & Creutzburg, 2005.

Anonym. *Colmans of Norwich. A Short History.* Norfolk and Norwich Millennium Library, N664.54, 1994.

Arlott, John, ed. *The Oxford Companion to Sports and Games.* Oxford: Oxford University Press, 1975.

Baelz, Erwin. *Die körperlichen Eigenschaften der Japaner. Eine anthropologische Studie. II. Teil. Separatabdruck aus dem 32. Heft der, Mittheilungen der Deutschen Gesellschaft für Natur- und Voelkerkunde Ostasiens'.* Yokohama: Buchdruckerei des "Echo du Japan", 1883.

Bairner, Alan, ed. *Sport and the Irish.* Dublin: UCD, 2005.

Baltrusch, E. *Regimen morum. Die Reglementierung des Privatlebens der Senatoren und Ritter in der römischen Republik und frühen Kaiserzeit.* München: C. H. Beck, 1989.

Bernett, Hajo. *Sportpolitik im Dritten Reich.* Schorndorf: Karl Hofmann, 1971.

Bernett, Hajo. *Der Weg des Sports in die nationalsozialistische Diktatur.* Schorndorf: Karl Hofmann, 1983.

Bevington, David, ed. *Troilus and Cressida.* Walton-on-Thames : Thomas Nelson, 1998.

Bittmann, Heiko. *Karatedō - Der Weg der Leeren Hand. Meister der vier großen Schulrichtungen und ihre Lehre. Biographien - Lehrschriften - Rezeption.* Ludwigsburg und Kanazawa: Verlag Heiko Bittmann, 1999.

Bittmann, Heiko; Niehaus, Andreas. *Schwert und Samurai. Traktate zur japanischen Schwertkunst.* Ludwigsburg und Kanazawa: Verlag Heiko Bittmann, 2006.

Bittmann, Heiko. *Erwin von Baelz und die körperlichen Übungen. Leibeserziehung und traditionelle Kampfkünste im Japan der Meiji-Zeit.* Ludwigsburg und Kanazawa: Verlag Heiko Bittmann, 2010.

Blake, Raymond. *In Black & White — A History of Rowing at Trinity College Dublin—.* Dublin: Dublin University Boat Club, 1991.

Boehn, Max von. *Deutschland im 18. Jahrhundert. Die Aufklärung.* Berlin: Askanischer Verlag, 1922.

Breitmeyer, Arno; Hoffmann, Paul G. *Sport und Staat. Bd.2.* Berlin: Reichssportverlag, 1937.

Brian, Niiya. *Encyclopedia of Japanese American History: An A-to-Z Reference from 1868 to the present*. Los Angeles: Japanese American National Museum, 1998.

Brian, Niiya. *More Than a Game: Sport in the Japanese American Community*. Los Angeles: Japanese American National Museum, 2000.

Buss, Wolfgang; Becker, Christian, Hg. *Der Sport in der SBZ und frühen DDR: Genese-Strukturen-Bedingungen*. Schorndorf: Karl Hofmann, 2001.

Chamberlain, Basil Hall. *ABC der japanischen Kultur. Ein historisches Wörterbuch (Things Japanese)*. Zürich: Manesse, 1990.

Clark, Rick. *75 Down Blocks. Refining Karate Technique*. Boston, Rutland, Tokyo: Tuttle, 2003.

Clias, Peter Heirich. *An Elementary Course of Gymnastic Exercises; intended to Develop and Improve the Physical Powers of Man*. London: Sherwood, Jones & Co., 1823.

Cox, Richard, et al., eds. *Encyclopedia of British Sport*. Oxford: ABC-Clio, 2000.

Cronin, Mike. *Sport and Nationalism in Ireland: Gaelic Games, Soccer and Irish Identity since 1884*. Dublin: Four Courts Press, 1999.

Diekmann, Irene; Teichler, Hans J. Hg. *Körper, Kultur, Ideologie: Sport und Zeitgeist im 19. und 20. Jahrhundert*. Bodenheim: Philo Verlagsgesellschaft, 1997.

Diem, Carl; Mallwitz, Arthur; Neuendorff, Edmund, eds. *Vereine und Verbände für Leibesübungen*. Berlin: Weidmannsche Buchhandlung, 1923.

Diem, Carl. *Olympische Flamme, Bd.1*. Berlin: Deutscher Archiv Verlag, 1942.

Diem, Carl. *Weltgeschichte des Sports und der Leibeserziehung*. Stuttgart: Cotta, 1960.

Diem, Carl. *Ein Leben für den Sport*. Ratingen: A. Henn Verlag, 1974.

Drinkwater, Barbara L. ed. *Women in Sport*. London: Blackwell Science Ltd., 2000.

Dvorak, Helge. *Biographisches Lexikon der Deutschen Burschenschaft. Bd.1, Teil.3*. Heidelberg: Winter, 2005.

The Encyclopedia of Sports. vol. 2. London: Lawrence and Bullen, 1898.

Ewald, Manfred. *Ich war der Sport: Wahrheiten und Legenden aus dem Wunderland der Sieger*. Berlin: Elefanten Press, 1994.

Fortuin, Rigobert W. *Der Sport im augsteischen Rom*. Stuttgart: Fanz Steiner Verlag, 1996.

Fuchs, Ruth; Ullrich, Klaus, *Lorbeerkranz und Trauerflor: Aufstieg und "Untergang" des Sportwunders DDR*. Berlin: Dietz Verlag, 1990.

Gardiner, Edward Norman. *Athletics of the Ancient World*. Oxford: Clarendon Press, 1930.

Garnham, Neal. *Association Football and Society in Pre-partition Ireland*. Belfast: Ulster Historical Foundation, 2004.

Geipel, Ines. *Verlorene Spiele: Journal eines Doping-Prozesses*. Berlin: Transit Buchverlag, 2001.

Germann, Susanne. *Ein Leben in Ostasien. Die unveröffentlichten Reisetagebücher des Arztes, Anthropologen und Ethnologen Erwin Baelz (1849-1913)*. Bietigheim-Bissingen:

o. V., 2006 (Schriftenreihe des Archivs der Stadt Bietigheim-Bissingen, Band 6).

Gilsenan, Alan, ed. *Dublin University Harriers and Athletic Club A Centenary History, 1885-1985*. Dublin: Dublin University Harriers and Athletic Club, 1985.

Gutman, Allen. *Games and Empires*. New York: Columbia University Press, 1994.

Guttmann, Allen; Thompson, Lee. *Japanese Sports. A History*. Honolulu: University of Hawai'i Press, 2001.

Hall, John Whitney. *Das japanische Kaiserreich*. Frankfurt: Fischer, 1983[4] (1968).

Harris, Harold Arthur. *Sport in Greece and Rome*. Cornell University Press, 1972.

Havemann, Nils. *Fußball unterm Hakenkreuz. Der DFB zwischen Sport, Politik und Kommerz*. Frankfurt am Main & New York: Campus Verlag, 2005.

Hettrich, Hasso. *Sport - Meine Grosse Liebe*. Berlin: Spotless Verlag, 2004.

Hill, Jeffery. *Sport, Leisure and Culture in Twentieth-Century Britain*. Basingstoke: Palgrave, 2002.

Hill, Jeff; Williams, Jack, eds. *Sport and Identity in the North of England*. Keele: Keele University Press, 1996.

Proceeding of the 4th International HISPA Seminar. 1975.

Hitler, Adolf. *Mein Kampf*. Boston: Houghton Mifflin Company, 1943.

Hofmann, Annette R.; Krüger Michael, Hg. *Südwestdeutsche Turner in der Emigration*. Schorndorf: Karl Hofmann, 2004.

Howells, Mervyn K. *The Romance of Hockey's History*. Howells: M. K. Oxhey, 1997.

Huhn, Klaus Ullrich. *Mein drittes Leben*. Berlin: Spotless Verlag, 2007.

Jüthner, Julius. *Die athletischen Leibesübungen der Griechen*. Wien: Österreichische Akademie der Wissenschaften, 1965.

Kaupp, Peter. *Stamm-Buch der Jenaischen Burschenschaft, Die Mitglieder der Urburschschaft 1815-1819*. Köln: SH Verlag , 2005.

Keys, Barbara J. *Globalizing Sport: National Rivalry and International Community in the 1930s*. Cambridge: Harvard University Press, 2006.

Krüger, Michael. *Von Klimmzügen, Aufschwüengen und Riesenwellen, 150 Jahre Gymnastik, Turnen, Spiel und Sport in Württemberg*. Tübingen: Silberburg Verlag, 1998.

Kyle, Donald G. *Sport and Spectacle in the Ancient World*. Malden: Blackwell Publishing, 2007.

Lennartz, Karl. *Kenntnisse und Vorstellungen von Olympia und den Olympischen Spielen in der Zeit von 393 bis 1896*. Schorndorf: Karl Hofmann, 1974.

Levinson, David; Christensen, Karen, eds. *Encyclopedia of World Sport*. Santa Barbara: ABC-Clio, 1996.

Levinson, David; Christensen, Karen, eds. *Berkshire Encyclopedia of World Sport*. Great Barrington: Berkshire Publishing Group, 2005.

Ljungqvist, A.; Simpson, J.L. *Medical Examination for Health of all Athletes Replacing Gender Verification in International Sports, the International Amateur Athletic Federation (IAAF) Proposal*. International Amateur Athletic Federation: Work Group on Gender Verification. 1991.

Lukas, Gerhard. Der *Sport im alten Rom*. Berlin: Sportverlag, 1982.

Macdonagh, Oliver; Mandle, W. F.; Travers, Pauric, eds. *Irish Culture and Nationalism, 1750-1950*, Macmillan: London, 1983.

McIntosh, Peter C. *Sport in Society*. London: Watts, 1963.

McIntosh, Peter C. *Physical Education in England Since 1800*. London: G.Bell and Sons, revised enlarged ed. 1968.

Mine, M.; Perry, N.; Halliday, M. *A History of the Dublin University Cricket Club*, Dublin: DUCC, 1982.

Miroy, Nevill. *The History of Hockey*. Staines: Lifeline Ltd, 1986.

Oertel, Heinz Florian. *Höchste Zeit: Erinnerungen*. Berlin: Das Neue Berlin, 1997.

Oliver, Mandle, W. F.; Travers, Pauric, eds. *Irish Culture and Nationalism, 1750-1950*. Macmillan: London, 1983.

Phillips, Simon. *Industrial Welfare and Recreation at Boots Pure Drug Company 1883-1945*. Nottingham Trent University PhD, 2003.

Poliakoff, Michael B. *Combat Sports in the Ancient World. Competition, Violence, and Culture*. New Heaven/London: Yale University Press, 1987.

Pollard, Marjorie. *Fifty Years of Women's Hockey, The Story of the Foundation and Development of the All England Women's Hockey Association 1895-1945*. Letchworth: St. Christopher Press, 1945.

Prestidge, Jim. *The History of British Gymnastics*. Berkshire: British Amateur Gymnastics Association, 1988.

Rawcliffe, Carole; Wilson, Richard, eds. *Norwich since 1550*. London: Hambledon and London, 2004.

Recknagel, Helmut. *Eine Frage der Haltung: Erinnerungen*. Berlin: Das Neue Berlin, 2007.

Rogalski, Norbert. *Qualifiziert und ausgemustert: Wie ich die DHfK erlebte*. Leipzig: Vokal-Verlag, 2005.

Salzmann, Christian G. *Gymnastics for Youth: Practical Guide to Healthful and Amusing Exercises for the Use of Schools An Essay toward the Necessary Improvement of Education, Chiefly as it relates to the Body*. London: J. Johnson, 1800.

Schaffer, K. ed. *The Olympics at the Millennium: Power, Politics, and the Games*. Piscataway: Rutgers University Press, 2000,

Schur, Gustav-Adolf. *Täve Die Autobiographie: Gustav-Adolf Schur erzählt sein Leben*.

Berlin: Das Neue Berlin, 2001.
Seifert, Manfred. *Ruhm und Elend des DDR - Sports: Keine Bilanz - Aufgeschriebenes aus 40 Jahren eines Sportjornalisten.* Berlin: Verlag Bock & Kübler, 1990.
Seyfert, Gaby. *Da muß noch was sein: Mein Leben - mehr als Pflicht und Kür.* Berlin: Das Neue Berlinn, 1998.
Siggins, Gerard. *Green Days: Cricket in Ireland 1792-2005.* Dublin: Nonsuch, 2005
Spevack, Marvin. *The Harvard Concordance to Shakespeare.* Hildesheim: George Olms, 1973.
Spitzer, Giselher; Teichler, Hans Joachim; Reinartz, Klaus, Hg. *Schlüsseldokumente zum DDR-Sport: Ein sporthistorischer Überblick in Originalquellen.* Aachen: Meyer & Meyer Verlag, 1998.
Summerson, J. *Georgian London.* London: Barrie and Jenkins, 1978.
Thuillier, Jean-Paul. *Le Sport dans la Rome antique.* Paris: Errance, 1996.
Turler, Heinrich, ed. *Dictionnaire Historique et Biographique de la Suisse.* Neuchatel: Administration du Dictionnaire historique et biographique de la Suisse, 1919.
Ueberhorst, Horst, Hg. *Geschichte der Leibesübungen. 6 Bde.* Berlin, München, Frankfurt: Bartels und Wernitz, 1972-1982.
Ville, G. *La gladiature en Occident des origines à la Mort de Domitien.* Rome: Ecole française de Rome, 1981.
Weiler, Ingomar. *Der Sport bei den Völkern der alten Welt.* Darmstadt: Wissenschaftliche Buchgesellschaft, 1981.
Wells, Stanley, et al. *William Shakespeare, the Complete Works.* Oxford: Clarendon Press, 1986.
West, Trevor. *The Bold Collegians.* Dublin: Lilliput Press, 1991.
West, Trevor, ed. *Dublin University Football Club, 1854-2004 — 150 Years of Trinity Rugby —.* Wicklow: Wordwell, 2003
White, Cyril M. *University Athletics in Ireland 1857-2000.* Dublin University Harriers and Athletic Club 公式ホームページ（http://www.duhac.tcdlife.ie/）．p. 1-2.
Witt, Katarina. *Meine Jahre zwischen Pflicht und Kür.* München: C. Bertelsmann Verlag, 1994.
Work Group on Gender Verification of the International Amateur Athletic Federation, ed. *The International Amateur Athletic Federation (IAAF) Proposal.* 1991.

外国語論文（著書）

沈勝求，武科殿試儀．任先彬ほか著，朝鮮前期武科殿試儀考證研究．牙山：충남발전연구원．1998．111-122頁．

Anonym. "Hockey, field", in: Arlott, John, ed.: *The Oxford Companion to Sports and Games*. Oxford: Oxford University Press, 1975, pp. 477-490.

Backhaus, W. "Öffentliche Spiele, Sport und Gesellschaft in der römischen Antike", in Ueberhorst, Horst, Hg. *Geschichte der Leibesübungen. Bd. 2*, Berlin: Bartels & Wernitz, 1978, pp. 200-249.

Clark, Rick. "Erwin von Baelz and the Revivial of the Japanese Martial Arts", in: *75 Down Blocks. Refining Karate Technique*. Boston, Rutland, Tokyo: Tuttle, 2003. pp. 173-182.

Clerk, Christine. "Work and Employment", in: Rawcliffe, Carole & Wilson, Richard, eds.: *Norwich since 1550*. London: Hambledon and London, 2004, pp. 385-408.

Cole, C. L. "One Chromosome too many ?", in: Schaffer, K. ed. *The Olympics at the Millennium: Power, Politics, and the Games*. Piscataway: Rutgers University Press, 2000, pp. 128-146.

Connolly, Eugene. "Hockey (Field) ", in: Cox, Richard, et al., eds. *Encyclopedia of British Sport*. Oxford: ABC-Clio, 2000, pp. 180-182.

Cruikshank, George, "Gymnastics", in: Hone, William, et al. *The Every-day Book; or Everlasting Calendar of Popular Amusement, Sports, Pastimes, Ceremonies, Manners, Customs and Events, Incidents to each of the Three Hundred and Sixty-five Days, in Past and Present Times*. Volume 1. London: William Tegg. 1826. pp. 1315-1323

Krüger, Michael. "Völkers und die Anfänge des deutschen Turnens in England", in: Annette R. Hofmann; Michael Krüger, Hg. *Südwestdeutsche Turner in der Emigration*. Schrondorf: Karl Hofmann, 2004, pp. 11-26.

Ljungqvist, A. "Gender Verification", in: Drinkwater, Barbara L. ed. *Women in Sport*. London: Blackwell Science Ltd., 2000, pp. 83-193.

Lowerson, John. "Hockey, Field", in: Levinson, David; Christensen, Karen, eds. *Encyclopedia of World Sport*. Santa Barbara: ABC-Clio, 1996, pp. 418-423.

Mandle, W. F. "The Gaelic Athletic Association and Popular Culture", in: Macdonagh, Oliver; Mandle, W. F.; Travers, Pauric, eds. *Irish Culture and Nationalism, 1750-1950*, Macmillan: London, 1983, pp. 104-121

Mengden, Guido v. "Deutscher Reichsbund für Leibesübungen", in: Breitmeyer, Arno; Hoffmann, Paul G. *Sport und Staat. Bd.2*, Berlin: Reichssportverlag, 1937, pp. 114-132.

Munting, Roger. "Sports and Games", in: Rawcliffe & Wilson. *Norwich since 1550*. London: Hambledon and London, 2004, pp. 437-459.

Parratt, Catriona M. "The Making of the Healthy and the Happy Home: Recreation, Education, and the Production of Working-Class Womanhood at the Rowntree Cocoa Works, York, c. 1898-1914", in: Hill, Jeff; Williams, Jack, eds. *Sport and Identity in the North of England*. Keele: Keele University Press, 1996, pp. 53-83.

Peek, H.; Aflalo, F. G. eds. "Rackets", in: *The Encyclopedia of Sports. vol. 2*, London:

Lawrence and Bullen, 1898, p. 241-245-x.
Su, Mila C. "Hockey, Field", in: Levinson, David; Christensen, Karen, eds. *Berkshire Encyclopedia of World Sport*. Great Barrington: Berkshire Publishing Group, 2005, pp. 734-739.
Teichler, Hans J. "Sport unter der Herrschaft der Ideologie-Sport im Nationalsozialismus", in: Diekmann, Irene; Teichler, Hans J. Hg. *Körper, Kultur, Ideologie: Sport und Zeitgeist im 19. und 20. Jahrhundert*. Bodenheim: Philo Verlagsgesellschaft, 1997, pp. 98-118.
Wada, Koichi. "First Contact: Olympic Ideas and Ideals in Japan until 1909," in: Niehaus, Andreas; Seinsch, Max, eds. *Olympic Japan - Ideals and Realities of (Inter) Nationalism*. Würzburg: Ergon Verlag, 2007, pp. 17-32.
Webb, Ida M. "Women's Hockey in England", in: *Proceeding of the 4th International HISPA Seminar*. 1975, pp. 490-496.

外国語論文（雑誌）

이성진, 한국유도의 발전과정과 전망（韓国柔道の発展過程と展望）, 2005。
李學來・李鎮洙, 朝鮮朝의 擊毬戲에 關한 研究, 體育科學, 第 8 号（1988）: 5-27 頁。
임영무, 한국 개화기 학교체육의 성격（韓国開化期の学校体育の性格）, 2000。
김영학, 한국검도의 유래와 현대검도의 형성과정에 대한 고찰（韓国剣道の由来と現代剣道の形成過程に対する考察）, 1995。
김영학・김영훈, 일제시대의 한국 학교 검도의 특성에 관한 고찰, 2005。
곽형기, 近代初期学校体育の成立に関する研究, 韓国体育学会誌, 33（1994）1 : 112-113.
鄭杜熙, 朝鮮建國史資料로서의《龍飛御天歌》, 震檀學報, 第68号（1989）: 79-94 頁。
최종삼・최용배, 무단통치기의 한국 유도 경기에 관한 연구（武断統治期の韓国柔道競技に関する研究）, 1999。
Anonym. "The London Gymnastic Institute", in: Sports History, 6 (1985): 11-16.
Anonym. "Norfolk County H. A", in: The Hockey and Amateur Football Monthly, 1 (1909) 2: 28.
Bernett, Hajo. "Deutscher Sport im Jahre 1933", in: Stadion, 2 (1981): 225-275.
Bromhead, John. "George Cadbury's Contribution to Sport", in: The Sports Historian, 20 (2000) 1: 97-117.
Bunge, R. G. "Sex and the Olympic Games", in: JAMA, 173 (1960) (July 23): 196.
Coubertin, Pierre de. "Les Jeux Olympiques à Much Wenlock. Une page de l'histoire de l'athlétisme", in: Revue Athlétique, 1 (1890) 12: 705-713.

Coubertin, Pierre de. "A Typical Englishman: Dr. W. P. Brookes of Wenlock in Shropshire", in: American Monthly Review of Review, 15 (1897) 1: 62-65.

Dickinson, B. D.; Genel, M.; Robinowitz, C. B.; Turner, P. L.; Woods, G.L. "Gender Verification of Female Olympic Athletes", in: Medicine & Science in Sports & Exercise, 34 (2002) 10: 1539-1542.

Editorial. "Introducing the Uh, Ladies", in: JAMA, 198 (1966) 10: 1117-1118.

Fox J. S. "Gender verification - What Purpose ? What price ?", in: British Journal of Sports Medicine Sep, 27 (1993) 3: 148-149.

Heller, Michael. "British Company Magazines, 1878-1939: The Origins and Function of House Magazine in Large-Scale Organisations", in: Media History, 15 (2009) 2: 143-166.

Heller, Michael. "Sport, Bureaucracies and London Clerks 1880-1939", in: The International Journal of the History of Sport, 25 (2008) 5: 579-614.

Joseph, Janelle. "Gender Verification", in: Berkshire Encyclopedia of World Sport, 2 (2005): 671-675.

Kästner, Ingrid; Schwendler, Gerhild. "Die Berichte des Internisten Erwin Baelz (1849-1913) aus Japan an die Medizinische Fakultät der Universität Leipzig" in: NTM-Schriftenr. Gesch. Naturwiss., Techn., Med. 28 1991/92 (2): 265-279.

Levick, B. "The Senatus Consultum from Larinum", in: Journal of Roman Studies, 73 (1983): 97-115.

Ljungqvist, A.; Simpson, J.L. "Medical Examination for Health of all Athletes Replacing the Need for Gender Verification in International Sports", in: JAMA, 267 (1992) 6: 850-852.

Mengden, Guido v. "Vom Deutschen Reichsausschuß zum NS-Reichsbund für Leibesübungen", in: Jahrbuch des Sports, 1 (1955/56): 54-78.

Moeller, W. O. "The Riot of A.D. 59 at Pompeii", in: Historia, 19 (1970): 84-95.

Möller, Jörg. "Der deutsche Arzt Erwin von Bälz und die Entwicklung von Körperkultur und Sport in Japan", in: Stadion, 16 (1990) 1: 129-141.

Munting, Roger. "The Games Ethic and Industrial Capitalism Before 1914: The Provision of Company Sports", in: Sport in History, 23 (2003) 1: 45-63.

Puffer J. C. "Gender Verification: a Concept Whose Time has Come and Passed?", in: British Journal Of Sports Medicine Dec, 30 (1996) 4: 278.

Puffer, J. C. "Gender Verification of Female Olympic Athletes", in: Medicine & Science in Sports & Exercise, 34 (2002) 10: 1543.

Ritchie, I. "Sex Tested, Gender Verified: Controlling Female Sexuality in the Age of Containment", in: Sport History Review, 34 (2003) 1: 80-98.

Rouse, Paul. "The Politics of Culture and Sport in Ireland: A History of the GAA Ban on

Foreign Games, 1884-1971. Part One: 1884-1921", in: The International Journal of The History of Sports, 10 (1993) 3: 333-360.

Schneider, K. "Lusus Troiae", in: Paulys Realencyklopädie der classischen Altertumswissenschaft, XII (1927) 2: 2059-2067.

Toutain, J. "TROJA, TROJAE LUDUS", in: Dictionanaire des antiquités greques et romaines d'apres les textes et monument, 5 (1919): 493-496.

事項索引

【あ】

赤門運動会 212, 213
アルペン式（スキー技術） 367, 369, 370, 372, 373, 378, 380, 381
居合術 330
イースタン・イブニング・ニュース 95, 96
イースタン・デイリー・プレス 95, 96
イギリス 37, 38, 41, 43, 53, 77, 78, 100, 285, 286
育児 305-314, 316-321
イシイカジマヤ商店 188, 194, 196
意志的体育論 405, 406
異種格闘技試合 387, 389, 391-394, 396, 397, 399
イングランド 41-43, 49, 52, 77-79
インタビュー 431
ウィルソン（用具メーカー） 46
ウォーターズ（用具メーカー） 46
エアーズ（用具メーカー） 51
英連邦競技大会 106
英国女子陸上競技連盟 105
円形闘技場 10
欧州陸上競技選手権 106
オリンピア 285, 286
オリンピズム 283, 287, 303
オリンピック 60-62, 103, 225, 228-230, 237-242, 283-290, 295, 296, 302

【か】

カービングスキー 367
カールスバートの決議 17-19, 34
外務省 226, 235, 239

課外活動 273, 333, 337, 342
学舎 145, 150, 151
学習指導要領一般編（試案） 264, 268, 273
学習指導要領小学校体育編（試案） 273, 274
カソリック 40, 42
華族女学校 348, 350-353, 357, 358, 360, 361, 363
学校教育 268, 328, 332, 333, 336, 339, 341
学校体育指導要綱 263, 273
学校体操教授要目 243, 249, 252, 254-256, 405
活動フィルム 177, 178, 185, 187, 190, 197, 198, 200-203
株式会社大沢商会 188
樺太日日新聞 371, 374, 382
カレッジパーク 41, 42
関東女子庭球練習会 178, 197
企業家父長主義 77
企業スポーツ 77-79, 100
毬打 141, 143
騎馬撃毬 121-129, 131-137, 139
キャドバリー社 77
キャロウ・ワークス 77-81, 83, 93, 96-99
キャロウ・ワークス・マガジン 79, 81, 84, 93-95
弓術 327, 328, 338
毬杖 141
毬門 141
ギュムナシオン 4, 6
教育指導者講習会（IFEL） 259, 261,

467

262
教科課程改正委員会　264
競技祭　3, 6, 7-9, 11
極東ダンロップゴム株式会社　188,
　　191, 193, 196, 199
ギルバート（用具メーカー）　45
近代オリンピック競技会　285
近代スポーツ　37-40, 43, 53, 54, 78
グラウビュンデン地方政府　19
クリスチャニア（スキー技術）　372,
　　373, 375-377, 379-381
グルノーブル冬季五輪　103
クロマティン　112
桑澤ゴム工業所　188, 193, 198, 199
経国大典　121, 123, 124, 132, 133, 137
警視庁　328
京城中学校　253, 255, 256
儆新学校　246
儆新学舎　246
啓蒙主義　305, 308, 311, 319
ゲーリックアスレティック協会
　　（Gaelic Athletic Association, GAA）
　　37, 38, 43
結核対策要綱　210, 211, 220
撃剣　327, 335, 337, 341
元山学舎　245, 246
剣術　326-328, 330-333, 335-339, 341,
　　342
剣術柔術調査　325, 329-336, 339, 341,
　　335, 336, 339, 341
剣術柔術等教育　325, 329
剣道　227, 236, 243-245, 249, 251, 253
　　-257
剣闘士競技　3, 10
健民運動　205
健民修練　210, 211, 220
コア・カリキュラム　259, 268-273,

　　275, 276
皇紀2600年　226, 239, 241
甲子園テニスコート　188
公衆浴場　6
皇城基督教青年会　252, 252
厚生省　206-209, 213
高等女学校規程　347, 362
高等女学校令　347, 362
コールマン社（J.&J.コールマン）　77-
　　81, 83, 97, 99
戸外遊戯（戸外遊嬉）　357, 358, 363
国際オリンピック委員会（IOC）　103,
　　225, 226, 234-237, 241, 283
国際オリンピック委員会医事委員会
　　109, 110
国際政治　225, 240, 242
国際陸上競技連盟（IAAF）　103
国民学校教則説明要領　407, 419, 420
国民学校体錬科教授要項　267
国民学校令　268
国民修練　205, 207, 209
国民精神総動員　205
国民体育　205-209, 220, 221
国民体力向上修錬会　211
国民体力法　210, 220
国立学校設置法　260
国立大学附属小学校　259
ココア・ワークス　97-99
心の壁　427
郷中教育　149
古代オリンピック　284-288, 295, 296,
　　302
古代地中海世界　3

【さ】
三層四領域論　269, 270
ジェフリーズ（ジェフリーズとモーリ

ング)(用具メーカー) 45-47, 51
ジェンダー 103, 117
時代の証言者 429
実践女学校 350, 362
室内スポーツ施設 168, 170, 172
室内ベースボール 165, 166
室内遊戯(室内遊嬉) 357, 358, 363
支部体操場 28, 29, 31, 33
下田学校 349, 351, 352
社会主義国家 444
柔角拳倶楽部 252
柔術 250, 328-333, 336-338, 340-342
集団体操 205, 208, 209
柔道 228, 231, 232, 236, 237, 240, 243-245, 249-258, 338, 340, 341
周辺課程(基礎課程) 269, 270, 272, 273, 275
修錬 211, 217
シュタージ 427
シュトー(露式カンジキ) 369, 377, 380
巡回テニスコーチ 197
唱歌遊戯 358, 363
招致(オリンピック) 225, 226, 234, 236, 238-242, 242
ショースポーツ 3
女子体育 348, 363
女子遊嬉の栞 357, 358, 361
私立五星学校 252, 253, 255, 256
信越紀行 362
新カント派 405
スウェーデン体操 356, 357, 363
スキー競技会 380
スキー倶楽部 369-375, 377-380, 382
スキー講習 368, 369, 374, 375, 377-379
スキー用具 372, 373, 380-383

スポーツ外交 225, 226, 237, 241
スポーツ史叙述 428
スラゼンジャー社 184, 185, 188, 190, 192-194
正課(正科) 332, 333, 341, 342
生の哲学 405
性別確認検査(sex test) 103, 109
セックス・テスト 109, 111, 115
禅 339, 340
1940年オリンピック競技大会 238
戦時学徒体育訓練実施要項 206, 207, 210, 216, 217, 220, 221
染色体検査 114
ソーシャルスキーム 81, 86, 88-98

【た】
体育事業 155, 156, 160-163, 168, 172
体育私言(1932) 405-407, 411-414, 416, 417, 421, 422
第一次アメリカ教育使節団報告書 260, 263, 275
大弓 337
第12回オリンピック競技大会 225, 226, 234, 239-242
泰西婦女風俗 354, 356
体操 326, 328, 329, 332, 333, 347, 351-353, 356, 357, 361
体操祭 31, 33
体操伝習所 287, 288, 329-333
太祖実録 122
大日本学徒体育振興会 206, 210
大日本体育会 205-209, 221
大日本体育協会 206, 283
大日本体操 207
体錬科 263, 264, 266, 268
台湾銀行 185, 187, 188, 190, 193
打毬 141

事項索引 469

鍛錬　210-213, 215-221
チェルテナム校　42
中心課程（中核課程）　269, 273, 275
チュービンゲン　18, 24, 25, 33, 35
チューリンゲン　18
朝鮮王朝実録　121
朝鮮教育令　243-245, 249, 253-257
朝鮮時代　121, 123, 132-134
朝鮮武道館　252
跳馬　27, 33
帝国指導者連合　58, 64, 68, 69, 71, 72
帝国婦人協会　350, 357, 362
デヴィス・カップ戦　178, 181
テキスト比較　121
鉄棒　27, 28, 31, 33
デ杯選手派遣基金　197
デューク（用具メーカー）　45
テレマーク（スキー技術）　372-377, 379-381
デンマーク体操　156, 215
ドイツ観念論　405
ドイツ再統一　427
ドイツ式体操　17, 22
ドイツ水泳連盟　57, 68
ドイツ体操　326
ドイツ帝国体育委員会　60, 73
ドイツ帝国体育連合　58
ドイツトゥルネン連盟　57, 68
ドイツフットボール連盟　57, 68
ドイツ陸上競技連盟　57, 68
統轄権　57, 66, 68, 70, 72
東京大学　326, 329-332, 334, 335, 337, 342
東京帝国大学　206, 207, 210-212, 220
桃夭学校　349, 350, 351, 353
東莱武道学校　246
トゥルネン　57, 58, 60, 66, 67, 72, 285

ドーピング　109, 111, 112, 428
登攀　25, 26, 28, 33
トリニティカレッジ（Trinity College）　38-43, 45, 46, 49, 54
トリミングス（用具メーカー）　51
トロイア競技　10-12

【な】
長崎YMCA　155-159, 162, 163, 165, 172-174
長野高等女学校　360, 362
長刀　337
ナチス　57-59, 61, 69, 71-73
南海鉄道株式会社　188
ニコルソン（用具メーカー）　45
日常生活課程　269, 270
日系移民　387, 388
日帝強占期　243, 245, 248, 254, 255, 257
日本学生YMCA同盟　157, 158
日本庭球協会　177-179, 184, 185, 187-194, 196-199, 201, 202
日本テニス協会　177
日本都市YMCA同盟　157, 158
日本YMCA同盟　158
ニュージーランドNOC　114
ノーフォーク・カウンティ・ホッケーアソシエーション　96, 99
ノリッジ　78-80, 93, 95-99
ノルウェー式（スキー技術）　367-373, 375, 377-382

【は】
ハーゼンハイデ　25
廃刀令　327-329
梯子　26, 28, 33
ハマ投げ　141-152

パブリックスクール　41, 42, 47
浜寺テニスコート　188
パラエストラ　4, 5
汎愛派　305
パンクラチオン　5
阪神電気鉄道株式会社　188
東ドイツ　427
ブーツ社　77
フェートン号事件　289
フェンシング　41, 43, 48, 53, 326, 327
武芸図譜通志　121, 123, 124, 132, 133, 138, 139
普通体操　347, 353, 358, 359, 363
ブラックヒース　42, 49
ブルシェンシャフト　19, 25, 34
プロ・レスリング　387, 389, 391, 397-400
プロスポーツ　3
プロテスタント　43
平行棒　23, 25, 27, 28, 33, 52
兵式体操　356
ページ（用具メーカー）　45
ペントンヴィル　28, 31
ホイットリー氏体操　358, 361
ポーツマス条約　368
ボール公認制度　196
ホッケー　43, 48, 49, 53, 77-80, 82-100
ホッケーアソシエーション　97, 99
ホッケークラブ　78, 93

【ま】
マッチウェンロック・オリンピック　285

マリルボン　20, 28
満洲国　228-230, 233-237, 240
三田土ゴム製造株式会社　188, 193, 199
民間情報教育局（CIE）　264
茗溪会　263
文部省　260, 261, 263, 264, 268, 275, 328, 329, 331-333, 335

【や】
野獣狩り　3, 10
槍投げ　25, 27, 28
ヨーク　78, 97, 98

【ら】
ラウントリー社　77, 78, 97, 99
ラグビー校　42
ラジオ体操　205, 207-209, 213, 220
リージェンツ・ストリート　20
李花学堂　246
陸軍研成学校　248, 252, 253
龍飛御天歌　122-124, 132, 133, 135
良妻賢母　352, 355, 360, 363
ルッツォーの志願兵団　18, 25
冷戦　428
錬成　207-209, 211, 221
ローマ世界　5
ロンドン職工学院　19
ロンドン体操クラブ　17-21, 22, 29, 31, 33

人名索引

【あ】

アウグストゥス　Augustus　10, 11
青木　静三　185, 188, 193
青柳　喜平　251
浅井　浅一　406, 422
東　龍太郎　215
アッペンゼラー　Appenzeller　246
安部　正亮　369
安部　民雄　178, 181, 182, 184, 188, 190, 197, 203
アムンゼン　Amundsen　435
アレクサンドロス大王　Alexandros
アンダーウッド　Underwood　246
アンプラー　Ampler,　430
イエジョン　睿宗　134
五十嵐　清止　260
井口　あくり　357
池田　金城（錦城）　389, 392
イ　ケドン　李　季仝　123, 134
石井　順一　185, 188, 194
イ　ジンス　李　鎮洙　133
イ　ソンゲ　李　成桂　122
イ　ソンジン　이 성진　245
伊藤　博文　349, 350
イ　チウ　李　治佑　252
井上　毅　349
井上　七十郎　184, 188, 192
井上　常之　184, 188, 191
イ　ハンネ　李　學來　133, 244, 246
イ　フィドゥ　이 희두　李　熙斗　248, 252
今村　鞆　132, 139
イム　ソンビン　任　先彬　133
イム　ドンオン　任　東權　133

イム　ヨンム　임 영무　244
インジョ　仁祖　123
ヴィット　Witt,　429
ヴィルト　Wildt　17, 19
ウェスターホフ　Westerhoff　109
ウエスト　West　38, 40, 41
植村　金一郎　361
ヴォアリノ　Voarino　32
ヴォンネベルガー　Wonneberger　440
ウォン　ユン　元　胤　136
内田　良平　252
ウルブリヒト　Ulbricht　432
エヴァルト　Ewald　429
エデル　Edel　440
エパメイノンダス　Epameinondas　5
海老名　昌一　160, 161
エリザベス一世　Elizabeth I　40
エルテル　Oertel　430
エンニウス　Ennius　5
オウィディウス　Ovidius　9
大沢　謙二　332, 333
大田　才次郎　141
太田　芳郎　180, 189, 198, 203
大鳥　圭介　353
大村　一蔵　212
大森　兵蔵　162
沖　識名（識名　盛夫）　394
小野　泉太郎　361, 365

【か】

ガーディナー　Gardiner　4-7, 9
ガイペル　Geipel　430
カイル　Kyle　3, 13
カエサル　Caesar　10

カク　ヒョンギ　곽　형기　244, 246
柏尾　誠一郎　178, 180
梶原　八郎　163, 164, 167
片岡　時弥　184, 188, 189
金井　勝三郎　367-383
嘉納　治五郎　249-251, 283, 337, 338, 340, 341
カムニッツァー　Kamnitzer　439
川瀬　元九郎　357
川地　実　178, 181, 197, 198
カンペ　Campe　305-321
キケロ　Cicero　4, 5, 8, 10
岸野　雄三　4
キム　クンミョン　金　近明　134
キム　ヨンハク　김　영학　244
キム　ヨンフン　김　영훈　245
清瀬　三郎　212, 213
キラニン　Killanin　111
ギルクライスト　Gilchrist　28, 29
ギルバート　Gilbert　435
グーツムーツ　GutsMuths　23, 24, 285
クネヒト　Knecht　434
クーベルタン　Coubertin　284, 285, 302, 303, 439
久保　圭之助　177, 184, 185, 187
熊谷　一彌　178, 179
クラーク　Clerk　79
クラッベ　Krabbe　439
クリアス　Clias　17, 23, 24, 29, 32, 33
栗本　義彦　208
クリューガー　Krüger　17, 19, 34
クリュックシャンク　Cruckshank　22, 24, 30
グレーター　Graeter　25
クロムウェル　Cromwell　37
桑原　孝夫　178, 182, 191, 197, 198, 202
ケステ　Köste　441
ゲブハルト　Gebhardt　439
小泉　親彦　206
河野　敏鎌　328
コール　Kohl　427
古賀　護太郎　337
小島　弘助　374, 381
コジョン　高宗　246
後藤　文夫　206
コンミンワン　恭愍王　135

【さ】

斎藤　由理男　215, 219
ザイフェルト　Seifert　429
酒井　シゾ　340
榊原　鍵吉　249, 335-337, 341
佐々木　高行　349
笹森　卯一郎　157-159, 161
佐藤　次郎　178, 182, 191, 195-198, 200-202
佐藤　俵太郎　178, 182, 197, 198
佐藤　正成　184, 185, 188, 191
ザルツマン　Salzmann　22, 23
サン　ジン　尚　震　134
シェイクスピア　Shakespeare　285
シェーン　Schön　433
篠原　助市　405-425
渋川　伴五郎　玉吉　329
渋川　伴五郎　義方　329
清水　善造　178, 179, 198
シム　スング　沈　勝求　134, 135, 139
下田　歌子　347, 348, 350, 351, 353, 355, 360-364
下田　猛雄　349
シュアー　Schur　430
シュテディンク　Steding　65

シュピッツァー　Spitzer　428
小カトー　Cato Minor　9
ジョンジョ　正祖　132, 133
ジョンジョン　定宗　134
ジョン　ドウフイ　鄭杜熙　133
ジョン　ヒョンホ　鄭亨鎬　133
スエトニウス　Suetonius　10
末弘　厳太郎　207, 215, 220, 221
末松　保和　133
菅沼　元之助　157, 159, 161
スクラントン　Scranton　246
スクリバ　Scriba　329-331, 333
スコルニンク　Skorning　440
鈴木　吉郎　184, 188, 191
ゼイフェルト　Seyfert　430
関重　郎治　251
セジョ　世祖　122, 133, 136
セジョン　世宗　122, 124, 132, 134, 135, 139
ソンジョン　成宗　122, 123, 132, 134
ソン　セギョム　孫世謙　123, 134

【た】
大カトー　Cato Major　6
タイヒラー　Teichler　428
高崎　正風　349
高橋　幸一　3
高橋　進　369, 370
髙松　定一　184, 187, 189, 198
田代　善助　184, 188, 191
谷　于城　353
タンジョン　端宗　134
チェ　ジョンサム　최　종삼　244
チェ　ヨンベ　최　용배　244
チャップリン松の森（松永　岩之進）391, 393, 394
チャンドラー　Chandler　286

チャンマー・オント・オステン　Tschammer und Osten　63, 64, 66-72, 74
チュンジョン　中宗　123, 124, 134, 135, 139
ディーム　Diem　17, 57, 62-64, 66
ティベリウス　Tiberius　11
ディルタイ　Dilthey　405
テオドシウス一世　Theodosius　I　285
テジョ　太祖　122, 124, 128-135, 137
テジョン　太宗　134
テデスチ　Tedeschi　32
デビス　Davis　161, 162
東条　琴台　349
東條　英機　206
トク　エルヴィン　327
鳥羽　貞三　178, 181
富田　正直　329
ドミニクス　Dominicus　62, 63
トルーマン　Trueman　162-167, 169, 172
トレイル　Trail　42

【な】
永井　道明　371
長岡　外史　370
中村　榮治　212
ナ　スヨン　나　수영　羅　壽永　252
ナトルプ　Natorp　405
ナ　ヒョンソン　羅　絢成　248
西村　貞　330
西村　茂樹　353
布井　良助　198
ネポス　8
ノイエンドルフ　Neuendorff　60, 63-66

野津　謙　212, 213
野間　辰郎　164, 168

【は】
パウサニアス　Pausanias　284
パウリ　Pauli　63
パク　スンピル　朴昇弼　252
橋田　邦彦　206
八田　友紀　349
服部　倫一　185, 188, 194, 195
ハドリアヌス帝　Hadrianus　6
原田　武一　178, 180, 198
パラット　Parratt　77
ハリス　Harris　7
ハルト　Halt　59
ピーク　Pieck　432
樋上　蔦雄　389
久富　鉄太郎　329
日澤　廉次郎　368, 369
土方　久元　349
ヒトラー　Hitler　59-62
平尾　録蔵　348
平尾　ふさ　349
ヒル　Hill　77
フィヒテ　Fichte　405
フィリップス　Phillips　77
フーン　Huhn　430
フェルカー　Voelker　17-19, 21-26, 28-33
福岡　孝弟　330
フクス　Fuchs　429
福田　雅之助　178, 181, 182
福羽　美静　349
クネヒト　Knecht　434
ブラウン　Brown　166, 171, 175
プラトン　Plato　5
ブランデージ　Brundage　106, 109, 110, 112, 113, 117
フリック　Frick　66
プリニウス　Plinius　5, 8, 9
プルタルコス　Plutarchos　5, 6, 9
プレスティジ　Prestige　18
ブロムヘッド　Bromhead　77
ベッカー　Becker　429
ヘトリッヒ　Hettrich　430
ヘラー　Heller　77
ベルツ, エルヴィン　Baelz, Eruvin. von　325-342
ベルツ, エルヴィン・トク　Baelz, Eruvin. Toku　327
ベルツ, マルタ　Baelz, Martha　326
ベルネット　Bernett　58
ホーネッカー　Honecker　434
ホーン　Hone　18, 22-25
細川　潤次郎　353
ポリット　Porritt　106, 109, 110, 112

【ま】
マクラーレン　MacLaren　17
松浦　竹松　184, 188, 189, 191
マッキントッシュ　McIntosh　17
松澤　一鶴　212
松沢　光雄　260
マハフィ　Mahaffy　42
マルティアリス　Marttialis　10
宮口　俊二郎　184, 185, 187, 188, 190-192
三宅　秀　329-333
三宅　太郎　397, 398
宮田　守衛　161
宮本　孫太郎　184, 188, 193
宗像　誠也　260
ムンジョン　文宗　134
ムンティング　Munting　77, 78

メロード　Merode　110
メングデン　Mengden　69
森　有礼　362
森　勝礼　133, 184, 188
モリソン　Morrison　28

【や】
ヤーン　Jahn　17, 18, 24, 25, 285
柳田　國男　142, 143
山県　有朋　349, 350
山口　十八　369, 370, 372, 384
ヤレス　Jarres　63
ユ　クンス　유　근수　劉　根洙　252
ユン　チウ　윤　치우　248
ユン　フィピョン　尹　熙平　134, 135
ヨンジョ　英祖　135
ラチエン　Ratjen　106
リーゲ　Riege　439

リード　Reed　387
リーランド　Leland　288
力道山　389, 394, 399, 400
リンネマン　Linnemann　60, 62-64, 66
ルカヌス　Lucanus　4
レヴァルト　Lewald　62, 63
レックナーゲル　Recknagel　430
レルヒ　Lerch　367-370, 371, 373
ローゼンベルク　Rosenberg　61
ローレンス　Lawrence　39, 40
ロガルスキー　Rogalski　430

【わ】
若生　大四郎　184, 185, 188, 190, 192, 194
渡辺　敏　360, 362
ワン　ユンチェン　汪　雲程　139

あ と が き

　楠戸一彦先生がご退職されるまでの最後の十年間に，直接のご指導を受けることができた幸せを噛みしめつつ「あとがき」の筆を執らせていただきます。

　楠戸先生が「50歳定年説」を唱えた頃，私は広島大学における学部改組の影響を受け，研究者への道が閉ざされる寸前でありました。この時に，やさしく救いの手を差し伸べてくれ，体育・スポーツ史研究の道へ誘ってくれたのが，楠戸先生です。学部生の頃に楠戸先生の授業を聴講していたことはあったのですが，その時はもちろん指導教官となるとは想像もしていなかったので，本当に不思議な縁のはじまりでした。

　当時の私は体育科教育学を専攻しており，体育・スポーツ史研究はまったくの専攻外でした。そんな私に，諭すように，最初のゼミで言われた「走るように研究してもらわなければ困る」という言葉は，今でも強く印象に残っています。この言葉には，「どんなに頑張って研究しても，課程博士の学位を取るには最低4〜5年間はかかる。回り道をせずに課題に向き合い，就職のことも後まわしにしなければならない」という意味が含まれていました。厳しい言葉であり，未来が見えない不安にもかられました。ただ，楠戸先生が博士の学位を取られるのに毎日8時間も課題に向き合ったこと，自身の体育・スポーツ史観を構築するのに試行錯誤しつつ何年もかかったこと，国外の資料を収集するのにどれだけ苦労したかなどを知るうちに，「回り道をせずに走るように研究しなさい」という言葉に隠されている「やさしさ」に気づかされました。すなわち，「走るように研究ができる環境は整っている。後は自分がどのくらいのスピードで走るか」ということです。そのため，私は，先行研究の意義と分析，史料の発掘，文章の表現，考察の視点と方法などの歴史研究の基本となる指導を一から受けることができました。また，楠戸体育・スポーツ史学を展開している「研究ノート：スポーツ史学の方法論的前提」(『広島大学総合科学部紀要Ⅵ保健体育学研究』第7巻(1990)：1-28頁)を立脚地とし羅針盤としたため，在学中に「歴史とは何か」を一から勉強する必要はなかったのです。

　さて，楠戸先生の研究室は，「A111」という角部屋で，広島大学総合科学部

研究棟の1階でした。冬は日が当たらないことを嘆かれておられ，タバコの小さな火で暖をとっておられました。研究室の隣が資料室であり，廊下を挟んで向かい側が院生の研究室となっていました。資料室には体育・スポーツ史関係の膨大な書籍と雑誌が所蔵されていました。ただし，ドイツ中世スポーツ関係の貴重書と資料は，楠戸先生の研究室に大切に保管されていました。また，体育・スポーツ史関係の日欧雑誌は，15タイトル以上が著者・論文名等にキーワードが付され目録化されたデータベースとなっていました。くわえて楠戸先生のご自宅には離れの書斎があり，ここにも体育・スポーツ史関係の資料が所蔵されています。書斎の蔵書を細かくチェックされた体育・スポーツ史の研究者は，楠戸研究室に在籍していた私と孫喜和先生を除けば，わずかにドイツのA. クリューガー氏と鈴木明哲先生のみとお聞きしています。

　話は戻りますが，楠戸研究室の院生室は，私が在籍した1年目は一人で利用していました。そのため，ゼミも楠戸先生と1対1が基本でした。また，当時は研究室で煙草を吸うことが可能で，お互いに煙草を吸いながらゼミをするという，今では考えられないものでした。このゼミの形式では，もちろん手を抜くことはできませんし，隔週で提示される課題をこなしていくのはかなり大変でした。また，楠戸先生が煙草を吸いながら無言のまま提出した文章を読んでいる間の沈黙は，慣れるまでしばらく時間がかかりました。翌年には中国からの留学生である孫喜和先生が入学してきましが，1対1の煙草ゼミ形式が変わることはありませんでした。ただし，孫先生の入学によって楠戸研究室の飲み会の回数が増えたのは事実です。飲み会の席でお酒がすすむと，楠戸先生の外国での生活や研究が話題にのぼりました。国際学会での発表や投稿の重要性，外国人研究者との連携の大切さなど，国際的に活動されてこられた経験に基づいての含蓄のある話題は枚挙にいとまがありませんでした。さらにお酒がすすむと，楠戸先生のご家族の話題となりました。楠戸先生がどれほどご家族を大切にされていかをいつも痛感させられたものです。

　ここで，楠戸先生の研究指導について触れさせていただきます。楠戸先生は，ご退職までの十年間の間に，学会で中心的な責務を果たされてきました。楠戸先生からお聞きする，学会や学術の動向は常に刺激的でした。この中でも，学会や学会誌の編集で要職を務められた経験に基づいて語られた「歴史的

研究における『原著論文』に必要な３つの要素」を紹介させていただきます。まず，３つの要素を以下に示します。

　　１．歴史的事実の「再構成」がなされているか。
　　２．歴史的事実の「解釈」がなされているか。
　　３．歴史的事実の「説明」がなされているか。

　一つ目の「歴史的事実の再構成がなされているか」は，資料（史料）を発掘し考察を行なうことで，歴史的事実を再構成するという歴史研究の基本的な要素が満たされているかどうか，ということです。二つ目の「歴史的事実の解釈がなされているか」については，再構成した歴史的事実が，いかなる意味をもっているかを示すことができているかどうか，ということです。すなわち，歴史的事実と他との関係性を明らかにできているかということであり，たとえば，政治的，経済的などの「観点」から関係性が問うことできているかということです。ただし，「事実を選択する」，「事実を構造的に書く」ことですでに解釈が入っており，また，用語を使用する段階で解釈が介在している場合もあります。そのため，論文構成，用語の使用には細心の注意が必要となります。最後の「歴史的事実の説明がなされているか」については，再構成した歴史的事実を「結果」として捉えるならば，因果関係が明らかにできているかどうか，ということです。すなわち，「なぜ起きたのか」「どのような理由でそうなったのか」が明らかにされているか，ということです。ここでは，歴史的事実についてより大きな視点から眺めないと「なぜ」という問いかけはできないことになります。説明不足の点があるかもしれませんが，今後，体育・スポーツ史研究を志す研究者に必要な指針となればと思います。

　最後になってしまいましたが，本書は，楠戸一彦先生退職記念事業の一環として企画・編集・刊行され，以て先生の多大な学恩に対して深謝の意を表するものであります。私が，体育・スポーツ史研究を志すようになって，ぜひとも手がけてみたい仕事の一つが，恩師である楠戸先生の退職論集に関わることでした。そのためには，10年以上も体育・スポーツ史研究に向き合わなければなりませんでしたし，何よりも研究者にならなければなりませんでした。まだま

だ未熟ではありますが，楠戸先生の退職記念論集に少しでも貢献ができたことは，この上ない喜びであり身に余る栄誉です。本論集の刊行にあたって，私の至らないところは，すべて大久保英哲先生がサポートしてくださいました。大久保先生の周到な企画とご尽力がなければ本書は刊行に至りませんでした。大久保先生には心より感謝申し上げます。また，2011年3月11日の東日本大震災という未曾有の災害の渦中にあって，本書に玉稿を寄せていただいた執筆者の皆様にも改めて心より感謝申し上げます。

楠戸先生はご退職後も体育・スポーツ史研究に専心され，さらなる研鑽をつまれるとお聞きしています。とりわけ，ドイツ中世スポーツ史研究の三部作の完成はもう間近まで迫っています。ここでその一部を紹介させていただきますと，『ドイツ中世スポーツ史研究序説』（仮）と『ドイツ中世後期における武術』（仮）という楠戸先生の研究の集大成というべき書籍の刊行がひかえています。また，ここでは紹介しきれなかった楠戸先生の素顔とご自身の思いは，随筆集である『わが研究の歩みと出会い』として退職祝賀会で配布される予定です。学生時代に100ｍを12.8秒で走られた楠戸先生は，ご退職後も衰えることなく体育・スポーツ史のフィールドで疾走されることとなります。我々も走り負けないようにしたいと強く思います。

楠戸一彦先生退職記念論集刊行会事務局
崎　田　嘉　寛

楠戸一彦先生の履歴と研究業績

楠戸一彦先生の履歴と研究業績

1．履歴

出　　身：岡山県倉敷市
生年月日：1947（昭和22）年11月17日

（1）学歴

1966（昭和41）年3月	岡山県立倉敷青陵高等学校　卒業
1966（昭和41）年4月	東京教育大学体育学部体育学科　入学
1970（昭和45）年3月	東京教育大学体育学部体育学科　卒業（体育学士）
1970（昭和45）年4月	東京教育大学大学院教育学研究科教育学専攻修士課程　入学
1973（昭和48）年3月	東京教育大学大学院教育学研究科教育学専攻修士課程　修了（教育学修士）
1973（昭昭48）年4月	東京教育大学大学院教育学研究科教育学専攻博士課程　入学
1976（昭和51）年3月	東京教育大学大学院教育学研究科教育学専攻博士課程　退学
1997（平成9）年2月	博士（学術）（奈良女子大学人間文化研究科）

（2）職歴

1973（昭和48）年4月	東京教育大学附属小学校　非常勤講師（昭和51年3月まで）
1976（昭和51）年4月	文部教官山口大学教育学部　講師
1982（昭和57）年4月	文部教官山口大学教育学部　助教授
1985（昭和60）年4月	文部教官広島大学総合科学部　助教授
1995（平成7）年10月	文部省在外研究員：ドイツ連邦共和国ゲッティンゲ

	ン大学スポーツ科学研究所（平成8年7月まで）
1997（平成9）年10月	文部教官広島大学総合科学部　教授
2006（平成18）年4月	国立大学法人広島大学大学院総合科学研究科　教授
2008（平成20）年4月	国立大学法人広島大学スポーツ科学センター長（平成22年3月まで）

（3）学会における活動

1973（昭和48）年6月	日本体育学会会員
1983（昭和58）年3月	史学会会員
1983（昭和58）年4月	日本西洋史学会会員
1985（昭和60）年4月	広島体育学会会員
1986（昭和61）年11月	スポーツ史学会会員
1987（昭和62）年4月	北アメリカスポーツ史学会（North American Society for Sport History）会員
1991（平成3年）4月	広島体育学会『広島体育学研究』編集委員長（平成5年3月まで，平成15年4月〜17年3月，平成19年4月21年3月）
1995（平成7）年1月	国際体育スポーツ史学会（International Society for the History of Physical Education and Sport）会員
2001（平成13）年9月	ヨーロッパスポーツ史学会（European Committee for Sports History）会員
2002（平成14）年3月	筑波大学教育学会会員
2002（平成14）年12月	スポーツ史学会理事（平成18年12月まで）
2003（平成15）年3月	東北アジア体育スポーツ史学会（North East Asian Society for History of Physical Education and Sport）会員
2003（平成15）年4月	広島体育学会理事長（平成17年3月まで）
2003（平成15）年12月	東北アジア体育スポーツ史学会（North East Asian Society for History of Physical Education and Sport）理事（平成23年8月まで）
2005（平成17）年4月	日本体育学会理事（平成19年3月まで）

2005（平成17）年4月	日本体育学会『体育学研究』編集委員長（平成19年3月まで）
2007（平成19）年1月	独立行政法人日本学術振興会・科学研究費委員会専門委員（平成20年12月まで）
2007（平成19）年4月	広島体育学会会長（平成23年3月まで）
2007（平成19）年4月	日本体育学会体育史専門分科会『体育史研究』編集委員長（平成21年3月まで）
2008（平成20）年3月	日本体育学会第60回記念学会大会組織委員会委員長及び実行委員長（平成21年11月まで）
2009（平成21）年4月	西洋中世学会会員
2009（平成21）年5月	日本体育学会体育史専門分科会会長（平成23年5月まで）
2010（平成22）年9月	ヨーロッパスポーツ史学会（European Committee for Sports History）特別会員（Fellow）

2．研究業績

（1）著書

今村嘉雄，大谷武一，野口源三郎ほか，新修体育大辞典，東京：不昧堂出版，1976。（「スポーツ史」「シュピース」「マウル」「運動学」「カメラリウス」「クロス」「コメニウス」「ビーベス」「ラブレー」「リオン」の各項目）

岸野雄三，成田十次郎，山本徳郎ほか，体育・スポーツ人物思想史，東京：不昧堂出版，1979。（運動の「体系化」と「鋳型化」　シュピース，307-348頁）

飯塚鉄雄，鈴木良徳，伊藤公ほか，オリンピック事典，東京：プレスギムナスチカ，1979。（「ストロフォン」「フィロストラトス」「ペンタトロン」「ボクシング」の各項目）

大場一義，成田十次郎，山本徳郎ほか，岸野雄三授退官記念論集　体育史の探究，東京：岸野雄三教授退官記念論集刊行会，1982。（ドイツ中世後期における「剣士ゲゼルシャフト（Fechtergesellschaft）」の成立事情，19-38頁）

岸野雄三，成田十次郎，山本徳郎ほか，体育史講義，東京：大修館書店，

1984。(Lecture 6中世の市民と農民のスポーツ・身体修練,62-68頁。重要事項の「中世暗黒史観」「中世都市の運動会」「運動師範」「シュピース」の各項目)

渡辺融,岸野雄三,成田十次郎ほか,現代体育・スポーツ体系 第二巻 体育・スポーツの歴史,東京:講談社,1984。(Ⅲ.中世 中世ヨーロッパ,45-55頁)

岸野雄三,成田十次郎,大場一義ほか,新版 近代体育スポーツ年表,東京:大修館書店,1986。(共同作業につき,本人担当部分抽出不可能)

岸野雄三,黒田善雄,鈴木祐一ほか,最新 スポーツ大事典,東京:大修館書店,1987。(中世社会のスポーツ,792-799頁。「トーナメント」「中世ヨーロッパのスポーツ・クラブ」「森林法の各コラム」の各項目,文献解題およびスポーツ史年表)

入江康平,中村民雄,藤堂良明ほか,日本武道学研究 渡邊一郎教授退官記念論集,東京:渡邊一郎教授退官記念会,1988。(ドイツ中世後期の剣術 J.リヒテナウエルにおける剣術技法の分析,609-630頁)

佐藤裕,吉原博之,西村清巳ほか,教職科学講座 第23巻 体育教育学,東京:福村出版,1990。(第三章 学校教育と学校体育の歴史,27-38頁)

渡辺融,野々宮徹,松浪健四郎ほか,スポーツ文化論シリーズ① スポーツの伝播・普及,東京:創文企画,1993。(ドイツ中世後期の都市における「公開射撃大会」の成立と展開,201-231頁)

前田幹夫,山本徳郎,清水重勇ほか,成田十次郎先生退官記念論文集 体育・スポーツ史研究の展望―国際的成果と課題―,東京:不昧堂出版,1996。(スポーツ史資料:P.H.マイルによるアウグスブルクにおける公開射撃大会の「記録」(1411-1575),25-40頁)

楠戸一彦,ドイツ中世後期のスポーツ―アウグスブルクにおける「公開射撃大会」―,東京:不昧堂出版,1998,415頁。

Krüger, A. und B. Wedemeyer (Hrsg.), Aus Biographien Sportgeschichte lernen. Festschrift zum 90. Geburtstag von Prof. Dr. Wilhelm Henze. Hoya: Niedersachsisches Institut für Sportgeschichte Hoya e.V. 2003. (Karl Wassmannsdorffs Beiträge zur Geschichte der Leibesübungen des Mittelalters und der frühen Neuzeit, pp.104-115)

浅野敏久，於保幸正，開發一郎ほか，21世紀の教養2　異文化／I・BUNKA，東京：培風館，2000。（近代オリンピックの光と影，210-216頁）

Naul, R., und Y. Okade (Hrsg.), Sportwissenschaft in Deutschland und Japan. Aachen: Meyer und Meyer, 2000. (Zur Lage der sportgeschichtlichen Forschung in Japan, pp.33-43)

阿部生雄，成田十次郎，山本徳郎ほか，清水重勇先生退官記念論集　体育・スポーツ史研究への問いかけ，京都：清水重勇先生退官記念論集刊行会，2001。（K. ヴァスマンスドルフ著：ヴィッテルスバッハ家出身のプファルツ選定侯とバイエルン侯の体操運動，35-41頁）

Okubo, H. (ed.), Local Identity and Sport. Historical Study of Integration and Differentiation, Sankt Augustin: Academic Verlag, 2004. (Notion of Swordsmanship by P.H. Mair (1517-1579), pp.181-185)

原田耕一，宮尾淳一，隅谷孝洋ほか，情報化社会への招待，東京：学術図書出版会，2005。（第8章　スポーツ史研究における情報活用，92-97頁）

Kirk, D., S. J. Park, B. Kim et all (eds.), Educating Sport and Exercise Professionals: Current Approaches and Future Tasks, Korean Alliance for Health, Physical Education, Recreation, and Dance. Soul: Proceedings of International Congress of Sport Science, 2006. (Organization and Activity of 'The Government Institute for Research in Physical Education' (1924-1941), pp.87-95)

勝田茂，阿江通良，朝岡正雄ほか，最新スポーツ科学事典，東京：平凡社，2006。（中世社会，669-671頁）

山本徳郎，杉山重利，阿部生雄ほか，多様な身体への目覚め—身体訓練の歴史に学ぶ—，東京：アイオーエム，2006。（ドイツ中世後期の「トーナメント規則」に関する一考察—ヴュルツブルクのトーナメント規則（1479年）—，263-277頁）

田口貞善，小田伸午，阿江通良ほか，スポーツの百科事典，東京：丸善，2007。（中世スポーツ，511-514頁）

Kratzmüller, B., M. Marschik, R. Müllner et all (eds.), Sport and the Construction of Identities. Proceedings of the XIth International CESH-Cogngress Vienna,

September 17th-20th 2006. Wien: Verlag Turia + Kant. 2007. (Influences of the Western Physical Education and Sport on the Japanese One. Analyses of Articles in the Journal "Taiiku to Kyougi" (1922-1940), pp.611-619)

McClelland, J. and B. Merrilees (eds.), Sport and Culture in Early Modern Europe. Toronto: Centre for Reformation and Renaissance Studies, 2009. (P.H. Mair (1515-1579): A Sports Chronicler in Germany, pp.339-355)

（2）論文

学位論文：ドイツ中世後期の帝国都市アウグスブルクにおける「公開射撃大会」に関する研究，奈良女子大学，1997年2月。

グーツムーツの遊戯論―遊戯の教育的基礎づけ―，東京教育大学大学院教育学研究集録，第15巻（1975）：105－112頁。

F.J.J.ボイテンディクの遊び論―生物学的遊び論の一系譜―，体育学研究，第24巻（1979）第3号：175－183頁。

ドイツ中世スポーツ史研究の課題，山口大学教育学部研究論叢，第30巻（1980）第3部：127－142頁。

ドイツ中世後期における騎士的剣術―J. リヒテナウエルの剣術技法に関する一考察―，山口大学教育学部研究論叢，第32巻（1983）第3部：161－174頁。

16世紀のドイツ都市アウグスブルクにおける「Fechtschule」に関する規定，体育学研究，第29巻（1984）第1号：53－62頁。

ドイツ中世スポーツ史資料―剣士団体「マルクス兄弟団の規約」―，山口大学教育学部研究論叢，第34巻（1985）第3部：171－187頁。

ドイツ中世後期における剣士ゲゼルシャフトの研究―「マルクス兄弟団」の規約と目的に関する一考察―，体育史研究，第2巻（1985）：23－29頁。

スポーツにおける「規則」概念の分析―M.ウエーバーの「規則」概念の分析を手掛かりにして―，広島大学総合科学部紀要Ⅵ　保健体育学研究，第4巻（1987）：1－10頁。

スポーツ史資料―A. スカイノの『球技論』（1555）における「カルチョ競技」―，広島大学総合科学部紀要Ⅵ　保健体育学研究，第5巻（1988）：

1 – 14頁。
研究ノート：スポーツ史学の方法論的前提，広島大学総合科学部紀要Ⅵ　保健体育学研究，第 7 巻（1990）： 1 – 28頁。
15・16世紀のドイツ都市アウグスブルクにおける射手祭，体育史研究，第 8 巻（1991）： 1 – 14頁。
K．ヴァスマンスドルフ（1820-1906）のドイツ中・近世スポーツ史研究，広島大学総合科学部紀要Ⅵ　保健体育学研究，第 9 巻（1992）：25 – 35頁。
スポーツ史資料：K．ヴァスマンスドルフ（1820-1906）の文献目録，広島大学総合科学部紀要Ⅵ　保健体育学研究，第 9 巻（1992）：37 – 51頁。
スポーツ史資料：アウグスブルク自由射的祭（1509年）への招待状，スポーツ史研究，第 5 号（1992）：43 – 53頁。
アウグスブルクにおける1509年の「公開射撃大会」の開催費用，体育史研究，第12巻（1995）：11 – 22頁。
スポーツ史資料：アウグスブルクにおける「弩射撃大会」（1470年）の開催経費，スポーツ史研究，第 8 号（1995）：35 – 40頁。
Ein Beitrag zur Geschichte des "Freischießens" in der ersten Hälfte des 15. Jahrhunderts, Sozial- und Zeitgeschichte des Sports, 10 (1996) 3: 34-49.
ドイツ中世スポーツ史研究の課題，体育学研究，第42巻（1997）第 4 号：292 – 297頁。
ニュルンベルクの公開射撃大会（1458），体育史研究，第15巻（1998）：43 – 51頁。
15世紀前半のドイツにおける「公開射撃大会」への招待状―シュパイエルの「射手状」（1445）―，スポーツ史研究，第12号（1999）：56 – 62頁。
The 'Open Shooting Festivals (Freischießen) in German Cities, 1455-1501, The International Journal of the History of Sport, 16 (1999) 1: 65-86.
P．H．マイル（1517 – 1579）の射撃に関する年代記，体育史研究，第18号（2001）：29 – 38頁。
アウグスブルクにおける1559年の競馬大会，体育史研究，第20号（2003）：23 – 30頁。
歴史研究の課題，体育史研究，第20号（2003）：45 – 48頁。

孫喜和，楠戸一彦，前川峰雄の体育目的・目標論に関する考察―戦後初期の「生活体育論」を中心として―，スポーツ史研究，第18号（2005）：37-42頁．

G．リュクスナーの『トーナメント書』(1530)に関する一考察，スポーツ史研究，第19号（2006）：31-40頁．

孫喜和，楠戸一彦，丹下保夫の「生活単元」論から「生活体育」論への展開に関する一考察，スポーツ史研究，第19号（2006）：59-68頁．

「体育研究会」(1929～1940)における研究発表に関する一考察，スポーツ史研究，第21号（2008）：73-81頁．

ドイツ中世後期の「トーナメント」に関する研究―ハイルブロンの「トーナメント規則」(1485)の成立事情，スポーツ史研究，第22号（2009）：21-31頁．

坂本公紀，福島靖，楠戸一彦，日本ゴルフ聯盟による邦文「ゴルフ競技規則」(1935年)の制定過程に関する一考察、共著，ゴルフの科学，第21巻（2009）第3号：21-29頁．

「体育研究協会」の機関誌『体育研究』に関する一考察，体育史研究，第27号（2010）：47-54頁．

坂本公紀，福島靖，楠戸一彦，東京ゴルフ倶楽部朝霞コースの「クラブ・ハウス」に関する一考察，ゴルフの科学，第22巻第3号＆第23巻第1号（2011）：5-14頁．

（3）学会発表など

アドルフ　シュピースの「体操論」に関する研究，1973（昭和48）年10月，日本体育学会第24回大会（名古屋）．

Sigmund Ringeckの剣術書，1979（昭和54）年10月，日本体育学会第30回大会（金沢）．

J．リヒテナウエルの剣術，1981（昭和56）年9月，日本体育学会第32回大会（神戸）．

16世紀ドイツのFechtschule：アウグスブルクのFechterordnung，1983（昭和58）年5月，日本体育学会体育史専門分科会春の定例研究集会（東京）．

ドイツ中世における「剣士組合」の規定について，1984（昭和59）年5月，日本体育学会体育史専門分科会春の定例研究集会（東京）．

マックス・ウエーバーと「競技規則」(Spielregel)：スポーツのルール研究における社会科学的方法論への試み，1986（昭和61）年7月，広島体育学会研究発表例会（広島）．

剣士団体「マルクス兄弟団」の職業構成，1987（昭和62）年11月，スポーツ史学会第一回大会（東京）．

ヨーロッパ中世のスポーツ史研究からみた「回顧的展望」，1989（平成元）年10月，日本体育学会第40回大会（横浜）．

実証主義と歴史的事実，1990（平成2）年5月，日本体育学会体育史専門分科会春の定例研究集会（金沢）．

ドイツ中世都市アウグスブルクの自由射的祭（1509）への招待状，1990（平成2）年10月，日本体育学会体育史専門分科会秋の定例研究集会（岡山）．

アウグスブルクの自由射的祭（1509年）への招待状，1991（平成3）年11月，スポーツ史学会第5回大会（東京）．

ドイツ中世体育史における「用語」の問題，1993（平成5）年11月，日本体育学会第44回大会（大阪）．

アウグスブルクにおける1509年の「公開射撃大会」の開催費用，1994（平成6）年10月，日本体育学会体育史専門分科会秋の定例研究集会（山形）．

ドイツ中世スポーツ史研究の課題，1997（平成9）年10月，日本体育学会第48回大会（新潟）．（体育史専門分科会キーノートレクチャー）

Heutige Situation der Forschungen der Sportgeschichte in Japan，1998（平成10）年7月，3rd German-Japanese Symposium on Sport Sciences（ドイツ：エッセン）．

歴史研究の課題—シンポジウム「故岸野雄三先生と日本の体育・スポーツ史学」—，2002（平成14）年5月，日本体育学会体育史専門分科会春の定例研究集会（名古屋）．

Notion of Swordsmanship by P.H. Mair (1517-1579)，2002（平成14）年7月，国際体育スポーツ史学会（金沢）．

P. H. Mair (1517-1579): a "Sport Chronicler" in Germany，2004（平成16）年6

月，Conference of "Athletes and Athletics in the Early Modern Period, 1000-1650 A. D."（カナダ：トロント）。

G. リュクスナーの『トーナメント書』(1530) に関する一考察，2004（平成16）年11月，スポーツ史学会第18回大会（金沢）。

ドイツ中世後期の「トーナメント」に関する一考察―バイエルン（1361）とヴュルツブルク（1479）のトーナメント規則―，2005（平成17）年11月，日本体育学会第56回大会（つくば）。

「スポーツ」概念の定義，2006（平成18）年8月，2006年「シルク・ロード古代体育」に関する国際学術シンポジウム及び視察（中国：敦煌）（招待講演）

「体育研究所」(1924～1941) の組織と活動，2006（平成18）年8月，スポーツ科学国際会議（韓国：ソウル）。（招待講演）

Influences of the Western Physical Education and Sport on Japanese one： Analyses of Articles in the Journal "Taiiku to Kyougi" (1922-1940)，2006（平成18）年9月，ヨーロッパスポーツ史学会第11回大会（オーストリア：ウィーン）。

アドルフ・シュピース（1810-1858）の体育論：ドイツ体育の近代日本学校体育への影響，2007（平成19）年6月，華東師範大学（中国：上海）。（招待講義）

「体育研究会」(1929～1940) における研究発表に関する一考察，2007（平成19）年8月，第7回東北アジア体育スポーツ史国際学術学会（韓国：デジョン）。

オリンピック起源論―文化人類学的アプローチと歴史学的アプローチ―，2007（平成19）年9月，日本体育学会第58回大会（神戸）。

ドイツ中世後期の「トーナメント」に関する研究―ハイルブロンの「トーナメント規則」(1485) の成立事情―，2008（平成20）年9月10日，日本体育学会第59回大会（東京）。

「体育研究協会」の機関誌『体育研究』における掲載論考に関する一考察，2009（平成21）年8月，東北アジア体育スポーツ史学会第8回大会（中国：大連）。

A Study on the Meaning of History and the Selection of a Viewpoint in Historical

Research, 2009（平成21）年8月, 2009 KAHPERD International Sport Science Congress, Korea.（韓国：ソウル）。（招待講演）

Measurement and Record on the "Open Target Shooting Festival" in German Later Middle Ages, 2009（平成21）年9月, ヨーロッパスポーツ史学会第14回大会（イタリア：ピサ）。

Results and Reports regarding Japanese Athletes by the Japanese Media in the 10th Olympic Games in Los Angeles (1932), 2010（平成22）年9月, ヨーロッパスポーツ史学会第15回大会（チェニジア：モナスティール）。

執筆 (五十音順)

秋元　忍	(あきもと　しのぶ)	神戸大学大学院人間発達環境学研究科　准教授
新井　博	(あらい　ひろし)	びわこ成蹊スポーツ大学生涯スポーツ学科　教授
榎本　雅之	(えのもと　まさゆき)	星稜女子短期大学経営実務科　助教
大久保英哲	(おおくぼ　ひであき)	金沢大学大学院人間社会環境研究科　教授
桶谷　敏之	(おけや　としゆき)	筑波大学大学院人間総合科学研究科　博士後期課程
梶　孝之	(かじ　たかゆき)	尚美学園大学総合政策学部　講師
後藤　光将	(ごとう　みつまさ)	明治大学政治経済学部　准教授
榊原　宏晃	(さかきばら　ひろあき)	福岡教育大学教育学部　教授
崎田　嘉寛	(さきた　よしひろ)	広島国際大学工学部　講師
佐々木浩雄	(ささき　ひろお)	龍谷大学文学部　講師
鈴木　明哲	(すずき　あきさと)	東京学芸大学　准教授
田原　淳子	(たはら　じゅんこ)	国士舘大学体育学部　教授
都筑　真	(つづく　まこと)	福山平成大学福祉健康学部　講師
西村　美佳	(にしむら　みか)	名古屋学芸大学ヒューマンケア学部　講師
朴　貴順	(ぱく　きすん)	霊山大学東洋武芸学科　教授
服部　宏治	(はっとり　こうじ)	広島国際大学保健医療学部　准教授
Bittman Heiko	(びっとまん　はいこ)	金沢大学留学生センター　教授
藤坂由美子	(ふじさか　ゆみこ)	長野県短期大学幼児教育学科　助教
寳學　淳郎	(ほうがく　あつろう)	金沢大学保健管理センター　准教授
村戸　弥生	(むらと　やよい)	石川工業高等専門学校　非常勤講師
山田　理恵	(やまだ　りえ)	鹿屋体育大学体育学部　教授
來田　享子	(らいた　きょうこ)	中京大学スポーツ科学部　教授
和田　浩一	(わだ　こういち)	神戸松蔭女子学院大学人間科学部　准教授

楠戸一彦先生退職記念論集

体育・スポーツ史の世界
―― 大地と人と歴史との対話 ――

平成24年2月29日　発　行

著　者　楠戸一彦先生退職記念論集刊行会
代　表　大久保英哲・崎田嘉寛
発行者　株式会社　溪水社
　　　　広島市中区小町1-4（〒730-0041）
　　　　電話（082）246-7909／FAX（082）246-7876
　　　　E-mail: info@keisui.co.jp
　　　　URL: www.keisui.co.jp

ISBN978-4-86327-179-1 C3075

ⓒ2012 Printed in Japan